한국 근대 산업의 형성 02

근대 개성상인과 인삼업

한국 근대 산업의 형성 02

근대 개성상인과 인삼업

양정필 지음

푸른역사

책머리에

인삼이라는 연구 주제는 우연히 만났다. 처음 내 관심 주제는 개성상인이었다. 그래서 개성상인 자료를 찾는데, 인삼 관련 사료가 자주 눈에 띄었다. 당시에는 개성상인의 핵심 상품이 인삼이어서 개성상인 자료를 찾게 되면 인삼 자료도 뒤따라 나온다는 사실을 몰랐다. 더구나 인삼은 우리 역사에서 핵심 수출품이어서 통치자들도 큰 관심을 가졌다. 그런 만큼 인삼 자료는 생각보다도 많았다. 자연스럽게 인삼을 주제로 석사학위 논문을 쓰게 되면서 인삼 연구를 시작하였다.

인삼은 2천 년이 넘는 역사를 갖고 있다. 이 책에서 다루는 시기는 19세기 이후 일제강점기까지로 대략 150여 년이다. 이 시기 인삼은 이전의 자연산 인삼, 즉 산삼과 달리 삼포에서 재배한 것이다. 삼포에서 키운 인삼을 홍삼으로 가공하여 중국에 수출하였다. 수출로 벌어들이는 수입이 증대하면서 홍삼의 사회경제적 위상과 중요성도 커졌다.

150여 년 동안 인삼 산업과 관련하여 중요한 존재들이 있다. 개성상인은 인삼 재배를 거의 전담하다시피 하였다. 홍삼 제조도 개성상인들이 맡았다. 홍삼을 중국으로 수출할 수 있는 권리는 역관과 왕실, 조선총독부 등이 이어서 가졌다. 역관은 1797년 홍삼 무역이 공식적으로 허가된 이래 1894년 갑오개혁으로 사역원이 폐지될 때까지 거의 100여 년간 홍삼 제조권을 소유하고 홍삼 무역을 주도한 존재였다. 당시 역관들은 사신으로 청나라로 가는 기회를 이용하여 홍삼을 판매하였다. 다만 역관은 공식 사행의 공무로 바빴기 때문에 실제 홍삼 판매는 대개 의주상인이 담당하였다.

1880년대 이후에는 조선 왕실도 그 이익의 일부를 차지하였다. 그리고 1899년에 대한제국 황실은 홍삼 전매제를 시행하여 그 이익을 독차지하였다. 왕실에서 홍삼의 이익을 독차지한 이유는 그 수입이 매우 컸기 때문이다. 예컨대 1894년 조선 정부의 재정 규모는 대략 연 700만 원 대였다는 기록이 있다. 그런데 그 무렵 홍삼 수출로 70만 원 내외 혹은 그 이상의 수입을 얻을 수 있었다. 정부 재정의 10퍼센트 정도를 차지할 만큼 홍삼 수출로 얻는 수입은 컸다. 1908년에 통감부도 전매제를 시행하였다. 이처럼 1899년 이후 홍삼 전매제 시행 후 홍삼 제조권은 국가에 귀속되었다. 한편 황실도 총독부도 제조한 홍삼을 직접 중국으로 갖고 가서 판매하지는 않았다. 1900년에 황실은 홍삼 수출을 일본 회사인 미쓰이물산에 위탁하였다. 통감부와 조선총독부도 홍삼 수출권을 미쓰이물산에 불하하였다. 이렇게 해서 역관과 의주상인이 담당하였던 홍삼 수출은 일제가 패망할 때까지 미쓰이물산에 의해 이루어졌다.

이 책에서는 개성상인의 삼포 경영과 황실 및 조선총독부의 홍삼 정책에 주로 초점을 맞추어서 인삼 산업의 역사를 살펴보았다. 역관과 미쓰이물산 등이 주도한 홍삼 수출 부문은 충분히 다루지 못하였다.

인삼 산업의 역사를 개성상인에 초점을 맞추어 살펴본 데는 이유가 있다. 19세기 이후의 인삼 산업은 개성상인이 있었기에 존재할 수 있었다. 개성상인의 압도적인 존재감은 그들이 축적한 풍부한 자본력과 훌륭한 금융 시스템 덕분이었다. 홍삼 제조용 인삼은 삼포에서 6년간 키워야 한다. 충분한 자본력과 그 자본을 회전시킬 수 있는 금융 시스템이 없으면 삼포 면적은 10여 칸, 혹은 수십 칸 규모를 벗어날 수 없다. 그런데 개성상인들의 삼포 규모는 18세기 중반 무렵부터 기본적으로 700칸 혹은 1,000칸이었다. 수백 명의 개성상인이 이러한 규모의 삼포를 경영할 수 있었기에 19세기 중반에 이미 연간 홍삼 4만 근을 제조할 수 있었다.

홍삼 제조권을 소유한 주체는 역관에서 황실로, 조선총독부로 바뀌었고, 홍삼 수출 담당자도 역관과 의주상인에서 미쓰이물산으로 바뀌었지만 1810~20년대 이후 홍삼 원료인 인삼 재배를 거의 전담한 존재는 개성상인이었다. 일제강점기에도 개성상인은 경제력을 유지한 것으로 유명한데, 그것이 가능했던 동력 가운데 하나가 인삼 재배였다. 이처럼 인삼과 개성상인은 불가분의 관계였기에 인삼 산업의 역사를 고찰하는 이 책에서 개성상인의 활동에 초점을 맞추게 되었다. 인삼 산업사를 내면서 홍삼 수출 관련 내용이 미흡한 것은 아쉬운 부분이다. 추후 연구를 통해 보완하고 싶다.

조금은 늦은 스물여덟에 대학원에 진학하여 역사 공부를 시작하였다. 당시 지도교수는 고故 방기중 선생님이었다. 진지한 학문적 자세와 사람들에 대한 깊은 애정을 보고 배울 수 있었던 것은 잊을 수 없는 가르침으로 남아 있다. 방기중 선생님이 갑자기 돌아가시면서 박사학위 논문 지도교수는 김도형 선생님으로 바뀌었다. 갑자기 받아들이게 된 제자임에도 지도 과정에서 논문의 문제점들을 날카롭게 지적해 주셨다. 지도를 받으면서 나는 연구자로서 한층 성장할 수 있었다. 깊이 감사드린다. 홍성찬 선생님은 식지 않는 학문적 열정으로 훌륭한 연구 성과들을 지속적으로 내고 계시다. 선생님의 모습을 보면서 나태해지는 마음을 다잡을 수 있었고, 학자로서의 자세를 배울 수 있었다. 마지막으로 고故 김준석 선생님은 역사를 장기적이고 거시적인 안목으로 보는 관점을 가르쳐 주셨다. 그러한 안목과 방법에 큰 영향을 받았다. 내게는 큰 가르침으로 남아 있다.

대학원 석·박사 과정에서 만난 동료 선후배님들을 통해서 '동문 수학'이 어떤 의미인지를 느낄 수 있었다. 그들과 함께했던 대학원생활은 학문적으로나 인간적으로 평생 소중한 인연과 추억이다. 연세대학교 의과대학 의사학과의 조교로 3년 반 정도 있으면서 박사 과정을 마칠 수 있었다. 2005년 8월부터는 국사편찬위원회에 들어가서 만 8년을 다녔다. 업무도 흥미로울 뿐 아니라 역사 연구자가 40명 이상 모여 한곳에서 지내는 것은 즐거운 일이었다. 지면 관계상 좋은 인연을 일일이 언급하지 못하지만, 직장 상사로, 선배로, 동기로, 후배로 만난 분들 모두 좋은 인연이었고 많은 도움을 주었다. 항상 고맙게 생각하고 있다.

2013년, 운 좋게 고향인 제주대학교 사학과에 자리 잡을 수 있었다. 사학과의 김동전 교수님, 문혜경 교수님, 정창원 교수님, 전영준 교수님, 장창은 교수님은 항상 배려해 주시고 도움을 마다하지 않으시니, 행복하게 직장생활을 해올 수 있었다. 교수님들께 고마움을 전한다.

아버지와 어머니가 나를 낳고 이렇게까지 키워주신 은혜를 갚을 길이 없음을 잘 안다. 잘못되지는 않을까 언제나 노심초사하고, 건강하게 잘 살기를 바라는 그 마음을 부모가 되어서 조금은 느낄 수 있었다. 장모님도 항상 사위를 너그러이 품어주시니 감사하다. 이 책으로 자식 키운 보람을 조금이라도 느끼실 수 있다면 좋겠다. 두 아들 도연과 도윤은 내 삶의 활력소이고, 내 기쁨과 웃음의 원천이다. 사랑한다. 박사 논문 막바지에 결혼해서 지금까지 공부한다는 핑계로 함께하는 시간이 많지 않았음에도 싫은 기색 없이 항상 응원해 주고, 아는 사람 없는 낯선 제주도에 와서도 아이들을 잘 키우고 있는 아내 신정아에게 미안함과 고마움과 사랑을 전한다.

2022년 여름
양정필

차례 · 근대 개성상인과 인삼업

책머리에 · 5
연보 · 12

I

서론 · 14

II

19세기
개성상인의
투자와 근대
인삼업의 성장

1. 19세기 초 인삼 재배의 확산과 개성상인의 인삼업 투자 · 35
2. 19세기 개성상인의 투자 확대와 인삼업의 성장 · 65
3. 인삼업 관계자의 유형과 사례 · 82

III

대한제국의
홍삼 정책과
일제의 인삼업
침탈

1. 황실의 홍삼 전관과 정책의 특징 · 105
2. 인삼업 변동과 일제의 침탈에 의한 위기 · 122
3. 삼포민의 대응과 분화 · 147

IV

일제의 홍삼
전매제 시행과
거대 삼포주의
등장

1. 일제의 홍삼 전매제 시행과 특징 · 165
2. 일제의 인삼업 재편과 거대 삼포주의 활동 · 201
3. 거대 삼포주 개성 공씨가의 삼포 경영과 자본 전환 · 217

V

일제강점기
인삼업자의
활동과
백삼 산업의 성장

1. 개성상인의 백삼 상품화와 판매 촉진활동 · 243
2. 금산 지역 인삼업자의 활동과 금산 백삼의 성장 · 272

VI

인삼업의
자본 구성과
투자 방식

1. 인삼 경작법과 생산비 구성 · 303
2. 삼업자본 조달과 투자 방식 · 320

VII

결론 · 334

주 · 341 | 찾아보기 · 390

연보

1797. 6. 24.	비변사 〈포삼절목〉 제정, 홍삼 공식 수출 시작
1803.	〈포삼신정절목〉 제정
1810. 6. 19.	포삼계인 혁파 및 만상에게 홍삼 수출 담당시킴
1810.	증포소를 서울에서 개성으로 이전
1823. 7. 4.	홍삼 수출량 1천 근으로 증액
1824.	증포소 서울로 옮겼다가 개성으로 이전. 이후 개성에 존치
1832. 9. 3.	홍삼 수출량 8천 근으로 증액
1847.	사삼私蔘 합안세闔眼稅 폐지
1847. 8. 1.	포삼이정절목 별단 제정
1847.	홍삼 4만 근 제조 및 수출
1851. 윤8. 23.	〈포삼신정절목〉 제정, 홍삼 수출량 4만 근으로 증액
1857. 6. 7.	〈포삼가정절목〉 제정
1884.	왕실에서 홍삼 제조권 일부 획득
1888.	역관 등 30명이 홍삼 2만 3,530근 제조
1894. 7. 24.	홍삼 사무를 사역원에서 탁지아문 이관
1894. 7. 28.	〈포삼규칙〉 제정, 포삼공사 개성에 설치
1895. 9. 5.	〈포삼규칙〉 개정
1896.	615명의 삼포민이 55만 4,761칸 경작
1897. 7. 15.	삼업을 농상공부에서 궁내부로 이관
1898.	일본인들이 5만 8,720칸의 삼포를 잠채潛採함
1898. 7. 2.	내장사 직장에 삼정蔘政 추가
1899. 1. 17.	이용익 궁내부 소관 삼정각감독사무에 임명됨
1899. 2.	개성 민요民擾 발생
1899.	수삼 배상금 선교제도 시행

1899. 11. 26.	삼업공세사를 삼정사參政社로 개편
1899. 12. 4.	궁내부 내장원에 삼정과參政課 설치
1900. 11. 27.	미쓰이물산과 홍삼 위탁 판매 계약 체결
1904.	홍삼 7만 4,400근 제조
1906. 1.	경리원, 전년도 수삼 배상금 미청산
1906.	종삼회사 설립
1907. 8. 31.	홍삼 사업을 농상공부 이관
1907. 12. 4.	홍삼 사무를 탁지부로 이관
1908. 1.	탁지부, 홍삼 관련 일체 서류 및 시설 인수
1908. 4. 11.	민간 제조 홍삼 구입 예산 발표
1908. 5. 30.	민간 제조 홍삼 구입 완료
1908. 7. 16.	홍삼 전매법 반포
1908. 7. 30.	인삼특별경작구역 공포
1908. 8.	1907년 제조 홍삼 청상淸商 동순태에 불하
1909.	모범경작자 시상 시작
1909.	미쓰이물산과 5년간 홍삼 불하 계약 체결
1910. 2. 4.	개성삼업조합 설립(3. 17. 설립 허가)
1910.	한호농공은행으로부터 삼업 자금 차입 시작
1914. 2.	고려삼업사 창립
1916.	최익모, 개성인삼상회 설립
1922. 2.	금산삼업조합 설립
1925. 11. 16.	개성 약령시 창설
1935. 6.	금산인삼동업조합 설립
1935. 8.	금산인삼동업조합에서 금산인삼사 설립

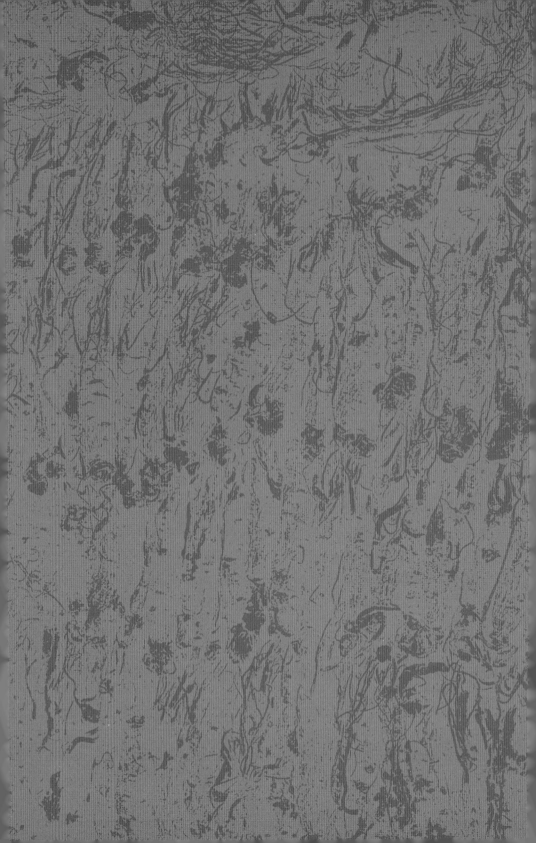

I

서론

동아시아에서 인삼은 기원전부터 활용되었고, 특히 만병통치의 영약으로 인식되었다. 그런 만큼 인삼에 대한 수요는 꾸준히 광범위하게 존재하였다. 그런데 수요에 비해서 공급은 항상 부족하였다. 인삼은 특정 지역에서만 자생하였기 때문이다. 동아시아에서 진짜 인삼의 자생 지역은 한반도 그리고 한반도와 인접한 만주의 산간 일대로 국한된다. 중국 관내에서도, 일본에서도 인삼이 산출된다고 하지만 품질이 열악하여 한반도 인삼과는 비교 대상이 못 되었다. 두 나라에서도 인삼 수요가 많았지만 자체적으로 조달하는 데 한계가 많았다. 그래서 두 나라는 한반도나 만주의 산간 지역에서 채취한 인삼을 들여와야 했다. 이처럼 동아시아 세 나라에서 인삼 수요는 매우 컸지만 인삼의 공급은 그 수요를 따라갈 수 없었다. 그래서 2천 년 넘는 역사에서 인삼은 항상 초과 수요가 존재하는 약재였다. 2천 년 넘게 동아시아에서 인삼을 둘러싼 수요와 공급 상황은 이러하였다.

인삼 자생 지역인 한반도와 만주 산간 지역은 한국 역사에서 명멸해 간 나라들의 활동무대와 겹친다. 고조선 이래 고구려, 발해는 한반도 북부와 만주 일대를 영역으로 하였다. 그곳은 중요한 인삼 산지였다. 한반도 내로 눈을 돌려서 삼한을 거쳐 백제와 신라 그리고 고려와 조선 으로 이어지는 나라들 역시 주요한 인삼 산지를 영역 안에 갖고 있었 다. 인삼 자생 지역에서 역사를 발전시켜 온 우리 조상들은 기원전에 이미 약재로서 인삼의 효능과 가치를 인류 최초로 인지하고 활용하기 시작하였다.[1]

인삼은 평범한 약재가 아니었다. 영약으로 불릴 만큼 존중되는 고귀 한 약재였다. 그런 만큼 가격도 매우 높았다. 때문에 일반 백성이 상용 하기는 힘들었다. 국내에서 인삼은 대개 국왕과 지배층 중심으로 소비 가 이루어졌다. 인삼은 국내 소비보다는 주변 나라로 보내지는 수량이 더 많았던 것 같다. 특히 중국과 일본 등지에서 인삼에 대한 수요가 컸 다. 인삼은 은처럼 무게와 부피가 작은 반면 매우 고가였다. 교통이 불 편한 전근대에는 더 없이 훌륭한 의례품이자 교역품이었다. 한국 역사 에서 인삼이 왕조를 불문하고 핵심 교역품의 지위를 지녔던 이유이다.

그런데 기원전부터 18세기 중반까지의 인삼과 18세기 후반 이후의 인삼은, 비록 그 명칭은 같지만 종류는 다르다. 18세기 중반까지의 인 삼은 야생에서 자란 것을 채취한 자연산 인삼이었다. 지금으로 말하면 '산삼'에 해당한다.[2] 반면 18세기 후반 이후 현재까지 인삼이라 하면 그 것은 대개 인삼포人蔘圃에서 재배한 인삼을 가리킨다. 다시 말해 18세 기 후반을 경계로 그 이전의 인삼은 자연산 인삼이었고, 그 이후의 인 삼은 대체로 재배 인삼이라고 할 수 있다.[3] 18세기 후반 이후 재배 인삼이 자연산 인삼을 대체해 간 것이다.

19세기 전후로 자연산 인삼이 재배 인삼으로 대체된 이유는 자연산 인삼이 거의 절종 단계에 접어들어서 채취량이 급감하였기 때문이다. 18세기 중반 자연산 인삼의 고갈에는 17세기부터 18세기 중반에 걸쳐서 전개된 조선-청-일본 세 나라 간 삼각무역의 호황이 큰 영향을 끼쳤다. 조선의 핵심 수출품은 인삼이었고 일본의 주요 수출품은 은銀이었다. 청나라는 비단과 백사白絲 등을 주로 수출하였다. 조선과 일본의 주요 수출품이었던 인삼과 은은 야생에서 채취한 것이었다. 무역 호황기에 두 나라에서는 미래를 생각하지 않고 인삼과 은을 마구 캐냈다. 그렇게 100여 년이 지나서 18세기 중반이 되자 인삼과 은이 고갈되어 채취량이 급감하여, 수출할 수 있는 수량을 확보할 수 없게 되었다. 그 여파로 삼국 간 국제무역은 침체에 빠졌다.

일본은 은을 대체할 수출품을 생산하지 못해서 메이지유신 이전까지는 삼국 간 무역에서 존재감을 상실하였다. 반면 조선은 상황이 달랐다. 조선은 자연산 인삼을 대체할 새로운 상품 개발에 성공하였다. 19세기가 되면 그 상품으로 청나라와 교역을 재개하고 그를 통해 막대한 이익을 얻었다. 그 새로운 상품은 바로 재배 인삼을 가공한 홍삼이었다. 인삼은 은과 달리 사람이 재배할 수 있었다. 조선에서 인삼 재배법은 17세기 중반 이전에 이미 확보되어 있었다. 인삼 재배법 역시 우리 조상들이 인류 최초로 알아낸 것이었다. 다만 18세기 후반까지 인삼 재배는 사람들의 관심을 크게 끌지 못해서 확산되지 않았다. 당시까지는 자연산 인삼이 산출되고 있어서 재배 인삼에 대한 수요가 크지 않았다. 그리고 무엇보다 인삼 재배에는 막대한 자본이 소요되는데 그러한 자본을 축적하고 있는 세력이 거의 없어서 인삼을 대량 재배할 수 없었다.

그러다 18세기 후반이 되면 자연산 인삼 고갈로 국내외적으로 많은 문제가 발생하자 재배 인삼의 존재에 주목하기 시작하였다. 18세기 후반에 인삼 재배법과 재배 인삼을 가공한 홍삼에 대한 내용이 여러 자료에 등장하는 것은 그 무렵부터 인삼 재배가 서서히 확산되기 시작했음을 말해준다.[4] 18세기 말에 인삼 재배지는 주로 삼남 지역이었다. 인삼 재배법도 경상도에서 처음 확보한 것 같다. 그런데 19세기 들어 인삼을 대량 생산하면서 인삼 주산지로 등장한 곳은 개성이었다. 개성은 삼남 지방보다 늦게 인삼 재배를 시작하였다. 그럼에도 불구하고 최종적으로 인삼 주산지가 되었다.

그 이유는 무엇일까. 여러 가지가 있지만, 가장 중요한 것은 자본력의 차이였다. 인삼은 한 해 농사로 끝나지 않는다. 인삼 재배 기간은 짧으면 4년, 길면 6년이고, 홍삼 원료 수삼은 대개 6년간 재배하였다. 그 기간 동안 자본 투자가 지속적으로 이루어져야 한다. 그런 만큼 대규모 인삼 재배는 대자본이 있어야 가능했다. 당시 대자본을 축적하고 있던 집단은 국제무역에 종사하던 서울상인, 개성상인, 평양상인, 의주상인 등이었다. 이 중 축적된 상업자본을 삼업蔘業 자본으로 전환하는 데 가장 적극적이었던 집단이 바로 개성상인이었다.

개성상인은 앞서 언급한 18세기를 전후한 삼국 간 무역 호황기를 주도한 핵심 세력이었다. 그 시기 개성상인은 국내 교역은 물론 인삼을 중심으로 한 국제 교역까지 장악하여 거대한 부를 축적할 수 있었다. 그러다 인삼이 거의 절종되어 무역이 침체에 빠지자 이를 극복하기 위해 19세기에 상업자본을 삼업자본으로 전환하면서 인삼 재배에 나섰다. 개성상인은 충분한 자본을 갖고 있었기 때문에 늦은 출발에도 불구하고 빠른 시간에 개성 일대를 인삼 주산지로 만들었다.

이렇게 개성상인이 인삼업에 본격적으로 투자하면서 조선은 다시 홍삼이라는 수출품을 생산할 수 있게 되었고, 그로써 대청무역이 재개될 수 있었다. 자연산 인삼 수출 단계에서 홍삼을 생산하여 수출하는 단계로의 이행은 곧 홍삼을 중심으로 한 근대적인 인삼업의 성립 과정이라고 할 수 있다.

***

이 책에서는 근대적 인삼업의 성립 과정과 이후의 발전 과정을 살펴보고자 한다. 대상 시기는 18세기 말부터 일제강점기까지 대략 150년 정도가 된다. 이 기간 동안 근대적인 인삼업이 등장하여 발전을 거듭하였다. 근대적인 인삼업은 네 단계로 이루어졌다. 첫째는 인삼을 인삼포에서 재배하는 단계이다. 둘째는 인삼포에서 수확한 수삼을 홍삼으로 가공하는 단계이다. 셋째는 생산된 홍삼을 중국으로 수출하는 단계이다. 넷째는 홍삼 무역을 통해서 창출된 막대한 이익을 배분하는 단계이다. 셋째와 넷째 단계는 시기에 따라 구분되기 어려운 경우도 있다.

그리고 이 책에서 다룰 150년이란 기간은 홍삼 정책과 무역을 기준으로 보면 크게 세 시기로 나눌 수 있다. 첫째는 1797년부터 1894년까지 시기로 조선 정부가 홍삼 수출을 공식적으로 허가하고 사역원이 홍삼 무역을 주도하던 때이다. 둘째는 대한제국 시기로 황실에서 홍삼 이익을 차지하기 위해서 홍삼을 전관專管하던 때이다. 셋째는 일제가 홍삼 전매제를 시행하여 홍삼의 이익을 전매 수입으로 독점하던 때이다. 각 시기별로 위 네 단계가 서로 다른 양상으로 전개되었다. 따라서 각 시기별로 인삼업과 관련된 네 단계를 하나하나 살펴보아야 인삼업의 전모를 밝힐 수 있다.

이해를 돕기 위해서 각 부문별로 흐름을 간략히 살펴보자. 우선 삼포 경영, 즉 홍삼 원료인 수삼 재배는 다른 부문에 비해서 변화가 상대적으로 적었다. 19세기 들어 개성상인이 삼포에 대대적으로 투자하기 시작한 이래 일제강점기까지 삼포 경영=인삼 재배는 개성상인이 일관되게 장악하였다. 150여 년 동안 인삼 재배의 주체에는 큰 변화가 없었던 것이다.

대한제국 시기와 일제강점기에 인삼 정책이 크게 바뀌지만 홍삼 원료인 수삼 재배만큼은 계속해서 개성상인이 장악하였다. 개성상인은 19세기 이래 일제강점기까지 삼포 경영을 주도함으로써 커다란 이익을 얻었다. 그렇다고 개성상인의 삼포 경영이 항상 호경기였던 것은 아니다. 일제강점을 전후한 시기에 개성상인의 삼포 경영은 심각한 위기에 직면하기도 한다. 그러나 개성상인은 이를 슬기롭게 극복해 갔다. 본문에서는 이런 문제들을 집중적으로 살펴볼 것이다.

둘째, 홍삼 제조 부문을 보면 19세기에는 홍삼 제조 시설인 증포소가 처음에는 서울 한강 변에 있었다. 그런데 1810년 무렵 개성으로 이전되었다. 이는 개성 지역이 인삼 주산지로 등장하는 데 기여하였다. 이후 증포소가 서울에 설치된 적이 잠깐 있지만 거의 대부분 개성에 있었다. 따라서 홍삼 제조는 개성인이 맡았다. 대한제국 시기에도 홍삼 제조는 개성의 전문가들이 담당했다. 일제강점기는 확인이 필요하지만,

역시 개성인이 맡았을 가능성이 크다. 홍삼 제조 자체는 기능적인 일이고 그로부터 큰 이익이 창출되는 것은 아니었다. 홍삼 제조자들은 가공 기술자로서 제조만 위탁받은 존재에 가까웠다. 그래서인지 홍삼 제조에는 상대적으로 관심이 적었고 관련 자료도 많지 않다.

셋째, 생산된 홍삼은 가장 큰 이익을 보장하였기에 누가 그 홍삼을 차지할 것인가는 근대적인 인삼업에서 주된 관심사였다. 1894년 이전까지 수출 홍삼을 제일 많이 차지한 세력은 역관들이었다. 이외에도 중앙 관서나 의주 등지의 지방 관서 등도 수출 홍삼을 일부 할당받았다. 다만 역관이 홍삼 소유권을 갖고 있었지만 실제로 청나라로 갖고 가서 판매한 주체는 의주상인이었다는 기록이 있다. 대한제국 시기에는 황실이 홍삼을 전관하였는데 그 핵심 내용은 역시 홍삼 무역권을 장악하는 것이었다. 황실은 개성 삼포주로부터 수삼을 구매한 후 그것을 홍삼으로 가공하여 중국에 수출함으로써 커다란 이익을 얻을 수 있었다. 다만 황실에서도 직접 중국에서 판매하기는 힘들었으므로 특정 상인 등에게 홍삼을 불하하였다.

일제는 홍삼 전매제를 실시하여 홍삼을 생산하고 그것을 소유함으로써 전매 이익으로 가져갈 수 있었다. 일제 역시 홍삼을 직접 중국에 가져가서 판매할 수 없었다. 그래서 일제는 미쓰이[三井]물산에 홍삼을 돈을 받고 넘겼다. 일제강점기 내내 미쓰이물산은 생산된 홍삼을 불하받아 중국에 판매함으로써 큰 이익을 얻었다.

넷째, 홍삼 무역의 이익에 참여하는 집단은 시기별로 달랐다. 첫째 시기에는 조선 정부가 홍삼 전매제를 시행하지 않았기 때문에 그 이익에 참여하는 집단이 많았다. 기본적으로 역관과 그들이 속한 사역원이 홍삼 무역의 이익을 가장 많이 누렸다. 다만 19세기 중엽 이후 홍삼 무역의 이익이 막대해지면서 호조 등 중앙 관서와 개성과 의주 등의 지방 관서들도 홍삼 무역에 참여하였다. 특히 대원군은 홍삼 무역의 이익을 활용하여 군비를 강화하기도 하였다. 다만 둘째 시기와 셋째 시기에는 홍삼 전매제가 시행되었기 때문에 홍삼 무역의 이익은 대한제국의 황실, 일제의 조선총독부가 차지했다. 그러나 황실과 총독부가 직접 홍삼 무역을 수행할 수는 없었기에 중국 상인이나 미쓰이물산 같이 홍삼을 불하받은 세력이 있었다. 그들도 홍삼 무역의 이익에 참여한 집단이라고 할 수 있다.

근대적인 인삼 산업은 큰 틀에서 보면 이와 같은 구조를 갖고 있었다. 이러한 인삼의 역사에 대한 연구 현황을 보면 우선 150년의 근대 인삼 산업의 역사를 망라한 성과는 찾기 어렵다. 다만 역사학계가 아닌 분야에서는 성과가 없지 않다. 우선 일제강점기 이마무라 도모今村鞆가 동아시아의 유구한 인삼 역사를 정리하여 7권의 책으로 간행하였다. 《인삼사》가 바로 그것이다. 그중 제2권이 《인삼정치편》, 제3권이 《인삼경제편》인데, 이 책에서 다루고자 하는 시기의 내용들이 포함되어 있다.[5] 이마무라의 연구는 지금은 구하기 힘든 자료를 활용한 점, 한국 인삼뿐 아니라 중국과 일본의 인삼 역사까지 망라하고 있다는 점에서 연구사적인 의의가 있다. 그러나 식민사관에 입각하여 편찬되었기 때문에 곳곳에서 왜곡된 서술을 하고 있어 주의할 필요가 있다.[6]

다음으로 1980년 이후 인삼업 관계자들이 발행한 《한국인삼사》라는 책이 있다.[7] 우리의 관점에서 전체 인삼의 역사를 선구적으로 정리한 점, 이마무라가 다루지 못한 해방 이후의 인삼업을 정리하고 있는 점 등에서 의의가 있다. 그렇지만 전근대 인삼과 관련된 내용 중에는 이마무라의 성과에 의지하는 바가 적지 않고, 인삼의 역사 전체를 다루다 보니 이 책에서 주목한 시기의 인삼 역사를 자세하게 다루지 못한 점 등은 한계라고 할 수 있다.

　최근에는 ㈜한국인삼공사에서 정관장문고 시리즈의 첫 번째 책으로 《한국인삼산업사》를 간행하였다.[8] 역사학 전공자가 아닌 저자가 기존의 연구 성과들과 다양한 자료를 망라하여 인삼의 역사를 정리한 책이다. 인삼의 다양한 측면을 다루고 있고 사진 자료들이 곳곳에 배치되어 있어서 흥미를 유발한다. 이 책 역시 중요한 성과임은 분명하지만, 근대적 인삼업에서 개성상인이 기여한 바를 충분히 드러내지는 못하고 있다.

　이외에도 서양의 인삼 역사까지 망라한 성과가 발표되어 주목을 끌고 있다. 지금까지 한국인 연구자들은 한국 인삼, 동아시아 인삼에 국한해서 연구하였고 유럽과 미국의 인삼 역사를 포괄하려는 노력을 보여주지 못했다. 그런데 최근 간행된 《인삼의 세계사》는 동서양 인삼의 역사를 망라하고 있고, 또 연구서이면서도 대중들이 쉽게 접근할 수 있게 서술하여 매우 의미 있는 성과라고 생각한다. 다만 이 연구는 세계의 인삼 역사를 다루고 있기 때문에 어쩔 수 없이 이 책에서 다룰 내용들은 단편적으로만 언급되고 있다.

　마지막으로 개성상인이 남긴 장책을 발굴하고 그것을 정밀하게 분석한 성과들이 최근에 다수 발표되었다.[9] 이 자료들은 개성상인이 남긴 1차 자료라는 점에서 이들 연구는 큰 의의를 지닌다. 다만 회계사적인 측면에 초점을 맞추고 역사학적 분석이 약한 것은 아쉬운 부분이다. 이

책에서는 해당 자료에 접근하는 데 한계가 있어 활용하지 못했는데 추후 기회가 주어지기를 기대한다.

지금까지 근대적 인삼업에 주목한 연구들은 근대적 인삼업의 성립에 절대적인 기여를 한 개성상인에 대해서는 충분히 주목하지 않았다. 이 책에서는 특히 개성상인이 인삼업에서 수행했던 역할에 초점을 맞춰서 검토함으로써 차별성을 드러내고자 한다. 아울러 150년의 역사 속에서 각 부문별 변화 양상을 추적함으로써 근대 인삼업의 성립과 성장 과정을 구체적으로 제시하고자 한다.

***

본문에서는 근대적 인삼업의 등장과 발전 과정 그리고 그와 관련된 개성상인의 역할 등을 5부로 나누어서 살펴볼 것이다.

Ⅱ부에서는 19세기 인삼 재배가 확산되기 시작한 배경, 인삼 재배의 기원 등을 검토하고, 이어서 개성상인이 인삼 재배법을 받아들여 인삼업에 대대적으로 투자하게 된 계기를 고찰할 것이다. 이어서 그들이 개성 일대를 인삼 주산지로 만들어 가는 과정, 재배 인삼을 홍삼으로 가공하여 중국에 수출한 수량, 홍삼을 둘러싼 정부 정책 등을 살펴볼 것이다. 특히 개성 지역의 인삼 주산지화는 정부가 공식 허가한 홍삼 수출량의 추이를 통해서 간접적으로 확인할 수 있다. 이를 통해서 19세기 개성상인의 삼포 투자의 규모를 밝힐 것이다.

인삼 산업은 몇 개의 부문으로 이루어졌고, 각 부문에 참여하는 세력은 다양하였다. 재배업자로서 개성의 삼포주, 홍삼 무역권을 보유한 역관, 실제로 중국에서 홍삼을 판매한 의주상인 그리고 1880년대 이후 홍삼 무역에 참여하기 시작한 조선 왕실 등이 그들이다. 이들에 대해서도 구체적인 사례를 통해서 그 일면을 살펴보고자 한다. 다만 홍삼 무역의 이익이 사역원 이외의 기관에서 어떻게 활용되었는지는 구체적으로 검토하지 못했다. 조선 정부는 애초에 홍삼에 대해서 역관의 여비 정도로 생각하였다. 그런데 개성에서 인삼이 대량 생산되고 그로 인해 홍삼 수출이 비약적으로 증가하면서 무역 이익이 급증하자 그 이익의 일부를 정부 재원으로 전환해 갔다. 이에 대해서는 기존 연구 성과도 있고 해서[10] 이 책에서 자세히 고찰하지는 않았다.

Ⅲ부에서는 대한제국 시기 인삼 정책과 일제의 인삼업 침탈 문제, 그리고 그로 인한 인삼업의 변동과 인삼업의 위기 문제를 살펴볼 것이다. 19세기 중엽 이래 홍삼 무역의 이익이 막대해지자 조선 정부는 홍삼 무역에 대한 개입을 강화해 갔다. 그러나 그 강화는 대개 홍삼 수출에 국한된 것으로 인삼 재배와 홍삼 가공 부문에는 관심이 크지 않았다. 그런데 대한제국이 들어서면서, 고종황제의 자금을 확충하기 위해 다양한 재원을 발굴하는 과정에서 홍삼의 이익도 포착되었다. 황실은 더 많은 수입을 확보하기 위해 홍삼업에 대한 개입을 강화해 갔다. 그것은 구체적으로 인삼 재배 면적을 확인하고, 나아가 황실에서 직접 홍삼을 제조하는 것으로 나타났다. 여전히 인삼 재배는 민간에 맡겼다.

한편 1910년을 전후해서 인삼업은 매우 심각한 위기에 처하게 되어 '폐농廢農'될 것이라는 우려가 나올 정도였다. 이 위기의 원인을 일제는 대한제국의 학정에서 찾았다. 그렇지만 이는 사실을 왜곡한 것으로 일제의 침략 과정에서 위기가 조성되었다. 이를 실증적으로 밝혀볼 것이다.

Ⅳ부에서는 일제강점기 총독부의 인삼 정책과 그로 인한 삼업계 재편 문제 그리고 거대 삼포주의 등장과 활동 등을 살펴볼 것이다. 일제는 대한제국이 실시한 홍삼 전관 정책을 거의 그대로 이어받아서 홍삼 전매제를 시행하였다. 그러면서도 개성의 삼포주를 통제하기 위해서 '인삼 경작 허가제'를 실시하였다. 대한제국 황실보다 삼포 경영에 대한 통제를 훨씬 강화한 것이다. 일제는 이를 통해서 자신들에게 협력적인 삼포주들로 인삼업계를 재편하고자 하였다.

그 결과 실제로 삼포주 숫자가 일정하게 통제되었다. 1896년 무렵 인삼 경작자는 600명을 크게 웃돌았다. 일제강점기가 되면 그 수는 200~300명 수준으로 통제되었다. 삼포 경영주는 감소하였지만, 삼포 면적은 급격히 확대되었다. 허가받은 경작자들의 삼포 확대를 일제가 용인하였기 때문이다. 경작 면적 급증 과정에서 모든 삼포주들이 비슷한 규모로 삼포 면적을 늘려간 것은 아니었다. 소수의 삼포주가 매우 큰 규모로 삼포 면적을 확대하여 거대 삼포주로 등장하였다. 그들은 삼포 경영만으로도 재벌 소리를 들었다. 반면 다수의 삼포주들은 거대 삼포주로까지 성장하지는 못했다. 이러한 삼업계의 재편도 집중적으로 고찰할 것이다. 그리고 거대 삼포주의 구체적인 사례로 개성 공씨가의 활동도 살펴볼 것이다. 개성 공씨가는 한말에서 일제강점기에 걸쳐서 인삼업으로 거부를 축적하였고, 그 자본을 근대적인 산업에도 투자하였다. 시류의 변화에 적응해 가는 개성 삼포주의 모습을 확인할 수 있다.

Ⅴ부에서는 백삼 산업에 대해서 살펴볼 것이다. 대한제국기까지 인

삼 산업에서 핵심적인 존재는 홍삼이었다. 일제강점기에도 그 사실은 변하지 않았다. 다만 일제강점기에 국내외적으로 크게 유행하는 새로운 인삼 제품이 등장하는데 백삼이 바로 그것이다. 백삼은 수삼을 자연 건조시킨 것으로, 대한제국 시기까지는 경제적 파급력이 크지 않았다. 그런데 일제강점기 개성 삼포주들이 백삼을 대대적으로 제조하여 유통시키면서 백삼도 홍삼 못지않은 수익을 창출하였다. 따라서 백삼이 어떻게 경제적 가치를 지니게 되었는지 그리고 개성상인은 어떻게 백삼을 상품화하는 데 성공하였는지를 살펴볼 것이다.

아울러 백삼은 개성 이외의 지역에서도 생산되었는데 가장 대표적인 곳이 금산이다. 현재 한국 인삼을 대표하는 곳도 금산이다. 따라서 일제강점기 금산 인삼은 어떤 존재였는지도 살펴보고자 한다. 이를 통해서 한국인 인삼업자들이 새로운 파생상품을 만들어 유통시키면서 인삼 산업을 확장시켜 간 사례를 확인할 수 있을 것이다.

Ⅵ부에서는 인삼 경영과 관련된 자금과 노동력 문제를 살펴볼 것이다. 삼포 경영은 막대한 자본을 요구하고 또 특정 시기에 다수의 노동력을 동원할 수 있어야 한다. 또 고도의 재배 기술도 있어야 한다. 개성의 인삼업자들은 이 문제들을 자체적으로 해결하였는데, 인삼 재배와 홍삼 가공에 소요되는 자금과 노동력의 규모를 구체적으로 살펴볼 것이다.

아울러 개성 인삼업자들은 막대한 자본을 혼자 부담하지 않고 다양한 공동 투자 방식으로 해결하였다. 예컨대 인삼 재배와 관련된 전문 기술자 집단이 존재하였는데 그들은 자본을 지닌 자본주와 동업관계를 맺고 삼포를 경영하기도 하였다. 이처럼 삼포 경영은 일반 작물 재배와는 확연히 다른 자금과 노동력 동원, 다양한 공동 투자 방식으로 이루어졌는데, 이를 구체적으로 살펴봄으로써 삼포 경영의 특징이 무엇인지를 음미해 보고자 한다.

이러한 검토를 통해서 19세기 이래 일제강점기까지 인삼 산업의 역사를 밝혀보려고 한다. 인삼 산업, 특히 재배 인삼 산업은 한국이 종주국이다. 종주국으로서 아직 제대로 된 재배 인삼의 역사에 대한 연구가 부족하다고 할 수 있다. 이 책은 종주국에 걸맞은 인삼의 역사를 구성한다는 데 일차적인 의의를 부여할 수 있을 것이다. 그리고 인삼 산업은 고도의 자본력과 기술력을 필요로 하고 대량 생산이 가능한 만큼 근대적인 산업으로서 손색이 없다고 생각한다. 근대적인 인삼업은 19세기 이후 성립해 발전해 왔고, 그것을 발전시킨 이들은 개성상인을 비롯한 한국인들이었다. 근대적인 산업이라고 모두 서구에서 유래한 것은 아니며 한국 역사에서 유래한 근대적인 산업도 있음을 밝히고 싶다.

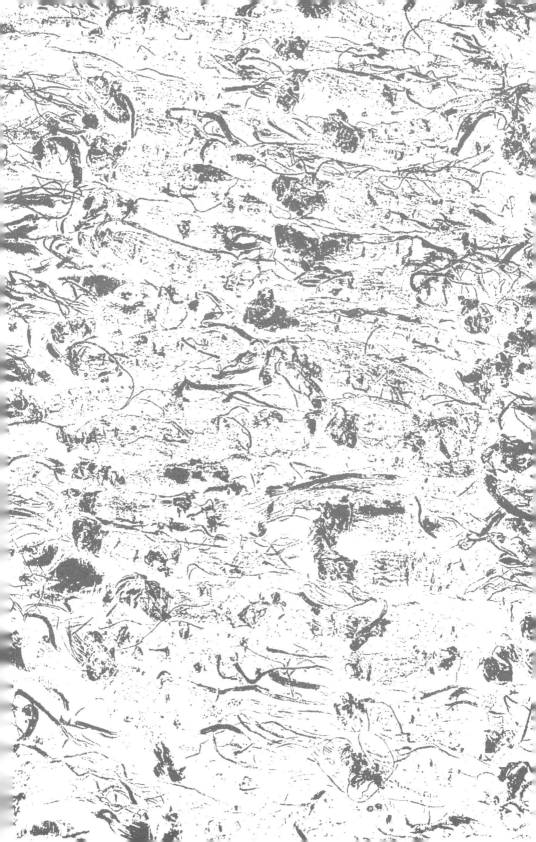

Ⅱ

19세기 개성상인의 투자와
근대 인삼업의 성장

1

19세기 초 인삼 재배의 확산과
개성상인의 인삼업 투자

1. 18세기 삼국 간 무역의 호황과 자연산 인삼의 고갈

18세기 중반까지 사료에 등장하는 인삼은 산에서 스스로 자란 인삼, 즉 지금의 산삼에 해당한다. 반면 19세기 이후 사료에 나오는 인삼은 대부분 인삼밭, 즉 삼포에서 재배한 인삼이다. 자연산 인삼과 재배 인삼이 공존하던 18세기에는 재배 인삼을 자연산 인삼과 구분하여, 집에서 키운 인삼이라는 의미에서 가삼家蔘이라고 불렀다. 인삼의 역사에서 18세기 말에서 19세기 초는 자연산 인삼 단계에서 재배 인삼 단계로 넘어가는 획기적인 시기였다.

재배 인삼이 자연산 인삼을 대체하게 된 가장 중요한 계기는 자연산 인삼이 절종 단계에 이르렀기 때문이다. 18세기 후반이 되면 재배 인삼보다 효능이 뛰어난 자연산 인삼을 거의 채취할 수 없게 되었다. 이에 재배 인삼이 자연산 인삼의 빈자리를 대신하면서 대체상품으로서 주목받기 시작하였다. 자연산 인삼이 절종에 이르게 된 배경에는 17세기를 전후하여 전개된 조선-청-일본 간 삼각무역의 호황이 있었다. 17세기에서 18세기 전반기에 걸친 시기는 조선-청-일본 간 삼각무역이 매우 활발하게 전개된 국제 교역의 호황기였다.[1]

당시 삼각무역의 호황은 여러 요인이 복합적으로 작용한 결과였지만, 무엇보다 각 나라는 다른 나라에서 수요가 큰 상품을 생산하고 있던 사실이 중요하였다. 조선의 인삼, 일본의 은, 중국의 비단과 백사 등이 그것이었다. 세 나라 상인은 이 상품들을 중심으로 삼국 간 무역을 전개하였다. 당시 조선 상인은 인삼을 일본에 수출하였다. 그들은 수출 대가로 일본으로부터 받은 은으로 청나라의 비단 등을 구매하였다. 그들은 중국 상품들을 다시 조선 또는 일본에 판매하면서 거부를 축적하였다. 삼국 간 무역 호황의 끝자락이라고 할 수 있는 18세기 전반기를 살면서 당시 조선 상인의 활동을 직접 보거나 들었을 이중환은 그들의 활약에 대해 다음과 같은 기록을 남겼다.

부상대고富商大賈에 대해서 말하면, 가만히 앉아서 물화를 부리되 남쪽으로 왜국과 통하고 북쪽으로 연경과 통한다. 수년간 천하의 물자를 실어 나르면서 혹 누백만금을 모은 자도 있다. 그런 사람은 한양에 많고 그 다음은 개성, 또 그 다음은 평양과 안주이다. 모두 연경과 통하는 길에 있어서 문득 거부를 쌓았다. 이는 배를 부려 얻는 이익과는 비교가 되지 않으며 삼남 지방에는 이런 무리가 없다.[2]

이중환은 18세기 전반기 삼각무역의 호황 속에서 활약한 조선 상인이 부상대고로 성장한 사실을 전해주고 있다. 삼각무역을 주도하면서 누백만금을 벌어들이고 있던 부상대고는 서울에 가장 많았다. 그다음이 개성, 평양, 안주 순이었다. 서울의 부상대고는 주로 역관 출신들이었을 것으로 짐작된다. 조선과 청나라 사이의 교역은 사행使行을 통한 비중이 매우 높았다. 그런 사행을 실질적으로 주도한 세력이 역관들이었다. 그들은 사행 기회를 이용하여 교역에 직접 참여하거나 아니면 사행을 관리 감독하는 위치에서 무역의 이익을 얻을 수 있었다.[3]

서울 다음으로 부상대고가 많은 지역으로 개성을 꼽고 있어 주목된다. 개성을 꼽은 이유는 이중환이 개성상인의 활약을 잘 알고 있었기 때문일 것이다. 역관이 주로 사신 일행을 관리하면서 무역에 참여하였다면, 개성상인은 조선의 핵심 수출품이었던 인삼을 산지에서 직접 구입할 뿐 아니라 그 인삼을 청나라 혹은 일본으로 수출하는 데에도 직접 관여하였다. 즉 국내외 인삼 유통을 장악함으로써 개성상인은 무역 호황기 조선을 대표하는 상인 집단이 될 수 있었다. 이처럼 이 시기 조선 상인들은 인삼을 매개로 삼각무역을 주도하면서 부상대고로 성장하고 있었다.

그런데 삼각무역은 18세기 말이 되면 침체에 빠졌다. 그 이유는 조선과 일본이 경쟁력 있는 수출품을 더 이상 생산하지 못했기 때문이다. 조선의 주력 상품 인삼은 18세기 후반이 되면 채취량이 급격히 줄어들어 거의 절종 단계에 들어서게 된다. 일본에서도 무분별한 채굴로 인해 폐광이 늘면서 은 생산이 급감하였다. 이는 조선과 일본이 상대 나라에서 큰 수요를 창출할 수 있는 상품을 더 이상 생산할 수 없음을 의미한다. 이렇게 해서 삼국 간 무역 호황은 종막을 고하고 깊은 침체 국면으

로 접어들게 된다.[4]

18세기 중반 이후 인삼 산출이 급감하면서 여러 문제들이 발생하였다. 우선 세금으로 거두는 인삼, 약용으로 사용할 인삼을 구하기 어렵게 되어서 문제가 되었다. 1745년의 한 기사에 의하면 당시 평안도 강계 지역에서 나는 인삼 수량이 전과 비교하면 크게 줄어 호조에서 세금 명목으로 거둬들이는 세삼税蔘이 늘 부족하였다.[5]

1751년에도 강계 인삼이나 함경도 인삼을 막론하고 산출되는 수량이 해마다 줄어 나라 안에서 약용으로 쓸 인삼도 얻기 어렵다는 말이 나오고 있었다.[6] 1750년 무렵에 등장한 청국 인삼을 수입하자는 주장은 당시 국내 인삼이 거의 절종 단계에 이른 사정을 단적으로 보여준다. 1752년에 제정된 절목은 "근래 삼화蔘貨가 점차 귀해져서 거의 절종 지경에 이르렀다"라는 말로 시작하고 있다.[7] 특히 인삼 고갈로 인해 강원도와 평안도의 강계 지역 등 당시 주요한 인삼 산지에서는 나라에 바칠 공물인 인삼을 얻기 힘들어 큰 문제가 되었다.

인삼 절종은 청나라에 가는 사신 행차에도 문제를 일으켰다. 청나라를 왕래하고 또 북경 등지에서 외교활동을 수행하는 과정에서 적지 않은 비용이 요구되었다. 당시 조선 정부는 그 비용을 충당하기 위해 역관에게 일종의 무역권을 부여하였다. 즉 역관에게 청나라에서 팔릴 만한 물건을 갖고 가서 교역하고 그 이익으로 경비를 충당하도록 하였다. 이는 역관이 청나라에 가서 무역하는 것을 허가한 것이다. 일본으로 인삼 수출이 잘 이루어지던 때에는 일본에서 은이 많이 들어왔기 때문에 은이 풍부하였다. 그래서 역관들은 청나라로 사행을 떠날 때 은을 가지고 갔다. 그런데 18세기 후반 일본과 교역이 거의 끊기면서 은이 더 이상 들어오지 않게 되자 사행에 가지고 갈 은도 부족하게 되었다.

이에 조정에서는 궁여지책으로 관모官帽 무역을 허가하게 된다.[8] 관모 무역이란 중국에서 생산된 모자에 대한 수입 및 국내 판매권을 독점적으로 허용함으로써 역관 등이 경제적 이득을 얻을 수 있도록 한 정책을 말한다. 그러나 그것은 조선에서 생산된 상품을 수출하는 방식과는 크게 다른 것으로 임시방편적인 성격이 강하였다. 당시 조선에서는 피물, 잡물 등을 인삼 대체품으로 수출하기도 하였다.[9] 그러나 그러한 물품에 대한 중국 내 수요는 한정적이어서 인삼의 경제적 가치를 대체할수는 없었다.

18세기 중엽 이후 본격화된 국제무역의 쇠퇴로 인해 역관뿐 아니라 조선 상인도 큰 타격을 받았다. 18세기를 전후한 호황기 삼각무역의 최대 수혜자였던 개성상인도 경제적으로 큰 타격을 받은 것으로 보인다. 정부에서 관모에 대한 독점 수입·판매권을 부여할 때 그 일부를 개성상인에게도 나누어주려고 하였다. 이를 보면 당시 개성상인도 무역 침체로 피해를 입었음을 알 수 있다. 그런데 개성상인은 처음에는 정부의 제안을 거부하였다. 그러나 별다른 대안이 없었던 그들은 관모 무역을 계속 외면할 수 없었다. 결국 정부에 간청하여 관모 무역에 참여하였다. 그러나 관모 무역은 심각한 침체에 빠진 국제무역에 대해 근본적인 해결책은 아니었다.

이에 개성상인은 침체에 빠진 대청무역을 재개시킬 방도를 고민하지 않을수 없었다. 무역을 재개하기 위해서는 무엇보다도 중요한 한 가지 문제를 해결해야 했다. 그것은 바로 청나라 사람들이 구매하고 싶어 하는 상품을 생산하는 것이었다. 그런데 중국은 광대한 영토를 갖고 있어서 자국 내에서 생산하지 못하는 물품이 거의 없었다. 유럽도 18세기까지 중국의 비단과 차 그리고 도자기 등에 대한 수요가 높아서 수입하였지만, 그것들을 결제할 수 있는 상품을 자체적으로 생산하지 못했다. 다행히 신대륙의 은을 확보할 수 있었기에 그것으로 결제 문제를 해결하였다. 그렇지만 무한정 은을 중국에 갖다줄 수는 없었다.[10] 결국 19세기 들어 마약을 내다팔기 시작한 사실은 잘 알려져 있다. 이처럼 18세기에 세계적으로 은을 제외하면 중국 시장에 수요를 창출할 수 있는 상품은 매우 드물었다.

그런데 경쟁력 있는 대청 수출품이었던 자연산 인삼이 절종 상태에 이른 상황에서 개성상인은 새로운 수출 상품을 찾으려고 노력하였다. 그러나 그것은 짧은 시간에 해결될 문제가 아니었다. 50년 넘게 새로운 수출품 생산에 성공하지 못했다. 그러다 19세기 들어서 개성상인은 다시 인삼에 주목하기 시작하였다. 그때 인삼은 18세기 자연산 인삼이 아니라 삼포에서 키운 재배 인삼이었다. 개성상인은 인삼을 재배함으로써 대청무역의 문을 다시 열 수 있었다.[11]

2. 인삼 재배의 기원과 확산

삼국 간 교역이 위와 같은 변동을 겪고 있는 동안 경상도 사람들은 인삼 재배 기술을 확보해 갔다. 인삼 재배의 기원을 문헌을 통해 고증하는 일은 불가능하다. 인삼 재배법은 오랜 기간 시행착오를 거치면서 서서히 알게 되었을 텐데, 그 재배법의 성립 과정을 전해주는 문헌 기록이 없기 때문이다. 현전하는 인삼 재배 관련 사료는 매우 단편적이고, 그것도 재배 기술이 확보되고서 한참 시간이 흐른 뒤의 기록이라고 할 수 있다. 단편적인 자료들이지만 현전하는 문헌들에 의거해 한반도에서 인삼 재배 기술이 언제 확보되었는지를 고찰해 보자.

다음에 소개하는 글은 인삼 재배 사실을 보여주는 가장 이른 시기의 자료로 판단된다.

제조 민진후가 아뢰었다. 몇 해 전 이언기가 전한 바에 의하여 영남 나삼羅蔘 2근을 매년 내국에 진상하는 일을 정식으로 삼았습니다.[12] 그런데 근래 인삼 품질이 점차 처음과 같지 않아서 오히려 영남 인삼에도 미치지 못합니다. 비록 매번 점퇴를 놓지만 끝내 좋은 품질의 인삼으로 모두 받아낼 수 없습니다. 대개 들으니, 일찍이 영남 사람들이 많이 종삼種蔘을 업으로 삼았습니다[種蔘爲業]. 진상하는 일이 있고부터 관가가 침책侵責하는 일이 없지 않았기 때문에 인삼을 재배하는 자가 점차 줄어들어서 이와 같이 되었습니다. 영남 백성의 병폐로는 이보다 심한 것이 없습니다. …… 만약 백성에게 종삼을 권장하되 혹 미포米布를 넉넉히 지급하거나 혹은 그 신역을 감해주면 응모자가 또한 반드시 있을 것입니다. 종삼자가 많아지면 그 폐단을 구제할 수 있을 것입니다. …… 홍만조가 아뢰기를, 경주에는 종삼자가 있는데 그 폐단은 많고 이익은 적어서 종삼을 모두 그만두니 인삼 가격이 매우 비싸지게 되었습니다. 금후에 민간의 종삼자를 조정에서 장려하면 삼로蔘路가 점차 넓어져서 진상할 무렵에도 시세가 오르는 폐단이 없게 될 것입니다. 이이명이 말하기를, …… 이제 비록 종삼을 권장하여도 그 효과는 3, 4년 후에 취하게 되니 본도

에 물어서 변통하게 함이 마땅할 듯합니다.[13]

　위 인용문에 등장하는 나삼 진상과 관련한 내막을 보면, 1700년 당시 좌부승지였던 이언기는 일찍이 경상감사로 있을 때 경주 일대에서 산출되는 인삼, 일명 나삼(신라 인삼의 줄임말)을 직접 복용한 적이 있어서 그 효과가 뛰어남을 알고 있었다. 이 경험을 토대로 1700년 왕에게 나삼을 어약용으로 납부하게 할 것을 건의하였다. 이 건의는 받아들여졌고 이후 나삼 2근을 어약용으로 진상하였다.

　위 인용문을 보면 1710년 당시에 경주 지역에서 인삼 재배가 이루어졌음을 확인할 수 있다. 인용문에는 인삼 재배라는 표현은 보이지 않는다. 그러나 '종삼種蔘'이란 표현이 등장한다. '종삼'의 단순한 의미는 '인삼을 심는다'이지만, 당시에는 '종삼'이 '인삼 재배'의 의미로 사용되기도 하였다. 예컨대 위 기록보다 수십 년 후의 것이지만, 인삼 재배법을 정리하여 소개한 글의 제목이 〈종삼보種蔘譜〉였다.[14] 이때 '종삼'은 인삼 재배라는 의미이다. 이렇게 보면 위 인용문의 '종삼'은 단순히 '인삼을 심는다'가 아니라 '인삼을 재배한다'는 의미로 보아야 할 것이다.

　다만 위 인용문의 '종삼'은 산양삼山養蔘 단계의 인삼 재배를 의미하는 것으로 볼 수도 있다. 산양삼이란, 산에서 채취한 어린 자연산 인삼을 본인만 아는 곳에 옮겨 심어서 수년 혹은 십수 년을 키운 후에 캐낸 인삼을 말한다. 인삼 씨를 인위적으로 발아시켜 재배하는 인삼과는 성격이 다르다. 인삼 재배법의 발전 과정에서 산양삼의 존재는 중요한 역할을 하였을 것이다. 그런데 위 인용문의 '종삼'은 산양삼에 대한 것이 아니라 씨앗 단계부터 인위적으로 재배한 인삼에 대한 것이 분명하다.

그렇게 생각하는 이유는 인용문 끝부분의 내용, 즉 "이제 비록 종삼을 권장하여도 그 효과는 3, 4년 후에 취하게 되니" 때문이다. 당장 인삼 재배를 시작하여도 그 효과는 3, 4년 후에 있다는 것은 인삼밭에서 3, 4년간 재배한 후에 수확함을 의미하기 때문이다. 따라서 위 인용문의 '종삼'은 씨앗 단계에서부터 삼포에서 인삼을 재배하는 것으로 이해할 수 있다. 아울러 위 인용문은 우리나라에서 인삼 재배와 관련된 가장 이른 시기의 기록 중 하나라고 할 수 있다.[15]

이를 토대로 인삼 재배의 기원을 추적해 보자. 위 기사는 1710년에 작성되었다. 그런데 '일찍이'라고 하여 1710년 이전부터 인삼 재배가 이루어졌음을 전하고 있다. 또 인삼 재배에는 5년 내외의 기간이 소요됨을 감안하면 1710년의 위 기사에만 의거하더라도 조선에서 인삼 재배법은 17세기 후반에는 이미 확보된 것으로 판단할 수 있다. 그러나 그 기원은 17세기 후반 이전으로 거슬러 올라갈 것이다. 인삼은 재배가 까다롭기로 유명하다. 그런 인삼 재배법을 확보하는 데는 꽤 오랜 기간의 시행착오 과정이 필요하였을 것이다. 그렇다면 인삼 재배의 기원을 17세기 후반 이전으로 상정하여도 크게 틀리지 않을 것이다. 사실 17세기 중반으로까지 인삼 재배 기원을 소급할 수 있는 기록도 전한다. 아래의 기사가 그것이다.

경주에 인삼밭이 없어진 지가 지금 이미 누십 년입니다. 함부로 (인삼을) 취하려고 해도 어디에서 캘 수 있겠습니까.[16]

이 사료는 현재까지 밝혀진 인삼 재배의 기원과 관련해서 가장 이른 시기의 것으로 특별히 주목할 필요가 있다. 위 인용문은 1716년 당시 경주 부윤으로 있던 정필동이 사헌부의 탄핵을 받자, 자신을 변호하기 위해 왕에게 올린 글의 일부이다. 사헌부는 정필동이 경주 부윤으로 있으면서 경주부에서 진상을 위해서 설치한 '삼전蔘田'의 인삼을 약에 쓴다는 핑계로 절도 없이 캐서 가져갔다고 비판하였다.[17] 그에 대해 정필동은 위의 인용문과 같이 말하면서 자신을 변호하였다. 그에 의하면 경주에 인삼밭이 없어진 지는 이미 누십 년이 지났다. 그러니 경주에 인삼밭도 없는데 자신이 어디에서 인삼을 캐서 가져갈 수 있었겠느냐며 항변하고 있는 것이다. 정필동의 주장을 받아들이면 1716년 시점에서 누십 년 전에는 경주에 인삼밭이 있었다는 의미가 된다. 그렇다면 그 시기는 17세기 중후반이 될 것이다. 따라서 이 사료에 근거하여 17세기 중후반에 경주에 인삼밭이 있었고, 거기에서 인삼 재배도 이루어졌음을 알 수 있다.

요컨대 한국 인삼 재배의 기원은 문헌 기록에 의해서도 17세기 중후반으로 거슬러 올라갈 수 있다. 그러나 인삼 재배의 기원 시점으로서 17세기 중후반은 문헌 기록에 근거한 하한선으로 보아야 할 것이다. 수십 년간의 시행착오를 감안하면 인삼 재배 기술은 임진왜란 전후 혹은 그 이전에 확보되었을 가능성이 훨씬 크다고 생각한다.[18]

다음으로 재배 기원 지역과 관련해서 보면, 경주를 주목하지 않을 수 없다. 재배 기원을 추적할 수 있는 문헌 기록들이 경주와 관련이 있기 때문이다. 경주가 인삼 재배 기술의 확보 혹은 발전에서 큰 역할을 한 것은 분명해 보인다. 다만 위 기록에 의거해서 재배 기원 지역을 경주라고 단언하기는 어렵다고 생각한다. 다른 지역에서 확보된 기술을 경주 사람들이 받아들였을 가능성도 있기 때문이다. 그렇다 하더라도 재배 기원 지역은 경상도를 벗어나지는 않을 것 같다. 18세기 후반이 되면 인삼 재배가 확산되기 시작하면서 인삼 재배법을 소개한 글들이 여러 편 나오는데, 그 글들은 이구동성으로 경상도를 그 재배 기원 지역으로 언급하고 있기 때문이다. 요컨대 인삼 재배 기술은 17세기 중후반 이전에 확보되었고, 그러한 기술을 발전시켜 재배법을 정립해 간 지역은 경상도였을 가능성이 매우 크다.

17세기 중후반 이전에 이미 인삼 재배 기술을 확보하였지만, 당시 사람들은 인삼 재배에 큰 관심을 보이지는 않았다. 인삼 재배 관련 기록이 18세기 초반 이후 한동안 보이지 않기 때문이다. 1710년 무렵 나삼 진상을 둘러싼 논의 속에서 인삼 재배가 언급된 이후 인삼 재배 관련 기록이 다시 등장하는 것은 18세기 후반이 되어서다. 즉 18세기 중반에는 인삼 재배 관련 기록을 찾을 수 없다. 이것이 당시에 인삼 재배가 이루어지지 않았음을 의미하지는 않는다. 그 기간에도 사람들이 인삼을 재배하였을 가능성은 충분하다. 그렇지만 당시에는 인삼 재배에 주목하는 사람들이 적었다. 정부도 재배 인삼에 대해서는 관심을 보이지 않았다. 이런 연유로 18세기 중반에도 소규모로 인삼 재배가 이루어졌지만, 관련 사실이 기록되지 않은 것 같다.

인삼 재배 기술을 알게 된 이후에도 꽤 오랜 기간 인삼 재배가 사람들의 관심에서 벗어나 있었는데, 그 이유로는 두 가지 정도를 생각해 볼 수 있다. 우선 17세기 후반 그리고 18세기 전반까지는 어쨌든 자연산 인삼이 채취되고 있었다. 남채濫採로 인해 수량이 크게 감소하고 있었지만, 18세기 초반까지는 자연산 인삼이 경제적으로 의미가 있을 정도로 채취되었다. 자연산 인삼이 채취되고 유통되는 상황에서 그 대체재라고 할 수 있는 재배 인삼에 대한 요구는 크지 않았을 것이다.

둘째, 인삼을 어느 정도 규모 있게 재배하기 위해서는 막대한 자본이 요구된다. 그런데 당시 삼남 지역 사람들은 그만한 자본을 갖고 있지 않았다. 인삼을 밭에서 경작하는 경우 그 수확까지 4년에서 6년 정도가 소요된다. 그리고 그 기간 내내 지속적인 자본 투자가 이루어져야한다. 그런데 이중환이 《택리지》에서 언급했듯이, 당시 인삼 재배 기술을 갖고 있던 영남 사람들은 그만한 자본을 축적하고 있지 않았다. 초창기 영남 지방의 인삼 재배 규모는 10여 칸, 수십 칸 수준으로 영세하였다. 소규모 생산은 대개 자가 소비나 공물 납부를 위한 것이었다. 시장 판매를 목적으로 하기에는 한계가 있었다.

인삼 재배법 및 재배 인삼이 사람들의 관심을 다시 끌게 된 것은 18세기 후반이 되어서다.[19] 18세기 중엽 이후 자연산 인삼이 절종 단계에 이르면서 대청무역이 침체에 빠지자, 자연산 인삼을 대신하여 청국에 수출할 수 있는 물품으로 재배 인삼=가삼家蔘을 가공한 홍삼이 주목받기 시작한 것이다. 이 무렵이 되면 재배 지역이 영남은 물론 호남과 강원도로까지 확대된 사실을 확인할 수 있다. 또 재배 인삼 매매를 생업으로 삼고 있는 사람이 등장할 정도로 거래가 활발하게 이루어지게 된다.[20] 당시 가삼을 가공한 홍삼은 자연산 인삼과는 달리 수출 금지 품목이 아니었고 민간인이 취급할 수 있는 물화로 인식되었다. 그리고 홍삼의 상권은 전적으로 부호들이 장악하고 있었다.[21] 다만 18세기 말에서 19세기 초에 인삼 재배가 성행하였지만, 당시 삼포 면적은 1830년대이후의 그것과 비교하면 매우 작았다고 판단된다. 이렇게 추정하는 이유는 두 시기의 홍삼 무역량의 큰 차이 때문이다.

1797년에 조정은 재배 인삼으로 제조한 홍삼의 대청 수출을 공식적으로 허가하면서 수출량을 연 120근으로 결정하였다. 이 120근은 당시 인삼 재배 면적을 감안한 수량일 것이다. 120근의 홍삼을 제조하기 위해서는 700칸 정도의 삼포가 필요하였다.[22] 이를 보면 당시 삼남 지역 전체의 삼포 면적은 1,000칸도 안 되는 규모였을 것이다. 그런데 1810년대 이후 개성상인이 본격적으로 삼포 투자에 나서면서 면적이 급격히 확대되었다. 그 결과 1832년에는 공식 홍삼 수출량이 8,000근으로, 1847년에는 4만 근으로 급증하였다. 8,000근의 홍삼을 제조하기 위해서는 대략 4만 8,000칸의 삼포가, 4만 근의 홍삼을 제조하기 위해서는 24만 칸의 삼포가 필요하였다. 개성상인의 삼포 투자 이후 면적 규모를 보면 1797년 당시 120근을 제조할 수 있는 삼포 면적 700칸이 얼마나 영세하였는지를 알 수 있다. 그러다 18세기 후반 자연산 인삼이 거의 산출되지 않으면서 재배 인삼의 경제적 가치에 주목하는 사람들이 늘어났고, 삼남 지방을 중심으로 인삼 재배가 성행하기 시작했던 것이다.

인삼 재배가 성행하고 나아가 대청 수출도 이루어지자 정조 임금과 조정에서도 재배 인삼 및 그 가공품인 홍삼[23]의 경제적 가치에 주목하기 시작하였다. 특히 정조가 역점을 두고 추진한 화성 건설이 마무리된 후에 화성을 어떻게 번영시킬 것인가를 논의할 때 재배 인삼 및 홍삼의 존재가 거론되었다. 정조는 화성 건축 후 수원 지역을 경제적으로 번성시킬 방책을 강구하도록 신하들에게 지시하였다. 신하들은 그 대책으로 부호들을 수원에 유치하고 그들에게 인삼에 대한 특권을 부여할 것을 건의하였던 것이다. 이 건의는 결국 시행되지 못했다. 그러나 홍삼의 가치를 알게 된 정조는 역관에게 홍삼 무역권을 부여했다.

조정의 홍삼 정책은 1797년부터 시행되었다. 그해에 조정에서는 홍삼에 대한 최초의 규정이라고 할 수 있는 〈삼포절목蔘包節目〉을 반포하였다.[24] 〈삼포절목〉은 사행을 통한 홍삼 교역을 처음으로 정식 인정한 규정으로 그 의의가 크다. 이 절목에 의해서 홍삼이 공식 무역품으로 지정되었다. 이전에 은이나 자연산 인삼의 지위를 홍삼이 대체하게 된 것이다. 조선 정부는 이 절목을 통해서 홍삼 무역의 이익을 사행 및 사역원 경비로 활용하고자 하였다. 그를 위해 홍삼을 금수품으로 지정하는 조치를 취하였던 것이다.[25] 사행을 떠나는 역관 등은 〈삼포절목〉에 의해 자신의 직급 등에 따라서 일정 수량의 홍삼을 합법적으로 갖고 가서 무역할 수 있게 되었다.

〈삼포절목〉은 홍삼 수출량도 규정하였다. 그것은 연 120근이었다. 이 120근은 1년에 정기적으로 보내는 두 차례의 사행에 배분되었다. 즉 동지사 행차에는 90근을, 역행曆行에는 30근을 배정하였다. 공식 홍삼 수출량 규정은 이후 조정의 홍삼 정책에서 중요한 과제가 된다. 조정은 1850년 무렵까지는 잠삼潛蔘을 막는다는 취지로 홍삼 수출량을 증가시키는 정책을 취했다. 그 이후 홍삼 수출량은 대개 2만 근에서 2만 5,000근 수준에서 증감하였다. 그리고 홍삼은 이전의 은을 대신하는 것이므로, 은의 가치에 해당하는 홍삼의 양을 정하는 문제가 생긴다. 〈삼포절목〉에서는 홍삼 1근의 은과 교환 비율을 천은天銀 100냥으로 정하였다. 마지막으로 〈삼포절목〉에서는 공식적으로 홍삼 무역을 허가받은 존재들, 즉 홍삼 무역 참가자들도 기록되어 있다. 역관, 외사外司, 비장 그리고 만상 군관[26]이 그들이다. 그들은 정부의 허가하에 홍삼을 청나라로 갖고 가서 무역하고 그 이익으로 해당 관서에서 필요한 물품을 구입해 오거나 해당 관서의 경비로 사용하였다.

앞서도 언급했듯이, 120근의 홍삼을 제조하기 위해서는 작은 면적의 삼포로도 충분하였다. 그리고 재배 지역도 특정한 곳이 주산지로 대두하지 않고 전국에 산재해 있었다.[27] 재배 면적의 소규모성은 19세기 초반에도 여전하였다. 1810년 잠월潛越을 막기 위한 방편으로 홍삼 수출 수량을 증액하는 정책을 채택하였는데, 증액된 수량은 200근이었다.[28] 이 200근의 홍삼을 제조하기 위해서 필요한 삼포 면적은 1,200칸이었다. 1,000칸을 약간 상회하는 수준인 것이다. 재배 지역도 전라도 동복 등 전국에 산재해 있었다.[29] 18세기 말에서 1810년대까지 홍삼은 그 경제적 가치를 주목받기 시작했지만, 소규모 생산 단계에 머물러 있고 대량 생산이 가능한 주산지화의 단계로는 발전하지 못하였다. 그런데 1810~1820년대 이후 개성 지역이 인삼 주산지로 등장하면서 인삼은 대량 생산 단계로 넘어가게 되었다.

3. 개성상인의 자본 전환과 인삼업 투자

18세기 후반에 인삼 재배가 확산되고 사회적 관심이 높아지는 상황에서 개성상인도 인삼 재배에 관심을 갖기 시작하였다. 누가 언제 인삼 재배법을 개성 사람들에게 전하였을까. 이를 확인할 수 있는 직접적인 자료는 없는 것 같다. 따라서 현재로서는 간접적인 자료들을 통해서 추론할 수밖에 없다. 경상도 지역에서 재배가 시작된 이후 18세기 후반에 삼남 지역으로까지 확산된 인삼 재배법을 개성에 소개하는 과정에서 중요한 역할을 한 존재로 '지방 출상인出商人'을 생각할 수 있다.[30] 개성상인 중 다수는 조선 팔도 곳곳으로 진출하여 그곳에서 상업활동을 전개하는 '지방 출상인'이었다. 지방 출상 개성상인은 장사를 하는 지역에서 상업활동만 한 것이 아니라 주변의 새로운 정보를 개성에 소개하기도 하였다.

개성상인의 인삼 재배법 습득과 관련해서는 다음과 같이 추정할 수 있다. 삼남 지역에 진출한 개성상인 가운데 몇몇은 당시 성행하기 시작한 인삼 재배와 재배 인삼의 경제적 가치를 알게 되었을 것이다. 그들은 재배 기술을 해당 지역에서 배우거나 혹은 재배법을 아는 사람을 개성으로 데리고 와서 개성에서 시험 재배를 시작하였을 것이다. 몇 번의 실패를 거치면서 결국 인삼 재배에 성공하게 되고, 이후 다른 개성 사람들도 인삼 재배를 배우게 되면서 개성 지역에서 인삼 재배가 확산되기 시작하였을 것이다.

이러한 추론을 뒷받침할 수 있는 자료로는 한말 개성 출신 유학자 김택영이 지은 〈홍삼지紅蔘志〉가 있다. 〈홍삼지〉에는 개성으로 인삼이 전래된 유래를 논한 부분이 있다. "1811년 무렵 개성인으로 (전라도) 동복을 왕래하던 자가 종삼법種蔘法을 전하니 그 농사가 날마다 퍼졌다"[31]는 내용이 그것이다. 김택영은 자신의 서술을 뒷받침하는 근거를 제시하지는 않았다. 아마도 개성 지역에서 전해오던 이야기를 채록한 것으로 짐작된다. 이 사료를 신뢰한다면 개성인들이 본격적으로 인삼 재배를 시작한 시기는 1811년이 되고 그 전래 지역은 전라도 동복이 될 것이다. 위 기록에 나오는 '동복을 왕래하던 자'는 전국 각지에서 상업활동을 전개하던 '지방 출상인'이라고 할 수 있다. 인삼 재배법을 개성에 소개하는 과정에서 그들이 중요한 역할을 하였을 가능성은 매우 크다.

개성에서 인삼 재배가 시작된 시기는 삼남 지역과 비교하면 꽤 늦다. 김택영에 의하면 그 시기는 1810년 무렵이다. 그리고 개성이 인삼 산지로 각인된 시기는 1820년 전후이며, 1820~1830년대 이후 개성은 인삼 주산지로서 독보적인 위치를 차지하기에 이른다.[32] 늦은 출발에도 불구하고 개성 지역이 인삼 주산지로 발전할 수 있었던 저력은 어디에 있었을까. 이와 관련해서는 두 가지를 생각할 수 있다. 하나는 의주 상인, 즉 만상灣商과의 오랜 협력관계와 그로 인한 증포소蒸包所의 개성 이전이고, 다른 하나는 개성상인이 갖고 있던 충분한 자본력과 신용제도이다.

19세기 홍삼 무역에서 의주상인은 중요한 역할을 하였다. 〈삼포절목〉이 제정되던 당시에도 무역 주체로 역관과 함께 만상 군관이 거론될 정도로 의주상인은 청나라와의 국제무역에서 매우 중요한 존재였다. 그들은 오랜 기간 무역 현장에서 숙련된 전문가였다. 이런 전문성을 인정받아서 의주상인은 1810년이 되면 홍삼 무역 일체를 주도하게 된다. 당시에는 개성이 인삼 주산지로 등장하기 이전으로, 인삼 재배는 전국 각지에서 이루어졌다. 의주상인은 각지의 인삼 산지로부터 수삼을 조달하여 홍삼으로 가공하는 일까지 맡게 된 것이다.[33]

아울러 1810년에 수삼을 홍삼으로 가공하는 증포소가 개성으로 이전되었다. 당시 의주상인이 홍삼 제조까지 맡고 있었으므로, 증포소 이전은 의주상인이 추진한 것으로 보아야 할 것이다. 증포소의 개성 이전과 관련하여 김택영은 증포소는 멀리 한강 변에 있어서 불편하였기 때문에 개성 유수가 청하여 옮기게 되었다고 적고 있다.[34] 김택영에 의하면 증포소 이전은 개성 유수가 추진했고, 그 배경에는 개성 지방의 인삼 재배 확대가 놓여 있다는 것이다.

당시 개성에서도 인삼 재배가 시작되었을 가능성은 크다. 그렇지만 1810년 무렵 개성에서 인삼 재배는 아직 미약한 단계였다. 이렇게 추정하는 이유는 당시 개성은 인삼 재배와 관련하여 조정의 주목을 받는 지역이 아니었기 때문이다. 따라서 김택영의 언급은 비판적으로 검토할 필요가 있다. 조정은 1810년에 〈포삼신정절목包蔘申定節目〉을 제정하였다. 이에 의하면 의주상인은 첩문을 받고 재배지에서 인삼을 매입해 오는 존재였다. 그런데 절목에서 언급된 재배지 가운데 개성은 포함되어 있지 않다. 1810년 당시 개성이 인삼 산지로 알려졌다면 당연히 위 절목에서 언급되어야 하는데 그렇지 않은 것이다.

또 1820년대 중반까지 잠삼蔘 단속 지시가 지방관에게 꾸준히 내려갔는데, 그 대상 지방관은 의주 부윤, 평안 감사, 산처제도産處諸道로 되어 있을 뿐 개성 유수는 명시되어 있지 않다. 이를 보면 1820년 무렵까지도 개성은 인삼 재배와 관련하여 조정이 주목하는 곳이 아니었다. 당시 개성에서는 인삼 재배법이 도입되어 시행착오를 거치면서 재배법을 습득하고 아울러 서서히 면적을 확대해 가고 있었지만, 아직은 정부의 주목을 끌 정도로 면적이 확대되지는 않은 단계였다고 할 수 있다.

그렇다면 1810년의 증포소 이전은 어떠한 이유로 추진되었을까. 앞서 언급했듯이, 증포소가 개성으로 이전된 1810년에는 홍삼 정책에 큰 변화가 있었다. 당시까지 수삼 매집과 홍삼 제조를 담당한 상인은 포삼계인包蔘契人이었다. 그런데 1810년에 포삼계인이 혁파되고 그들을 대신하여 의주상인이 홍삼 제조와 무역을 장악하게 되었다.[35] 이런 사실을 감안하면 증포소 이전을 추진한 주체는 의주상인일 가능성이 크다. 의주상인과 개성상인은 서로 막중한 수요품들을 도거리하여 북경 시장으로 몰래 갖다 파는 일을 심상하게 여기는 존재들이었다.[36] 이러한 특별한 관계로 인해 의주상인이 홍삼 제조와 무역을 장악하게 되자 개성상인의 삼포 투자를 기대하면서 증포소도 아울러 개성으로 이전한 것으로 보인다.

1810년에 의주상인이 홍삼 무역을 장악했지만, 절목을 지키면서 교역을 진행해서는 자신들이 원하는 만큼의 수익을 얻기는 힘들었을 것이다. 그래서 잠삼을 제조하여 무역함으로써 더 큰 수익을 추구하는데, 증포소가 한강 변에 있으면 아무래도 잠삼 제조가 여의치 않았을 것이다. 반면 개성은 서울과 떨어진 지역으로 서울보다 기찰이 심하지 않았을 것이다. 그리고 홍삼 원료인 수삼 조달 측면에서도 개성에서 인삼이 재배되면 전국에 산재한 재배지에서 수삼을 구입해 와야 하는 불편도 줄일 수 있었다. 그러한 사정으로 인해 의주상인과 개성상인은 증포소의 개성 이전을 추진한 것으로 생각된다. 실제로 증포소를 이전하고 10여 년이 지나서 개성 유수는 개성 지방에서 인삼업이 흥성하고 있는 상황과 아울러 의주상인의 잠조잠월潛造潛越에 따른 폐단에 대해 정부에 보고하고 있다.[37]

한강 변에 10년 넘게 증포소가 있었지만, 그 지역이 인삼 주산지가 되지 못한 데서 알 수 있듯이, 증포소 설치가 해당 지역에서 인삼 재배의 성행으로 이어지는 것은 아니었다. 개성에서 인삼업의 발달 과정에서 증포소 이전이 하나의 자극제가 된 것은 맞지만, 인삼 주산지화를 가능케 한 핵심 요인은 개성상인의 축적된 상업자본의 존재였다. 당시 개성상인은 상업자본을 축적하고 있었다. 그들은 그 상업자본을 인삼 재배에 투자함으로써 삼업자본으로 전환시켜 갔다. 그것은 크게 성공을 거두어서 개성 지역은 압도적인 인삼 주산지가 될 수 있었다.[38] 개성 상인은 축적된 상업자본뿐 아니라 그 자본을 융통시킬 수 있는 신용제도도 갖고 있었다. 시변時邊이 바로 그것이다. 개성이 인삼 주산지가 된 핵심적인 이유는 바로 여기에 있다.

인삼업 성장에서 개성상인의 자본력과 신용제도가 절대적으로 중요하였음은 일제강점기 식민지 관리의 언급에서도 확인할 수 있다. 그 일본인은 한국에 거주하면서 개성의 상업 관습에 대해 조사하고 또 개인적으로도 개성에 관심이 많았다. 그는 인삼업과 개성상인의 관계에 대해서 다음과 같이 적고 있다.

인삼과 같이 수확까지 오랜 세월을 요하고 다액의 자본을 고정시키고, 위험율이 많은 생산은 대자본을 가진 개성인 또는 그 자본 융통을 받을 수 있는 지방이 아니면 도저히 오늘날과 같은 발달은 불가능하다고 생각한다.[39]

인삼은 그 재배 기간이 6년 내외이기 때문에 막대한 자금을 필요로 한다.[40] 인삼은 성공적으로 수확하면 밭에서 나는 곡식과 동격으로 논할 수 없을 정도의 큰 이익을 보장했다.[41] 뿐만 아니라 홍삼으로 증조하여 청국으로 판매할 경우에는 몇 배의 이익을 얻을 수 있었다. 그러나 수확까지는 5~6년의 기간이 소요되었다. 게다가 이 기간 동안 매년 끊임없이 자금을 투자해야 했고, 투자 규모도 일반 작물보다 훨씬 컸다. 그만큼 막대한 자금이 장기간 고정되어야 했다.[42] 그런데 병해나 자연재해 또는 절도 등의 피해를 볼 경우 투자 자금을 회수하지 못할 수도 있었다. 위험성이 매우 큰 것이 삼포 투자였다.

충분한 자본뿐 아니라 타인의 자본을 적절하게 활용할 수 있는 신용제도도 요구된다. 위험성이 높은 삼포 투자를 단독으로 추진하는 것은 쉽지 않았다. 그리고 5~6년간 꾸준히 투자해야 하는 자본을 혼자서 모두 마련하여 삼포에 투자하는 방식도 바람직하지 않다. 다른 사람의 자본을 필요할 때마다 적절하게 조달할 수 있다면 삼포 경영에 따른 위험성을 낮출 수 있다. 따라서 인삼 재배 과정에서 불시에 자금이 필요한 경우 타인의 자본을 적절하게 융통할 수 있는 시스템도 매우 중요하다. 19세기에 이 두 가지 조건을 모두 갖추고 있던 집단은 개성상인이 유일했다.

한편 전국 각지에 진출하여 상업활동을 전개하던 지방 출상인의 존재도 개성 지역의 인삼 주산지화에 영향을 끼쳤다. 이는 개성 지역에서 내려오는 이야기, 즉 '지방에서 보부상으로 성가成家하면 귀향하여 인삼업에 참여하였다'[43]라는 말에서 확인할 수 있다. 이 이야기를 통해서 타지에서 장사하면서 어느 정도 돈을 모으면 힘든 타향살이를 접고 고향으로 돌아와 인삼업에 종사하거나 투자하면서 개성에 안착하는 개성상인의 모습을 떠올릴 수 있다.

개성인들이 상인으로 나설 수밖에 없었던 데는 몇 가지 요인들이 복합적으로 작용하였다. 그 가운데 하나가 개성의 자연조건이었다. 개성 시내는 산으로 둘러싸인 분지 형태이고 그 분지 내의 면적이 협소하다.

반면 거기에 사는 사람은 상대적으로 많았다. 그래서 개성 시내에 사는 사람들은 농사만으로는 생계를 유지하기 힘들었다.[44] 그래서 다수의 개성인이 상인으로 나섰던 것이다. 상인으로 나서는 사람은 많은 반면 개성 자체의 수요는 크게 부족하였다. 장사하는 모든 이가 개성 시내에서 장사할 수 없었다. 개성상인 다수는 어쩔 수 없이 타지로 나가서 장사할 수밖에 없었다. 그들을 '지방 출상인'이라고 부를 수 있다.

타지로 장사하러 떠난 개성상인은 가족을 두고 혼자 갔다. 이는 경제적으로 성공하면 반드시 개성으로 돌아오겠다는 의지의 표현이었다. 실제로 타지로 장사 떠난 개성상인 중에 그곳에 정착한 이는 거의 없었다. 거의 대부분 성공 후 개성으로 돌아왔다. 그런데 타지에서 성공한 후에 개성으로 돌아오는 상인들 숫자가 적지 않았고, 이는 개성 시내 상업활동에서 경쟁이 더욱 치열해짐을 의미할 것이다. 그런데 만약 개성으로 돌아온 후, 상업이 아니더라도 지속적으로 경제활동을 이어가면서 수익을 얻을 수 있는 분야가 존재한다면 개성으로 돌아오는 개성상인의 선택지는 상업에 한정되지 않을 것이다. 그만큼 상업적 경쟁도 완화될 것이다. 19세기 개성 지역에서 확대되기 시작한 인삼 재배가 바로 그러한 역할도 하였다. 즉 타지에서 장사하면서 돈을 어느 정도 모으면 개성으로 돌아와서 그 돈을 삼포에 투자하는 것이다. 개성 지역에서 내려오는 위의 이야기는 이러한 맥락에서 이해할 수 있다.

그리고 인삼 재배의 특징, 즉 상대적으로 좁은 면적에서 재배가 가능하고 면적 대비 수익이 월등히 높다는 특징도 개성에서 인삼 재배의 확대에 기여하였다. 일반적인 작물로는 땅이 협소한 개성 지역에서 농사를 지으며 생계를 이어가기 쉽지 않다. 그런데 인삼의 경우는 1,000평

내외의 면적, 혹은 그 이하의 면적으로도 성공적으로 재배하면 커다란 수익을 얻을 수 있었다. 또 논이 아닌 밭에서 재배하는 작물이었다. 그리고 위험성이 있지만, 수확만 하면 큰 이익이 보장되는 상업 작물이었다. 행상하거나 타지에서 장사하던 개성상인들이 귀향하여 안착하려고 할 때 이보다 더 좋은 작물은 없었다고 할 수 있다. 19세기 중반 이후 개성 지역에서 인삼 경작이 급격히 확대되어 인삼 주산지로 등장하게 되는 데는 이러한 개성상인들의 힘든 상업활동과 인삼 재배의 특성이 결합된 측면도 있었다.[45]

그렇다면 개성상인의 자본력은 어느 정도였을까. 이 역시 자료의 한계로 인해 단편적인 자료를 통해 추정해 볼 수밖에 없다. 19세기 조선에서 인삼업에 투자할 수 있는 대자본을 축적하고 있던 상인집단은 소수였다. 앞서 보았듯이, 이중환은 18세기 중엽에 부상대고가 많이 사는 곳으로 한양, 개성, 평양, 안주 순으로 꼽았다. 그 가운데 특히 개성은 조선 후기 한양 다음으로 부상대고가 많은 곳이었다. 그들 부상대고는 청나라·일본과의 무역을 통할하면서 누백만금을 벌어들이고 있었다.[46] 개성상인은 국제무역뿐 아니라 국내 상권까지 장악하고 있었다. 18세기 말에서 19세기 초에 걸쳐 사상들이 도고상업을 활발하게 전개할 때 그 중심이 되었던 집단 역시 한양상인과 더불어 개성상인이었다.[47]

서울이나 평양 상인도 개성상인에 버금가는 자본력을 갖추고 있었다. 그럼에도 단독으로 삼업 투자 자본을 마련하는 것은 쉬운 일이 아니다. 때문에 타인의 자본이 필요할 때 바로 조달할 수 있는 신용제도가 필요하다. 서울과 평안도 상인들은 그러한 신용제도가 상대적으로 약했던 것으로 보인다. 반면 개성상인은 시변이라는 그들만의 신용제도를 갖고 있었다. 그것을 활용해 삼포주들은 필요한 자본을 언제든지 빌릴 수 있었다.

시변의 기원은 명확하지 않다. 다만 개성상인이 인삼업에 본격적으로 투자하기 시작한 것이 시변의 발전에도 긍정적으로 작용한 것은 분명해 보인다. 시변제도의 가장 큰 특징은 무담보 신용 대출에 있다. 또 반드시 중개인을 매개로 하여 대차 거래를 하였다.[48] 시변에서는 중개인이 중요한 역할을 한다. 중개인을 두고 대차 거래를 한 이유는 빌려주는 사람이 책정한 자금만 빌려줄 수 있기 때문이다. 시변 참여자는 서로 잘 아는 사이다. 아는 사이인데 직접 대면해서 금전 거래를 하게 되면, 빌리는 사람이 빌려주려는 사람이 염두에 둔 금액 이상을 원할 경우 후자는 인정상 거절하기가 곤란해서 난처해진다. 이런 곤란함을 없애기 위해서 중개인을 두고 거래했다고 한다.

일제강점기 중개인은 50여 명이었다. 그들은 매일 이른 아침부터 시변에서 돈을 빌리거나 빌려줄 수 있는 재력가의 집을 방문하였다.[49] 한담을 나누면서 시변 참여자 A는 중개인에게 여유 자금이 있는지, 아니면 긴급하게 자금이 필요한지를 이야기하게 된다. A의 자금 사정을 알게 된 중개인은 다른 시변 참여자 B를 찾아가서 자연스럽게 A의 자금에 대해서 말을 한다. 그러면 B는 자신이 급전이 필요한 경우면 A에게서 빌리고 싶다는 뜻을 중개인에게 말한다. 중개인은 다시 A에게 와서 B가 돈을 빌리고 싶어 한다는 뜻을 전한다. A는 B의 신용 상태를 알고 있기에 돈을 빌려줄 수 있다고 중개인에게 말한다. 그러면 중개인은 두 사람 사이의 금전 대차를 중개한다. A가 여유 자금이 있고, B에게 빌려주는 것을 허락하는 경우, 그 자리에서 중개인에게 해당 돈을 건넨다.

그러면 중개인은 그 돈을 B에게 전해주고 B가 써 준 차용증서만 받고 와서 A에게 준다. 이로써 두 사람 사이의 시변 거래는 종료된다. 그 과정에서 담보 제공은 없고, 빌린 사람은 돈을 갚을 때야 비로소 빌려준 사람을 알 수 있다. 이렇게 무담보 신용 대출이지만 시변 참여자가 채무 불이행으로 문제를 일으킨 일은 거의 없었다고 한다.

시변의 이율은 매우 합리적이고 독창적이었다. 시변 이율은 우선 월 단위로 책정되었다. 다만 12개월의 이율이 동일하지 않고, 자금 수요가 많은 달의 이율이 상대적으로 높고 자금 수요가 적은 달은 이율이 낮게 책정되었다. 특정 달의 이율이 책정되면 그 이율은 다시 그 한 달을 기간으로 해서 대개 5일 단위로 이율이 하락하였다. 예컨대 특정한 해의 5월의 이율이 1퍼센트로 책정되었다면, 5월 1일부터 5일까지 이루어진 대차 거래는 1퍼센트의 이율이 적용되고, 5월 6일부터 10일 사이에 이루어진 거래는 0.75퍼센트로 인하된 이율이 적용되는 방식이다. 심지어 26일 이후 빌리는 자금은 그달 말까지 빌리는 기간이 4~5일에 불과하므로 이때는 이자가 붙지 않았다.

시변 참여자는 자신의 신용이 좋다면 언제든지 시변을 이용해서 돈을 빌릴 수 있으므로, 여유 자금을 갖고 있기보다는 시변에 투입하면 이자를 벌 수 있었다. 그리고 본인이 자금이 필요한 때가 되면 시변을 통해서 융통하면 되므로 그 기간에 해당하는 이자를 얻을 수 있었다. 이러한 시변이 있었기 때문에 개성상인은 신용만 잃지 않으면 언제든지 시변을 통해서 자금을 확보할 수 있었다. 근대적인 금융기관이 없었던 19세기에 시변은 개상인들 사이에서 근대적인 금융기관 이상의 역할을 훌륭하게 수행하였고, 이는 개성상인의 삼포 투자를 이끌어 내는 데

매우 중요한 역할을 하였다.[50]

개성상인 개개인의 자본은 시변을 통해서 다른 개성상인에게 쉽게 융통될 수 있었다. 이는 개성상인이 축적한 자본 전체가 활용될 수 있음을 의미하였다. 개별 개성상인의 자본력은 삼포 경영을 하기에는 부족할 수 있었다. 그렇지만 그는 시변을 통해서 다른 개성상인의 자본을 조달할 수 있었기에 삼포를 경영할 수 있었다. 이러한 신용제도를 기반으로 인삼업은 성장할 수 있었다. 삼포 경영에 소요된 생산비용을 살펴본 IV부에서 보듯이, 본포의 경우 금리 항목이 지속적으로 책정되어 있다. 이는 당시 삼포 경영 과정에서 타인의 자금을 차입하는 것이 매우 일반적이었음을 보여준다. 그러한 대차가 원활하게 이루어진 것은 시변이 있었기에 가능했다고 할 수 있다.

그렇다면 19세기 개성상인의 인삼업 투자가 갖는 역사적 의미는 무엇일까. 다음 세 가지로 정리할 수 있다.

첫째, 인삼업 투자를 계기로 개성상인은 전통적인 상인에서 근대적인 생산자로 변신하였다. 더 나아가서는 상업자본을 삼업자본으로 전환함으로써 근대적인 자본가가 될 수 있었다. 개성상인은 홍삼 원료인 수삼 재배와 홍삼 제조를 동시에 장악하였다. 즉 홍삼 생산과 관련해서 거의 독점에 가까운 지위를 갖고 있었다. 홍삼이란 상품은 1년에 한 번밖에 생산되지 않는다는 특징이 있다. 언제든지 필요하면 공장에서 생산할 수 있는 상품도 아니고 생산에 계절적인 제약도 있었다. 그렇지만 홍삼은 장기간 보관이 가능했기에 보관하다가 언제든 필요할 때 판매할 수 있었다. 생산의 계절적 제약은 크게 문제가 되지 않았다. 그보다 조선이 갖고 있던 인삼 관련 기술이 집약된 홍삼은 순전히 개성상인의 자본에 의하여 생산되는 상품이란 사실이 중요하다. 홍삼 생산과 수출을 통해서 개성상인은 단순히 유무상통有無相通을 매개하고, 시간적·공간적 차이에 따른 차익을 얻는 중세적인 상인에서 근대적인 상품을 제조하여 판매하는 근대적인 생산자가 되었다.

1830년대 이후 홍삼을 제조하고 판매한 개성상인을 근대적인 생산자·자본가로 볼 수 있느냐는 논란이 따를 수 있다. 개인적으로는 이들을 근대적인 생산자로 볼 수 있다고 생각한다. 19세기 중엽에 개성상인의 홍삼 생산 능력은 연 4만 근에 이르렀다. 이는 대량 생산으로서 근대적인 산업으로서 손색이 없었다. 그 홍삼은 거의 전량 청나라로 수출되어 막대한 수출 이익을 창출하였다. 일제강점기 및 해방 이후에도 꾸준히 성장한 홍삼 산업은 19세기 중엽에 이미 성립하였다. 일제강점기와 해방 이후의 인삼업을 근대적인 산업이라고 할 수 있다면 19세기 인삼업도 근대적이라고 말해야 할 것이다. 그리고 그것을 실질적으로 가능케 한 개성상인은 근대적인 생산자, 자본가로 볼 수 있을 것이다.

둘째, 개성상인은 삼업 투자에 성공함으로써 그들만의 3대 상업 관습과 3대 사업 영역을 구축할 수 있었다. 개성상인은 전문 상인집단으로 500년 이상의 역사를 갖고 있다. 그들은 그 오랜 역사 속에서 전문 상인집단에 필요한 다양한 상업 관습을 발전시켰다. 상인 재생산 구조인 사환–차인제도, 출납 등을 기록한 사개문서, 금융 조직으로서 시변 등이 그것이다. 각각의 기원은 명확하지 않지만, 사환–차인제도는 16세기 이후 서서히 틀을 갖추어 간 것으로 이해되며, 사개문서는 18세기 초에 작성된 것이 일제하까지 남아 있었으므로 18세기 초 이전으로 거슬러 올라갈 수 있다. 시변의 기원은 논란이 분분하지만 19세기 이전으로 보는 데는 대체로 일치하는 것 같다. 이처럼 위의 상업 관습은 18세기 말 이전에 구축된 것으로 보인다.

개성상인은 상업에 종사하였지만, 그로부터 축적한 부를 단순히 상업에만 재투자하지는 않았다. 그들은 이익 되는 곳에 자본을 적극적으로 투자하였다. 대표적으로 농지를 들 수 있다. 산업 발달이 미약한 당시 조건에서 농지는 확실한 투자처였다. 그래서 개성상인은 농지 투자에도 적극적이었다. 부유한 개성상인은 대지주인 경우가 많았다. 개성상인은 상인이면서 지주였던 것이다. 그리고 19세기 삼업 투자는 앞서 보았듯이 매우 성공적인 선택이었다. 삼업 투자 성공으로 개성상인은 주요 사업 영역을 상업, 지주 경영, 삼포 경영으로 확대할 수 있었다. 이를 통해 개성상인은 자신들의 3대 사업 영역을 구축하게 되었다. 19세기 삼포 투자가 성공하면서 개성상인은 3대 상업 관습과 3대 사업 영역이라는 상업 조직을 완성할 수 있었던 것이다. 대체로 개항 이전 개성상인이 상업에서 도달한 수준은 이러했다. 개성상인들이 의도하였는지는 모르겠지만, 그들의 사업체계는 매우 견고하게 짜인 것이었다. 왜냐하면 일제도 개성상인이 구축한 경제적 성벽을 무너뜨리지 못했기 때문이다.

셋째, 개성상인의 역사에서 삼업 투자는 가장 성공적인 자본 전환 사례로 꼽을 수 있다. 개성상인은 상업으로 시작하였고 그로부터 경제적 기반을 마련하였지만, 그들의 투자는 상업에 그치지 않았다. 앞서 언급하였듯이, 토지 투자에도 적극적이었고, 시변이나 고리대금업에 투자하여 이식을 얻는 데도 능숙하였다. 또 수공업적인 제조업에도 투자하였을 것이다. 그러나 개성상인의 자본 전환 중에 가장 성공적이고 대표적인 것은 바로 삼업 투자였다. 삼업 투자 성공으로 인해 개성상인은 그로부터 경제적으로 큰 이익을 얻었다. 그런데 그에 못지않게 이후의 역사를 보면 핵심 수출 상품을 독점하였기 때문에 그 후손들이 그로부터 얻게 되는 경제적 이득도 대단하였다. 구체적으로 일제하 개성상인이 개성 상권을 유지하는 데 삼업이 크게 일조하였고, 한국전쟁 이후 단신으로 월남한 개성인들이 남한에서 안착하는 과정에도 역시 인삼 재배가 일조하였다.

2.
19세기 개성상인의 투자 확대와
인삼업의 성장

19세기 홍삼 무역에 대해서는 이미 연구 성과가 있다.[51] 다만 기존 연구는 주로 홍삼 무역 추이와 무역 주체에 초점을 맞추고 있고, 또 연구 시기도 개항 이전으로 국한되어 있어서 아쉬움이 있다. 이번에는 홍삼 무역을 실질적으로 가능케 한 개성상인의 삼업 투자=인삼 재배에 초점을 맞추어 19세기 인삼업의 성장 과정을 살펴보려고 한다. 그리고 연구 시기도 개항 이후 갑오개혁 이전까지로 확대하여 검토하고자 한다. 갑오개혁까지 확대하는 이유는 갑오개혁으로 사역원이 폐지될 때까지 역관 중심의 홍삼 무역 구조가 유지되었기 때문이다.

개성상인의 인삼 투자 규모 그리고 그 장기 추이를 고찰하기 위해서는 개성상인이 남긴 삼업 투자와 관련된 1차 자료를 이용하는 것이 가장 바람직하다. 그런데 아쉽게도 현재 19세기 개성상인의 인삼 투자를 시계열적으로 전해주는 1차 사료를 찾을 수 없었다. 그래서 이 글에서는 간접적인 자료를 활용해서 개성상인의 삼업 투자 양상을 추론해 보고자 한다.

19세기 인삼과 관련해서 시계열적으로 확인할 수 있는 자료로는 정부가 공식적으로 허가한 홍삼 수출량이 있다. 그런데 홍삼 수출량은 수삼 생산량에 영향을 받을 수밖에 없다. 그리고 1820년대 이후에는 개성상인이 홍삼 원료인 수삼을 거의 독점적으로 공급하였다.[52] 이러한 사정을 감안해 볼 때 홍삼 수출량의 추이를 통해서 개성상인의 삼업 투자 추이를 간접적으로나마 추론해 볼 수 있다. 이를 위해서 우선 19세기에 조정에서 허가한 홍삼 수출량을 확인할 필요가 있는데, 이를 정리한 것이 [표 1]이다.

1797년부터 1899년까지 정부가 공식 허가한 홍삼 수출량은 대체로 [표 1]과 같다. 갑오개혁까지 살펴본다고 했음에도, 홍삼 수출량 자료를 1894년이 아니라 1899년 것까지 포함시켰다. 그 이유는 인삼 재배의 특수성 때문이다. 홍삼은 삼포에서 6년간 재배한 6년근 인삼으로 제조되었다. 따라서 사역원이 폐지되던 해인 1894년에 이루어진 삼포 투자의 결과는 1899년에 가서야 결실을 얻게 된다. [표 1]에서 홍삼 수출량은 1899년까지 포함하였지만, 실제 그것은 갑오개혁이 있었던 1894년에 개성상인이 투자한 결과로 볼 수 있다. 따라서 1894년까지 개성상인의 삼포 투자를 보기 위해서 1899년 수출량까지 포함시켰다.

[표 1]의 홍삼 수출량을 토대로 당시 삼포 면적을 추론하기 위해서는 두 가지 사실을 먼저 고려해야 한다. 첫째는 홍삼 1근을 제조하는 데 필요한 수삼 수량이다. 이를 알 수 있으면 각 연도의 수출 홍삼 제조에 필요한 수삼 수량을 확인할 수 있다. 둘째는 삼포 1칸에서 수확할 수 있는 수삼 근량이다. 이를 알면 각 연도의 홍삼 수출량을 제조하는 데 요구되는 수삼 재배 면적을 추산할 수 있다.

당시 홍삼 1근을 제조하는 데 필요한 수삼 수량은 얼마였을까. 이와 관련해서는 건모율이 중요하다. 건모율이란 수삼을 홍삼으로 증조할 때 줄어드는 비율을 말한다. 쉽게 말하면 홍삼 1근을 제조하기 위해서 필요한 수삼 근수이다. 갑오개혁 이전에 건모율에 대한 정보를 전해주는 자료는 두 개이다. 하나는 서유구의 《임원경제지》이고 다른 하나는 1888년에 작성된 《구포수삼도록책九包水蔘都錄冊》(이하 《수삼책》)과 《구포건삼도록책九包乾蔘都錄冊》(이하 《건삼책》)이다.[53] 《건삼책》에는 1888년에 홍삼 제조를 위해 수납한 수삼 수량과 그것으로 실제 제조한 홍삼 수량이 기록되어 있다.

[표 1] 19세기 공식 홍삼 수출량

연번	연도	수출 홍삼 (근)	출처	연번	연도	수출 홍삼 (근)	출처
1	1797	120	비, 정조 21.6.24.	16	1858	15,000	승, 철종 9.6.5.
2	1810	130	비, 순조 11.6.29.	17	1860	10,000	비, 철종 11.8.14.
3	1811	200	비, 순조 11.6.29.	18	1861	13,000	비, 철종 12.9.22.
4	1823	1,000	승, 순조 23.7.4.	19	1864	15,000	실, 고종 원년.1.20.
5	1827	3,000	승, 순조 27.8.8.	20	1866	20,200	승, 고종 11.7.30.
6	1828	4,000	비, 순조 28.6.5.	21	1880	22,500	승, 고종 17.9.8.
7	1829	3,000	비, 순조 29.12.23.	22	1881	23,200	승, 고종 18.8.22.
8	1832	8,000	승, 순조 32.9.3.	23	1883	25,200	승, 고종 20.7.28.
9	1847	40,000	비, 헌종 13.8.1.	24	1884	20,200	승, 고종 21.8.25.
10	1849	20,000	승, 헌종 15.7.13.	25	1886	25,200	승, 고종 23.8.11.
11	1851	40,000	승, 철종 2.8.28.	26	1888	25,735	구포건삼도록책
12	1853	25,000	승, 철종 4.8.27.	27	1896	21,596	조삼책
13	1854	15,000	승, 철종 5.8.5.	28	1897	27,380	국역한국지, 696쪽.
14	1855	20,000	승, 철종 6.7.11.	29	1898	22,923	궁내부안 4책, 426-30.
15	1857	25, 00	승, 철종 8.윤5.25	30	1899	27,840	황성, 1899.11.4.

*'비'는 《비변사등록》, '승'은 《승정원일기》의 약자임.
* 왕명 옆의 숫자는 해당 왕의 재위 연도와 월일을 나타냄.

《임원경제지》에는 건모율만 기재되어 있는데 그 건모율은 4분의 1로 나온다.[54] 이는 홍삼 1근을 만드는 데 수삼 4근이 필요하였음을 의미한다. 1888년의《수삼책》과《건삼책》을 통해서도 건모율을 확인할 수 있다. 두 장부에 의하면 1888년의 경우 홍삼 제조와 관련하여 총 165명의 삼포주가 200좌의 삼포를 채굴하였다. 총 채굴 칸수는 15만 4,055칸이며, 홍삼용으로 수납한 수삼의 차수次數는 8만 843.5차였다.

차次는 수삼 채굴 당시의 기본 중량 단위로 20냥에 해당한다고 한다.[55] 즉 1차=20냥이다. 조선시대 1냥은 37.5그램이었으므로 1차는 750그램에 해당한다. 1888년 홍삼 제조용으로 수납한 8만 843.5차는 6천 63만 2,625그램이 된다. 이만한 수량의 수삼을 갖고 홍삼 2만 5,735근을 제조하였다. 1근은 16냥이고, 조선시대 1근은 대략 600그램이었다. 그러므로 제조 홍삼 2만 5,735근은 1천 544만 1,000그램이 된다. 요컨대 1888년에는 수삼 6천 63만 2,625그램으로 홍삼 1천 544만1,000그램, 15.44톤 정도를 제조하였다. 따라서 그 건모율은 25.5퍼센트로 약 4분의 1이 된다. 이는 서유구의《임원경제지》에 나오는 건모율과 거의 비슷하다. 이 두 자료에 따르면 19세기에 홍삼을 제조하기 위해서는 홍삼 중량의 약 4배에 해당하는 수삼이 필요하였음을 알 수 있다.

건모율에 이어 당시 삼포 1칸에서 수확할 수 있었던 수삼 수량을 확인해 보자. 이에 대한 정보 역시《수삼책》과《건삼책》에서 얻을 수 있다. 홍삼으로 제조된 수삼의 중량은 6천 63만 2,625그램인데, 이를 1근=600그램에 따라 근으로 환산하면 10만 1,054근, 약 10만 근이 된다. 그리고 당시 홍삼 원료인 수삼 재배 면적은 15만 4,055칸이었다. 따라서 1근의 수삼을 수확하기 위해서는 대략 1.5칸의 삼포가 필요했다. 수삼 4근으로 홍삼 1근을 제조하였으므로 홍삼 1근을 제조하기 위한 삼포 면적은 대략 6칸이 된다. 이러한 정보를 토대로 홍삼 수출량에 근거한 인삼 재배 면적을 추론할 수 있다. 이러한 추정에 의거하여 각 연도의 6년근 삼포 면적을 추산한 것이 [표 2]이다.

[표 2]에서 제시한 면적은 홍삼 수출량에 근거한 것이므로 정확히 말하면 홍삼용 수삼을 채굴한 삼포 면적이다. 대개 6년근 삼포에서 홍삼 제조용 수삼을 채굴하였으므로 [표 2]의 삼포 면적은 그해 6년근 삼포의 면적으로 볼 수 있다.[56] 다만 이렇게 도출된 재배 면적은 해당 연도에 개설된 삼포 총면적은 아니다. 개성상인이 정부가 허가한 홍삼 수출량에 맞춰서 인삼을 재배했다면 위 면적이 당시 6년근 삼포의 총면적

[표 2] 19세기 6년근 삼포 면적 추산

연번	연대	수출 홍삼 (근)	추정 삼포 면적(칸)	연번	연대	수출 홍삼 (근)	추정 삼포 면적(칸)
1	1797(정조21)	120	720	16	1858(철종9)	15,000	90,000
2	1810(순조10)	130	780	17	1860(철종11)	10,000	60,000
3	1811(순조11)	200	1,200	18	1861(철종12)	13,000	78,000
4	1823(순조23)	1,000	6,000	19	1864(고종1)	15,000	90,000
5	1827(순조27)	3,000	18,000	20	1866(고종3)	20,200	121,200
6	1828(순조28)	4,000	24,000	21	1880(고종17)	22,500	135,000
7	1829(순조29)	3,000	18,000	22	1881(고종18)	23,200	139,200
8	1832(순조32)	8,000	48,000	23	1883(고종20)	25,200	151,200
9	1847(헌종13)	40,000	240,000	24	1884(고종21)	20,200	121,200
10	1849(철종1)	20,000	120,000	25	1886(고종23)	25,200	151,200
11	1851(철종2)	40,000	240,000	26	1888(고종25)	25,735	154,410
12	1853(철종4)	25,000	150,000	27	1896(고종33)	21,596	129,576
13	1854(철종5)	15,000	90,000	28	1897(고종34)	27,380	164,280
14	1855(철종6)	20,000	120,000	29	1898(고종35)	22,923	137,538
15	1857(철종8)	25,000	150,000	30	1899(고종36)	27,840	167,040

이 될 것이다. 그러나 개성상인이 홍삼 수출량과 무관하게 삼포 면적을 확대해 갔다면 위에서 도출된 면적은 실제보다 축소된 면적일 가능성이 크다. 당시 실상을 보면 개성상인은 정부가 정한 공식 홍삼 수출량과 무관하게 재배 면적을 확대해 갔다. 이에 대한 정부의 대책은 뒤늦게 삼포 면적 확대를 인정하여 증대된 홍삼 수량을 공식 수출량으로 공인하는 방식이었다. 따라서 당시의 실제 면적과 위에서 추론한 면적 사이에는 차이가 있을 수밖에 없다. 이를 감안하고 당시 재배 면적의 추이를 통해 개성 지역이 인삼 주산지로 성장해 가는 과정, 개성상인의 삼포 투자 규모를 추정해 볼 수 있다.

[표 2]에서도 알 수 있듯이, 개성상인이 인삼 재배를 시작한 초창기부터 개성 지역이 인삼 주산지로 등장한 것은 아니었다. 개성상인의 삼업 투자 증대와 그 결과로서 인삼 재배 면적의 확대는 시기에 따라 다른 양상을 보이는데, 크게 세 시기로 나눌 수 있다. 제1기는 인삼 재배 초창기로, 개성상인이 삼업 투자를 시작하였지만, 아직 초창기로서 그 규모가 크지 않고 따라서 삼포 면적도 소규모였던 시기이다. 대체로 1820년대까지로 볼 수 있다. 제2기는 인삼 재배 전성기로, 개성상인의 삼업 투자가 최고 수준에 이르고 그 재배 면적이 최대로 확대된 시기이다. 대체로 1850년을 전후한 시기까지로 볼 수 있다. 이때는 인삼 재배 면적 급증과 그로 인한 수삼 수확량 증가가 홍삼 수출량 증가로 이어지는 시기였다. 제3기는 인삼 재배 소강기로, 1850년 무렵 최고 수준에 도달한 삼업 투자가 일정하게 위축되지만 격감하지는 않은 때이다. 이전 시기와 비교해서 조금 줄어든 홍삼 제조 능력을 유지하던 시기로 판단되며, 이 시기에는 홍삼 생산량의 증감이 이전보다 심하였다. 그러면서도

이 시기에는 줄어든 홍삼 수출량 이상의 홍삼을 제조할 수 있는 삼업 투자가 이루어졌다. 때문에 공식 수출량은 줄어들었지만, 잠삼이 많이 등장하였다.

1797년부터 1811년까지는 개성상인이 삼업 투자를 본격적으로 하지 않은 시기라고 할 수 있다. 1797년에 처음 허가한 홍삼 수출량은 120근이었다. 1811년에는 그 수량이 200근으로 증가하였다. 이 정도의 홍삼을 제조하기 위해서는 720칸에서 1,200칸 정도의 삼포가 필요하였다. 1847년 4만 근의 홍삼 제조를 위해 필요한 삼포 면적이 24만 칸이었던 것과 비교하면 홍삼 무역 초창기에 삼포 규모의 영세성을 알 수 있다. 당시는 개성상인이 인삼업에 본격적으로 투자하기 이전이다. 주로 삼남 지방의 사람들이 인삼을 재배하였을 것으로 짐작된다.

개성상인에 의한 삼업 투자 제1기라고 할 수 있는 1820년대 들어서면 홍삼 수출량은 1,000근에서 3,000~4,000근 수준으로 증가하였다. 이전 시기에 비해 크게 늘어난 것이다. 그에 따라 삼포 면적도 6,000칸에서 2만 4,000칸 이상으로 확대되었다. 초창기 10여 년간의 삼포 면적이 1,000칸 내외였던 것과 비교하면 2만 칸 내외로 그 규모가 크게 증가한 것이다. 특히 1820년대 후반인 1827년, 1828년, 1829년에 그 규모가 1만 8,000칸에서 2만 4,000칸 수준으로 급증한 사실이 주목된다. 여기서 한 가지 주의할 점은, 1820년대 후반의 삼포 면적 확대는 대개 6년 전에 이루어진 투자의 결실이라는 사실이다. 따라서 특정한 해의 삼포 면적은 개성상인이 6년 전에 투자한 결과이다. 이러한 사정을 감안하면 1820년대 후반의 삼포 면적 확대는 1820년대 초반인 1821~1824년 사이에 이루어진 투자의 결과이다. 따라서 1820년대는 개성상인이 인삼업 투자에 본격적으로 나선 시기로 이해된다. 개성상인이 삼업 투자를 본격화하면서 삼포 면적이 빠르게 확대되어 갔다.

제2기는 인삼 투자 전성기로 이 시기에 삼업 투자가 크게 증가하는 것을 확인할 수 있다. 1830년대 기록으로는 1832년의 8,000근 하나뿐이다. 이 8,000근의 홍삼을 제조하기 위해서 필요한 삼포 면적은 대략 4만 8,000칸 정도였다. 1820년대에 삼포 면적이 2만 칸 내외였던 것과 비교하면 2배 정도 증가하였다. 4년 사이에 이루어진 면적 증가이다. 일단 인삼 재배법이 소개되자 삼업 투자에 뛰어들던 개성상인들의 모습을 떠올릴 수 있다. 1841년의 홍삼 수출량은 1만 근이었다. 1만 근의 홍삼을 제조하기 위해서는 6만 칸의 삼포가 필요하다. 1832년과 9년 정도의 차이가 있는데, 삼포 면적이 1만 2,000칸 정도밖에 증가하지 않았다. 반면 1841년으로부터 6년 후인 1847년에는 홍삼 수량이 무려 4만 근에 이르고, 그 면적만도 24만 칸으로 급증하였다. 6년 사이에 이렇게 급증한다는 것은 상식적으로도 납득하기 어렵다. 아마도 1841년 홍삼 수량은 실제 제조할 수 있었던 홍삼 수량 전체가 아니라 그 일부만 반영되었을 가능성이 크다. 공식 수출량 이상의 홍삼은 잠삼 형태로 청나라로 넘어갔을 것이다.

1840년대 후반은 19세기 개성상인의 삼업 투자와 인삼업의 발전에서 특기할 만한 시기이다. 당시 인삼업은 최고의 전성기를 맞게 되었다. 1847년의 공식 홍삼 수출량은 4만 근이었다. 1832년의 8,000근과 비교하면 15년 사이에 무려 다섯 배가 증가하였다. [표 2]에서 보듯이, 홍삼 수출량 4만 근은 1847년과 1851년에 두 차례 나오고 이후에는 등장하지 않는다. 이후에는 대체로 2만 근 내외를 오르내렸다. 이를 보면

1847년과 1851년의 4만 근은 19세기 인삼업의 최고 전성기를 보여주는 수치이다. 4만 근의 홍삼을 제조하기 위해서는 24만 칸 정도의 삼포가 필요하였다. 이 24만 칸은 아마도 당시 개성상인이 인삼업에 투자할 수 있는 최대 규모였을 것이다. 다만 앞서도 언급했듯이, 1847년의 성과는 대체로 6년 전인 1842년 투자의 결과이므로, 1840년대 초반에 이미 인삼업에 대한 투자가 최고 수준에 도달했던 것이다. 1820년대부터 인삼업 투자에 본격적으로 나서기 시작한 개성상인이 1830년대를 거치면서 인삼업 투자를 늘렸고 1840년대 초반에 이르러 그 최대 규모에 이르고 있는 것이다.

1840년대 후반 인삼업의 급속한 성장은 기본적으로 개성상인이 삼업 투자를 크게 확대한 결과임은 분명하지만, 개성상인의 삼업 투자 확대를 촉진한 요인이 있었다. 당시 공식 수출량이 정해져 있는 상황에서 그것을 넘어서는 홍삼의 존재는 불법이었다. 그런데 개성상인은 홍삼 불법 제조라는 문제는 아랑곳 하지 않고 공식 수출량 이상의 홍삼을 제조할 수 있는 수삼을 생산하고 있었다. 이는 당연히 불법이므로 관의 제재를 받아야 한다. 그런데 역설적이게도 잠삼을 만들 수 있는 삼포 확대를 단속해야 할 지방관이 오히려 재배 면적 확대를 묵인하고 방조하고 있었다.

홍삼 수출량이 격증한 이유에 대해서는 기존 연구도 주목하여 '사삼私蔘 합안세闔眼稅'의 존재를 밝힌 바 있다.[57] 사삼 합안세란 비록 조정의 허가를 받지 않은 홍삼이지만, 지방 관아에서 그 제조 및 수출을 눈감아 주고 그에 대한 대가로 거두어들인 세금을 말한다. 즉 홍삼 밀수출 단속의 책임을 지고 있는 송도와 의주부에서 홍삼의 잠조잠매潛造潛

賣를 단속하기는커녕 오히려 조정의 공식 허가 수량을 넘어서는 홍삼의 제조 및 수출을 묵인해 주고 그 대가로 지방 관아에서 합안세를 거두고 있었던 것이다. 이러한 사삼 합안세의 존재는 개성상인의 삼포 투자를 자극하였음이 분명하다.

그러나 개성상인 입장에서 보면 이를 다르게 이해할 수도 있다. 1830년 무렵 개성 지역에서 인삼 재배가 활기를 띠기 시작한 이후에 개성상인들이 너도나도 앞 다투어 삼포 투자에 나섰을 것이다. 즉 그들은 정부의 공식 허가 수량에 구애받지 않고 삼포 투자를 급격히 확대하였을 가능성이 크다. 당시 조선 정부의 인삼 정책이 홍삼 제조 및 수출에 국한되고 인삼 재배에 대해서는 거의 방관하고 있었기에 가능한 일이었다. 그러나 공식 수출량이 정해져 있는 상황에서 그 이상을 제조하여 수출하는 것은 불법이었다. 그런데 마침 송도와 의주의 관리들이 합안세 명목으로 세금을 거두고 잠삼의 존재를 묵인하였다. 합안세는 홍삼 제조량을 급격히 증가시킨 중요한 계기였다.

그렇지만 합안세의 존재가 개성상인의 삼포 투자를 이끌어 냈다고 보는 것은 본말이 전도된 주장이라고 생각한다. 오히려 개성상인들이 이익을 좇아 삼포 면적을 지속적으로 확대해 간 사실이 먼저였을 것이다. 즉 개성상인의 투자 확대로 인해 생산할 수 있는 홍삼 수량도 크게 증가해 갔다. 이에 송도와 의주의 관리들이 그런 사실을 포착하고 합안세를 받기 시작하였을 것이다. 물론 그들은 정부가 정한 수량 이상의 홍삼 수출을 묵인하였다. 조정에서는 두 고을의 관리들이 개성상인과 의주상인을 상대로 합안세를 거두어 간 것으로 보았다. 그러나 두 고을의 관리들이 합안세를 거두어 가기 위해서는 먼저 공식 수출량 이상

의 홍삼이 존재해야 한다. 정부가 정한 수량에서 빼내어서 합안세 명목
으로 거두는 것은 쉬운 일이 아니기 때문이다. 요컨대 개성상인의 삼업
투자 확대로 삼포 면적이 늘어나고 이는 홍삼 생산량 증가로 이어졌는
데, 이런 상황을 파악한 두 고을에서 합안세를 받아 가기 시작한 것으
로 이해해야 할 것이다. 합안세의 존재는 개성상인이 자본을 삼포에 대
대적으로 투자하는 과정에서 매우 중요한 기여를 하였음은 분명하다.

제3기에 해당하는 1850년대 이후의 홍삼 수출량은 변동이 심하여서
면밀하게 고찰할 필요가 있다. 1851년에 다시 한번 홍삼 수출량은 최
고액인 4만 근이 되었다. 이는 1846년 투자의 결과로 볼 수 있다. 그렇
다면 1840년대 중반도 인삼업 투자는 최고 전성기였음을 알 수 있다.
그런데 1860년대에 들어서면 홍삼 수출량은 격감하였다. 1860년에는
홍삼 수출량이 1만 근으로, 1861년에는 1만 3,000근으로 책정되었다.
1840~50년대와 비교하면 거의 4분의 1 혹은 3분의 1 수준으로 떨어진
것이다. 전성기를 구가하던 인삼업이 갑자기 위기를 맞은 듯한 모습을
보여주고 있다. 이를 어떻게 이해할 수 있을까. 개성상인은 왜 삼포 투
자를 크게 줄였을까? 이 무렵 홍삼 수출량의 감소가 인삼 재배 면적의
축소, 즉 개성상인의 삼포 투자 축소에 따른 결과라고 생각하면 당시에
인삼업에 어떤 위기가 닥친 것으로 볼 수 있다. 그럴 가능성도 충분히
존재한다.

그런데 홍삼 수출량 추이가 반드시 당시 인삼업의 변동에 따른 것인
가에 대해서는 의문을 가질 수 있다. 이익을 좇는 데 누구보다 뛰어난
개성상인이 눈앞의 커다란 이익을 그렇게 쉽게 포기하였을 것 같지는
않기 때문이다. 가령 특정 해의 홍삼 수출량이 1만 근으로 정해진 경

우, 실제 개성상인의 삼포 투자 규모는 1만 근 이상의 홍삼을 제조할 수 있었지만, 홍삼 수출량은 낮게 책정되었을 가능성은 없을까. 필자는 1860년대의 감소는 인삼 재배 면적 축소에도 영향을 받았겠지만, 그에 못지않게 홍삼 제조 능력보다 적은 수량으로 홍삼 수출량이 책정되었을 가능성도 충분하다고 생각한다. 즉 6년근 삼포 면적과 홍삼 제조량 사이에 괴리가 이전보다 심화된 시기였다고 판단된다.

1866년 이후에는 대개 2만 근에서 2만 5,000근 내외를 오르내리면서 일정한 경향성을 보여준다. 그렇다면 1866년 이후에는 실제로 개성상인의 인삼업 투자가 2만 근에서 2만 5,000근 내외의 홍삼을 제조할 수 있는 규모로만 이루어졌을까. 그 이상의 투자가 이루어졌을 가능성은 없을까.

실제 홍삼 제조 능력과 공식 홍삼 수출량 사이에 차이가 있다면 그것은 결국 잠삼이 존재하였음을 의미한다. 1850년대 이후 잠삼은 존재하였는가, 존재하였다면 그 규모는 어느 정도였을까. 이와 관련해서는 19세기 중반 자료는 아니지만, 개항 이후 일본인들이 이와 관련해서 언급한 내용들이 있어서 참고가 된다.

동지사 수행원인 서장관 이하 35~36명의 인원에게 총액 1만 200근을 휴대케 함을 정법定法으로 한다. 이 외에 의주상인 등 해원該員을 수행하여 밀수출하는 것도 매년 1만~2만 근에 이른다고 한다.[58]

근래 사포私圃가 점점 많아지고 또 사사로이 매매하는 자 역시 점점 증가하고 있다. 그 산출액은 (개략) 동지사 휴대는 2만 5,000근을 정례로 하고 기타 비밀히 배양하고 또 밀매 등이 근래 점점 성하기 때문에 총체의 산출액은 5만 근에 달할 듯하다.[59]

종래 동지사 일행이 휴대한 2만 5,000근을 표준으로 하고 각 상인의 밀수출에 관계된 것이 그와 동액으로 상상해도 매년 5만 근의 홍삼이 해외로 수출되었다. 대개 이런 상상은 조금 지나치지만, 결코 크게 지나친 것은 아닐 것이다. 그리고 1근의 대가를 가령 15원으로 하면 1개년 수출액이 75만 원인 셈이다. 생각건대 적어도 매년 80만 원 내외의 인삼이 해외로 수출됨으로써 당국에서 중요 산물임을 알 수 있다.[60]

위 내용들은 1886년, 1894년, 1897년에 기록된 것으로 시간적인 차이는 존재한다. 그렇지만 다음의 사실을 확인할 수 있다. 당시 홍삼 밀수출이 광범하게 이루어지고 있었다는 점이다. 19세기 홍삼 밀수출 관련 기사는 위의 공사관 자료가 아니더라도, 당시의 관찬 기록에서 어렵지 않게 찾을 수 있다. 그만큼 홍삼의 잠조와 잠매는 만성화되어 있었다. 다만 당시 기록에서는 홍삼을 밀수출하다가 발각되어 처벌된 사례들을 확인할 수 있지만, 밀수출 수량을 가늠하기는 어렵다. 그런데 일본공사관 기록에는 공식 수출량에 맞먹는 혹은 그 이상의 수량이 밀수출되고 있다고 적고 있다. 물론 그들도 정확한 잠삼 수량을 확인할 수 없음을 인정하면서도 전체 수출량으로 4만~5만 근을 제시하고 있다. 이는 1847년 단계에서 이미 개성상인들이 도달했던 홍삼 제조 수량에 근접한 것이어서 주목된다.

위 사료들에 의하면 개성상인은 1890년대까지 대체로 최대 연 4만여 근 내외의 홍삼을 제조할 수 있는 능력을 갖고 있었던 것이 된다. 물론 그 기간에 여러 변수가 작용하여 홍삼 총제조량은 그 증감이 무상하였을 것이다. 특히 1860년을 전후한 시기에는 홍삼 수출 수량이 1만 근 수준을 유지하고 있다. 이러한 급감은 당시에 삼포 투자와 관련하여 어떤 악재가 존재하였을 가능성을 생각하게 한다. 그런데 1866년이 되면 다시 2만 근 대 수준을 회복하였다. 이는 1899년까지 지속된 공식 제조 수량과 대개 일치한다. 1866년 이후 일본 측 자료들에는 공식 허가 수량 이상의 잠삼이 존재한 것으로 이해하고 있으므로, 이 무렵에도 공식 수량은 2만여 근 내외였지만, 적지 않은 잠삼이 제조되었을 것으로 생각된다. 요컨대 1840년대 이후 개성상인의 인삼업 투자 능력으로는 홍삼 4만 근을 제조할 수 있었고, 그 능력은 이후 한때 위축되었을 가능성이 있지만 그래도 연 3만 근 이상의 홍삼을 제조할 능력은 갖고 있었다고 생각한다.

정확한 수량은 확정하기 어렵지만 잠삼이 광범하게 존재했던 것은 인정된다. 개성상인이 허가받지 않은 인삼에 대한 수출 금지, 즉 정부의 금삼禁蔘 정책에도 불구하고, 또 발각되면 효수를 당하였음에도 불구하고 잠삼을 제조하여 무역한 이유는 무엇보다도 경제적 이익 때문이었다. 정부 논의에서 금삼 정책이 어려운 이유를 설명할 때 상투적으로 언급되는 것이, 이익이 있는 곳이라면 사람들은 목숨도 돌보지 않는다는 것이다.[61] 사실 홍삼 제조·수출로 인한 경제적 이득은 매우 커서 잠삼의 유혹을 뿌리치기 힘들었다. 개성상인들은 이 경제적 이득 앞에서 목숨도 생각하지 않고 홍삼 제조에 매달렸다. 요컨대 개성상인들은 홍삼이란 수출품이 큰 이득을 보장한다는 사실을 잘 알고 있고, 동시에 홍삼을 제조할 능력까지 지니고 있었기 때문에 정부의 금삼 정책에도 불구하고 끊임없이 잠삼을 제조하여 수출하면서 이익을 극대화하였던 것이다.[62]

아울러 정부 정책의 한계도 개성상인의 욕구를 방조하여 잠삼의 광범한 존재를 가능하게 하였다. 조선 정부는 금삼 정책을 수차례에 걸쳐 해당 지방관에 지시하였다. 그러나 그 지시는 기본적으로 홍삼의 제조와 수출에 한정되었다. 홍삼 원료인 수삼 재배에 대해서는 거의 단속을 하지 못했다. 홍삼 밀조를 금단하려고 하면서도 그 원료가 되는 수삼 재배에 대해서는 별다른 관리 감독을 하지 않은 것이다. 정부의 이러한 불완전한 금삼 정책하에서 개성상인들은 인삼업 투자를 확대하여 경작 면적을 늘려갔다. 그리고 수확한 수삼 중에서 공식 수출량을 제조하는 데 필요한 원료를 제외하고도 적지 않은 수삼이 그들 손에 남았고, 개성상인은 그것으로 잠삼을 제조할 수 있었던 것이다. 요컨대 정부 금삼 정책의 한계와 개성상인의 경제적 욕구가 맞물리면서 이 시기에 잠삼은 광범위하게 존재할 수 있었다.[63]

이상에서 봤듯이, 개성상인은 19세기 들어 개성에서 삼포를 개설하기 시작하였다. 개성상인은 바로 다른 지역을 압도하면서 개성을 인삼 주산지로 만들어 갔다.

한편 축적된 상업자본이 단순 소비나 사치를 위해 지출되지 않고 위험성이 있는 인삼업 투자로 전환되기 위해서는, 즉 삼업자본으로 전환되기 위해서는 인삼 재배의 수익성이 보장되어야 한다. 아울러 인삼 재배와 관련한 지식도 충분히 알고 있어야 한다. 상업 작물로서 인삼 재배의 수익성에 대해서 19세기 초반 정약용은 "근년 이래 인삼은 모두

밭에 심는데, 그 이익을 논하면 혹 천만千萬이어서 밭과 같이 논할 수 없다"고 하였다.[64] 당시 인삼 재배의 수익성을 짐작할 수 있다. 구체적인 가격을 들어서 살펴보면 '1냥(=37.5그램)의 인삼 가격이 귀하면 10냥, 천하면 7, 8냥' 정도였다고 한다.[65]

19세기 개성상인이 삼업 투자를 통해서 얻을 수 있었던 이익 규모를 보여주는 기록이 있다. 실제로 19세기 개성상인의 자본이 구체적으로 삼업에 투자되고 있던 사정을 [표 3]을 통해서 보자.

이《외상장책》의 주인이 누구인지 알 수는 없지만, 장책의 주인은 1840년부터 1850년 사이 박형근, 양계진, 차윤홍 등이 경영하는 삼포 도중都中에 각각 투자하여 한깃(한몫)에 최하 87냥으로부터 최고 2,200냥의 이익배당금을 얻고 있다. 여기서 박형근, 양계진, 차윤홍 등의 '삼포 도중 이익조 한깃 입금'이라고 한 것은 장책의 주인이 앞의 세 사람의 삼포 도중에 투자하여 각각 이익배당금을 받아들였다는 것을 보여주는 것이며, 이는 개성상인들이 여러 삼포에 한몫을 투자하여 이익배당에 참가한 사실을 명백히 보여주는 것이다.

이 금액이 어느 정도 거액인지를 살펴보기 위해서 19세기 전반 전라

[표 3] 삼포에 투자하여 얻은 이익배당금 수입정형[66]

	년 월 일	내역	수입액수
경자년	1840. 11. 20	박형근 삼포도중 이익조 한깃 입금	87냥 6푼
신축년	1841. 7. 29	양계진 삼포도중 이익조 한깃 입금	426냥 8전 3푼
갑진년	1844. 10. 25	〃	1,661냥 4전 1푼
경술년	1850. 6. 9	차윤홍 삼포도중 이익조 한깃 입금	2,200냥 2전 5푼
계			4,375냥 5전 5푼

도 지역의 토지 거래 가격을 제시하면, 1823년 전라도 해남 지역의 논沓 3두락 지가는 42냥兩 수준이었고, 1855년 논沓 1두락 가격은 8.5냥이었다.[67] 이처럼 개성 지방 인산 주산지화의 배경에는 개성상인의 축적된 상업자본과 이를 생산자본으로 적극적으로 전환하려는 의식과 의지가 있었다.[68]

3.
인삼업 관계자의
유형과 사례

19세기 인삼업은 크게 세 부문, 즉 수삼 재배, 수삼의 홍삼으로 가공, 홍삼의 대청 수출 부문으로 이루어졌다. 삼포에서 수삼 재배는 개성상인이 장악하였다. 다른 지역에서도 인삼을 재배하였고, 또 한양상인들도 삼포에 투자한 사실이 확인되지만 압도적인 존재감을 과시한 것은 개성상인이었다. 따라서 19세기 삼포 경영과 관련해서 구체적인 개성상인의 사례를 제시해 보고자 한다. 둘째, 수삼을 홍삼으로 가공하는 일은 증포소에서 하였는데, 관련 기록이 매우 적어 실상을 확인하기 어려워서 사례를 제시하지 못했다. 세 번째, 홍삼 무역과 관련해서는 그 종사자가 다양하였다. 우선 역관이 가장 중요한 존재였다. 홍삼 무역 자체가 역관을 위해 시작된 것이므로 1894년 갑오개혁으로 사역원이 혁파될 때까지 역관은 홍삼 무역에서 가장 중심적인 존재였다. 다만 1810년 이후에는 중국에서 이루어지는 홍삼 무역에는 직접 참여하지는 않은 것 같다. 정부가 허가한 홍삼이 주로 역관에게 배정되었기 때문에 역관은 홍삼 무역권을 갖고 있었다. 따라서 직접 무역에 참여하지 않아도 이 무역권을 통해서 경제적 이득을 충분히 얻을 수 있었다.

다음으로 의주상인이 중요하다. 그들은 역관을 대신해서 홍삼 무역을 실질적으로 수행하였다. 의주상인은 이전부터 중국과의 무역에 전문화된 집단이었다. 그런 만큼 청나라 상인과의 거래에서 능력을 발휘할 수 있었다. 이런 맥락에서 역관들은 실제 홍삼 무역을 의주상인에게 위임한 것 같다. 의주상인 이외에 한양상인 등도 무역에 참여하였다. 다만 시간이 흐를수록 의주상인 중심으로 무역이 이루어지는 추세가 강화된 것으로 이해된다. 개성상인은 공식적으로 홍삼 무역에 참여할 수 없었다. 그러나 오랜 기간 의주상인과 매우 밀접한 관계를 맺고 있었으므로, 의주상인을 통해서 무역의 이익에 동참하는 데는 어려움이 없었다.

한편 1880년대 이후 조선 왕실이 홍삼 무역의 이익에 참여하였다. 왕실은 적지 않은 이익을 갖고 가면서 홍삼 무역에서 중요한 존재로 부각된다. 이들 외에도 잠상潛商이 존재하였다. 그들은 〈삼포절목〉이 반포된 직후부터 언제나 정부의 골칫거리가 될 만큼 끊이지 않고 활동하였다. 간혹 발각되어 효수형에 처해지기도 하였지만, 홍삼과 관련한 잠상의 출현은 그치지 않았다. 잠상이 존재할 수 있었던 이유는 공식 수출량 이상의 홍삼을 제조할 수 있는 수삼이 존재하였기 때문일 것이다.

다음에서는 단편적이지만 19세기 활동한 수삼 재배자로서 개성상인, 홍삼 무역 관계자로서 역관, 의주상인, 왕실 등의 사례를 제시해 보려고 한다. 한계가 많은 사례들이기 때문에 이를 통해서 19세기에 각 인삼 관계자들의 구체적인 존재 양태를 알기는 어렵다. 그럼에도 당시 인삼업과 관련된 다양한 관계자들의 일면은 엿볼 수 있다고 생각한다.

1. 개성상인의 삼포 경영 사례

인삼포에 대한 투자는 한양상인 혹은 역관들의 투자가 없지 않았지만,[69] 거의 대부분은 개성상인들에 의해서 이루어졌다. 19세기 삼포를 경영하던 구체적인 인물들을 통해서 삼포주의 일면을 살펴보자. 여기에서 이용한 자료는 1888년에 작성된 《구포수삼도록성책九包水蔘都錄冊水蔘冊》(이하《수삼책》)이다. 이 사료에는 1888년 인삼포에서 수삼을 채굴하여 홍삼 제조용으로 납부한 삼포주의 이름과 삼포 칸수가 기록되어 있다. 이 자료에 게재된 인물들 중에서 이후에《수삼책》과 비슷한 성격의 자료에도 이름이 있는 이들을 추릴 것이다. 그들은 어느 정도 삼포 경영의 지속성을 지닌 삼포주들이라고 할 수 있는데, 그 구체적인 사례를 보려고 한다.[70]

《수삼책》에 의하면 1888년에 홍삼 제조용 수삼을 채굴한 삼포주는 165명이었고 그들이 채굴한 삼포 좌수는 200좌였다. 그리고 총 채굴 칸수는 15만 4,055칸이었다. 삼포주의 숫자와 채굴 삼포 좌수가 일치하지 않는 것은 한 명의 삼포주가 2좌 혹은 3좌의 삼포에서 수삼을 채굴하였기 때문이다. 그들은 한 해에 두 좌 이상의 삼포를 개설하였던 것이다.《수삼책》에서 2좌 이상의 인삼포에서 수삼을 수확한 삼포주는 총 23인이며 그 비율은 약 14퍼센트가 된다. 그렇다면 165명 중에서 1좌의 삼포에서만 수삼을 채굴한 이들이 142명이 되고 그 비율은 약 86퍼센트에 해당한다. 2좌 이상의 삼포에서 수삼을 채굴한 23명 중에서 3좌 이상의 삼포 소유자는 9명이고, 2좌의 삼포에서 수삼을 채굴한 삼포주는 14명이었다.[71] 그들 중에 같은 연근年根의 삼포에서 수삼을 채굴한 두 명을 제외하고,[72] 대부분은 서로 다른 연근의 삼포를 소유하고 있었다. 이를 보면 당시 삼포 경영주들은 대체로 한 해에 한 좌의 삼포를 개설하는 것이 일반적이고, 소수의 삼포주만이 한 해에 두 좌 이상의 삼포를 개설하고 있었다.

《수삼책》에 수록된 삼포주 가운데 이후의 기록에서도 삼포 경영이 확인되는 인물로는 왕재중王在中과 차상필車尙弼이 있다. 왕재중은 1853년 4월 13일 생으로, 한문을 수학했고, 관력은 현릉 참봉이었다.[73] 1900년에 작성된 《개성부호적세표開城府戶籍稅表》에 의하면 왕재중은 남부 도조리에 거주하였고 당시 35세의 아내 경주 이씨와 두 아들 그리고 두 며느리와 초가 12칸의 집에서 살고 있었다.[74] 왕재중은 1888년 한 해에만 모두 4곳의 삼포에서 수확하였다. 수확한 삼포 칸수는 총 4,700칸으로 《수삼책》에 수록된 삼포주의 소유 규모 가운데 가장 컸다. 그는 네 좌의 인삼포에서 10편 1,986차, 15편 1,009차 등 총 2,995차를 수확하였다. 삼포주로서 왕재중은, 삼포주의 경영 규모를 확인할 수 있는 1896년, 1908년 및 일제 시기인 1921년도(이때 나이는 69세임) 자료 모두에서 확인되는 유일한 인물이다. 평생을 인삼업에 종사한 인물이었음을 알 수 있다.[75] 각 시기별 왕재중의 삼포 경영 변동 내역은 [표 4]와 같다.

[표 4]를 보면 왕재중은 대체로 한말까지 1,500칸 이상의 인삼포를 꾸준히 경영하였다. 그리고 삼포 수가 한두 곳인 것으로 보아 매년 삼포에 투자하기보다는 한두 삼포에 집중적으로 투자하고, 여기서 얻은 수익으로 재투자하여 삼포를 신설하는 유형이었다고 생각된다.[76] 1896년 1,500칸을 경영하여 얻을 수 있는 수익은 어느 정도였을까. 1897년

칸 당 100냥으로 삼포를 거래한 자료가 있다.[77] 이 자료의 가격을 왕재중의 삼포에 적용하면 그 금액은 15만 냥에 이르는 거액이 된다. 이만한 수익을 얻을 수 있기 때문에 1900년 당시 비록 초가이기는 하지만, 12칸 규모의 집에서 살 수 있었다고 생각된다.[78]

한편 일제강점기인 1921년도 자료에 의하면 왕재중은 당시에도 삼포 1만 5,000여 칸을 경영하고 있었다. 이는 한말까지의 경영 수준과 비교하면 3배 혹은 10배 정도로 확대된 규모이다. 일제강점기에 왕재중은 삼포 경영 규모를 크게 확대시켰음을 알 수 있다. 일제는 삼포 경작 허가제를 시행하여 허가를 받지 못하면 삼포를 개설할 수 없도록 하였다. 왕재중은 일제로부터 삼포 경작 허가를 받았던 것으로, 일제의 홍삼 정책에 호응하는 모습을 보인 것이다.

1910년대에 총독부는 삼포주를 회유하기 위한 하나의 방법으로 삼포 경작자에 대해 매해 모범경작자라는 이름으로 시상하는 정책을 실시하였다. 왕재중은 확인 가능한 1909~1915년의 7년 동안 모두 5회에 걸쳐 그 수상자로 선정되었다.[79] 그리고 1910년 3월 일제는 삼포주들을 효율적으로 통제하기 위하여 개성삼업조합을 설립시켰다. 이때 왕

[표 4] 왕재중의 삼포 경영 변동

	1년근	2년근	3년근	4년근	5년근	6년근	7년근	계
1888년					3,500	1,200		4,700
1896년							1,500	1,500
1908년					99	1,610		1,709
1921년	239	2,483	4,245	6,571	–	1,654	–	15,182

* 자료: 1896년은 《삼포적간성책》, 1908년은 《경작허가인표》, 1921년은 《개성삼업조합 업무보고》.

재중은 조합 이사로 임명되기도 하였다.[80]

차상필은《수삼책》에 의하면 '추채 매치중'이라 표시된 삼포에서 15편 114차, 또 추채 250칸에서 10편 100차를 채굴하여 두 삼포에서 총 214차의 수삼을 홍삼 제조용으로 납부하였다.《개성부호적세표》에 의하면 그의 주소는 개성 북부 이정리 용동 제2통 제2호로 되어 있다. 이 주소지에는 남자 2인과 여자 4인 등 총 여섯 사람이 기와집 15칸, 초가 10칸 등 총 25칸 규모의 저택에서 거주하였다.[81] 가옥 규모에서도 알 수 있듯이 차상필은 당시 개성 지역에서 일정한 자산을 소유한 자산가층에 속했다.

이는 1901년 〈목청전중건원조성책穆淸殿重建願助成冊〉에서도 확인할 수 있다. 이 자료는 목청전을 중수하는 데 소요되는 자금을 마련하기 위해서 개성상인이 출연한 금액을 기록한 것이다. 목청전은 이성계가 왕이 되기 전에 개경에서 살던 집이다. 당시 출연 규모는 개별 개성상인의 경제력과 대체로 비례하였을 것으로 짐작된다. 이 기록에 의하면 목청전 중건을 위해서 차상필은 500냥을 출연하였다.[82] 〈목청전중건원조성책〉 전체에서 최대 출연금액이 1만 냥이고 그 다음이 8,000냥이었음을 감안하면 500냥은 비교적 적은 액수이다. 그렇지만 전국적으로 부도富都로 유명한 개성에서 성금 출연자 178명 가운데 한 사람으로 참여한 것 자체가 그가 상층의 경제력을 보유한 인물이었음을 의미한다.

차상필은 한말에 개성 인삼업계를 대표하여 활동하기도 하였다. 1904년에 삼포주이면서 홍삼 제조를 감독하는 검찰관檢察官에 임명되었다.[83] 이는 한말까지 차상필이 인삼업을 계속하였을 뿐 아니라, 개성 지역 인삼업계에서 꽤 유력자였음을 짐작케 한다. 뿐만 아니라 1907년에 일제는 인삼업을 장악하려고 궁내부로부터 삼정을 박탈하였지만, 미처 준비가 되지 않아서 임시방편으로 민간인이 홍삼을 제조할 수 있도록 하였다. 이에 15명의 자산가들이 수삼을 직접 구입하여 홍삼을 제조하였다. 그 15인의 자산가 중 한 사람이 차상필이었다. 당시 차상필은 308근의 홍삼을 제조했고 이를 위해 지출한 비용은 7,784원이었다. 이 액수는 15인의 자산가 가운데 10위 수준이었다.[84] 이처럼 차상필은 개성에서 상층의 부호였다고 평가할 수 있는데, 그의 경제력은 인삼업 경영과 밀접한 관련을 지니고 있었던 것이다. 한말에도 개성상인 중에는 왕재중이나 차상필처럼 삼포 경영에 종사하면서 부를 축적하고 있던 사람들이 적지 않았다.

이 두 사람 외에도 1905년에 작성된 《개성부호적세표》에 실려 있는 《수삼책》의 삼포주로는 홍광섭洪光燮과 이기만李基萬도 있다. 홍광섭은 《수삼책》에 의하면 추채 340칸을 채굴하여 10편 489차, 15편 12차 총 501차를 수확하였다. 《호적세표》에 따르면 그의 주소는 북부 이정리 충교동 제1통 제1호이다. 여기에서 그는 초가 7칸 규모의 가옥에서 남자 3명, 여자 5명 모두 8명의 가족과 생활하고 있었다. 이기만은 《수삼책》에 의하면 금천 수문동에 있는 7년근 삼포 1,200칸을 채굴하였는데, 여기에서 그는 홍삼 제조용 수삼으로 10편 171차를 수확하였다. 《호적세표》에 의하면 그의 주소는 북부 지파리 공현동 제43통 제7호이며, 남자 3명, 여자 4명 도합 7명의 가족이 8칸의 초가에서 살고 있었다.

한말 개성 지역의 《개성부호적세표》를 《삼포적간성책》과 비교 분석한 연구에 의하면 개성 6개 지역의 호당 가옥 규모는 6.91칸인 반면, 삼포주의 경우 호당 평균 가옥 간수는 10.39칸이었다.[85] 따라서 《수삼책》의 삼포주 4인은 개성 6개 지역의 평균 가옥 규모보다 큰 집에서 살고 있었다. 그렇지만 삼포주의 평균 가옥 규모와 비교하면 왕재중과 차상필만이 평균보다 큰 집에 거주하였다. 이를 보면 한말까지는 삼포주가 수백여 명에 이르렀고, 그들 사이에는 부의 편차가 존재하였음을 알 수 있다. 그러나 인삼업이 개성상인의 부력을 지탱해 주는 중요한 부원富源이 된 것은 틀림없는 사실이라고 하겠다.

2. 홍삼 무역 관계자의 유형과 사례

19세기 홍삼 무역과 그 이익에 참여하는 층은 다양했다. 갑오개혁으로 사역원이 폐지되어 홍삼 정책이 탁지부로 이관되기 전까지 홍삼 무역은 역관이 담당하였다. 역관 이외에도 경만상京灣商으로 불리는 사상들도 정부의 허가를 받고 홍삼 무역에 참여할 수 있었다. 정부의 허가를 받지 않은 잠상들도 광범하게 존재하였다. 1880년대 들어서는 왕실에서도 홍삼 무역에 개입하여 그 이익의 일부를 차지하였다. 따라서 이 시기에는 역관, 경만상, 잠상으로 대표되는 사상들 그리고 조선 왕실 등이 홍삼 무역의 이익을 나눠 가졌다. 그러나 1900년부터는 홍삼 무역권이 일본의 미쓰이三井물산으로 넘어가면서 일제가 패망할 때까지 한국인이 홍삼 무역에 참여하거나 또는 홍삼 무역을 통해 자본을 축적하는 일은 불가능해졌다.[86] 아래에서는 홍삼 무역에 참여하거나 혹은 그 이익을 나눠 가졌던 역관, 사상, 왕실의 사례를 구체적으로 살펴보려고 한다.

(1) 역관의 활동

역관은 19세기 홍삼 무역의 핵심 주체였다. 정부의 홍삼 무역 허가는 역관들의 요청에 의해 이루어졌다. 또 초기 홍삼 무역의 이익은 사행 여비와 사역원의 경비로 충당된 만큼 홍삼 무역은 역관과 불가분의 관계에 있었다. 100여 년 동안 많은 역관이 사행에 참여하였고 그 과정에서 홍삼 무역을 통해 이득을 취했을 것이다. 여기에서는 1888년 자료를 통해서 그 일면을 살펴보고자 한다.

역관들과 왕실이 홍삼 무역에 참여하고 그 이익을 차지한 사실은 1888년에 작성된 《구포건삼도록책》(이하 《건삼책》)을 통해서 확인할 수 있다. 이때 건삼은 홍삼을 의미하는 것으로, 《건삼책》에 기재된 인원, 즉 홍삼 제조를 의뢰한 이는 모두 30명이었다.[87] 그 30명이 제조를 위탁한 근량은 [표 5]와 같다.

[표 5]에 나타나는 30명 중 17명은 그 신분을 확인할 수 있다. 이 17명 가운데 절대 다수인 16명이 역관이었다. 그리고 나머지 한 사람인 현흥택玄興澤은 왕실과 관련 있는 인물이었다.

역관 16명의 이력부터 살펴보기 위해 작성한 것이 [표 6]이다. [표 6]을 보면 16명의 역관 가운데 김세정만 제외하고 모두가 한학漢學 출신이다. 이를 보면 홍삼 무역에는 역관 중에서도 한학 출신들이 주도적으로 참여한 것으로 이해할 수 있다. 그리고 연령을 보면 평균 45세 정도로 나타나고 있다. 홍삼 무역에 참여하는 역관들은 대체로 일정한 연륜을 갖춘 자였음을 알 수 있다.[88] 그리고 그들의 아버지를 보면 거의 모두가 중인 출신이었다.

역관들의 본관을 보면 남양 홍씨 두 명, 금산 이씨 두 명, 온양 방씨

[표 5] 1888년 제조 홍삼의 개인별 근량

이름	근량	이름	근량	이름	근량	이름	근량	이름	근량
현제복	55	최규원	110	박용협	110	**최학영**	350	**최석영**	660
김세정	110	이군선	110	박순지	110	**김준하**	440	최재한	660
김재술	110	**방한시**	110	**이응완**	165	**오경희**	440	조병연	1140
이기	110	조덕?	110	임동진	220	**이재성**	500	**홍덕조**	1160
최영록	110	윤영석	110	**이길상**	330	김영한	570	**방한덕**	1430
조한규	110	박교빈	110	**홍정주**	330	**윤규섭**	650	현홍택	15000

* 출전: 《구포건삼도록책》.
* 굵은 이름은 역관 출신을 의미함.

[표 6] 1888년 홍삼 제조 역관의 이력

연번	이름	자字	생년	나이	본관	출신과	합격년	산직	부父
1	김세정	사진	1806	83	설성	몽학	1833 증	무과우후	덕윤 자
2	김준하	성청	1843	46	전주	한학	1867 식	참봉	혜직장 난우
3	방한덕	성함	1846	43	온양	한학	1864 증	차상통사첨정	의과주부대용 생부의봉사윤행
4	방한시	성재	1849	40	온양	한학	1879 식	직장이압물	희용 자 생부주훈도 원용
5	오경희	원기	1851	38	해주	한학	1870 식	봉사	응면 자
6	*윤규섭	경오	1847	42	파평	한학	1880 증	구압물봉사교회	역동추 상협
7	이기	기옥	1856	33	금산	한학	1880 증	구압물직장	역관관 응구
8	이길상	한규	1855	34	정읍	한학	1874 증	우어별체아	주훈도 해명
9	이응완	복경	1842	47	금산	한학	1859 증	총민주부	(=예) 자
10	이재성	덕준	1820	69	정선	한학	1840 식	총민첨정	명 자
11	최석영	성규	1855	34	경주	한학	1882 증	봉사	주별제 봉재
12	최영구	훈경	1844	45	직산	한학	1864 증	참봉	인의 재연
13	최학영	원명	1848	41	청주	한학	1874 증	부봉사교회	창렴 자
14	*현제복	원예	1845	44	천영	한학	1874 증	별선직장	인의찰방 옥
15	홍덕조	충경	1838	51	남양	한학	1874 증	주부차상	종부낭청 효철
16	홍정주	의경	1851	38	남양	한학	1885 증	판관	윤건 자

* 출전: 《역과방목》(민창문화사 영인본, 1990). 일일이 쪽수는 밝히지 않는다.

두 명, 천녕 현씨 한 명, 해주 오씨 한 명 등으로 16명의 역관 가운데 절반이 당시 유력 역관 가문 출신들이었다.[89] 이러한 사실은 역관의 무역 참여가 일종의 특권이었던 당시 상황 속에서 무역 참여 기회가 유력 가문 중심으로 편중되었을 가능성을 보여준다.

[표 6]에 기재된 역관들의 또 하나의 특징은 관직 진출이 두드러진다는 사실이다. 홍덕조는 한 해 전인 1887년 8월 18일에 통리교섭상사아문의 주사로 임명되었다.[90] 윤규섭은 10여 년 정도 지난 1898년에 중추원 3등 의관에 임명되었고, 당시 품계는 6품이었다.[91] 그리고 이 둘은 이재성과 함께 어용삼御用蔘을 담당했다. 이러한 사실들로 보아 이 둘은 역관 중에서도 특히 근왕적인 성격이 강했던 인물로 짐작된다.[92] 이 둘 외에도 현제복,[93] 최석영,[94] 방한덕[95] 등이 갑오개혁 시기와 대한제국 시기에 관직에 진출하였다. 이처럼 16명의 역관 가운데 5명이 관직에 진출했거나, 진출하게 된다는 사실 역시 홍삼 무역에 참여할 수 있는 역관이 사역원 내에서도 유력한 존재였음을 추론케 한다.[96]

홍삼 무역권을 갖고 있던 역관들의 이러한 성격은 결국 유력 역관 가문의 정치적·경제적 성장과 밀접한 관계가 있다. 당시 역관들의 부력을 보여주는 일례를 들어보면, 개화사상가로 유명한 해주 오씨 오경석[97]은 그의 아버지로부터 2,000석에 해당하는 재산과 가옥 2채를 물려받았다.[98] 그리고 임오군란 당시 이李·오吳·방方·변卞 등으로 대표되는 중인 부호들의 가옥이 난민들에 의해 파괴당하였다. 그들은 지배 세력과 결탁하여 고리대금업과 독점 상업을 통해 부를 축적하는 특권 상인층이기도 하였다.[99] 이 시기 역관들의 경제력에서 홍삼 무역을 통한 이익은 중요한 역할을 하였고, 이는 다시 홍삼 무역을 통한 자본의 성장 가능성을 보여준다고 하겠다.

(2) 사상私商의 활동

　19세기 초기 기록에 의하면 역관이 홍삼 무역권을 갖고 있었지만 실제 무역을 담당한 이들은 의주상인이었다는 기록이 있다. 여기에 서울 상인들도 다양한 기회를 통해서 무역에 참여하려고 했다. 19세기 실제 홍삼 무역에서 사상이 매우 중요한 역할을 수행한 것은 분명하다. 다만 그 중요도에 비해서 관련 자료가 많지 않은 듯하다. 여기에서는 인삼 무역에 종사하여 거부를 쌓은 대표적인 사상 두 사람을 소개하고자 한다. 19세기 초반 홍삼 무역을 주도했다고 하는 임상옥과 19세기 후반 홍삼 무역을 통해 거부를 축적하여 일제강점기 평안도의 김성수 집안으로 불렸던 오희순이 그들이다.

　임상옥은 정조 3년(1779) 12월 10일에 평안북도 의주에서 출생하여 철종 6년(1855) 5월 29일에 77세 나이로 의주 자택에서 사망하였다. 자는 경약景若, 호는 가포稼圃, 본관은 전주였다. 본래 평안남도 안주에 거주하다가 그 증조 때에 의주로 옮겨왔다. 선대부터 상업에 종사하였고, 아버지 임봉핵도 역시 연경을 왕래하던 상인이었다고 한다.[100]

　임상옥의 문집인《가포집稼圃集》자서에 의하면 6, 7세부터 외부의 스승에게 15세에 이르기까지 경사經史를 대충 섭렵하고 문리가 겨우 나게 되었고, 18세부터 연경에 출입하기 시작했다고 한다.[101] 상인으로 나선 이유에 대해서 임상옥은 부친께서 연로하시고 가정에는 근심이 많으니, 위를 보면 부모님 봉양할 길이 없었고 아래를 굽어보면 가솔들을 거느리고 기를 방법이 없었기 때문이라고 쓰고 있다. 이때부터 그는

10년 넘게 북경 무역에 종사하는 상인으로 활동하였다. 그리고 이때의 상업적 성공을 계기로 거상巨商으로 성장할 수 있었다. 임상옥은 상인으로 활동하던 시기인 28세에 부친상을 당하게 되지만, '쌓인 부채가 산처럼 누르고 가세도 크게 기울었다'는 이유로 빈소를 지키지 않고 상업활동을 계속하였다.

그가 거상으로 성장하는 데는 당시 홍삼 무역이 결정적인 역할을 했다. 아울러 권력과의 결탁도 매우 중요하였다. 임상옥은 순조 집권 초반 세도가 박종경 집안과 밀접한 관계를 맺어 국가의 힘으로도 터주기 어려운 인삼 무역의 10년간 독점권을 얻었다고 한다. 이는 1810년대 홍삼 무역을 전적으로 만상에게 담당시키던 무렵의 일이다. 이러한 호기를 계기로 임상옥은 이미 30대에 거상으로 성장하였다.[102]

당시 임상옥의 부력에 대해서는 자세한 내용은 알 수 없고 단지 몇 가지 일화로 짐작할 수 있을 뿐이다. 우선 그의 집에는 부기를 적는 사람만 70여 명이나 되었다고 한다. 그리고 거상으로 성장한 39세에 조상의 묘소 아래 커다란 집을 건축하였는데, 그 크기가 수백 칸에 이르렀다고 한다.[103] 또 한번은 원접사遠接使, 평안 감사, 의주 부윤이 임상옥 집을 찾았는데, 그 일행이 700여 명이었다. 그런데 이 700명의 요리를 각 상으로 일시에 들였다고 한다. 이러한 일화들을 통해 임상옥의 부력을 짐작할 수 있다. 아울러 임상옥의 재부 축적을 실질적으로 가능케 했던 홍삼 무역의 경제적 가치도 짐작할 수 있다.

임상옥은 이러한 경제력을 바탕으로 관직에도 진출하였다. 그는 일찍이 홍경래 난에서의 수성의 공과 1821년 변무사 수원으로 입연入燕의 공이 있음으로 해서 오위장과 완영 중군을 제수받았다. 그리고 54

세 때에는 특지로 곽산 군수가 되고, 다음 해인 1833년에는 구성 부사가 되었다. 이때 정부의 내침을 받아서 귀향한 이후로 벼슬길은 다시 나아가지 않았다. 한편 임상옥은 진시振施로도 유명하여, 의주 사람들에 대한 그의 전후 진시가 누만 냥에 달했다고 한다. 이와 같은 내용은 일제 초의 기록에서도 보인다. 즉 1913년에 만들어진 《조선신사대동보》에 19세기 전반기 인물인 임상옥이 게재되어 있는 것이다.[104]

오희순(1854~1899)은 홍삼 무역 초기에 활동한 임상옥과 달리 1880년대에 홍삼 무역을 통해 거부를 축적한 인물이다. 오희순은 일제강점기에 '평안도의 김성수'로 불리던 오치은의 아버지이며, 일제하 유력한 자본가였던 오희원의 사촌형이다. 오희원은 남강 이승훈의 물주로 유명했고, 오희원과 오치은도 안창호 등이 대성학교를 세울 때 총 1만원의 기부액 중 7,000원을 부담하였다. 이처럼 한말~일제강점기 서북지역의 대표적인 자산가 집안이었던 철산 오씨가의 부원富源은 바로 오희순의 홍삼 무역에서 기원하였다. 오희순 집안은 대대로 대청무역을 하고 있었다. 오희순이 홍삼 무역으로 자본을 축적하는 과정은 정확하지 않다.[105] 그러나 1880년대에 이미 평안도를 대표하는 대금왕으로 등장하고 있는 것으로 미루어 보아, 그의 나이 20~30대에 이미 홍삼 무역을 통해 거부를 모았던 것 같다.[106] 임상옥, 오희원은 사료에 나오는 대표적인 사상들이며, 사료에 나오지 않지만 많은 사상들이 홍삼 무역에 가담하였고 그를 통해 부를 쌓았을 수 있었다.

(3) 왕실의 홍삼 무역 참여

개성상인이 삼업 투자를 확대하면서 홍삼 수출량도 급증하였다. 그렇게 되자 홍삼 무역을 통한 이익도 크게 증가하였다. 사행 여비와 사역원 경비로 예상했던 액수보다 훨씬 많은 수입이 있었던 것이다. 이에 정부의 재정 관서였던 호조에서 홍삼 무역의 이익 중 일부를 받아서 사용하기 시작하였다. 특히 대원군은 군비 강화 비용을 홍삼 무역의 이익으로 충당하기도 하였다.[107] 그러다 1880년대 들어 왕실에서도 홍삼 무역의 이익을 일부 나눠 가져가기 시작하였다.

조선 왕실의 홍삼 무역 참여라는 측면에서 주목을 끄는 존재는 1888년 홍삼 제조량의 절반 이상을 담당하고 있는 현흥택(1856~?)이다. 현흥택의 출신은 분명하지 않지만, 1880년대 최고의 세도가였던 민영익의 측근이었다. 그는 1883년 보빙사절로 미국을 최초로 방문한 민영익의 수행원 중 한 사람이었다.[108] 이로 미루어 보면 현흥택은 왕실이 홍삼 무역의 이익에 참여하게 되었을 때 그 실무자 역할을 담당했던 것으로 추측된다.

1880년대 초반부터 갑오개혁 이전까지 왕실에서 홍삼 무역에 관여하여 얻은 수입이 얼마인지, 그리고 수입을 어디에 얼마만큼 사용했는지 등의 문제는 자세히 알 수 없다. 다만 단편적이지만 다음의 사건을 통해 수입과 사용처의 일면을 추론해 볼 수 있다.

1909년 3월 7일 이도표가 재판소에 수감되었다. 그는 태황제(고종을 말함)의 새서璽書를 가지고 장차 상해로 가서 민영익, 이윤재, 현상건 등과 통하여 본국에서 의병이 일어날 때 의사들을 규합하여 내부국난來赴國難하려고 하였다. 민영익에게는 1891~1892년에 보낸 홍삼 판매 대금 80만 환, 이윤재에게는 그의 숙부 이용익이 저축한 나랏돈 21만 환이 상해

노청露淸은행에 있어서 운동비로 사용할 수 있다고 한다. 이도표가 바야흐로 남대문에서 차를 타고 인천항으로 향하다가 왜놈 순사에 체포되었는데, 왜놈 순사는 그 새서가 위조라고 했다.[109]

이 기록을 보면, 고종은 의병운동 지원비=운동비를 1891년과 1892년도 홍삼 수입에서 지출하려 했음을 할 수 있다. 그 액수는 80만 환으로 한 해 평균 40만 환이 된다. 이 금액이 두 해의 홍삼 수출−수입의 전부인지는 알 수 없지만, 당시 왕실에서 홍삼 무역에 참여하여 상당한 수입을 얻고 있었음을 확인할 수 있다. 그리고 홍삼 판매 대금은 당시 상해에 있던 민영익이 관리하고 있었음을 추론할 수 있다.[110] 민영익은 1880년대의 세도가로 갑신정변 이후 중국에 망명해 있었는데, 홍삼 무역에 깊이 관여하고 있었다고 한다. 이는 그의 측근 현흥택이 실제로 홍삼 제조, 판매에 관여하고 있던 사실과도 일맥상통한다.

한편 현흥택은 왕실 홍삼 무역의 실무자로 활동하였지만, 그 과정에서 그 자신도 인삼업과 밀접한 관련을 맺었다. 그의 관직 진출은 갑오개혁 이전부터 이미 뚜렷했다. 그리고 대한제국 시기에 들어서도 중용되었다.[111] 현흥택이 정치·사회적 위상을 유지할 수 있었던 경제적 기반 가운데 하나는 인삼이었다. 이는 1888년 당시 홍삼 제조에 관계하여 그 절반 이상의 제조를 책임지고 있는 사실에서도 알 수 있지만, 이에 더하여 1896년에 작성된 《삼포적간성책》에서 삼포 소유주로서 현흥택을 발견할 수 있기 때문이다. 당시 현흥택이 경영한 삼포 규모는 대단히 컸다. 그 상황을 제시하면 [표 7]과 같다.

[표 7]을 보면 알 수 있듯이 1896년 당시 현흥택은 총 7좌의 삼포를 경

영하고 있었고, 그 규모는 8,000칸이었다. 8,000칸이란 규모는《적간성책》에 기재된 삼포의 평균 칸수가 1,000칸도 채 안 된다는 점을 감안하면 대단히 큰 것이다. 대규모 삼포를 소유한 현흥택의 삼포 경영에는 몇 가지 특징이 있었다. 우선 삼포의 소재지를 보면 7좌의 삼포는 모두 황해도 수안군에 있었다. 이는 1889년 7월 이전까지 수안 군수로 있었던 현흥택의 이력과 관계가 있을 것이다. 즉 언제부터 삼포에 관계하게 되었는지는 명확하지 않지만, 적어도 수안 군수를 지내면서 이를 계기로 그곳에 집중적으로 삼포를 설치한 것만은 확실해 보인다. 그리고 삼포 경영은 수안 군수 재직 시에만 한정되지 않았다. 군수를 그만두고 7년 정도 지난 시기에도 위와 같은 규모의 삼포를 경영하고 있었던 점으로 보면 지속적으로 삼포 경영에 관계하고 있었다고 할 수 있다.

현흥택은 삼포 경영을 전적으로 고용인에게 맡겼다. 고용인은 삼포마다 따로 두지 않고, 삼포의 소재지별로 두었다. 그래서 고용인은 총

[표 7] 1896년 현흥택의 소유 경영 규모

	소재지	연근	칸수(間)	고용인
1	수안군 성동방 좌동	4	900	김석규
2	수안군 천곡방 용촌	6	900	장익상
3	위와 같음	4	700	장익상
4	수안군 천곡방 조촌	4	1,500	김화수
5	수안군 대천방 원지	5	500	이춘삼
6	위와 같음	4	1,500	이춘삼
7	위와 같음	4	2,000	이춘삼
	칸수 합		8,000	

* 출전: 1896년《삼포적간성책》.

4인으로 나타나고 있다. 고용인이 관리하는 인삼포의 규모에는 큰 차이가 있었다. 1좌의 삼포만을 맡은 김석규의 경우는 900칸을 관리하는 데 그친 반면, 3좌의 삼포를 동시에 맡고 있던 이춘삼은 4,000칸을 관리하였다. 이 규모는 현흥택 소유 삼포의 절반 크기이다.

이처럼 현흥택은 조선 말기부터 대한제국 시기에 걸쳐 다양한 정치 활동을 전개한 인물인데, 그의 경제적 기반의 한 축은 인삼포 경영과 홍삼 무역이었다. 왕실은 19세기 후반이 되면 적극적으로 홍삼 무역의 수입에 참여하여 적지 않은 수입을 얻고 있었다. 그리고 왕실의 권위를 빌려 근왕적인 인물들 특히 현흥택 같은 이는 홍삼 제조에 적극적으로 개입하고 또 대규모 삼포를 경영하면서 자본 축적을 꾀하고 있었다.

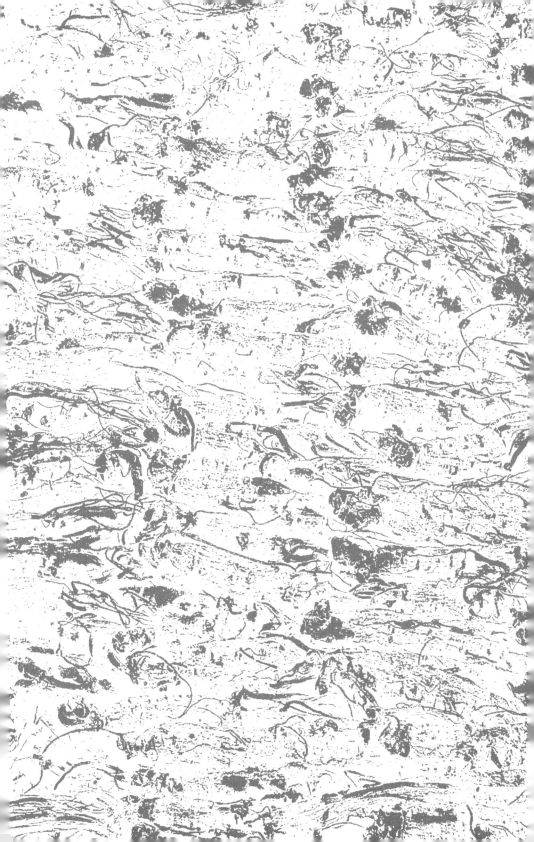

Ⅲ

대한제국의 홍삼 정책과
일제의 인삼업 침탈

갑오개혁으로 사역원이 폐지되면서 홍삼 제조와 무역은 그 주체가 모호해진다. 이에 개성상인은 홍삼이 민영화되면 홍삼 무역권을 자신들이 갖게 될지도 모른다는 기대를 갖고 삼포 투자를 확대하였다. 그러나 1880년대부터 홍삼 무역의 이익에 참여하고 있던 왕실은 대한제국을 수립한 후 황실이 중심이 되어 홍삼 무역의 이익을 독점하기 위한 정책을 펼쳤다. 황실은 1889년부터 홍삼을 본격적으로 전관하기 시작하였다. 황실의 실질적인 홍삼 전관은 1904년까지 이어진다. 황실은 홍삼 제조와 무역권을 장악하는 것은 물론이고 수삼 재배 상황도 파악하여 삼포에 대한 단속을 강화하는 정책을 실시하였다. 인삼포에 대한 단속은 당시 일본인들의 인삼업 침탈이 심각한 상황에서 그것을 방지하기 위한 목적이 컸고, 실제로 상당한 효과를 거두었다.

황실의 홍삼 전관에 의해서 개성 삼포주들은 채굴한 수삼을 홍삼 원료로 납부해야 했다. 그리고 그 대가로 수삼 배상금을 받았다. 삼포주 입장에서 배상금은 삼포 경영의 수익을 결정하는 중요한 잣대가 되었다. 그래서 삼포주들은 배상금 결정에 큰 관심을 가졌다. 황실은 삼포주들의 기대와는 달리 배상금을 지속적으로 인하하였다. 이는 삼포주들에게 큰 실망으로 다가왔다. 그렇지만 황실은 '배상금 선교제도'를 실시하였다. 이는 배상금을 담보로 하여 봄에 10만~20만 원 정도를 삼포주들에게 미리 지급해 주고 가을에 수삼 납부 시 변제하는 제도로, 삼포주들에게 큰 도움이 되었다. 그래서 1904년까지는 삼포 경영은 위축되지만, 심각한 위기 상황은 아니었다.

일제와 일본인들은 개항 직후부터 개성의 홍삼에 큰 관심을 가졌다. 당시 조선에서 홍삼만큼 경제적 가치가 큰 상품은 거의 없었다. 그러나 홍삼은 금수품이었기 때문에 합법적으로 일본인이 홍삼을 취급할 수는 없었다. 그래서 일본인들은 불법·탈법을 동원하여 개성의 인삼포를 침탈하였다. 이는 개성 삼포주들에게 경제적으로 큰 타격을 입혔다. 또 일제는 러일전쟁을 통해 한반도에 대한 러시아의 개입을 차단한 후 본격적으로 조선을 식민지로 만드는 작업에 착수하였다. 인삼업에서도 식민지적 재편을 추진하였다. 다만 그러한 재편이 마무리될 때까지는 일정한 시간이 필요하였으므로 홍삼 정책에 일정하게 공백이 생겼다. 공백 기간에 배상금 지급이 제대로 이루어지지 않았고 이로 인해 삼포주들은 삼포 재투자 과정에서 어려움을 겪게 되었다.

이외에도 일제는 러일전쟁 이후 이른바 '화폐개혁'을 추진하여 조선인 상인들의 자산을 축소시켰는데, 이 역시 개성 삼포주들의 투자를 위축시키는 결과로 이어졌다. 이처럼 한말에는 일본인과 일제의 인삼업 침탈이 지속적으로 이어지면서 인삼업은 큰 타격을 받았다. 결국 그로 인해 1910년을 전후하여 '폐농'이 운위될 정도로 인삼업은 대단히 심각한 위기를 맞게 되었다. 여기에서는 대한제국 시기 홍삼 정책과 일제의 인삼업 침탈과 그로 인한 인삼업의 위기 문제를 구체적으로 살펴보고자 한다.

1.
황실의 홍삼 전관과
정책의 특징

대한제국 수립 이전 시기까지 정부의 홍삼 정책은 대체로 무역과 그 이익의 사용 부분에 한정되었다. 인삼 재배 및 가공 등의 부문에서는 적극적인 정책을 펴지 않았다. 당시 정부는 수삼의 생산과 홍삼 제조 부문까지 단속할 여력이 없었던 것으로 보인다. 홍삼 무역과 그 이익의 활용을 중심으로 정책을 시행한 것은 19세기 홍삼 정책의 큰 특징이었다.[1]

정부에서 홍삼 정책을 강화한다고 하면 그것은 인삼 재배에서 홍삼 제조에 이르는 전 과정을 철저히 관리·감독하는 방향으로 나아가게 된다. 정부의 홍삼 정책이 무역 부문을 넘어서 생산과 가공 등의 부문으로까지 확대되어 '홍삼 전매제'라는 명칭에 어울리는 정책을 실시하기 시작한 것은 대한제국 시기의 일이다. 대한제국에서는 황실 소속 내장원이 중심이 되어 홍삼 무역은 물론 수삼 생산과 가공 등 거의 모든 부문에 걸쳐서 새로운 정책을 시행하였다. 그로 인해 정부의 홍삼 정책은 이전 시기와는 성격이 많이 달라졌다. 그것은 근대적인 의미의 '홍삼 전매제'와 매우 비슷한 것이었다.[2]

1. 황실의 삼업 전관 과정

조선 왕실에서는 1880년대 어용삼御用蔘 명목으로 홍삼 제조 및 무역의 이익에 관여한 적이 있다. 1880년대 어용 홍삼의 존재를 알려주는 기록으로 우선 1888년 홍삼 제조 실적을 기록한 《구포건삼도록책》을 들 수 있다. 여기에 '어용삼' 명목으로 1,800근이 제조된 사실이 실려 있다.[3] 《증보문헌비고》에는 "고종 21년(1884) 포삼 1만여 근을 내고에 맡겨서 이름을 별부別付라고 하고, 감채관·금잡관 등을 차견해서 제조하여 1만 근을 역인에게 주었다"라는 기록이 있다.[4] 이 기록에 의거하여 이마무라 도모는 이를 '제1회 궁중 경영'이라고 하였다.[5] 그런데 1910년에 있었던 삼포에 관한 조사 결과 보고서에서는 1888년에 "근시 현제보가 사역원 역관에게 주어 오던 혈표穴標에 의해서 제조할 수 있는 근수의 반액을 황실의 수입으로 충당할 것을 상신하고 스스로 그것을 경영하여 다대한 사리를 독차지하였다"고 기록하고 있다.[6] 이러한 기록들을 보면 왕실 수익용 홍삼이 1880년대에 존재하였다는 사실은 인정된다. 그렇지만 왕실의 개입 시기와 그 성격에 대해서는 서로 다른 기록이 있음을 알 수 있다. 추론컨대 1888년의 《구포건삼도록책》에 등장하는 감채관(윤규섭)과 감세관(홍덕조)이 역관 신분이었던 점, 그해 어용삼 1,800근은 전체 2만 5,000여 근의 13퍼센트 정도여서, 《증보문헌비고》에서 언급한 1만 근과 큰 차이를 보인다는 점 등으로 미루어 볼 때 이 시기 왕실의 삼정 개입은 제한적이었던 것으로 생각된다.

그러나 왕실과 홍삼의 관계는 1894년 갑오개혁으로 중단되었다. 1894년 갑오개혁으로 그때까지 홍삼 무역을 관리하던 사역원이 학부로 편입되어 폐지되었고,[7] 이어서 "홍삼 일관一款은 탁지아문에 영원히 붙이고 조규를 따로 정할 일"이라는 결정으로 인해[8] 왕실이 홍삼 무역의 이익에 참여하는 것은 힘들어졌다.

갑오개혁파들의 인삼 정책에 대한 구상은 탁지아문에서 마련한 〈포삼공사장정包蔘公司章程〉에 집약되어 있다.[9] 장정의 특징은 크게 세 가지로 볼 수 있다. 첫째, 인삼 정책을 전담할 독립기구로 포삼공사를 설치하려 했다(제1조).[10] 포삼공사는 홍삼 생산지인 개성에 상주하던 일종의 출장소로 볼 수 있다. 갑오개혁 이전까지는 정부에서 홍삼 제조 시기가 되면 개성에 감채소를 두고 또 검찰관·감채관 등을 파견하여 잠삼을 단속하였다. 이는 홍삼 제조 시기에 국한된 일이었다. 그런데 포삼공사는 홍삼 제조 시기에 한정하지 않고 상시적으로 정부의 인삼 정책을 생산 현지에서 추진하기 위해 설립된 최초의 기관이었다고 판단된다. 포삼공사는 이후 삼업공세소蔘業貢稅所, 내장원의 삼정사蔘政社, 삼정과蔘政課 그리고 일제 시기 전매국 개성출장소로 이어지는 개성 현지 삼정 기구의 효시라는 점에 그 의의를 부여할 수 있다.

둘째, 〈장정〉은 구체적인 규정을 두어 왕실과 궁중의 삼정 개입을 차단하고 아울러 사세私稅 명목으로 가져가던 것도 금지했다(제2조).[11] 그리고 사세 명목은 〈장정〉 밑에 그 항목이 기재되어 있다.[12] 이 조처는 갑오개혁 이전까지 삼세蔘稅가 임기응변적으로 사용되어 오던 관행을 바로잡으려는 것이었다. 이는 갑오개혁의 재정 방침 중 하나인 잡세 혁파와도 일맥상통하는 조치라고 할 수 있다.

셋째, 잠삼을 불식시키기 위한 조처들이 구체적으로 제시되었다. 우선 삼정이 구체적으로 실현되는 거의 모든 부문에서 문빙(=증거 서류)의 발급과 수수를 규정하여 잠삼을 차단하려고 했다. 채삼(3조), 증조(4조), 종삼, 무삼貿蔘(5조), 화매和賣(6조) 등에서 모두 문빙을 영수하여 시행하도록 한 것이다. 이는 삼포의 소유권 문제를 비롯한 삼정 관련 변동 사항을 문빙을 통해서 명확히 파악함으로써 잠삼의 존재를 불식시키려는 의지의 표현이었다.[13] 또 재배와 관련해서도(9조)[14] 공사公司에서 삼포를 조사하여 일종의 삼포대장이라고 할 수 있는 적간책摘奸冊 작성과 그것을 토대로 하여 종삼인에게 문빙 발급을 규정하였다.[15] 이러한 정책은 삼포에 대한 소유권을 분명히 할 수 있다는 점, 이후 일본인에 의한 도채盜採 행위를 단속하는 데 유력한 수단이 될 수 있다는 점에서 큰 의미를 지니는 것이었다.[16]

그러나 〈장정〉에서 드러나는 갑오개혁파의 인삼 정책 구상에는 사역원 관할 시기의 한계에서 완전히 벗어나지 못한 측면도 있다. 무엇보다도 〈장정〉 조항의 대부분은 홍삼과 관련된 것으로, 수삼 재배에 대한 규정은 단 한 조항에 불과하였다. 이는 갑오개혁파도 인삼업에서 가장 수익이 컸던 홍삼 위주로 정책을 마련하였음을 의미한다.

갑오개혁 시기 위와 같은 삼정의 성격에 대해 당시 일부 일본인들은 그것이 '민영民營', 즉 민간인의 자유경쟁에 일임하고, 정부가 간섭하지 않는 방식으로 이해하였다. 그러나 갑오개혁파들의 삼정에 대한 궁극적인 구상은 전매제였다고 생각된다. 유길준은 재정개혁 중에서 인삼과 관련하여 궁극적으로 전매제를 실시하여 정부 재정에 일조할 것, 그리고 그 판매는 외국 상인이 아닌 본국 상인을 택정하여 맡길 것 등을 구상하고 있었다.[17]

이처럼 1894~1895년에 이르는 갑오개혁 시기에는 왕실이 홍삼 무역에 관여하는 길은 차단되었다. 그러나 1895년 8월 일본이 일으킨 을미사변으로 갑오정권이 급격히 약화되었다. 고종은 다음 해 2월 러시아공사관으로 옮겨 차츰 권력을 강화해 가면서, 황실이 주도하여 홍삼 정책을 추진할 수 있는 발판을 마련하였다.

황실은 삼정과 관련하여 그 제도적·법률적 기반을 일거에 마련하여 시행에 들어가지는 않았다. 정부 정책으로 시행되던 인삼 정책을 황실에서 전관하는 것 자체가 쉽지 않았다. 따라서 황실의 인삼 정책 장악은 단계적으로 이루어졌다. 그리고 삼정 전관 과정의 진척과 맞물려 홍삼 정책은 점차 그 모습을 갖추어 갔다.

황실은 1896년에 홍삼 매입이란 방법을 통해서 삼정 전관의 첫걸음을 내딛었다. 황실의 삼정 전관을 주도한 이는 고종의 최측근 이용익이었다. 그의 활동을 따라가면서 삼정 전관 과정을 살펴보자.[18] 1896년 9월 당시 평안북도 관찰사였던 이용익은 홍삼 1만 5,000근을 매입해 오라는 국왕의 지시를 받고 개성에 갔다. 그때 이용익은 홍삼의 매입에 그치지 않고, 국왕의 칙령을 개성 남대문에 고시하고서 독자적인 삼업 정책을 추진하고자 시도하였다.[19] 그러나 그해 황실의 삼정 전관 기도는 완전하게 관철되지 못했다.[20] 아직은 황실이 삼정을 전관할 수 있는 제도적 기반을 갖추지 못했기 때문이다. 궁내부에서 삼정을 전관할 수 있도록 법률적인 장치를 마련한 것은 이듬해가 되어서였다. 또 삼정 전관을 추진한 이용익이 당시 지니고 있던 평안북도 관찰사 겸 서북 감리라는 지위 역시 삼정을 장악하는 데는 한계로 작용하였다.

1897년 황실은 황제권의 강화와 궤를 같이하여 삼정 소관 부서를 궁내부로 바꾸는 등 제도적 장치를 마련해 갔다. 즉 〈농상공부관제 중 삼업을 산거刪去, 궁내부로 하여금 전관케 하는 건〉[21]을 반포하여 법적으로 궁내부 전관을 명시한 것이다. 그러나 이 해에도 이용익은 홍삼 제조에는 관여하지 못하였다. 당시 이용익은 불미스러운 일에 관련되어 죄수의 신분이었기 때문이다.[22]

1898년이 되면 황실의 홍삼 정책은 제도적으로 진전하게 된다. 삼정을 주관할 제도적 장치가 마련되고, 인적 배치가 이루어졌던 것이다. 이 해 7월에 궁내부 관제가 개정되어 내장사 직장職掌에 삼정蔘政이 추가되고,[23] 그다음 달에는 삼정감리사무에 이최영李最榮,[24] 삼정검찰위원사무에 박교원朴敎遠을 각각 임명하였다.[25] 그러나 이 해에도 이용익은 1897년과 마찬가지로 홍삼 제조 과정에 직접 관여할 수 없었다. 그해 8월 이용익은 법부의 요청에 따라 형률명례刑律名例 제28조에 의하여 장심掌審되어,[26] 상해로 도망가 있었기 때문이다.[27] 이처럼 1896년부터 1898년까지 황실의 삼정 전관 시도는 핵심 주체라 할 수 있는 이용익이 전면에 등장하지 못한 가운데서 이루어졌기 때문에 불완전한 상태에 있었다.

1899년은 황실의 삼정 장악과 관련하여 획기적인 해이다. 이 해에 이용익은 비로소 내장사장이 되고 아울러 궁내부 소관 삼정감독사무에 임명되면서[28] 황실의 삼정 정책을 주도할 수 있는 위치에 오르게 된다.[29] 이를 계기로 황실은 명실상부하게 강력한 홍삼 정책을 실시할 수 있는 인적 기반을 마련하였다.[30]

1899년에 홍삼 제조를 끝낸 이용익은 삼정 관할 기구 정비에 착수하였다. 우선 내장원에 삼정과를 두어 삼정 전담 기구를 설치하였다.[31] 개성 지역에 상주하는 기관으로는 기존의 삼업공세사를 개편하여 삼정사로 하였다.[32] 이러한 단계적 과정을 거치면서 황실의 삼정 전관은 기틀을 잡아갔다. 이후 일제가 황실 재산을 정리하게 되는 1904년까지 황실의 홍삼 정책은 이용익의 주도하에 시행되었다.

2. 황실 홍삼 정책의 내용과 특징

황실 홍삼 정책의 특징으로 크게 세 가지를 지적할 수 있다. 첫째, 인삼 재배, 즉 삼포 경영에 대해서도 관리와 감독을 본격적으로 그리고 철저하게 시행했다는 것이다.[33] 둘째, 홍삼 제조의 경우도 이전부터 꾸준히 단속해 왔지만, 이 시기에는 병력을 주둔시키는 등 관리 감독을 훨씬 강화하였다. 셋째, 배상금과 배상금 선교제도를 새롭게 시행하였다. 황실은 홍삼 제조를 장악하였기 때문에 홍삼 원료가 되는 수삼을 개성 삼포주들로부터 구입해야 했다. 황실은 수삼 구입 대가로 삼포주들에게 배상금을 지급하였다. 황실은 배상금을 낮게 책정할수록 이익이고, 삼포주는 높게 책정될수록 이익이 컸으므로 배상금 책정을 둘러싸고 서로 대립하였다.

(1) 인삼 재배 관련 정책

황실에서 삼포에 대한 단속을 강화하는 정책을 실시한 데는 배경이 있다. 무엇보다도 당시 일본인들이 개성 지방 삼포를 불법적·탈법적으로 침탈하고 있었다. 그로 인해 삼포민들은 막대한 피해를 입었다.[34] 일본 상인들의 삼포 침탈로 인한 피해를 방지하고 황실의 홍삼 정책이 실효를 거두기 위해서 인삼 재배에 대한 철저한 단속이 불가결하였다. 그리고 성공적인 홍삼 전관을 위해서도 그 원료인 수삼을 생산하는 삼포에 대한 기본적인 정보 파악은 필요하였다. 단속 방법은 삼포 적간, 즉 삼포 조사로 나타났다. 황실에서는 홍삼 전관을 목표로 정한 후 삼정 관리 기구의 정비와 인원 충원 등의 방법을 동원하여 삼포 조사를 철저하게 시행하였다. 즉 이용익은 기존에 형식적으로 이루어지던 삼포 적간摘奸과 문빙 발급 업무를 철저하게 시행할 것을 지시하였다.[35]

당시 내장원에서는 묘포와 본포 설치에 대해서는 별다른 제한을 두지 않았다. 따라서 삼포주는 재배와 관련해서 특별히 자격 제한을 받지 않았다. 또 삼포 위치도 자유롭게 선정하여 재배할 수 있었다.[36] 그러나 내장원은 일단 조성된 삼포에 대해서는 매년 조사를 통해서 그 정보를 철저하게 파악하려고 노력하였다. 삼포주가 설치한 삼포는 적간에 의해서 비로소 내장원의 관리하에 들어가게 된다.

적간 대상은 2년근인 세근細根에서부터 7년근 삼포까지 삼정과 관할 구역 내의 모든 삼포가 해당되었다. 삼포 적간은 삼정과 소속 순검이 수행하였다. 순검은 삼포 검사를 마치면 검사 실적을 보고했다. 삼정과 에서는 매년 순검이 보고한 정기 검사 실적에 의해서 경작대장을 작성했다.[37] 적간을 마치면 각 삼포의 세대근細大根을 막론하고 모두 삼정사의 문빙을 받아가도록 하였다. 빙권은 입종立種과 해종解種 시, 춘채春採 이식 시, 허채許採 청원 시, 적간 시 그리고 추채秋採 배종 시 등 경작 변동과 관련된 거의 모든 부문에서 요구되었다. 이는 삼포를 조사할 때 편리할 뿐 아니라 잠채·잠매를 엄격히 방지하기 위함이었다.

그런데, 당시 삼포민들은 이를 심상히 여기고 완강히 거부하였다. 이에 개성 부윤으로 하여금 각 삼포민들에게 별도로 훈칙하여 삼정사 장정을 준수하여 문빙을 받아가도록 지시하였다.[38] 아울러 수삼 채굴과 관련하여 삼정 관리들이 허다한 명목으로 남토濫討하는 폐단이 적지 않았다. 이 문제와 관련해서도 이용익은 인삼을 채굴할 때에 예비세목을 지시하여 바로잡으려고 하였다.[39]

삼포에 대한 단속은 실질적으로 삼정과 경무서에 소속된 순검들이 담당했다. 경무서는 원래 경성에 있는 경무본부 소속이었다. 그렇지만 변칙적으로 삼정과에도 경무서를 두었던 것이다. 권임 이하의 순검에 대한 임면권은 삼정과장이 갖고 있었다. 경무서에서는 삼정에 관한 행정 및 사법 경찰의 임무만 맡았고, 보통의 민사 사건에는 조금도 간여하지 않았다.[40] 삼정과 경무서의 조직 구성을 보면 [표 8]과 같다.

[표 8]에서 보듯이 경무서 조직은 경무서장에 해당하는 총순 이하 권임, 순검 등으로 구성되었다. 그 가운데 실질적으로 삼포 감시 업무는 40명에 이르는 순검들이 담당했다. 순검은 다시 정복을 입고 업무를 보던 일반적인 순검과 사복을 입고 일종의 밀정과 비슷한 역할을 담당

[표 8] 한말 삼정과 경무서의 조직 구성

직위	인원	월봉	비고
총순	1	15	경무서장에 해당
권임	2	6	경부에 해당
순검	30	4	정복을 입고 검사 등에 종사하는 자
별순검	10	4	사복을 입고 직무에 종사하며, 밀정, 취체 등을 담당하는 자
청리	2		경무서의 소리小吏에 해당하는 자
시령	2		삼정과장에 전속하는 소리小吏

* 출전: 월봉은 〈韓國の人蔘〉, 20쪽, 나머지 부분은 《제1회 삼정보고》, 52쪽.

하던 별순검이 있었다. 별순검은 규칙을 어기고 삼포 혹은 수삼을 잠채·잠매하는 행위에 대한 단속을 주로 담당했다.[41] 별순검은 서너 명이 일행을 이루어 범칙 검거에 나섰다.

(2) 홍삼 제조 관련 정책

당시에는 일본인의 도채盜採와 일반 삼포민들의 잠채·잠매가 빈발하였다. 홍삼 제조 시기에 이런 문제는 특히 심각하였다. 이 문제를 방치해서는 황실 재정을 마련한다는 홍삼 정책이 소기의 목적을 달성하기 힘들 수밖에 없다. 따라서 이용익은 홍삼 제조 시기에 군대를 개성 지역에 주둔시켜 채굴 및 증조 그리고 운반 등의 제반 업무를 보호·감독하려고 했다. 1899년의 경우에는 해주·황주·강화의 지방대 병정 수십 명 씩을 파견하였다.[42] 또 며칠 지나서는 강화 군인 150명, 해주 군인 100명, 서울 군인 1중대를 추가로 파병했다.[43] 뿐만 아니라 9월 16일에는 친위대 1중대까지 추가 파견하였다.[44] 이처럼 막대한 병력을 파송한 결과 홍삼 제조를 시작한 후 외국인들의 몇 차례 잠채가 있었지만, 피해가 많지 않은 상태에서 홍삼 제조를 마칠 수 있었다.[45]

이처럼 황실은 홍삼을 전관하면서 홍삼 제조 과정에 대한 감시와 단속을 한층 강화하였다. 당시 개성 지역 삼포에 파견된 병력 중 확인 가능한 기록을 제시하면 [표 9]와 같다. 이 표를 보면 짐작할 수 있듯이 개성 파견 기간은 대체로 대근大根 수삼 채굴 시기였다. 그리고 파견 병정의 수는 대략 100명에서 200명 선이었다. 주로 개성대 소속 군인들이 파견되었지만, 인근의 황주대, 해주대 및 수원대에서도 파견되었다. 파견 병사들의 임무는 대부분 삼포 감시였다. 몇몇은 제조된 홍삼을 보관

하는 창고를 지키기도 하였다.[46]

이들 병사들이 모든 삼포에 일률적으로 배치된 것은 아니었다. 주로 5근 이상의 삼포에 대해 삼포주의 청원이 있을 경우에 한해서 주둔시켰다. 삼포 감시 병사의 수는 삼포의 집단·산재에 따라 차이가 있었다. 그렇지만 대체로 1,000칸에 2인 내지 3인이 배치되었다. 병정은 삼포 부근의 민가에 기식하며 야간 교대로 1인 또는 2인이 삼포 내외를 경라警羅 순회하는 방식으로 삼포를 감시했다.[47] 이처럼 잠삼이 발생할 가능성이 높은 수삼 채굴 시기에 병력을 집중적으로 배치함으로써 잠삼을 방지하고자 하였다.

한편 군대 파견이 인삼 수확기에 잠삼 방지를 위한 것이었다면, 홍삼 제조를 단속하기 위해서 다수의 관리와 감독자를 파견하여 잠삼 발생을 엄중하게 단속하였다. 당시 파견된 감독자 명단을 정리한 것이 [표 10]이다.

[표 10]에서 특징적인 점은 개성 지역 현지에 삼정과가 있고, 또 이에 소속된 순검도 40여 명이나 있음에도 불구하고 홍삼 제조 시기에는 경성에서 감채관이나 검찰관 등의 직위로 감찰관을 파견한 점이다. 이는 일상적인 삼포 사무는 삼정과에 맡겨 시행하더라도, 삼정의 핵심 목표인 홍삼 제조는 내장원에서 직접 관장하겠다는 의지를 보여준다. 파견된 감찰관들이 거의 대부분이 궁내부 소속임을 통해서도 황실의 의도를 엿볼 수 있다.

1901년부터 1906년까지 검찰관을 보면 우선 1888년과 비교할 때 그 수가 크게 증가하고 있음을 알 수 있다. 1888년에는 검찰관과 감채관이 각각 1명씩 단 두 명이 파견된 것으로 확인된다.[48] 그런데 이때에 오

[표 9] 대한제국기 삼포 파주派駐 병력

연월일		소속 대대	관련 인원	비고	출전
1902	7.29.	개성대	100	삼포 수호. 처음에는 강화병 파송을 요청	《존안》 4, 294쪽
	11.21.	개성대	50	삼포 채굴 종료 철수하되, 5근 삼포 수호 위해 절반 주둔 요청. 얼음 얼고 나서 모두 철수	《존안》 4, 465쪽
1903	7.31.	개성대	200	삼포 수호	《존안》 5, 188쪽
	12.14.	개성대		증삼이 끝났으니 철수할 것	《존안》 5, 384쪽
1904	2.21.	개성대	50	삼정과 적치 홍삼 수호	《존안》 6, 26쪽
	8.19.	개성대	130	삼포 수호	《존안》 6, 307쪽
1905	9.4.	황주대	50	이미 병정이 삼포 수호 중, 수가 적어서 가파加派	《존안》 7, 432쪽
	10.16.	해주대	50	채삼이 끝났으니 철수할 것	《존안》 7, 528쪽
1906	3.30.	수원대	50	삼포 수호	《존안》 8, 155쪽
1907	1.21.	개성대	10	적치 관삼 수호 10명 철수 명령 철회 요구	《존안》 8, 556쪽

* 비고: 관련 인원은 파견 요청 인원이기 때문에 실제 파견 인원과는 다소 차이가 날 수 있다.

[표 10] 대한제국기 감찰관 임명 내역

연도	직위	성명 및 당시 직책	출전
1899	감채관	박창선	《존안》 1권, 330쪽
	검찰관	윤규섭	
1901	감채관	이건혁(삼정과장) · 이종두(매광煤礦 감리)	《존안》 3권, 527쪽
	검찰관	이용복(삼정감리) · 유신혁(기록과장) · 최석조(탁지부재무관)	
	감칭관	서상진(종목과 기수)	
1902	감채관	유신혁(기록과장) · 유진호(전 경무관)	《존안》 4권, 329쪽
	검찰관	최석조(재무관) · 조태기(전 참봉) · 이건혁(삼정과장)	
	감칭관	서상진(종목과 기수)	
1903	감채관	조태기(공업과장) · 유진호(전환국 기사) · *안환(경무관)	《존안》 5권, 282쪽 *의 경우는 같은 책, 283쪽
	검찰관	유신혁(기록과장) · 윤규섭(농상공부참서관) · 최석조(재무관)	
	감칭관	김완(전 군수)	
1904	감채관	유신혁(기록과장)	《존안》 6권, 384쪽 삼포주는 같은 책, 400쪽 금잠관 위 책, 331, 359쪽
	검찰관	조태기(장원과장) · 이영균(육군 부위) · 설효석 · 공응규 · 김규진 · 박우현 · 박창노 · 최재열 · 김진구 · 김성형 · 고준경 · 차상필(이상 개성 삼포주)	
	감칭관	홍사열(기록과 주사) · 엄진영(위원) · 박성우(개성 삼포주)	
	금잠관	박승흠 · 이주명	
1905	감채관	조태기(장원과장)	《존안》 7권, 444쪽
	검찰관	김진구 · 공응규 · 박우현 · 차상필(이상 삼포주) (한병수)	《존안》 7권, 448쪽
	감칭관	김희연	《존안》 7권, 436쪽
1906	감채관	오태영(서무과장)	《존안》 8권, 365쪽
	검찰관	최문현(지응支應과장) 김진구 · 공응규(이상 삼포주)	위와 같음
	감칭관	서윤영(내장원 주사)	《존안》 8권, 364쪽

면 대략 한 해 7명 내외의 관리들이 홍삼 제조를 감찰하기 위해 파견되었다. 이는 잠삼을 근절하기 위해서 홍삼 제조에 대한 감독이 그만큼 철저하게 이루어졌음을 의미한다.[49]

[표 10]을 보면 1904년을 기점으로 변화를 확인할 수 있다. 1904년에는 가장 많은 18명을 감찰관으로 임명하였다. 또 관리가 아닌 일반 삼포주들도 감찰관으로 임명되기 시작하였다. 감찰관 수의 증가는 이해 수삼 채굴량이 사상 유례가 없을 정도로 많았던 데서 연유한다. 일반 삼포주들이 임명된 것도 늘어난 감찰관의 수효를 궁내부 관리로 충당하는 데 한계가 있어서 불가피한 조처로 보인다.[50] 그런데 변화는 1905년과 1906년에도 계속되고 있다. 1905년의 경우 수적으로는 6~7명의 감찰관이 임명되어 이전과 크게 달라진 것이 없어 보인다. 그렇지만 임명된 사람들은 이전과는 달리 대부분이 삼포주들이었다. 1906년에도 임명된 감찰관 가운데 궁내부 관리는 3명으로 1904년 이전과 비교하면 절반 정도로 줄어들었다. 상황이 이렇게 전개된 이유는 무엇보다도 이용익의 실권失權과 관련이 있다고 생각된다. 이용익은 1904년 초 일본으로 강제 납치당하면서 기존의 권력을 상실하였고, 이는 삼정이라고 하여 예외가 아니었다. 황실 재정 확충이라는 목표하에 삼정을 장악하고 나름의 체계를 갖추어 가던 황실의 홍삼 정책이 그 핵심 추진 세력이 사라지면서 공백과 혼란은 불가피하였다. 게다가 홍삼을 장악하려는 일제가 아직은 홍삼 정책과 관련하여서 구상 단계에 머물고 있고 구체적으로 실천에 옮길 정책과 인원을 확정하지 못한 상태였던 점 역시 영향을 끼쳤다고 할 수 있다.[51]

(3) 수삼 배상금 정책

황실에서는 홍삼을 전관하였고, 이는 홍삼 제조도 직접 장악하였음을 의미한다. 따라서 홍삼을 제조하기 위해서는 원료인 수삼을 수납해야 했다. 그리고 수납한 수삼에 대해 그 대가를 지급해야 하는데, 이를 수삼 배상금이라고 하였다. 삼포민 입장에서는 수삼 배상금 책정은 초미의 관심사가 아닐 수 없었다. 황실 입장에서는 홍삼 수입 극대화를 위해서는 가능한 배상금을 낮게 책정하는 게 유리하였다. 반면 삼포민 입장에서는 6년 내외의 기간을 투자한 결실인 수삼에 대한 대가이므로 가능하면 높게 책정되기를 바랐다. 수삼 배상금을 둘러싸고 황실과 삼포민 사이에 갈등이 존재할 수밖에 없는 이유이다.

이 시기 황실에서 책정한 수삼 배상금을 제시하면 [표 11]과 같다.

[표 11] 한말 1근당 수삼 배상 가격 및 총배상금액(단위: 냥 혹은 엔)

구분	1897~1898	1899	1900	1901	1902	1903	1904	1905	1906	1907
4편	매근 36냥	매근 5원 80전	매근 당오 25냥 → 15냥 1근 평균 4원 82전	10편 1근 15편 1근 合兩斤 9원 64전	3.7	3.7	3.8	5.2	5.4	–
5편					3.5	3.5	3.5	5	5.2	–
10편					2.5	2.5	2.6	4	4.2	8
15편					1.05	1.05	1.15	2.55	2.75	6.55
평균					2.5	2.16	2.257	3.768	3.697	6.925
총액					328,544	247,748	516,626	163,315	178,971	259,694

* 출전: 1897~1898년은 《경기도각군소장》 제15책, 광무 8년 12월 개성부 포민 한청일 등 소장.
　1899년은 〈잡보 의정삼가〉, 《황성신문》 1899년 12월 5일. 실제 지급되었는지는 확인 불가.
　1900년은 〈잡보 삼주호원〉, 《황성신문》 1901년 1월 6일. 25냥 정급定給하기로 하고 실제는 15냥만 지급.
　1901년은 〈잡보 삼가타결〉, 《황성신문》 1902년 1월 18일.
　1902년 이후는 《제1회 삼정보고》 87~89쪽. 최대편 및 중간편 그리고 평균만을 추림.
　총액은 《제1회 삼정보고》 89~90쪽에서 총액 부분만 추림. 원단위 이하는 생략.

[표 11]을 보면 시간이 흐를수록 배상금이 하락하고 있음을 알 수 있다. 1899년에 매 근당 5원 80전의 배상금이 지급되었다. 그런데 그 이듬해에는 평균 4원 82전 그리고 몇 년이 지난 1902년 이후 1904년까지는 평균 근당 2원을 조금 웃도는 수준에서 배상금이 결정되었다. 배상금 자체가 일반 매매와 비교하여 낮을 수밖에 없는데(일반 매매 시에는 칸당 80~100냥 수준인 듯), 여기에 더해 시간이 흐를수록 배상금의 절대 금액 자체가 하락하였다. 황실에서 배상금 책정을 이와 같이 시행하자 삼포민들은 불만이 쌓일 수밖에 없었다.

수삼 배상금을 둘러싼 삼포주와 황실 간의 갈등으로 삼포 경영 환경이 악화된 것은 사실일 것이다. 이는 인삼업의 위축으로 이어질 수 있는 문제였다. 이와 관련해서 일제는 한말 인삼업 위기의 원인을 대한제국 황실의 수삼 배상금 책정에서 찾았다. 그러나 이는 면밀한 검토를 요한다. 두 가지 측면에서 그러한데, 우선 전매제 자체의 특성을 도외시할 수 없다. 즉 전매제에서는 그 수요자가 독점적 위치에 있고 게다가 수요 주체가 정부이기 때문에 그 배상금이 민간에서의 매매 가격보다 낮을 수밖에 없다는 특성을 감안할 필요가 있다.[52]

다음으로 황실의 홍삼 전매제 실시 기간 내에서도 1904년을 전후하여 삼정의 주체가 바뀌고 있고, 그에 따라 배상금 문제 역시 다른 양상으로 전개되고 있다는 사실에 주목할 필요가 있다. 삼정 주체에 따른 시기 구분은 이용익이 주관하던 시기와 그 이후 시기로 나눌 수 있다. 이용익이 주관하던 시기는 1899년부터 1904년 초반까지 대략 5년 정도였다. 이 시기의 배상금 문제는 앞서 보았듯이 주로 금액이 낮게 책정되는 데서 비롯되었다. 이는 전매제 실시에 따르는 일반적인 문제로 볼 수 있으니 일제강점기에도 이런 문제는 상존하였다. 오히려 당시 황실은 배상금을 미리 지급하여 삼포주의 편의를 도모하였다.

수삼 배상금의 선교제도는 경작자들이 내장원에 자금 융통을 청원하여 시행하게 된 것이다. 1899년부터 그해 수확할 삼포를 소유한 경작자에게 미리 그해 정부에 납부할 수삼 예상 수량을 조사하고 그에 대한 배상금액을 추정하여, 그 추정 배상금액의 약 5할 내지 8, 9할을 4, 5월경에 미리 지급하는 제도였다. 그 액수는 대략 10만 원에서 20만 원 정도였다. 가을철 수납기가 되면 수삼 납부를 완료한 후 12월에 각 경작자마다 그 배상금을 결산하되, 미리 빌려준 금액과 그에 대한 이자[53]를 공제하여 그 잔금을 포민에게 교부했다. 만약 경작자의 실제 배상금으로 미리 빌려준 금액과 이자를 충당할 수 없을 때는 그 부족한 금액을 해당 삼포민에게 추징했다.[54]

수삼 배상금의 선교제도는 포민들에게 적지 않은 도움을 주었을 것이다. 특히 본포, 즉 3년근~6년근 삼포는 누진이자, 방범 비용 및 채삼 비용 등과 관련하여 6년 재배 기간 동안에 가장 많은 비용이 요구되었다. 따라서 배상금 선교로 포민들은 수삼 재배 및 채굴 과정에서 경제적으로 도움을 받을 수 있었다.[55] 수삼 배상금 선교제도는 이용익이 삼정을 주관하던 1904년까지는 제대로 시행되었다. 그러나 이용익이 실각한 1905년 이후에는 배상금 선교제도가 제대로 시행되지 않았을 뿐 아니라 더 심각한 문제가 발생하고 있었다. 그것은 배상금 지급이 지연되고, 삼포주들과 협정하여 책정한 배상금을 정부 마음대로 인하했던 것이다. 이는 전매제 실시에 따르는 일반적인 문제에 추가된 문제들이다. 따라서 배상금이 삼업 위축에 끼친 영향과 관련하여 대한제국 시기 전체를 동일하게 말할 수는 없다. 심각하고 부정적인 영향은 특히 1905년 이후에 나타났다. 1905년 이후는 러일전쟁에서 승리한 일제가 본격적으로 한국을 강점하기 위해 침략하던 시기였다.

2.
인삼업의 변동과
일제의 침탈에 의한 위기

앞에서 살펴보았듯이, 갑오개혁과 대한제국 그리고 통감부 시기를 거치면서 홍삼 정책이 바뀌고[56] 또 일본인의 경제 침략이 본격화되면서 당시 삼업은 극심한 변동을 겪게 된다. 1898년 개성상인들의 최대 규모 삼포 투자를 끝으로 이후 10여 년 동안 삼업은 위축되기 시작하여 1905년 무렵에는 '폐농'이란 표현이 어색하지 않을 정도로 삼포 투자는 거의 이루어지지 않았다.[57] 당시 일본인들은 인삼업 위기의 원인을 정부의 학정 등에서 찾았다. 대표적으로 " …… 적년積年의 비정秕政과 병충해의 창궐 등으로 이 사업은 실로 쇠미에 달하여 …… "라 했다.[58] 이런 인식은 일제의 홍삼 전매를 합리화하기 위해 상투적으로 사용하던 표현이었다.

대한제국기 삼업 변동에 대해서는 원윤희가 주목한 바 있다. 그는 한말 삼업 변동 추이를 검토하고 삼업 위기를 확인하였다. 그리고 삼업 위기의 원인으로, 갑오·광무정권 그리고 통감부로의 정권 교체에 따른 홍삼 정책의 잦은 변경과 광무정권이 생산력 발전을 촉진할 정책은 수립하지 않은 채 황실 재정 확보에만 치중한 점 등을 지적하였다. 이 요인들이 삼포주의 수익성을 약화시키고 결국 삼업 위기를 초래하였다고 보았다.[59] 수익성과 연계하여 삼업 위기를 확인하고 그 원인을 제시하였다는 점에 이 논문의 연구사적 의의가 있다. 그러나 삼업 위기의 원인을 정책 측면에서만 찾는 것은 동의하기 어렵다.[60] 필자가 보기에 당시 삼업 위기의 근본 원인은 러일전쟁 이후 본격화된 일제의 경제 침략, 구체적으로 일본 상인에 의한 삼포 침탈, 경리원의 수삼 배상금 인하 및 지급 지연 그리고 화폐정리사업 등이었다.[61] 이런 요인들을 배제하고 광무정권의 정책 오류와 무리한 재정 확보에서 위기의 원인을 찾게 되면 연구자의 의도와 상관없이 당시 일제가 위기의 원인을 왕실의 학정에서 찾던 논리를 뒷받침할 우려가 없지 않다.

1. 인삼업 변동 추이

한말 삼업 변동 양상을 볼 수 있는 자료로는 궁내부에서 1900년부터 1906년까지 작성한 〈조삼책造蔘冊〉, 1896년부터 1906년까지 작성한 것으로 추정되는 〈삼포적간성책〉(=삼포대장) 등이 있다.[62] 그러나 아쉽게도 이 자료들 중에서 현재 존재가 확인되는 것은 1896년의 〈삼포적간성책〉 하나뿐이다.[63] 이 외에 1908년 8월의 경작 상황을 알려주는 〈인삼경작허가인표〉가 있다.[64] 이 자료는 일제가 삼정을 장악한 이후에 삼포 경작자들로부터 경작 삼포 상황을 신고받아 작성한 것이다. 현재 우리가 이용할 수 있는 삼포대장류는 이 둘뿐이다. 이 두 자료 사이에는 10년 이상의 시차가 있기 때문에 10여 년 동안 삼포 경영에 어떤 변동이 있었는지는 확인하기 어렵다. 그래서 이 글에서는 차선책으로 이 시기 시계열적인 수치를 확인할 수 있는 홍삼 제조 실적, 수삼 채굴 칸수, 수납 실적 등을 검토하여 한말 삼업 변동의 추이를 살펴보려고 한다.

우선 한말 홍삼 제조 실적을 제시한 것이 [표 12]이다.[65] [표 12]에 의하면 한말 홍삼 제조 수량은 세 번에 걸쳐 큰 변동을 겪었음을 알 수 있다. 우선 1896년부터 1899년까지는 대체로 2만 근에서 2만 5,000근 내외가 제조되었다. 이 수량은 갑오개혁 이전 조선 정부에서 공식적으로 정한 홍삼 수출 근수와 비슷한 규모이다. 따라서 홍삼 제조 수량만 보면 1899년까지는 19세기 중반 이래의 상황이 대체로 유지되었음을 알수 있다. 이는 삼업 투자가 6년 후에 그 결실을 보게 되는 사정을 감안하면 충분히 이해할 수 있다. 즉 1896년부터 1899년까지 홍삼 제조고는 대개 그 6년 전인 1891년부터 1894년 사이에 이루어진 투자의 결과이다. 1894년까지는 사역원이 주도하던 때로 개성 삼포주들의 삼업 투자도 당시까지의 연장선에서 이루어졌음을 알 수 있다.

그런데 그 이후 홍삼 제조 수량은 격심한 변동을 겪게 된다. 첫 번째 변화는 1901년부터 1904년 사이에 있었다. 이 시기의 홍삼 제조고를 보면, 1901년에 5만 7,000근, 1902년에 5만 6,000근, 1903년에 3만 2,000근, 1904년에 7만 4,000여 근에 이르고 있다. 두 번째 변화는 1905년부터 1907년까지로 직전 시기와 비교하면 홍삼 제조 수량이 2만 근 이하로 줄어들었다. 그러면서도 아직은 1만 근 수준을 유지하고 있다. 세 번째 변화는 1908년부터 1912년까지로 홍삼 생산이 격감하여 1만 근도 안 되었다. 특히 1910년에는 단지 895근이 제조되어 대단히 심각한 삼업 위기 상황을 보여주고 있다. 홍삼 제조 실적만 놓고 보면 한말 삼업은 대체로 1905년부터 감소하다가, 1908년부터 침체에 빠지고 1910년 무렵이 되면 '폐농'이란 표현이 어색하지 않을 정도의 위기 상황이었음을 알 수 있다.

그런데 홍삼 제조 실적만으로는 삼업 변동의 실상을 살펴보는 데는 한계가 있다. 왜냐하면 주로 6년근 삼포에서 홍삼 제조용 수삼을 채굴하였지만, 사정에 따라서 6년근이 아닌 5년근이나 7년근 수삼을 채굴한 경우도 있기 때문이다. 그리고 홍삼 제조 역시 여타 작물처럼 자연적인 재해에 따른 흉작 및 병충해 등의 문제가 있었다. 따라서 이러한 사정들 역시 충분히 고려해야 한다. 이런 문제들을 염두에 두면서 당시 삼업 변동을 살펴보기 위해서 제시한 것이 한말 수삼 채굴 칸수인 [표 13]과 한말 수삼 수납 실적인 [표 14]이다.

[표 13]을 보면 대체로 6년근 수삼을 채굴하였음을 알 수 있다. 그런데 유독 1904년에는 7년근 수삼이 압도적 비중을 차지하였다.[66] 1904년의 7년근 삼포라면 그 파종은 7년 전인 1898년이 된다. 또 1903년의 6년근 삼포와 1905년의 8년근 삼포도 1898년 파종의 결과로 볼 수 있다. 이렇게 1898년 파종과 관계되는 삼포 칸수를 모두 합하면 36만 7,352칸이 된다. 여기에 1903년과 1904년 춘채春採 칸수의 절반을 더하게 되면 41만 2,716칸이 된다.[67]

그리고 1904년의 6년 전인 1899년의 파종 상황을 살펴보기 위해서 1898년의 경우처럼 1904년의 6년근 삼포와 1905년의 7년근 삼포 및 이 두 해의 춘채 절반을 합하면, 그 삼포 칸수는 5만 5,665칸이 된다. 결국 홍삼 제조 실적에 의하면 1904년은 19세기 이래 최대 호황기였지만, 이는 1904년에서 6년 전인 1899년도 투자 결과가 아니라 이보다

[표 12] 한말 홍삼 제조 실적(단위: 근)

구분	1895	1896	1897	1898	1899	1900	1901	1902	1903
15편								–	–
20편								33,605	19,540
30편								13,590	7,206
40편								–	–
50편								–	–
60편								–	–
미삼								9,413	5,354
계	–	23,257	27,380	*22,923	27,840	–	*57,000	56,608	32,091

구분	1904	1905	1906	1907	1908	1909	1910	1911	1912
15편	2,000	1,200	755	–	20	–	–	–	30
20편	54,350	10,595	7,485	1,095	622	31	61	570	1,725
30편	10,650	4,110	5,860	75,157	1,617	91	126	420	2,180
40편	–	–	550	3,033	302	93	406	510	1,055
50편	–	–	–	195	1,592	1,825	696	510	575
60편	–	–	–	25	–	(80)208	50	3	–
미삼	7,400	3,155	2,904	2,369	961	133	31	287	321
계	74,400	19,060	17,554	14,232	5,134	2,941	895	2,300	5,886

* 출전: 1896년은 개성조삼성책. 건양 원년 12월 24일; 1897년은 《국역한국지》, 696쪽; 1898년은 《궁내부안》 4책(규장각, 1992년), 426~27쪽 및 같은 책, 430쪽; 1899년은 〈잡보 홍삼수진輸進〉, 《황성신문》, 1899년 11월 4일; 1895년과 1900년은 관련 자료를 찾지 못함; 1902~1907년은 《제1회 삼정보고》 1908, 91~92쪽; 1908년은 《제2회 삼정보고》, 1909; 이후 시기의 것은 각 연도판 《통계연보》, 〈홍삼 전매항〉 참조.
* 참고: 1898년의 수치는 이듬해인 1899년 2월에 수출된 액수이다. 따라서 다소의 오차가 있을 수 있다. 1901년은 추정치이다. 1902년 수삼 수납 실적이 13만8,139근이고, 홍삼 제조는 5만6,608근이므로, 1901년 수삼 수납 실적 14만 7,414근으로는 족히 5만7,000근 정도는 제조했을 것으로 보았다.
* 1909년의 경우 60편은 실제 80편임. 또 미삼항의 수치는 끽삼을 가리킴. 1910년의 경우 60편은 70편, 80편, 90편의 합계임. 미삼항 수치는 끽삼을 가리킴. 1911년의 경우 60편은 잡편 근수이고 역시 미삼항은 끽삼을 가리킴. 1912년의 경우 미삼은 끽삼과 잡삼을 합친 근수임.

[표 13] 한말 수삼 제물 건수(단위: 근)

구분	1902년	1903년	1904년	1905년	1906년	1907년	1908년	1909년	1910년	1911년	1912년
4년근	800	–	–	–	–	–	600	–	436	–	–
5년근	39,038	–	–	–	–	12,959	8,738	16,094	387	9,169	21,803
6년근	152,993	103,510	940	66,196	7,862	47,087	24,844	5,477	3,490	5,089	33,490
7년근	2,329	20,943	255,479	12,533	26,836	5,143	6,140	944	319	–	124
8년근	–	–	200	8,363	–	–	–	–	–	–	–
순제	17,038	26,128	60,463	24,456	18,317	8,680	–	–	984	–	832
추제	8,029	2,900	1,416	9,195	2,257	1,365	–	–	1,740	87	215
계	220,227	153,481	318,498	120,743	55,272	75,234	40,322	22,515	7,356	14,345	56,464

* 출전: 1902~1907년의 경우는 《제1회 삼정보고》, 1908, 90~91쪽; 1908년과 1909년은 《통계연보》, 1909; 이후 시기 역시 해당 연도 《통계연보》, 《홍삼 전매항》 참조.

[표 14] 한말 수삼 수납 실적(단위: 근)

구분	1901년	1902년	1903년	1904년	1905년	1906년	1907년	1908년	1909년	1910년	1911년	1912년
4~5편	–	317	829	4844	455	–	10	–	–	–	–	10
6~10편	–	112,799	86,407	174,763	38,551	33,648	17,546	6,153	522	–	–	11,940
11~15편	–	25,004	12,141	15,398	7,853	2,955	6,478	2,138	1,855	–	–	3,074
16~20편	–	17	220	1,587	6	6,099	10,377	4,941	4,669	–	–	–
21~25편	–	–	–	–	–	–	1,284	–	857	–	–	–
계	147,414	138,139	100,605	196,600	46,822	43,119	35,686	13,242	7,903	2,771	7,719	15,024

* 출전: 1908년은 《제2회 삼정보고》, 1908; 44~46쪽 참조. 1909년 이후는 해당 연도 《통계연보》, 《홍삼 전매항》 참조. 1910년과 1911년의 경우에는 편수별 수납 실적이 기재되어 있지 않음.
* 참고: 소수점 이하는 버림

한 해 전인 1898년도에 이루어진 삼포 투자에서 비롯된 것임을 알 수 있다. 따라서 삼업 변동을 삼포민의 투자를 중심으로 보면, 1900년이 아닌 1899년이 중요한 기점이 된다.

다음 자연재해 등으로 인한 홍삼 제조 실적의 감소 문제를 살펴볼 때 주목할 연도는 1908년이다. 이 해의 홍삼 제조 실적은 5,000여 근으로 바로 전해인 1907년의 1만 4,000여 근과 비교하여 급감하였다. 따라서 이 해를 삼업 위기가 시작된 해로 보게 된다. 그러나 채굴 칸수는 4만여 칸이었다. 이 면적은 1906년의 5만 5,000여 칸과 비교하여 현격한 차이를 보이지 않는다. 그럼에도 홍삼 제조 실적에서는 3배의 차이를 보이고 있다. [표 14]를 보면 이는 수납 수삼의 근수 차이에서 비롯된 것임을 알 수 있다. 즉 1906년에는 5만 5,000여 칸에서 4만 3,000여 근의 수삼을 수납한 반면 1908년에는 4만여 칸에서 불과 1만 3,000여 근을 수납하는 데 그쳤다.[68] 이는 홍삼 제조 실적 급감이 삼포 투자의 감소에서만 연유한 것이 아님을 뜻한다. 따라서 홍삼 제조 실적으로 보면 1908년이 삼업 위기의 기점으로 볼 수 있지만, 개성 삼포민의 삼포 투자 시기까지 고려하면 오히려 1909년을 그 기점으로 보아야 좀 더 타당할 것이다. 그렇다면 이러한 원인이 배태된 해, 즉 그 투자가 이루어진 해는 6년 전인 1904년이 된다. 요컨대 1904년 투자 삼포는 경제적인 원인이 아닌 다른 원인에 의해 수확이 감소하였다. 그것은 다름 아닌 병충해 때문이었다. 당시 병충해에 의한 수확 감소도 삼업 위기에 일정한 영향을 끼쳤던 것이다.

이상의 검토를 종합하면 대한제국 시기 삼업 변동 양상을 크게 세 시기로 나눌 수 있다. 첫 번째 시기는 1896~1898년까지로 삼업 투자가 왕성히 이루어지던 호황기이다.[69] 두 번째 시기는 1899~1903년까지로 삼포 투자가 감소하고 있는 위축기이다. 마지막 세 번째 시기는 1904~1906년 사이로 삼포 투자가 극도로 위축되면서 삼업이 심각한 위기를 맞는 시기이다.[70] 그리고 삼업 변동 추이에서 특히 결정적인 세 연도는 1898년, 1899년, 1905~1906년이 될 것이다.

2. 일제의 경제적 침탈과 인삼업의 위기

(1) 인삼업 호황기

1896~1898년은 인삼업 최대 호황기였다. 특히 1898년에는 역사상 최대 투자가 이루어졌다. 여기에는 삼업 정책의 과도기적 성격이 영향을 끼쳤다. 갑오개혁기인 1894~1895년에는 정부가 홍삼 제조와 유통에 개입하지 않았고 민간에 맡겼다. 그리고 1896~1898년에는 황실에서 홍삼 전관을 시도하였지만, 아직은 그 정도가 느슨하여 삼포 및 홍삼 제조에 대한 단속이 철저하지 않았다.[71] 이처럼 느슨해진 정부 정책으로 인해 정부는 홍삼을 확실하게 장악하지 못하였다. 이에 개성 삼포주들은 홍삼 제조와 무역을 자신들이 주도할 수 있을 것으로 기대하고 삼포에 대한 투자를 확대해 간 측면이 있다.

삼업 정책의 과도기 속에서 삼업 투자가 확대 추세였는데 1898년도에는 유례없는 삼업 투자가 이루어졌다. 여기에는 특별한 이유가 있었다. 그것은 인삼 종자 가격의 폭락이었다. 1895년 무렵부터 인삼 종가 가격이 점점 등귀하였다. 당시 신화폐로 1근에 3원 50전 내지 4원의 가격을 유지하였다. 인삼 종자 가격 폭등은 3~4명의 간사한 상인을 낳았다. 그들은 1896년부터 팔방으로 손을 써서 이듬해인 1897년 가을부터 일본 또는 중국 광동 지방의 값싼 종자를 매입하여 그것을 당시 인삼 종자 산지인 금산, 용인 지방의 종자와 섞어서 상품上品처럼 만들었다. 그리고 그것을 종래의 종자 가격보다 훨씬 싸게 판매하여 정상적인 종자를 소유한 상인을 압도하였다. 뿐만 아니라 종자 가격이 폭락하여 정상적인 상품을 소지한 상인은 파산에 이르게 되었다. 반면 종자 가격 등귀로 종래 경작의 감작주의를 채택해 온 삼포주 또는 경작을 단념했던 삼포주 등이 삼포 투자에 적극적으로 나섰다. 그 결과 그해 파종된 종자가 본포로 이식될 때 삼포 면적이 40여만 칸에 이르는 미증유의 최대 기록을 세웠던 것이다.[72]

(2) 일본인의 삼포 침탈과 인삼업의 위축

그런데 이듬해인 1899년에는 믿기 힘들 정도로 삼업이 위축되었다. 여기에도 중요한 사건이 있었다. 그해 3월에 삼포민은 일본인의 삼포 침탈과 관련하여 저항운동을 전개하였다. 이른바 '개성 민요民擾'가 바로 그것이다. 민요가 발생한 결과 삼포 투자는 크게 위축되었다. 당시 민요의 원인에 대해서 일본인들은 이용익의 무리한 홍삼 전매 추진에 있다고 주장하였다. 일본인들의 주장의 요지는 다음과 같다.

1898년 가을에 이용익이 황실의 수입으로 하라는 계하啓下를 받들고 개성에 오자마자 돌연 종래의 민업을 폐하고 관영으로 하려 했다. 이에 지방 인민의 격앙은 예상외로 분출하여 분요紛擾를 거듭하여 마침내 이용익은 폭민 때문에 습격 받고 잠시 몸을 피하였다. 이 분요 때 백성들은 모두 주창하길 우리들은 삼업에 의지하지 않아도 선조의 제사를 끊이지 않을 수 있다고 했다. 이리하여 각자 소유한 인삼 종자를 모두 남대문 밖에 모아 가로에 산포하거나 태워버려 거의 탕진하기에 이르렀다.[73]

그러나 개성 민요에 대한 일본인의 설명에는 발생 시기와 발생 원인 등에서 오류가 있다. 일본인은 민요 발생 시기를 1898년 가을 홍삼 제조기라고 하였다. 그런데 실제로는 이듬해인 1899년 3월에 민요가 발생하였다. 그리고 발생 원인을 이용익의 홍삼 전매 실시에 대한 개성 삼포민들의 저항이라는 측면에서 찾았다. 그러나 이용익은 1898년의 대부분을 유배지에서 보냈고, 그해 10월에 가서야 풀려났다. 그리고 이용익이 삼정을 주관하게 된 것은 1899년 1월 궁내부 삼정감독사무에 임명된 후였다. 이용익이 삼정을 장악한 후 두 달이 채 안 되어 민요가 발생한 셈인데, 1월과 2월은 삼업에서는 농한기에 해당하여 이용익이 홍삼 전매와 관련하여 실제적으로 일을 추진할 수 있는 시기가 아니었다. 따라서 민요의 원인으로 이용익의 학정을 지적하는 것은 적절하지 않다. 이처럼 개성 민요와 관련된 일본인들의 설명은 신빙성이 크게 떨어진다.

개성 민요의 발생 시기와 원인 그리고 경과에 대해서는 이를 보도한 당시 신문기사에 근거해서 재구성할 필요가 있다. 《황성신문》은 1899년 3월 9일 자 기사에서,[74] 《독립신문》은 1899년 3월 11일 자 기사[75]에서 개성 민요를 보도하고 있다. 두 기사를 종합해서 당시 민요의 발생 원인과 경과를 정리해 보면 다음과 같다.

민요의 발생 시기는 《독립신문》이 '삼농蔘農하는 포민들이 십여 일을 둔취하여'라고 적고 있는 것으로 보아서 2월 말이었다고 생각한다. 다음으로 민요 발생 원인에 대해서는 두 신문이 비슷하게 진단하고 있다. 즉 개성 삼업은 부민 수십 만 인구의 명맥이어서 삼업자는 종삼 때부터 5, 6년간 그 자본을 다하고 심혈을 기울여서 수익을 바란다. 그러나 최근에 일본인이 자의로 싼 값에 채굴해 가는데, 정부와 관부에서는 금지하지 못하여 삼포민이 삼포 전체를 잃거나 혹은 3분의 1에 해당하는 가액을 겨우 얻으니, 산업이 거개 탕패하고 삼포민은 구렁에 떨어지게 되었다. 그런데 관가에서는 이러한 정상을 살피지 못하고 반대로 잠매를 의심하여 삼포민을 서울 관아로 잡아 가거나 개성부에 가두어 벌금 100여만 냥을 물리려고 했다. 이에 삼포민들은 크게 분노하여 10여 일을 남대문에 둔취하면서 회의하였다. 이때 삼포민은 만일 인삼 농사를 다시 하는 자는 장작불에 화장하기로 결의하였다.[76] 개성 민요의 원인과 전개 과정은 대체로 위와 같았다. 이후의 경과는 자세하지 않다. 다만 두 달 정도가 지나서 민요를 일으킨 삼포민 중 3, 4명이 경무청에 투옥된 사실이 확인된다.[77]

위 두 기사에 의하면 개성 민요의 발생 원인은 일본인의 인삼 도굴 행위에 있었다. 삼포민은 일본인의 삼포 도굴 혹은 부당한 수삼 저가 구매로 삼포 경영에 위기를 맞게 되어 불만이 쌓여가고 있었다. 그런데 관헌은 이러한 사정을 제대로 파악하지 못하고 오히려 삼포민이 일본인과 몰래 거래한다고 의심하여 개성 삼포민을 투옥하거나 벌금까지 물렸던 것이다. 이에 삼포민이 불만을 폭발시키니, 그것이 바로 개성 민요였다. 민요를 일으키면서 삼포민이 서로 단결하여 인삼 농사를 다시 짓는 자는 화장하기로 결의했던 만큼 삼포 투자가 급격히 위축되는 것은 당연했다. 1899년의 삼업 투자 위축에는 이러한 사정이 있었던 것이다.

일본인들의 삼포 침탈에 대해서 개성 삼포주들은 민요를 일으켜 대응하였는데, 당시 일본인들의 삼포 침탈을 자세히 살펴보자. 일본인들이 개성 지역의 인삼과 관계를 갖기 시작한 것은 개항 이후 홍삼을 밀수출하면서부터였다. 특히 1883년 봄 개성과 지리적으로 가까운 인천이 개항되면서 일본인의 홍삼 밀수출은 본격화되었다.[78] 당시에는 조선인이 제조한 홍삼을 여러 가지 방법으로 빼돌려서 밀수출하는 방식이었다. 당시 일본인들 수중에 들어가는 홍삼은 대개 개성 증포소에서 정해진 수량 이상 제조된 인삼이거나 불합격품이었다. 또는 증포소에서 몰래 빼내 온 홍삼이거나 아니면 증포소 밖에서 밀조한 인삼도 있었다.[79]

1890년대 초에 이르면서 일본인들은 제조된 홍삼을 밀수출하는 방법에서 벗어나 수삼을 구입한 후 직접 홍삼으로 제조하여 밀수출하기 시작하였다. 따라서 밀수출 수량도 이전과 비교하여 크게 증가하였다. 이렇게 전환한 이유는 홍삼 밀매는 단속이 엄중하여 다량으로 거래가 불가능했지만, 수삼은 매입이 쉬울 뿐만 아니라 수삼을 구입해 홍삼을 제조하여 파는 쪽이 훨씬 이익도 컸기 때문이다. 당시 자본을 갖고 인삼업에 종사한 일본인은 15~16명 정도였다고 한다.[80] 이러한 전환을 계기로 일본인들은 삼포주들과 직접적인 관계를 맺기 시작했다. 당시 일본인들이 조선인 삼포주와 수삼 거래를 둘러싸고 맺은 관계는 크게 셋으로 분류할 수 있다. 화매和賣, 늑채勒採, 도채盜採가 그것이었다.

화매는 일본인이 정상적으로 수삼을 구매하고 그 대가를 조선인 삼포주에게 지불한 경우였다. 그러나 이 거래는 비공식적으로 그리고 이면계약의 형태를 띠지 않을 수 없었다. 당시 조선인 삼포주가 수삼을 일본인에게 판매하는 것은 나라에서 금지하고 있었기 때문에 정상적인 거래는 힘들었다. 그래서 조선인 삼포주와 일본인은 수삼 거래와 관련하여 일종의 연극을 꾸몄다. 즉 3~4월경에 삼포주의 대리인과 일본인이 매매계약을 체결하고, 착수금으로 통상 전체 판매 금액의 절반을 건넸다. 이때 훗날 책임을 회피하기 위해 삼포주가 직접 담판하지 않고 반드시 한국인 중개인을 통해서 계약했다. 채굴 시기가 다가와서 인삼 인도 일자가 약정되면, 약속된 날 밤 산록 혹은 마을 어귀에서 만나 채굴해 갔다. 그때 삼포주는 고의로 당황한 척 순검에게 달려가 도적이 삼포를 침입하여 인삼을 탈취해 갔다고 호소하였다. 순검이 즉시 현장에 도착하지만, 이미 인삼은 멀리 운반된 상태였다.[81]

　삼포주와 일본인 사이에 대리인을 개입시켜 계약하는 이러한 화매의 방법에는 문제의 소지가 있었다. 만일 일본인들이 정식 대리인이 아닌 부랑배와 거짓 계약을 체결해 놓고 이를 정식 계약이라고 주장하는 경우에 삼포주는 그것을 거짓이라고 반박하기가 어려웠다. 또 그런 만큼 관헌도 사실 여부를 제대로 파악하기 힘들었다. 그러한 이면계약의 약점을 이용한 방식이 이른바 늑채 행위였다. 1897년도에 발생한 일본인의 늑채 가운데 확인 가능한 것을 표로 정리하면 [표 15]와 같다.

　이면계약이라는 화매의 약점을 이용한 일본인들의 행위에 대해 당시 삼포주들은, "일본인은 우리나라의 법금을 능멸하고 우리의 나약함을 기롱하여 부랑잡류와 체결하고 무뢰자제를 꾀어서 포명圃名을 끌어당겨 방자하게 채략採掠을 행하고 구실삼아 말하기를, 나는 삼을 샀다고 하지만, 인삼 주인은 일찍이 그 인삼을 판 일이 없고, 판 자는 부랑무뢰하여 본시 어떤 사람인지 알 수 없다"[82]라고 그 폐해를 전하고 있다. 이처럼 일본인들은 삼포주와 전혀 관계가 없는 떠돌이 같은 이들을 거짓 대리인으로 내세워 그 사람과 계약을 체결했다고 강변하면서, 인삼을 채굴해 가기도 하였다. 사건이 불거졌을 때 거짓 대리인은 이미 어디론

[표 15] 1897년 일본인의 인삼포 늑채

도채 일자		삼포주 이름	삼포 소재지	연근·칸수	도매인	거간인	도매 일본인	가액	
1897	9.5.	고준응	길수리	5근, 250간	김석진		사카이 헤이하치 堺平吉		사례 ①
	9.9.	김유성	여릉리	5근, 1,600간	김규성	김영우 최석영	가토 조자부로 加藤長三郎		
	9.9.	최선명	장단?	6근 600간 중 156간	박형진	유기동	이시바시 신 石橋新		
		최희천			박화지				
	9.15	?		6근, 650간	김일봉		미상 日人		
	10.6.	박노현	월대		김규성		만오카 분사쿠 萬岡文策	12만냥	사례 ②
	9.6.	한자관	홍경리 신대	6근, 900간	마기순		와다 츠네카즈 和田常一, 야마구치 다헤에 山口太兵衛, 만다마 이와키치 萬玉岩吉 등 10여 명	8만냥	사례 ③
	10.11.	김수원	길수리	5근, 261간	김석진		사카이 헤이기치 堺平吉, 안에이暗影 등 10인	매 칸 100냥	사례 ④
	11.29.	손윤서·김 인협 도중	금천 독산촌	6근, 844간					사례 ⑤

* 출전: 사례 ①《경기도거래안》제1책, 444쪽, 사례 ②《경기도거래안》1책, 445~446쪽, 사례 ③ 《경기도거래안》제1책, 446쪽, 사례 ④《경기도거래안》제1책, 446쪽, 사례 ⑤《경기도거래안》제 1책, 447쪽.

가 잠적해 버린 후여서 뒤쫓기도 어려웠다.

일본인들이 이러한 방법을 쓰는 이유는 인삼 대금을 지불하지 않기 위해서였고, 지불하더라도 절반 혹은 3분의 1만 지불하기 위해서였다. 구체적인 사례를 보자. 만오카萬岡라는 일본인이 박노현 등의 삼포를 채굴해 갔기 때문에 박노현 등이 그 대금 12만 냥을 추징해 줄 것을 일본 경찰에 요청했다. 이에 대해 일본인 경찰은 대금 12만 냥을 이미 김규성(거짓 대리인이다)에게 지급하였으므로 지금 찾기가 어렵게 되었다고 하면서 삼포주의 정상을 참작하여 5만 냥을 받는 선에서 타협을 보는 것이 좋을 것이라고 종용하였다.[83] 또 한자관 등이 소유한 6년근 삼포 900칸을 일본인 와다 츠네카즈和田常一, 야마구치 다헤에山口太兵衛, 만다마 이와키치萬玉岩吉 등 10여 명이 도채해 갔다. 이에 한자관 등은 억울함을 호소하였다. 그러자 일본인들은 도매인에게서 샀다고 주장했는데, 그 도매인은 이미 도망가서 잡을 수 없었다. 그러면서 단지 3만 7,000냥만을 받을 것을 종용하였다. 이 두 사례는 일본인에 의한 늑채의 전형적인 형태라고 할 수 있다.[84] 일본인들의 불법 행위에 의한 피해는 1897년에만 1만 7,940여 칸에 이르렀다.[85]

이에 삼포민들은 별도의 금지 대책이 있어야 이후의 폐단을 면할 수 있을 것이라고 강력히 주장했다.[86] 정부 입장에서도 일본인들의 늑채 행위로 인해 홍삼으로 제조될 수삼이 줄어드는 것은 재정 수입의 감소로 이어질 수 있기 때문에 강력히 단속할 필요가 있었다. 그래서 정부에서는 1898년 8월에 〈삼정규칙蔘政規則〉을 제정하여 반포함으로써 일본인의 늑채 행위를 막으려고 하였다. 구체적으로 정부는 인삼포의 빙표를 소유하고 있는지 여부를 검사하여 그 실소유자를 확정함으로써 일본인의 늑채를 단속하려고 했다. 즉 개성부 삼업공세소에서 각 삼포에 대한 빙표를 만들어 각 삼포주에게 나누어주고, 삼포주가 삼포를 팔 때는 그 빙표를 인삼을 산 사람에게 넘기도록 규정했다. 그래서 만약 외국인이 잠채하는 농간이 있으면 관에서 빙표의 유무를 검사하여 그 죄상을 판단하도록 하였다.[87]

그러나 정부의 강력한 단속 의지에도 불구하고 1898년에도 인삼포 도채와 늑채가 여전했을 뿐만 아니라 오히려 전년보다 더 증가했다. 1898년의 경우 5만 8,720칸이 잠채되었고, 그 가액은 40여만 원에 이르렀다.[88] 그렇지만, 1899년 들어서면서는 이용익이 삼정을 장악하여 홍삼 제조기에는 개성 지방에 병력을 주둔시켜 보호하기 시작하고, 또 〈삼정규칙〉에 의한 매매 제약 등으로 일본인들은 이전처럼 잠채를 왕성히 할 수 없었다. 그러나 이러한 제약 속에서도 일본인들은 잠채 행위를 멈추지 않았다. 당시 일본인이 저지른 도채 행위를 정리하면 [표 16]과 같다.

[표 16]에서 연근과 칸수 항목을 보면 쉽게 알 수 있듯이, 1899년 이후는 4년근과 5년근 삼포가 도채당했다. 개성 삼포주들은 일본인들의 이러한 흉패에 대단히 격분했다. 이는 다음과 같은 소장 내용을 통해서 짐작할 수 있다. 인삼을 키우는 과정에서 대근이 아닌 것을 채굴하면 손해가 크므로 비록 관삼이 부족해도 5년근을 캐지 않는 것은 이미 전령前令이 있었다. 그러나 일본인이 그 흉패를 거리낌없이 4년근을 캐 가는 바람에 삼포민이 탕산하게 되었다. 관에서는 제대로 막지도 못하면서 오히려 삼포민의 간매姦賣만을 의심하고 있었다. 이에 삼포주들은 앞으로 인삼을 채굴하는 일본인을 만나면 그들을 살해하여 보복하겠다

고 적고 있다. 아울러 이 소장의 내용을 통해서 개성 민요 이후에도 관에서는 여전히 삼포민들의 이면계약에 의한 인삼포 매매를 의심하고 있음을 알 수 있다.

사례 ②와 ③을 통해서는 노골적인 도채 행위를 확인할 수 있다. 사례 ②의 경우는 구라타 도시슈케倉田敏助가 일본인 60~70명을 거느리고 강유주의 인삼포를 도채하려고 해서 문제가 발생하였다. 일본인들은 강유주에게 구입했으며 또 대가도 지급하였다고 주장했다. 그러나 구매했다고 하는 인삼의 문서를 보니 문서상 인삼포는 풍현 자현 소재

[표 16] 한말 일본인의 인삼포 도채

도채 일자		삼포주명	소재지	연근·칸수	거간인	도매 일인	가액	
1898	9.12.	이승업	수안군	3,000여 칸		일본인	28만 냥	사례 ①
1899	10.20.	강유주	풍덕군	5근 1,990여 칸	박가	일본인		사례 ②
	10.23.	정태현	풍덕군	4근 4,000여 칸		류도 에이키치 笠同榮吉		사례 ③
	11.16.	이정식	금천	5근 1,360칸				사례 ④
		정태현	장단	4근 2,400칸				
		양석수	여릉리	4근 400칸				
		하성일	토산	5근 950칸				
1900	8.27.	윤성보	금천군	5근, 1,280칸		시미즈淸水		사례 ⑤
	상동	양재남		4근, 30칸		일본인		사례 ⑥
1902	8.18.	이씨李姓	백천군	1,000칸 중 800칸		일인 수십 명		사례 ⑦

* 출전: 사례 ① 〈실삼위석〉, 《황성신문》, 같은 날짜, 사례 ② 〈풍덕 쇼문〉, 《독립신문》, 같은 날짜; 《경기도거래안》 제2책, 526쪽, 사례 ③ 〈풍덕 삼포〉, 《독립신문》, 같은 날짜; 《경기도거래안》 제2책, 526쪽, 사례 ④《각사등록》 경기도편 1, 521~522쪽, 사례 ⑤, ⑥ 〈일인 창채〉, 《황성신문》, 같은 날짜, 사례 ⑦ 〈창삼피착〉, 《황성신문》, 같은 날짜.

박태향의 3년근과 6년근 삼포 2,200칸이었고, 그 문서 역시 가짜였다. 일본인들은 그 삼포가 이미 채굴된 것을 보고 장차 빈손으로 돌아가게 되자, 강유주의 삼포를 도채했던 것이다.

사례 ③의 경우도 류도 에이키치笠同榮吉, 이노우에 효우조井上兵藏 등이 정태현의 삼포 4,000여 칸을 도채했는데, 일본인 순사의 조사 결과 그들은 애초부터 삼포 문서가 없었다. 뿐만 아니라 일본인들이 4년근 인삼을 캐서는 안 된다는 것을 모르고 착오가 있었다고 하면서 과오를 말하고 있다.

4년근과 5년근을 도채하는 일본인들의 불법 행위는 1899년에도 계속되었지만, 그 규모는 현저히 줄어들고 있었다. 1899년의 경우는 4년근과 5년근 삼포 9,842칸이 잠채되었다.[89] 이는 이용익이 병력을 주둔시켜 인삼포를 보호하기 시작한 정책이 효과를 보기 시작한 것이라고 할 수 있다. 1899년 이후에도 간헐적으로 도채가 이루어졌지만, 그 규모는 거의 무시해도 좋을 정도였다. 결국 시기적으로 일본인들의 잠채 행위는 1894년부터 1898~1899년 무렵까지 가장 왕성하게 행해졌음을 알 수 있다.[90]

일본인들의 도채 행위는 그 자체로 삼포주들에게 커다란 타격이 되었지만, 그에 더하여 당시 한국 관리들의 도채 행위 대처 방식 역시 삼포주들에게는 깊은 실망으로 다가왔다. 특히 당시 개성 부윤 김중환의 대처는 삼포민들로서는 이해하기 힘들었다. 일본인들의 도채가 가장 심했던 1898년에 김중환은 인삼 가액을 일본인에게 거두어서 지급한다고 하고는 미루기만 하여, 결국 일본인을 두호하고 우리나라 사람을 학대하는 것이 아니냐는 의심을 샀고 그에 따라 삼포민들만 사경을 헤

매는 처지가 되었다고 한 신문은 전하고 있다.[91]

(3) 일제의 경체 침탈과 인삼업의 폐농 위기

한말 인삼업의 위기는 러일전쟁 이후 일제의 경제 침탈 과정에서 배태되었다. 일제가 대한제국을 식민지로 재편하는 과정에서 수삼 배상금 지급을 지연하고 이른바 '화폐정리사업'을 추진하여 전황錢荒을 일으킴으로써 조선인 자본가를 위기로 몰아넣었다. 이러한 상황이 전개되면서 개성상인은 삼업에 투자를 거의 하지 않게 되었고 이는 인삼업의 극심한 위기로 나타났다.

러일전쟁에서 승리한 일제는 본격적으로 한국을 강점하기 위해 여러 정책을 추진하기 시작하였다. 황실 재산과 그것을 관리하던 내장원도 예외는 아니었다. 이용익의 실권 후 일제는 내장원을 경리원으로 이름을 바꾸고, 황실 재산을 박탈하기 위한 사업을 진행하였다. 물론 일거에 내장원의 권한을 차지할 수 없었지만, 이용익의 실각과 일제의 압박 속에 경리원은 이전과 같은 삼업 정책을 시행할 수 없었다. 특히 1904년부터 일제가 홍삼 전매를 본격 시행한 1907년까지 4년간은 정책적으로도 여러 문제를 일으키고 있었다. 일제가 삼정을 완전히 장악하지 못한 상태에서 경리원은 이용익이 주관하던 때에 비해 강력한 정책을 추진할 수 없었기 때문이다. 수삼 배상금 문제도 이러한 상황에서 발생하였다.[92]

1905~06년에도 삼포 투자는 심각한 수준으로 위축되었다. 여기에는 배상금 문제와 이른바 '화폐정리사업'이 결정적인 영향을 끼친 것으로 이해된다. 1905년 이후 수삼 배상금 문제를 살펴보기 위해서 배

상금 추이를 제시하면 앞의 [표 11]과 같다.

앞의 [표 11]을 보면, 1903년 이후 배상금이 꾸준히 높게 책정되어서 별다른 문제가 없어 보일 수 있다. 그러나 배상금이 상승 추세인 것은 맞지만, 당시 삼포민이 기대하던 금액과는 큰 차이가 있었다. 그리고 더욱 큰 문제는 배상금 지급이 제때에 이루어지지 않았다는 점이다. 즉 1905년과 1906년 두 해에는 배상금 지급이 지연되거나, 또는 결정된 배상금이 번복되는 등의 문제가 발생하여 삼포민의 처지를 더욱 곤란하게 만들었다.

1905년 경리원에서는 이전처럼 수삼 가격을 제조 완료 후 적당히 결정하여 지급한다고 홍삼 제조 첫날에 훈령했다. 그런데 제조가 끝나도 배상금이 결정되지 않았다. 삼포민들은 제반 물가 상승을 고려하여 매 차당 10원은 되어야 죽을 처지에서 구할 수 있다고 하면서 수삼가 10원을 청원했다.[93] 이후 배상금은 앞의 [표 11]에 보이는 바와 같은 수준에서 결정되었을 것이다. 그런데 심각한 문제는 이 배상금이 해를 넘긴 1906년 1월에도 전혀 지급되지 않았다는 사실이다. 이에 삼포민들은 배상금의 조속한 지급을 청원했다. 청원서를 접수한 경리원은 삼포민들 가운데 그 가액이 400~500원 이하는 원래대로 지급하고, 그 외는 다소간 나누어 지급하기로 약속했다.[94]

그러나 1905년도 배상금 지급과 관련된 문제는 여기서 그치지 않았다. 배상금이 400~500원 이상인 자에게 미지급된 나머지 돈이 1906년 6월이 되어도 청산되지 않았다. 삼포민들은 배상금 미지급으로 새로운 삼포 설치에 필요한 비용이 지불되지 못하고 있어서 대부분이 폐농할 지경에 이르렀다고 하면서 조속한 배상금 지급을 청원하였다. 이에 경

리원에서는 삼포민들의 청원대로 조만간 지급하여 농사를 망치는 일이 없도록 하라고 지시하였다.[95]

1906년에는 배상금과 관련하여 좀 더 심각한 문제가 발생하였다. 경리원에서 삼포민들과 협정한 배상금을 번복하고 일방적으로 더 낮은 가격을 책정한 것이다. 이 해 경리원에서는 배상금으로 210냥을 책정하고 있었다. 그런데 삼포민들은 이는 너무나 억울한 가격이라고 하면서, 개인 간 거래라면 400~500냥을 충분히 받을 수 있지만 정부와 관계가 되므로 감하여 300냥(=6원)은 받아야 한다고 청원했다. 결국 50냥이 깎인 250냥(=5원)으로 가격이 결정되었다. 그런데 경리원에서 삼포민들과 협정한 가격을 무시하고 애초 생각하던 210냥으로 결정하면서 삼포민들은 크게 반발하였다.[96] 이 문제는 이듬해인 3월까지 계속되었다. 삼포민들은 여전히 수삼가 250냥(=5원)을 청원하였다. 이때 삼포민들은 백삼 60편 1근 가격도 6~10냥임을 보아도 배상금이 얼마나 낮은지를 알 수 있다는 점, 또 최근 인삼 농사의 곤란만으로도 백성을 구제하는 은전이 있어야 마땅한데 이렇게 하지는 못할지언정 7, 8냥 상관으로 몇 백, 몇 만 냥의 이원利源을 없애는 것은 크게 잘못되었다는 점 등을 근거로 제시했다. 그러나 경리원은 삼포민들의 청원을 받아들지 않고 애초의 210냥(=4원 20전)으로 결정하여 지급했다.[97] 그런데 이 배상금도 제때에 지급되지 않았다. 2년이 지난 1908년에도 미처 지급되지 못한 3만 4,495원이 내장원의 채무로 남아 있었고, 이와 관련하여 관민이 분쟁 중에 있었다.[98]

이처럼 수삼 배상금을 둘러싼 삼포주와 일제의 지배 아래에 놓인 경리원 간의 갈등으로 정당한 수삼 배상금을 받지 못한 중소 규모 삼포민들이 삼업 투자를 계속하기 힘들게 되어 삼업은 최대의 위기를 맞았던 것이다.

인삼업 위기를 야기한 배상금 문제가 황실의 홍삼 전매 기간에도 삼정 주체가 바뀜에 따라 다른 양상으로 전개된 사실에 주목할 필요가 있다. 대한제국의 삼정은 이용익이 주관하던 시기와 그 이후의 시기로 나눌 수 있다. 이용익이 주관하던 시기는 1899년부터 1904년 초반까지 대략 5년 정도인데, 이 시기의 수삼가 문제는 주로 삼포민의 기대보다 낮은 가격에서 비롯되었다. 그런데 이는 전매제 실시에 따르는 일반적인 문제로 볼 수 있으며, 일제 시기에도 이런 문제는 여전히 있었다. 오히려 이용익은 수삼 배상금을 먼저 지불하여 삼포주의 편의를 고려하고 있었다.

반면 이용익이 실각한 이후에는 수삼가 지급이 지연되고, 책정된 수삼가가 번복되고 또 수삼가 선교도 제대로 이루어지지 않는 등의 폐해가 발생하였다. 이는 전매제 실시에 따르는 일반적인 문제에 추가된 또 다른 성격의 문제였다. 따라서 배상금이 삼업 위축에 끼친 영향과 관련해서는 대한제국기 전체를 동일하게 말할 수는 없으며, 인삼업의 위기는 1905년부터 본격화되었음을 명확히 할 필요가 있다.

러일전쟁에서 승리한 이후 일제의 경제적 침입은 보다 노골적으로 추진되었다. 이는 인삼업에도 심각한 위기로 다가왔다. 1904년의 러일전쟁, 1905년의 '화폐정리사업' 등도 개성 지역 인삼업 위기의 원인들이었다.

러일전쟁은 1904년 2월 6일 사세보를 출항한 일본 연합함대가 8일 뤼순 외항에서 러시아 함대를 공격하고, 다른 한편 인천으로 향한 일부

함대도 같은 날 일본 육군에서 먼저 파견한 부대의 상륙을 지원하면서 시작되었다.[99] 이들은 다음 날인 2월 9일에 서울에 들어왔다. 그러고는 일본군 주둔 병력과 더불어 부근 일대를 점령했다. 일본의 주력부대도 2월 16일 인천에 상륙을 개시하였다. 3월 중순에는 평양으로 진출하고 동시에 후속 2개 사단도 3월 14일부터 대동강 하구인 진남포에 상륙하여 북진을 시작했다. 4월 하순에는 압록강 우안에 집결했다.[100] 그 과정에서 압록강을 건너 남하하던 러시아 육군과 평안도 정주에서 육상 접전이 이루어졌다. 그때 많은 평양 주민들이 피란을 떠났다. 압록강 근처에서도 수만 명의 사람들이 피란하여 내려왔다.[101] 이처럼 러일전쟁의 발발과 그로 인한 정국과 치안의 불안, 그리고 일본 육군이 평양으로 올라가는 모습과 피란민을 지켜보는 개성의 삼포주들은 미래에 대한 불안으로 삼포에 대한 투자를 주저하였을 것이다.

일제가 추진한 이른바 '화폐정리사업'도 1905, 6년의 삼업 위기에 큰 영향을 끼쳤다.[102] 주지하듯이 '화폐정리'는 전황=화폐공황을 야기하여 한국 상인들에게 큰 타격을 주었다. 전황의 원인은 구화폐 환수 과정에서 백동화 교환 방법이 한국 상인들이 소지한 백동화의 실질가치를 일방적으로 감축시키는 방향으로 추진되었기 때문이다. 품위, 중량, 인상印象, 형체가 정화에 준하는 백동화는 2대 1의 비율로 신화와 교환되었고, 정화에 준하지 않는 부정 백동화는 5대 1의 비율로 정부가 매수하였다. 매수를 원하지 않으면 정부가 이를 잘라 되돌려주었고, 형질이 극히 조악한 백동화는 매수하지 않았다. 그 결과 한국 상인들은 화폐자산의 거의 절반을 잃게 되었다. 더 큰 문제는 조악한 백동화를 소지한 경우는 단 한 푼도 보상받지 못하거나 5대 1로밖에는 교환받지 못했다는 것이다. 백동화 교환에 따른 실질 화폐자산 감축으로 한국 상인들은 극단적인 자본 부족에 시달렸다.

더욱이 한국 상인들은 백동화 교환조건에 의구심과 거부감을 갖고 있었기 때문에 백동화를 투매하였다. 이들은 백동화 가치를 보전하기 위해 서둘러 상품과 부동산에 투자하였다. 그런데 이렇게 백동화를 기피할수록 백동화 시세는 더욱 하락하였고, 이는 다시 백동화 기피를 불러 시세를 더욱 떨어뜨릴 뿐이었다.[103] 그런 와중에 백동화의 대표적 유통 지역이던 서울 등 대도시의 화폐공황은 매우 심각해졌다. 서울 상업계 전체가 혼란에 빠지면서 파산자가 속출하였다. 파산자 중에는 당시에는 이름만 대어도 누군지 알 수 있는 거상들도 포함되어 있었다.

'화폐정리'로 인한 전황과 상업의 불황은 개성 지역이라고 예외일 수 없었다. 개성 역시 당시 백동화 유통 지역으로 분류되던 경기도에 속해 있었다. 실제 개성상인들이 전황으로 크게 곤란을 겪고 있었던 사실은 "개성은 상업이 융성하다. 그런데 전년(1905년-필자) 공황 후 금융이 불량하여 목하 큰 곤란 중"이라는 개성인 박우현의 언급에서 확인할 수 있다.[104] '전년 공황'이 1905년의 '화폐정리'에 따른 공황임은 말할 것도 없다.

화폐정리사업으로 인한 전황은 열악한 상태에서나마 성장하던 한국 부르주아를 맹타하였다. 또 식민지 통화 공급을 위한 식민지 금융 기구의 정비 과정은 전황 상태의 한국 상인을 일본 제일은행권의 유통권 내로 편입시켜 종속적 지위로 재편하였다. 그것은 다른 한편에서는 한국의 부르주아 특히 상층 부르주아가 이제 식민지적 통화금융제도에 편입되지 않고서는 자본가로서 생존 유지도 힘들어졌음을 의미하였다.[105]

화폐정리로 인한 개성 상업의 부진, 개성 상권의 위축은 바로 개성 상인들의 삼포 경영에 부정적인 영향을 끼쳤다. 개성 지역의 삼포 경영은 애초부터 개성상인의 상업자본을 기반으로 출발하였고, 이후로도 그에 의존하여 성장해 왔기 때문이다. 19세기 개성 지역이 인삼 주산지로 등장하고, 그 후 삼포 면적이 크게 확대되고, 홍삼 제조량이 격증할 수 있었던 데는 개성상인의 상업자본이 큰 역할을 하였다. 이는 19세기 후반의 삼포대장을 분석한 연구에서 삼포주들의 거주지가 대부분 개성부 내 도시 지역이었던 것으로도 뒷받침된다. 1908년의 경우도 역시 삼포주 대부분이 개성부 내 거주자였다. 그런데 삼포 경영에서 자본주 노릇을 하던 거상들이 화폐정리사업으로 큰 타격을 받고, 삼포에 대한 투자를 꺼리면서 삼업은 위기에 직면하였던 것이다.[106]

이처럼 1905~06년 삼업 투자가 위축된 이유는, 수삼 배상금 지급 지연과 화폐정리사업으로 야기된 전황이었다. 그런데 이 둘은 모두 일제의 경제 침략 과정에서 발생한 것이었다. 두 사건으로 인해 삼포 투자 자금을 확보할 수 없었던 다수의 개성상인들은 삼포 투자를 포기할 수밖에 없었다. 이는 결국 '폐농'에 이를 정도로 심각한 1910년의 삼업 위기를 초래하였던 것이다.

3.
삼포민의 대응과 분화

1. 위기 극복을 위한 삼포민의 대응

1899년 개성 민요를 촉발한 직접적인 원인은 조선인 관헌의 부당한 벌금 부과였지만, 이는 기폭제 역할을 한 것이며 보다 근본적인 원인은 일본인 삼적蔘賊의 도굴 때문이었다. 삼포민은 민요를 일으키기 전에 여러 차례 소장을 제출하여 일본인의 불법 행위에 대한 금단과 처벌을 요청하였다.[107] 예컨대 1897년 9월에 우제덕 등 200여 명이 연명으로 제출한 소장이 대표적이다. 그 소장에 따르면, 삼포 절도 폐단이 거듭 발생하여 삼포민이 장차 그 생명을 지탱할 수 없고 국가 재정 역시 낭패를 보고 있는데 그 폐단의 근본 원인은 일본인 때문이라고 하였다. 일본인은 조선인 부랑잡류와 체결하고 무뢰자제를 꾀어서 포명圃名을 끌어당겨 채굴하여 뺏어 가고는 "나는 삼을 샀다"고 하지만, 인삼 주인은 일찍이 그 삼을 판 일이 없고 판 사람은 부랑무뢰하여 본시 어떤 사람인지 알 수 없었다. 이처럼 일본인은 가짜 인삼 주인을 내세워 삼포를 저가로 구매하였다. 심한 경우 일본인 삼적은 밤에 병기를 들고 100

여 명이 무리를 이루어 1,000칸 삼포를 일거에 도채해 가기도 하였다.

이에 대해 삼포민들은 대변통이 있은 후에야 민업이 피곤하지 않고 세액이 곤란하지 않을 것이라고 하면서 특단의 조처, 즉 일본영사와 담판하여 개혁할 것을 요구하였다. 구체적으로 일본인이 인삼을 채굴하되 주인이 아닌 자에게서 구입하면 도적질과 같은 범죄로 다스리고 조선인이 자기것이 아닌데도 판 경우에는 엄한 법률로 징치함으로써 부당 매입을 두절시켜 줄 것을 요청하였다. 이처럼 200여 명이 연명으로 소장을 제출하는 경우도 있었지만, 개인 차원에서도 억울하게 당한 사정을 알리고 이의 시정을 요청하는 소장을 올리는 경우도 많았다.[108]

소장을 접수한 관리들은 일반적으로 이의 시정을 위해서 노력하였다. 그러나 일부 관리는 이해하기 어려운 행동으로 삼포민을 크게 좌절시키기도 했다. 예컨대 1898년 10월 당시 개성 부윤이었던 김중환은 인삼가를 일본인으로부터 모두 거둬서 출급한다고 약속하고는 지급을 미루기만 하였다. 이에 일본인을 감싸고 우리를 학대하는 것 아니냐는 의심을 받았고, 삼포민은 사경을 헤매는 처지가 되었다고 호소하였다.[109] 앞서 보았듯이, 삼포민은 이러한 불만을 개성 민요로 폭발시켰다.

그러나 황실의 철저한 홍삼 전매 시행으로 수삼 배상금이 하락하였고, 삼포민은 이에 대해 불만을 갖고 있었다. 예컨대 삼포민들은 1904년 초 이용익이 실권하면서 새로운 내장원경이 임명되자, 이를 기회로 그동안 쌓인 몇 가지 불만과 삼정의 쇄신을 기대하면서 소장을 올렸다. 이 소장에서도 핵심적인 사안은 바로 배상금 문제였다.

소장의 내용은 대체로 다음과 같다. 백동화 인플레로 온갖 물가가 날마다 치솟고 있는데, 이는 인삼업에서도 예외는 아니어서 인삼 재배 비용의 경우 1냥 하던 노임이 지금은 2~3냥 하고, 채삼 비용의 경우도 예전에는 순검 비용이 20냥이었는데 지금은 120냥이나 된다. 그런데 유독 수삼가는 1897년과 1898년의 36냥에서 7년이 지나서 오히려 25냥으로 하락했고, 또 여기에 병들고 시든 것, 벌금, 세금, 병정 비용 등을 제하고 나면 실제로는 20냥도 안 된다는 것이었다. 그러면서 새로운 내장원경에게 큰 기대를 걸면서 올해(1904) 수삼가는 30냥으로 정해 지급해 줄 것을 청원했다.

그러나 삼포민들의 기대와는 달리 수삼 가격은 26냥으로 결정되었다. 이때 내장원에서는 수삼가의 높고 낮음은 인삼 농사의 풍흉에 관계되는 것으로 흉년이면 등귀하고 풍년이면 저락하는 것은 물지상정物之常情이라는 논리를 폈다. 예컨대 인삼 농사의 경우 근년에는 연이어 풍년이어서 가격 하락은 시세를 따른 것이므로, 이전에 인삼 농사가 흉년일 때의 고가이던 사례를 거론하는 것은 부당하다고 주장했다.[110]

이에 대해 삼포민은 내장원의 방침, 즉 인삼 농사의 풍흉에 따라 시세로 배상금을 결정하는 것이 당연하다는 주장을 반박하였다. 삼포민들은 인삼 농사의 풍흉을 채굴 칸수 혹은 근수의 다과를 기준으로 보지 않고, 보다 엄밀하게 홍삼 제조용 수삼의 다과로 그 풍흉을 판단했다. 또 시세에 대해서도 홍삼 시세는 고귀하고 삼포 비용 시세도 두 배 이상으로 상승하고 백동화 시세는 폭락하고 있는데, 수삼 1차의 시세 25~26냥이 과연 정당한 것인지 반박하였다. 그러나 내장원은 삼포민의 요구를 받아들이지 않았다.[111]

더 심각한 문제는 앞서 보았듯이 이용익 실권 이후 경리원에서 삼포민과 약속한 배상금을 일방적으로 낮추기도 하고 심지어는 그 배상금

마저 제때 지급하지 않은 데 있었다. 이로 인해 재투자 자금을 확보하지 못한 다수의 중소 규모 삼포민은 삼업 투자를 포기할 수밖에 없었다.

수삼 배상금 지연 등으로 중소 규모 삼포민이 위기를 맞는 가운데 '화폐정리'는 보다 큰 규모의 삼포주에게도 큰 타격을 가했다. 이들은 삼포뿐 아니라 지주경영과 상업활동 등을 함께하므로 낮은 수삼가의 경제적 손실을 여타 부문으로 극복할 수 있었던 계층이었다. 그러나 전황은 그들이 경영하던 모든 사업 부문에 타격을 주어 대자산가까지 위기에 직면했던 것이다.

이들은 화폐정리로 야기된 전황 타개책을 강구하지 않을 수 없었는데, 대한천일은행에서 대부를 받는 것으로 그 돌파구를 찾았다. 1906년의 천일은행 개성지점 조사 서류에 따르면, 개성지점 감사원 설효석[112]은 박우현을 상대로 금융공황의 정도와 이를 타개하기 위한 대출금액 및 대출조건에 대해서 문답을 나누었다.[113] 이에 의하면 박우현은 당장 5만 환의 대출을 요구하였다. 그리고 대부 방법에 대해서는 삼포를 담보로 할 경우에는 삼정과장의 인가를 얻어야 하고, 상품의 경우는 현품, 부동산은 가옥(1/3), 논은 1리에서 5리 이내로 한하여 대부해 줄 것을 요청하고 있다. 그리고 재산가로 토지 매입 또는 잠시 융통을 요하는 자에게는 신용 대부도 할 수 있도록 했다. 특히 인삼 전당은 가장 확실하고 회수가 용이하다고 하면서 인삼 전당을 강하게 주장했다. 그러나 천일은행은 전적으로 상업기관 은행이므로 상품을 제일로 하고 인삼 전당은 둘째로 하는 것이 좋다는 쪽으로 의견이 모아졌다.

이후 실제로 대부한 액수에 대해서는 확인할 수 없다. 그렇지만 위문답을 통해서 화폐정리로 야기된 전황으로 개성 지역 대자산가들이 큰 타격을 받은 사실을 확인할 수 있다. 다른 한편으로 대자산가에게는 근대적인 금융기관의 대출을 이용하여 경제위기를 극복할 수 있는 기회가 있었다. 그리고 제공될 담보로 언급된 인삼포, 현품, 부동산 등을 통해 당시 개성 지역 대자산가들이 삼포 경영, 상업활동, 지주 경영을 함께하는 경우도 적지 않았음을 확인할 수 있다.

여기서 중요한 사실은 조사 당시인 1906년 8월 대한천일은행이 처해 있던 상황이다. 애초 천일은행은 대한제국 황실과 밀접한 관계 속에서 1899년도에 설립되었다. 그리고 개성지점 역시 같은 해 4월에 설립되었다. 그런데 1906년에는 대한천일은행 역시 화폐정리사업의 여파로 파산을 맞게 되고, 일제의 자금에 의존해서 재출발하고 있던 상황이었다. 즉 일제의 경제적 침탈이 본격화되면서 1906년 6월 은행조례가 반포되고 그에 따라 대한천일은행도 새롭게 정리되는데, 이는 대한천일은행에 대한 일제의 개입이 시작되었음을 의미한다.[114] 실제로 위의 조사에서도 결국 결정은 후지카와藤川, 우에무라上村 두 사람이 와서 삼정과장과 협의하여 이루어질 예정이었다. 결국 화폐정리사업으로 인한 인삼업의 위기를 타개하기 위해서 삼포주들은 직접적이든 간접적이든 그리고 그 규모가 어찌되었든 일제의 지원을 생각하기에 이른 사실은 주목된다.

대자산가들과는 달리 중소 규모 삼포민에게 당시 삼업 위기는 극복하기 힘든 큰 압박이었다. 그들 다수는 삼업을 포기할 수밖에 없었을 것이다. 그 결과 한말 삼포주 숫자는 급격히 감소하였다. 1896년 〈삼포적간성책〉에 수록된 당시 개성 지방 삼포민 숫자는 615명이었다. 그런데 8년 정도가 지난 1904년에는 400여 명으로 줄어들었다.[115] 다시 4년 정도가 지난 1908년이 되면 그 수는 123명으로 급감하였다.[116] 생존할 수 있었던 120여 명은 중규모 이상의 자산을 소유한 유력계층이었을 것이다. 그들은 일제강점하에서 인삼업 부활 속에서 삼포 투자를 확대하여 큰 수익을 거두게 된다.[117]

삼업 위기 극복은 일제의 지원보다는 개성상인의 자본력에 의한 것임을 분명히 해둘 필요가 있다. 개성상인은 크게 3대 사업 부문을 갖고 있었다. 상업활동, 인삼업, 지주 경영이 그것이었다. 인삼업이 큰 위기를 맞고 있었고, 또 상업도 전황으로 고전하고 있었지만, 지주 경영 수입이 있었기 때문에 쉽게 몰락하지는 않았다. 실제로 일제는 홍삼 전매제 시행 이후 10만~20만 원의 자금을 알선하였는데, 이는 당시 전체 삼업비의 20퍼센트 정도를 차지하였다.[118] 삼업 자금의 80퍼센트는 개성인들이 스스로 조달했던 것이다.

2. 개별 삼포민의 분화

인삼업 위기 속에서 다수의 삼포민은 위기를 극복하지 못하고 삼업 투자를 포기하였다. 격심한 변화 속에서 개별 삼포주가 겪은 운명은 삼포주마다 달랐다. 여기에서는 인삼업 포기로 이어진 사례를 소개하여 인삼업 위기를 또 다른 측면에서 살펴보고자 한다.

강유주의 운명은 격심한 정책 변화와 일본인 삼적蔘賊 등이 만들어 낸 인삼업 위기 속에서 몰락해 간 사례로 주목된다. 강유주는 1896년 자료로 추정되는《삼포적간성책》에서 1만 370칸을 소유한 최대 삼포민이었다. 그런데 내장원 간매間買[119] 사업을 대행했다가 일이 잘못되어 낭패를 보고 결국 죽음에까지 이르렀다.

1899년 내장원경 이용익은 윤규섭에게 간매 사업에 경험이 있고 정직한 사람을 소개시켜 줄 것을 요청하였다. 이에 윤규섭은 강유주(당시 47세)와 전상진[120]을 소개하였다.[121] 이 두 사람은 공금 11만여 원을 지급받아 인삼포를 수매하고 그해 가을 홍삼 제조 시 그해 수확의 3분의 2는 속공하고, 3분의 1은 간사看事 전상진과 강유주 두 사람이 담당하기로 문서를 작성하고 삼포 18좌를 매득하였다. 그리고 6~7개월 동안 부지런히 인삼포를 경영한 후 인삼을 채굴하였다. 채굴하여 회계해 보니 당오전으로 30여만 냥이 부족하였다. 손해분은 다음 해 가을 채굴로 보충하기로 다시 약속했다. 그래서 1900년 가을 채삼으로 22만여 냥은 납부하였다. 그렇지만 12만여 냥은 여전히 남았다.

당초 계약에 따르면 두 사람은 12만여 냥의 3분의 1인 4만여 냥만 책임지면 되었다.[122] 그런데 전상진은 이 일로 놀라고 겁나 결국 죽게 되었다. 강유주 역시 몇 개월 감옥에 갇혀 있다가 병에 걸려 죽음에 이르고 말았다.[123] 그러자 삼정과에서는 전상진과 강유주 명의의 인삼포를 압류해 버렸다. 이에 전상진의 아들 전성원과 강유주의 동생 강문경은 죽은 자들을 대신해서 인삼포의 반환을 계속 청원하였다.[124]

청원 내용은 시간이 흐르면서 바뀌었다. 1901년과 1903년의 두 청원서에서는 압류한 인삼포 명의가 두 사람으로 되어 있지만, 실제로는 타인의 인삼포이기 때문에 이 일과는 관계없고, 그리고 두 사람은 죽음이라는 대가를 치렀다며 압류한 인삼포의 반환을 요구하였다. 1904년 3월의 청원서는 강문경 단독으로 제출한 것이다. 그 내용은 압류한 인삼포를 작년, 즉 1902년 채삼했으므로 죽은 형이 부담해야 하는 2만 냥을 제외한 나머지 돈의 출급을 청원하였다. 그런데 1904년 10월의 청원서에서는 이전과는 매우 다른 내용을 볼 수 있다. 3인이 공동 부담해야 할 12만 냥을 강유주 혼자 부담할 뿐 아니라 윤규섭의 나대조挪貸條 6만 냥까지 바치고 있는 것이다.

1896년 당시 유일하게 1만 칸 이상 삼포를 경영하고 있던 강유주는 인삼업과 관련하여 개성 지방에서 꽤 이름이 있던 인물이었다고 생각한다.[125] 그런데 내장원과 계약한 간매가 잘못되어 결국 죽음에 이르렀다. 그리고 본인 부담분을 초과한 추가분까지 그 집안이 책임지게 되었다. 그로 인해 강씨 집안이 크게 쇠잔하게 된 것 같다. 왜냐하면 1908년 삼포대장에 이들 집안이 보이지 않기 때문이다.

이 청원 내용만 보면 강유주 일가의 몰락은 내장원의 권력을 남용한 잘못된 조처 때문이다. 그러나 1899년 30여만 냥의 손해를 입게 된 근본적인 원인은 일본인 삼적의 절도 혹은 저가 매입 때문이었다. 1899년 10월 강유주는 내장원의 자본으로 구입한 삼포 1,990칸을 경영하고 있었다. 그런데 일본인 삼적 구라타倉田敏助가 칼을 지닌 일본인 60~70명을 거느리고 강유주가 경영하던 인삼포에서 1,150칸을 삽시에 캐내어 갖고 갔던 것이다. 인삼포 절도 직후 병정과 순검을 파견하여 일본인들을 붙잡았다.[126] 이후 사건의 결말에 대해서는 자료로 확인이 되지 않는다. 그러나 당시 일본인들에 의한 절도 혹은 저가 매입은 비일비재했다. 그로 인해 정당한 가격을 전혀 받지 못하거나 아니면 2분의 1이나 혹은 3분의 1만 받는 경우가 적지 않았다. 이 사건 때문에 강유주는 30여만 냥의 손실을 보게 되었던 것이다. 결국 이를 해결하는 과정에서 내장원의 잘못된 처사 등이 겹치면서 강유주는 죽음에 이르고 일가도 큰 피해를 입었다고 할 수 있다. 이처럼 일본인들의 도채 행위는 당시 최대 삼포민 가운데 한 사람을 죽음으로 몰아넣을 정도로 그 폐해가 컸다.

전반적인 위기 속에 다수의 삼포민이 삼업을 포기하였지만, 반면에 삼업을 계속 유지한 이들도 존재하였다. 그들은 인삼업 이외에도 상업 활동 혹은 지주 경영 등으로 인삼업에서 입은 경제적 손실을 극복할 수 있었던 부유층에 속한 사람들이었다. 그들은 개성 지역 인삼업계를 대표하는 존재들이어서, 내장원의 삼정 관련 직책을 맡기도 하였다. 그러한 활동 역시 그들의 위기 극복에 도움을 주었을 것이다.

한말 개성 지역 삼포주 가운데 정부의 임명을 받고 홍삼 제조 감독 업무에 종사한 이들을 정리한 것이 [표 17]이다. 1904년에 임명된 삼포주 출신 검찰관 10명 가운데 김성형을 제외한 나머지 9명은 〈목청전중건원조성책〉에서 확인할 수 있다.[127] 그 9명은 차상필(500냥)을 제외한 모두가 고액 기부자라는 특징이 있다. 따라서 그들은 당시 개성 지역에서 일류 자산가이면서 인삼업계도 대표하는 인사였을 것이다. 특히 김진구와 공응규의 경우는 홍삼 제조고의 감소에 따라 검찰관 수가 줄어들던 상황 속에서도 3년 내내 임명되고 있다. 이는 두 사람이 개성 지역 삼업계에서 매우 활발하게 활동한 인물이었음을 보여준다.

1906년 정부에서 설립한 종삼회사의 사원으로 임명된 사람들 역시이 시기 삼업계를 대표한다고 할 수 있다.[128] 종삼회사는 당시 인삼병 피해로 인삼 종자 수급이 어려워지자 이를 타개하기 위해 정부 지원금을 받고 설립된 회사였다. 사원의 면면을 보면 사장 김진구, 회계 박우현, 사무 손봉상, 사원 공응규, 임규영, 김종환 등이었다. 그들 역시 당시 삼업계를 대표하는 인사들로 볼 수 있다. 특히 김진구, 박우현, 공응규는 검찰관으로도 임명되었다. 이러한 몇 가지 사실들로부터 당시 인삼업계를 대표하여 활발하게 활동한 삼포주로 김진구, 공응규, 박우현, 손봉상 등을 꼽을 수 있다.

그 가운데서 한말 삼업계를 대표하였다고 생각하는 김진구와 공응규에 대해서 자세히 살펴보자.[129] 김진구는 1854년 윤7월 6일에 태어났으며 본관은 청풍, 어렸을 때 이름은 수학秀學, 호는 쌍계雙溪였다.[130] 김진구 역시 선조들과 마찬가지로 34세의 나이에 처음 관직에 진출하였다. 그때 받은 직책이 개성부 분감역이었다. 이후 봉상시 직장과 주부, 의금부 도사, 상서원 주부, 제중원 주사, 제릉령 등을 역임했다. 1895년 이후에는 외부아문 주사, 통리교섭통상사무아문 주사, 제릉령에 임명되었다. 그러다 45세가 되던 1898년 2월에 사퇴했는데, 1901년 목청전이 중수되자 시종원 분시종이 되고, 정3품 통정대부를 받았다. 이처럼 김진구는 선조들이 그랬듯이 활발하게 관직에 진출하였다.

1898년 이후 관직생활을 끝내고 집으로 돌아왔는데, 그때 집안에

[표 17] 대한제국기 검찰관 임명 삼포주

연도	직위	성명 및 당시 직책
1904	검찰관	설효석·공응규·김규진·박우현·박창노·최재열·김진구·김성형·고준경·차상필
1905	검찰관	김진구·공응규·박우현·차상필
1906	검찰관	김진구·공응규

* 출전: 1904년은 훈령조회존안(6권). 1904년 9월 16일, 기록과장 등에 대한 훈령과 1904년 9월 16일, 검찰관에 대한 훈령; 1905년은 같은 책(7권), 1905년 9월 12일 검찰관에 대한 훈령; 1906년은 같은 책(8권), 1906년 9월 22일, 지응과장 등에 대한 훈령.

는 위로 삼촌 두 분과 아래로는 동생 다섯이 있었다. 모두가 선업인 종포種圃를 계속해서 십수 년 경영하였다. 김진구는 대지주이기도 하였다. 1906년 대한천일은행 조사자료에 의하면 김진구의 당시 추수고는 3,000석이었다. 이는 5,000석인 김여황 다음으로 많은 수확고였다.[131] 이처럼 김진구는 부호가 많기로 유명한 개성에서도 최상급에 속하였다. 1901년의 〈목청전중건원조성책〉은 기부 액수에 따라 이름이 적혀 있는데 당시 부윤이 1만 냥으로 최다 출연자였고, 그다음으로 8,000냥씩을 기부한 네 사람이 있었는데 그 가운데 한 사람이 김진구였다.[132]

이렇게 최상급에 속하는 경제력 그리고 관직생활을 배경으로 김진구는 퇴관 이후에도 개성 지역을 대표하는 인물로 활동하였다. 앞서 보았듯이 경리원에서 1904년 이후 검찰관을 삼포민 중에서 선임할 때 1904년 이후 1906년까지 3년 연속 임명되었고,[133] 종삼회사[134]의 사장으로도 활동하였다.[135]

김진구는 한말 실력양성을 통한 국권 회복이라는 분위기 속에서 애국계몽운동의 일환으로 교육 사업을 전개하기도 하였다. 그가 설립한 학교는 맹동의숙이다. 이 학교는 1910년 사립 삼인학교로 바뀌는데, 김진구는 직접 10년 동안 교생校生을 하였다. 이후 그는 전교 재산을 공립보통학교에 기부하였다. 그리고 공립상업학교 건축 시 그 위원장을 맡기도 했다.[136] 이러한 경제력과 사회정치적 역량을 지닌 김진구였기에 한말 삼업 위기를 극복할 수 있었을 것이다. 그리고 일제 시기 그의 아들 김정호는 아버지로부터 물려받은 유산을 배경으로 개성을 대표하는 인물로 성장하게 된다.

공응규는 김진구와 함께 삼업계를 대표하였지만, 그 가문과 이력은 김진구와 달랐다. 김진구가 조상 대대로의 재산과 사회적 지위를 이어받은 데 반해서 공응규의 경제력과 사회적 지위는 전적으로 당대에 이루었기 때문이다.[137] 공씨가 선조들의 관직 진출은 극히 드물고 고조부터 할아버지까지는 묘소의 위치만 기록되어 있다. 이로 미루어 보면 공응규 집안은 18세기 후반부터 관직에 진출하지 못한 평범한 상민 가문이었을 것이다. 이런 집안에서 공응규는 1857년 윤5월 8일에 태어났다. 그의 자는 문경文卿이다.[138] 8세 되던 해부터 마을 어른에게 배웠는데, 모두가 그의 자질을 칭찬하였다고 한다. 그러나 집안이 가난하고 부친은 나이 들고 다섯 동생이 있었지만 모두가 어렸기 때문에 마침내 그는 독서를 그만두고 이후 10여 년을 상인의 길로 나섰다[遠服賈十年]. 그 결과 동생들에게 나누어줄 수 있을 정도로 적지 않은 돈을 모았고, 공응규 자신은 스스로 삼업에 전념했다.[139]

　　한말 공응규의 삼포 경영 내역은 1896년 《적간성책》을 통해 확인할 수 있다. 《적간성책》에 기재된 공응규의 삼포는 총 6좌로, 구체적인 소재지와 칸수는 [표 19]와 같다.

[표 19] 1896년 당시 공응규의 삼포 경영 규모(단위: 칸)

소재지	연근	간수	고용인
장단군 소남면 박연리	추채	1,105	장양원
상동	추채	736	유효영
금천군 판교	6근	1,300	최치수
금천군 녹전우	6근	700	서인필
상동	3근	1,100	이용서
상동	5근	950	이용서
합계		5,891	

공응규가 경영하고 있던 삼포 5,891칸은《적간성책》에서 강유주, 현흥택, 손덕중 등에 이어 네 번째로 큰 면적이었다. 구체적으로 삼포 경영을 보면, 우선 삼포가 모두 장단과 금천에 있었다. 그리고 4년근을 제외하면 거의 매년 삼포를 설치하고 있는데, 이는 공응규가 매년 삼포에 투자하였음을 보여준다. 각 삼포의 면적은 대체로 1,000칸 내외로 이는 당시《적간성책》에 기재된 평균 칸수보다는 조금 넓다. 그렇지만, 당시 삼포 경영에 가장 적당한 칸수는 1,000칸이었기 때문에 공응규는 이러한 당시 관행을 충실히 따랐다고 할 수 있다. 고용인을 보면 모든 삼포에 서로 다른 고용인을 두고 있는 점이 눈길을 끈다.

이 정도 규모의 삼포를 경영하였기 때문에 공응규는 당시 개성 삼업계에서 유력자로 존재할 수 있었다. 예컨대 1904년부터 검찰관을 3년간 역임한 것, 1906년 종삼회사에서 사원으로 이름을 올린 것 등은 그의 위치를 말해주고 있다. 그러나 공응규는 김진구와 달리 삼포 경영 이외에 상업활동과 지주 경영에는 크게 투자를 하지 않았던 것 같다. 이는 〈목청전중건원조성책〉을 통해 간접적으로 확인할 수 있는데, 김진구가 8,000냥을 기부하여 개성인 가운데서는 최고 출연자였던 데 반해, 공응규의 기부금액은 3,000냥이었다. 3,000냥 이상을 기부한 사람으로 6,000냥 18인, 4,000냥 19인이었고 3,000냥 기부자 역시 30인이나 되었다. 따라서 공응규는 한말 삼업을 통해 상당한 경제력을 쌓았지만, 아직은 개성에서 최일류급 부자 대열에는 끼지 못했다.

공응규는 조상과는 달리 관직에 진출하였다. 최초의 관직은 고종 27년 34세 때 받은 통사랑 개성부 분교관이었다. 이후 1901년 1월 태조 어진을 목청전에 봉안할 때 시종원 분시어가 되었고, 같은 해 7월 시종원 분시종 정3품 통정에 오른다.

한편 공응규는 자신이 어려서 가난 때문에 공부를 그만둔 것에 대한 아쉬움이 상당히 컸다. 그래서 항상 자손들에게 너희들을 교육시켜 장차 나의 한을 풀겠다는 말을 했다고 한다. 구체적으로는 서적·지필을 구입하는 데는 돈을 전혀 아끼지 않았고, 자제들의 뜻이라 하여 손자들이 해외로 유학하면 매년 큰돈을 보내주었다.[140] 그래서 자손들이 명사가 되면 크게 문을 꾸몄다고도 한다. 이처럼 공응규는 김진구와는 달리 자기 대에 자수성가했는데, 그 배경에는 삼포 경영이 있었다. 가업은 그의 아들 공성학에게 계승되었다. 공성학은 가업을 비약적으로 발전시켜 일제강점기에 개성 10대 부자 대열에 들 수 있었고 또 사회정치적으로도 공응규보다 훨씬 활발하게 활동하였다.

한말 인삼업은 심각한 위기에 직면하였다. 위기에 대응하는 방식은 삼포주의 상황에 따라 차이가 있었다. 죽음에 이른 강유주는 극단적인 사례라고 하겠지만, 강유주처럼 인삼업의 위기 속에서 삼포 투자를 이어가지 못한 사람은 많았다. 이는 삼포주 수의 급감에서 짐작할 수 있다. 반면 인삼업 이외에 다른 사업을 하고 있거나 경제적으로 상층의 삼포주들은 위기 속에서도 인삼업을 지속할 수 있었다. 그들은 일제의 인삼 정책에도 적극 호응하고 있었다. 인삼업의 위기 속에서도 살아남은 이들은 100여 명으로 615명이던 시절과 비교하면 급감하였다. 이들은 일제강점기 인삼업 재편 속에서도 살아남아 삼포주로서 지위를 유지하였다.

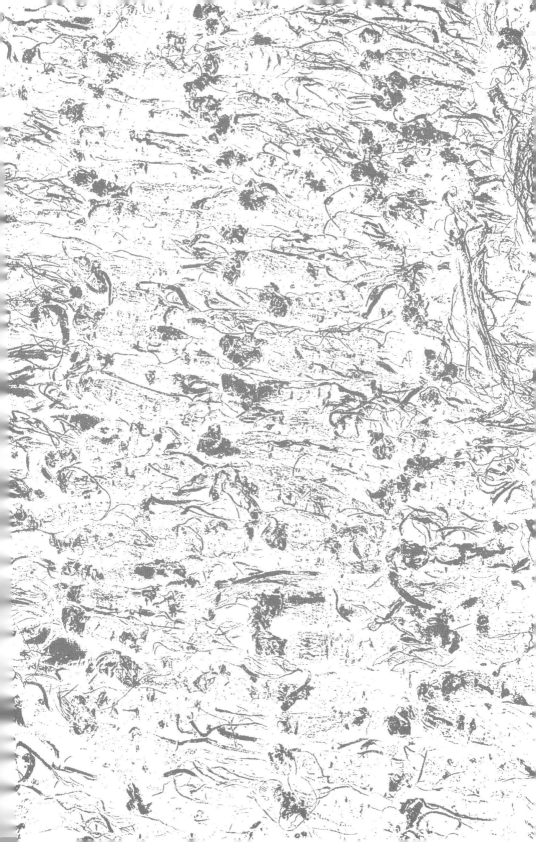

IV

일제의 홍삼 전매제 시행과
거대 삼포주의 등장

1.
일제의 홍삼 전매제
시행과 특징

1. 홍삼 전매제의 특징과 민간 제조 홍삼 늑탈

일본제국주의는 1904년 2월 러시아와 전쟁을 일으키면서 한국에 대규모의 군대를 파견하였고, 그를 통해 사실상 한국을 강점하기 시작했다. 일본의 한국 강점은 단계적으로 추진되었다. 일제는 대한제국 정부의 재정과 황실 재정을 우선적으로 침탈하여 재편해 갔다. 정부 재정에 대한 재편 작업은 1904년 10월 메가다目賀田種太郎가 재정고문으로 파견되면서 본격화되었다.[1]

황실 재정에 대한 재편 및 장악 과정은 정부 재정의 그것과는 다소 달랐다. 무엇보다도 고종이 일제의 황실 재정 침탈 시도를 강력히 차단하고 나섰다. 그러면서 고종은 황실 개혁의 필요성을 인정하여 '제실제도정리국'을 설치하여(1904. 10. 5) 황실 개혁을 추진하려고 하였다. 이 제실제도정리국의 활동을 바탕으로 1905년 3월 궁내부 관제를 전면 개정하였다. 그 결과 삼정을 관리하던 내장원은 경리원으로 그 명칭이 바뀌었다. 관제 개혁에도 불구하고 이전의 관제와 비교할 때 기본적인 틀은 유지되었다고 할 수 있다. 이처럼 1905년까지는 황실 재정의 핵심을 이루는 경리원이 일정하게 기존의 지위를 유지하고 있었다고 볼 수 있다.

1905년 11월 을사조약이 체결되고 이토 히로부미가 통감으로 부임하였다. 1906년부터 황실 재정에 대한 일제의 침탈이 본격화되었다. 먼저 일제는 '제실광산규정'(1906. 1)을 제정하여 궁내부 소속 광산에 대한 장악을 시도하였다. 이어서 '토지 개간에 관한 건'(1906. 7)을 제정하여 황무지에 대해서도 간섭하기 시작하였다. 그리고 내수사와 7궁 역시 강력한 반대에도 불구하고 폐지되었다(1907. 2). 이 단계까지는 이토 통감 등을 앞세운 일본 측의 압력이 있었지만, 그래도 궁내부 내부의 결정에 의해 황실 재정의 독자적 정리 방침이 효력을 발휘하였다.

그러나 1907년 6월 고종의 헤이그 밀사 파견이 국제적인 문제로 등장하면서 통감과 일본 정부는 고종에게 양위까지 거론하면서 책임을 추궁하였다. 결국 7월 19일 '제3차 한일협약'이 체결되고 황제의 권력은 크게 약화되었다. 이후 황실의 요구는 거부되었고 통감부는 본격적으로 황실 재정을 장악해 갔다. 1907년 8월 궁내부 소속 광산이 폐지되었다. 9월에는 경리원 소관 각종 잡수입을 국고 수입으로 이관하거나 폐지하였다. 11월에는 1908년부터 역둔토 도조 수입을 국고로 귀속시키는 조치가 취해졌다.

이러한 일련의 황실 재정 해체의 일환으로 1907년 12월 경리원 잡수입에 대한 처리 방침이 최종적으로 확정되었다. 일제는 1907년 12월 4

일 칙령 제35호로 〈경리원 소관 잡세 처리에 관한 건〉을 반포하였다. 그 1조 1항에 "삼세 및 전매 관삼의 사업은 국고 수입으로 정하되 탁지부로 이속하여 관리하고 견련牽聯하여 조사 해결케 함"이라고 하여 전매 관삼을 탁지부가 관할하도록 하였다.[2] 이를 통해서 일제는 홍삼을 장악할 수 있는 기반을 마련하였다. 탁지부는 1908년 1월 삼정과 관련된 일체의 관계 서류, 관유 건물, 부지 그리고 1907년 민간 제조 홍삼 전부를 경리원으로부터 인계받았다.[3]

그리고 일제는 삼정에 관한 사항을 조사했다. 조사 내용은 〈삼정에 관한 사항 조사〉라는 제목으로 《재무주보》 58호(1908)의 부록으로 발간되었다. 이후 같은 내용이 《제1회 삼정보고》 제4장에 실려 있다.[4] 이러한 조사 과정을 거쳐서 일제는 1908년 7월 16일 법률 제14호로 홍삼 전매법 및 탁지부령 제18호로 동 시행세칙을 반포하고 삼정을 완전히 장악하게 된다.[5]

일제의 인삼 정책의 내용과 성격은 홍삼 전매법을 통해서 확인할 수 있다. 홍삼 전매법은 총 25조로 이루어져 있다. 법령의 내용은 크게 인삼 경작 및 수확, 수삼 수납, 홍삼 제조, 홍삼 판매 및 수출, 검사·감독 그리고 처벌에 대한 규정으로 나눌 수 있다.[6] 동 시행세칙은 총 18조로 구성되었는데, 대부분이 경작과 관련된 규정이며, 그 나머지는 수확 및 수납 관련 조항들이다.[7]

전반적으로 일제의 홍삼 전매법은 대한제국 황실의 홍삼 정책을 많이 답습하고 있다.[8] 인삼의 수확과 수납 그리고 제조·판매에 대한 규정들이 특히 그랬다. 그러면서도 인삼 경작에 대한 규정들을 보면 황실의 홍삼 정책보다 관리 감독이 엄격해지고, 규제가 강화되었다. 구체적으로는 삼포 경작에 대한 허가제, 허가받은 삼포에 대한 삼포주의 책임 강화 그리고 처벌 규정의 명시 등이 그것이다.

인삼포 경작에 대한 허가제 도입은 일제가 시행한 홍삼 전매제의 가장 큰 특징이라고 할 수 있다. 일제의 홍삼 전매법 실시로 인삼은 일제의 허가를 받은 자가 아니면 경작을 할 수 없게 되었다(전매법 3조). 인삼 경작 허가를 받으려는 자는 일정한 양식의 신청서를 탁지부에 제출해야 했고, 경작 면허를 받은 자에게는 일정한 서식의 면허서를 교부했다(시행세칙 1조). 그런데 경작을 신청한 사람 모두에게 면허를 주지는 않았다. 인삼에 관한 법령을 위반하거나, 인삼 경작 성적이 불량하거나, 인삼 경작 단속상 불편함이 인정되는 지역에서 경작하려 하거나,[9] 또는 경작 면적이 50칸이 안 되는 경우에는 경작을 허가하지 않거나 또는 필요한 제한을 가할 수 있도록 하였다(시행세칙 6조).

홍삼 제조권과 판매권을 장악한 일제는 이제 이 인삼 경작 허가제를 통해 경작 부문까지 장악하게 되었다. 이로써 인삼업에 대한 완전한 전매제를 실시할 수 있었다. 뿐만 아니라 경작 허가제를 통해서 삼포주를 선택할 수 있게 됨으로써 일제의 의도에 맞는 삼포주들을 중심으로 삼업을 재편할 수 있었다. 삼포주 입장에서도 삼포를 경영하기 위해서는 일제의 허가를 받아야 했던 만큼 일제와 대립각을 세우기는 쉽지 않게 되었다.

경작 허가를 받고 인삼을 경작하는 자는 매년 경작 상황을 신청하여 허가를 받아야 했다. 즉, 인삼 묘포의 위치와 칸수, 성묘成苗를 옮겨 심을 삼포의 위치와 칸수, 성묘의 근수根數 그리고 수확할 삼포의 위치와 칸수, 인삼의 근수에 대해 통감부(후에는 총독부)에 신청하여 허가를 받아야 했다. 변경 사항이 있거나 또는 경작을 폐지하려고 할 때도 역시 같았다(전매법 6조). 그리고 이러한 신청과 허가는 탁지부 대신이 정하는 기한 내에 이루어져야 했고(시행세칙 3조), 허가를 받은 자에게는 일정한 서식의 허가증이 교부되었다(시행세칙 4조).

일제는 경작을 허가한 삼포주들에게 인삼포 경작에 대한 책임을 다할 것을 강제하였다. 이 역시 황실의 인삼 정책에서는 볼 수 없는 부분이다. 인삼 경작자가 사사로이 경작 칸수를 감소시키거나 또는 경작을 폐지하면 정부는 그 감작지減作地 또는 폐작지廢作地에서 생산할 수삼 가격에 상당하는 금액을 납부시킬 수 있었다. 그리고 수확 시 인삼 경작자가 정당한 사유 없이 정부가 사정한 수량 또는 근수 이상의 수삼을 납부하지 않으면, 정부는 그 부족액의 8배를 납부시킬 수 있었다(전매법 12조).[10] 또 부식근腐蝕根, 미숙근 등이 있으면, 관리의 승인을 거쳐 적당한 처치를 하도록 규정하였다(시행세칙 14조).

홍삼 전매제의 또 다른 특징은 인삼특별경작구역을 지정한 것이다. 홍삼 제조의 원료에 충당할 수삼을 재배할 수 있는 지역을 법으로 지정할 수 있도록 하였다(전매법 5조). 이 조항에 의거하여 1908년 7월 30일 탁지부령 제22호로 지정된 인삼특별경작구역은 경기도의 개성군·장단군·풍덕군, 황해도의 금천군·토산군·평산군·서흥군·봉산군이었다.[11] 이들 지역은 이미 그 이전부터 개성상인이 주요하게 삼포를 개설하는 곳이었다. 따라서 이 정책 시행으로 개성상인의 삼포 개설 지역에 변화가 있었던 것은 아니다. 총독부가 인삼특별경작구역을 지정한 이유는 홍삼 원료인 수삼 재배에 대해 관리와 감독을 강화하기 위함이었다고 생각된다. 이제 홍삼 원료 수삼은 이 구역에서만 재배할 수 있게 되었다.

인삼특별경작구역은 이후 약간의 변동을 겪어 1913년 8월 30일에 그 구역이 개정되었다. 그 내용을 보면, 경기도의 개성군·장단군·풍덕군, 황해도의 금천군·토산군·평산군·서흥군·수안군·봉산군·황주군, 평안도의 중화군이었다.[12] 이전과 비교하여 경기도는 변동이 없고, 황해도는 수안군과 황주군이 추가되고, 평안도의 중화군이 새롭게 추가되어 평안도 지역까지 경작구역이 확대되었다. 1914년 2월 25일에도 개정이 있었는데,[13] 이전과 비교하면 경기도의 풍덕군과 황해도의 토산군이 특별경작구역에서 제외되었다. 1927년 6월 29일에도 특별경작구역이 개정되었다. 그 내용은 황해도의 수안군과 황주군, 그리고 평안남도 중화군을 삭제하는 것이었다. 다만 황해도 수안군 또는 평안남도 중화군에서 현재 경작하는 인삼 및 1928년 중에 이식할 인삼에 대해서는 수확을 마칠 때까지는 종전대로 하도록 하였다.[14] 이처럼 특별경작구역은 다소의 변동이 있었지만 경기도의 개성 일대 그리고 황해도의 서쪽 지역에 집중된 사실은 크게 바뀌지 않았다.

특별경작구역 외 지역에서도 인삼이 재배되었다. 그렇지만 그 지역에서 수확된 수삼으로는 홍삼을 만들 수 없도록 하였다. 특별경작구역 이외의 지역에서 재배된 수삼은 주로 백삼으로 가공되어 판매되었다.[15]

일제는 삼포주들에 대한 통제를 원활히 하기 위해서 강력한 처벌 규정을 신설하였다. 처벌은 대부분이 벌금형이었다. 제일 가벼운 벌금은 3원 이상 10원 이하였다. 이 벌금은 인삼 경작자이면서 허가를 받지 않은 토지에서 인삼을 경작하거나 또는 인삼 경작자가 정당한 사유 없이 정부가 지정한 납부 기일에 수삼을 납부하지 않으면 부과되었다(전매법

18조). 그리고 관리의 심문에 대해 허위 답변을 하거나 또는 직무 집행을 방해하면 10원 이상 100원 이하의 벌금에 처하도록 규정했다(전매법 21조).

또 홍삼을 판매 또는 수출하거나, 면허를 받지 않고 인삼을 경작하거나, 정부에 수납할 수삼을 타인에게 양도, 양수, 소비 또는 은폐한 경우에는 10원 이상 500원 이하의 벌금에 처하고 그 범죄에 관계된 현품은 몰수하도록 했다(전매법 17조). 그리고 사사로이 홍삼을 제조 또는 제조 준비를 한 경우에는 100원 이상 1,000원 이하의 벌금에 처하고 그 범죄에 관계된 현금 및 제조 기구와 기계는 몰수하도록 하였다(전매법, 19조). 한편 범죄에 관계된 물품을 양도 혹은 소비했거나 또는 그 현품의 소유자가 달리 있기 때문에 몰수할 수 없을 때는 그 가격에 상당하는 금액을 추징할 수 있었다(전매법 20조).

관리는 범죄를 조사하여 심증이 있으면 벌금 혹은 추징에 상당하는 금액, 몰수에 해당하는 물품 및 서류 송달 기타 부대 비용을 지정 장소로 납부하라는 취지를 통고할 수 있었다. 이 통고에는 지정한 기간 내에 이행하지 않을 때는 고발한다는 취지를 기재할 수도 있었다(전매법 22조). 그리고 범인이 통고를 이행하면 동일 사건에 대해서 소송을 받지 않도록 했다(전매법 23조). 인삼 경작자는 그 대리인, 가족, 동거자, 고용인 기타 종업자로 그 업무에 관하여 전매법 또는 이 법에 기초하여 발한 규정을 위반하면 자기의 지휘가 아님을 이유로 하여 처벌을 면할 수는 없었다. 전매법 2조의 규정을 위반하여 판매 혹은 수출한 자에 대해서도 역시 같았다(전매법 24조). 그리고 인삼 경작자이면서 전매법 및 이 법에 기반하여 발하는 규정을 위반할 때는 경작 면허를 취소할 수 있었다(전매법 15조).

이와 같이 일제는 황실의 전매제와 비교하여 경작에 대한 통제를 한층 강화하였다. 잠삼의 존재 가능성을 차단하려는 목적은 황실과 같다고 볼 수 있다. 그러나 경작 허가제는 잠삼의 문제를 넘어서 삼포주들에 대한 강력한 통제 수단을 확보함으로써 일제에 호응하는 삼포주들을 중심으로 인삼업을 재편해 가려는 의도를 분명히 한 것으로 이해할수 있다.

일제는 1907년 7월 4일 임시제실유급국유재산조사국을 설치하고, 그 조사국의 3회 위원회(1907년 8월 31일)에서 '경리원 소관 잡세 조사안'을 결정하였다. 그 내용은 '전매 관삼 사업은 농상공부가 주관하고그 수입은 국고에 납입할 것. 이는 국가의 특산인데 연래 처리 및 보호방법이 적당하지 않아 삼정의 폐막이 층생하여 식산흥업의 발달은 고사하고 생폐生廢할 우려가 없지 않은지라 이를 개량 흥왕하기 위해 농상공부에 주관시키고 국고로 수입케 함이 가함'이라고 되어 있다.[16] 이에 따라 농상공부가 인삼 전매 사업의 주관 부서로 결정되었다.

삼정 전담 부서가 된 농상공부에게 당장 시급한 일은 그해(1907) 홍삼 제조를 무사히 마치는 것이었다. 농상공부는 황실에서 홍삼 업무를맡았던 인력을 활용하기 어려웠던 것 같다. 홍삼 제조에 대한 감찰 업무를 개성상인들에게 맡기고 있기 때문이다. 1907년 9월 13일에 개성에 거주하면서 인삼업에 경험이 있는 김진구를 감채관으로, 농상공부서기관 변영진과 서기랑·이택종 두 사람을 검찰관으로 임명했다. 그리고 증조에 관한 업무를 조치하기 위해 〈증삼소 임시규정〉을 제정하여 인삼업을 감독했다.[17] 농상공부가 인삼업, 특히 수삼 수납과 홍삼 제조를 감독했다고 하지만, 실제로는 민간 삼포주 15명이 수삼을 매입하여 홍삼으로 증조했다.[18] 즉 민간인이 수삼을 구입하여 홍삼을 제조했던 것이다. 증조된 홍삼은 검찰관에 의해 보관되고 있었다. 당시 15명의 홍삼 제조 삼포주들은 농상공부가 소정의 세금을 거둔 후에 출원 삼포주에게 홍삼을 반환하거나 아니면 농상공부에 홍삼을 판매한 후 약간의 세금을 제하고 나머지 금액을 삼포주들에게 내려줄 것으로 기대하였다.[19]

당시 삼포주들은 인삼업이 민영으로 경영될 것으로 기대하였다. 즉 "본년 이 법률 제정 전에 당해서는 끊임없이 민업설이 성하여 일시 매우 세력이 있었으나"[20]라고 하듯이 황실의 인삼 경영이 끝나고, 일제가 전매법을 반포하기 전까지 인삼업은 민업이 될 것이라고 개성 삼포주들은 강한 기대감을 갖고 있었던 것이다. 따라서 개성의 대자산가들은 1907년에 홍삼 판매권을 염두에 두고 홍삼을 제조하였던 것이다.

1907년에는 삼포주가 수삼을 증포소로 반입하지 않고 직접 홍삼을 제조할 수 있었다. 하지만 모든 삼포주가 홍삼을 제조할 수 있는 여력이 있었던 것은 아니다. "소자산가는 금융 핍박 때문에 오래 견딜 수 없었기 때문에 대부분은 개성 대자산가에게 매도하였다. 그 결과 수삼 전부는 15명의 수중에 떨어지게 되었고, 그들은 홍삼 증조를 출원하기 이르렀다."[21] 15명의 대자산가가 수삼을 매입하였던 것이다.[22] 수삼을 매입한 15명의 이름과 매입 수삼 수량을 정리하면 [표 19]와 같다.[23]

'대자산'이라는 표현이 있었듯이, [표 19]에 기재되어 있는 15명은 한말 당시 개성 지역에서 부유한 경제력을 유지하고 있던 사람들로 보아도 크게 틀리지 않을 것이다. 다만 [표 19]에 나타나는 수삼 매입량의 차이가 이들의 경제력의 차이를 보여준다고는 생각되지 않는다. 시기가 불안정하기 때문에 적극적인 매입에 나서기를 꺼린 사람들이 충분히 있을 수 있기 때문이다. 그러면서도 최대 수삼 매입자로 나타나고 있는 박우현의 경우는 특별히 주목된다. 그의 매입 근량은 1만 2,679근이며, 그 매입액은 9만 2,242원 35전이다. 이는 총 매입량의 35.5퍼센트, 총 매입액의 35.7퍼센트에 해당하는 비중이다. 당시 9만 원이 넘는 자금을 동원할 수 있었다는 사실로도 그가 여타 제조업자들과는 다소 다른 위치에 있는 존재였음을 짐작케 한다.

[표 19]에서는 1근당 수삼 매상 가격을 주의해서 볼 필요가 있다. 위 표의 매상 가격은 민간 제조업자가 수삼을 매입하면서 편급별 1근당 매상 가격에 따라 지불한 액수를 모두 합한 것이다. 이를 총 매입 근수로 나눈 것이 1근당 매상 가격이 된다. 1근당 매상 가격이 제조업자에 따라 차이가 있는 것은 각자가 구입한 수삼의 품질에 차이가 있기 때문이다. 1근당 매상 가격이 높은 것은 그만큼 품질 좋은 인삼을 매입한 것으로 볼 수 있는데, 1근당 평균 7원 24전 1리를 지불한 것으로 나타나고 있다. 이는 한말 시기 수삼 배상금과 비교하면 거의 두 배에 가까운 액수이다. 중소 규모의 삼포 경영자의 입장에서 보면 그만큼 수익이 증가함을 의미한다. 참고로 1902년부터 1907년 사이 1근당 평균 수삼 배상 가격을 보면 1902년 2원 50전, 1903년 2원 16전, 1904년 2원 25전 7리, 1905년 3원 76전 8리, 1906년 3월 69전 7리, 1907년 6원 92전 5리였다.

이렇게 많은 배상금을 지불하고도 제조업자들은 수지를 맞출 수 있었는지를 살펴보기 위해 제조 비용과 판매 가격을 제시한 것이 [표 20]

이다. 당시 15명의 제조업자들이 부르던 가격으로 판매되었다고 가정하면, 판매액의 약 절반 정도가 제조업자들의 순이익이 된다. 전체적으로 그 액수는 30만 원에 육박하는 수준이었다. 최대 제조업자였던 박우현의 경우 10만 원이 넘는 순수익을 올릴 수 있었다. 그리고 내외 상인들이 부르던 가격에 판매가 이루어졌다고 가정하면 10퍼센트대 혹은 20~30퍼센트대의 수익을 올릴 수 있었다. 앞에서 중소 삼포주들에게

[표 19] 1907년도 민간인 매입 수삼 차수와 가격

성명	삼주 삼주蔘主 주소	차수(次)	편계(片)	매상 가격(圓)	1근당 매상 가격(圓)
박우현	개성군 북부 지파리 동랑	12,679.0	170,879	92,242.350	7.275
공응규	개성군 북부 지파리 표천	1,514.00	19,680	12,582.50	8.311
김진오	개성군 동부 팔자동리 팔동	2,220.00	29,949	13,150.90	5.924
박태향	개성군 북부 지파리 파천	1,272.50	18,850	8,903.60	7
임규영	개성군 북부 예빈리 사현	5,646.00	72,046	41,751.60	7.396
이근오	개성군 북부 예빈리 연동	4,824.50	57,418	34,726.98	7.199
강필만	개성군 동부 팔자동리 소활동	491	8,383	3,271.35	6.663
이춘성	경성 중부 수표교	1,557.00	20,816	11,259.25	7.231
한양여	개성군 북부 이정리 상동	370	7,819	2,291.55	6.193
임진문	개성군 서부 관전리 지동	1,668.00	23,144	13,680.05	7.059
차상필	개성군 북부 예빈리 연동	870.0	9,345	7,270.65	8.357
남정순	개성군 북부 이정리 당교	1,660.00	25,941	11,258.15	6.782
주시준	개성군 동부 경방리 이동	491	8,253	3,185.40	6.488
정천향	개성군 북부 예빈리 사현	320	5,175	2,170.75	6.784
전진옥	개성군 동부 팔자동리 화천	128	2,102	822.9	6.429
계		35,710	479,800	258,567.89	7.241

* 주소는 보다 자세히 기재되어 있는 《제2회 삼정보고》에 의거함.
* 미야모토 세에조宮本政藏의 글에는 차상필의 이름이 빠져 있고, 또 전진옥全瑨玉이 김진옥金瑨玉으로 잘못 기재되어 있어서 바로잡음.
* 매상 가격을 산출하기 위한 편별 1근당 수삼 배상 가격은 《제1회 삼정보고》, 87~89쪽. 미야모토 세에조의 글에도 수삼 매매 가격이 실려 있지만, 이는 비고에서도 밝히고 있듯이 예정 가격이다.

기존보다 두 배에 가까운 수삼 가격을 지불할 수 있었던 배경에는 이처럼 제조된 홍삼을 고가로 판매할 수 있다는 기대가 있었기 때문이다. 이를 보면 홍삼 제조가 민업일 경우에는 대자산가는 물론이고 중소 규모 삼포주들도 전매제 때와 비교하여 보다 높은 수익을 올릴 수 있었다.

그러나 일제는 개성 삼포주들의 기대와는 달리 1908년에 홍삼 전매제를 전격적으로 실시하였다. 뿐만 아니라 한걸음 더 나아가서 1907년 민간 제조 홍삼에 대한 판매권을 장악하려고 하였다. 이를 위해서 민간

[표 20] 1907년도 민간업자의 홍삼 제조 실적 및 판매 가격

성명	제조 근수	동 편수	미삼 근수	제조 비용	판매 시 가격	매입 시 가격	수납 가격
박우현	斤4,115	169,520	823	8,230/9,876	201,848.00	125,035.40	98,760/19,824
공응규	530	19,340	106	1,060/1,272	27,278.00	18,249.35	12,720/2,544
김진오	775	29,700	155	1,550/1,860	39,126.00	25,290.55	18,600/3,720
박태향	455	18,740	91	910/1,092	22,338.50	13,780.80	10,920/2,184
임규영	1,875	70,000	375	3,750/4,500	95,586.00	63,609.450	45,000/9000
이근오	1,565	57,220	313	3,130/3,756	80,404.00	53,744.20	37,560/7,512
강필만	180	8,390	36	360/432	8,364.50	4,652.60	4,320/864
이춘성	538	20,444	108	1,076/1,292	27,233.00	17,692.15	12,912/2,592
한양여	140	8,320	28	280/336	4,793.00	2,756.90	3,360/672
임진문	570	22,810	114	1,140/1,368	28,360.00	17,827.65	13,680/2,736
차상필	257	9,316	51	514/616	13,232.50	8,091.25	6,168/1,224
남정순	555	25,940	111	1,110/1,332	25,680.50	14,256.40	13,320/2,664
주시준	140	7,270	28	280/336	5,834.00	3,214.45	3,360/672
정천향	105	5,090	21	210/252	4,738.00	2,564.90	2520/504
전진옥	45	2,010	9	90/108	2,102.00	1,252.10	1,080/216
계	11,845	474,110	2,369	23,690/28,428	586,918.00	372,829.90	284,280/56,856

* 제조 비용은 홍삼 1근에 2원씩 지불하고 있으므로, 이를 제조 홍삼 근수에 곱하여 얻었다(宮本政藏, 앞의 글, 40쪽).

* 판매 시 가격이란 제조업자가 고객을 맞이하려던 가격이며, 매입 시 가격이란 당시 개성에 있던 내외 상인이 부르는 가격이다. 그리고 수납 가격이란 정부에서 전매제를 실시하면서, 홍삼을 수납하기 위해 책정한 배상 가격 1근당 24원씩에 의해 제조업자가 실제로 받은 액수이다.

에서 제조한 홍삼을 국고로 수납해서 제일은행 개성출장소에 위탁해서 보관시켰다. 그리고 수납한 홍삼에 대한 배상 금액을 산정하기 위해 1908년 1월에 몇 년간의 수삼 생산비, 수삼 매매 가격, 홍삼 제조에 요하는 제반 비용 및 기왕 경리원 시대의 수삼 배상 가격, 홍삼 제조비 등을 조사하였다.[24] 일제는 이러한 조사를 바탕으로 배상 가격을 수납 홍삼 1근당 평균 22원으로 결정하고, 정부 수입으로는 수납 홍삼 평균 1

[표 21] 1907년도 민간업자의 홍삼 판매 시 수익 및 수익률

성명	총비용	판매 가격 시 수익	좌 수익률	매입 가격 시 수익	좌 수익률	수납 가격 시 수익
박우현	100,472.35	101,375.65	퍼센트 50.2	24,563.05	퍼센트 19.4	−1,712.35
공응규	13,642.50	13,642.50	50	4,606.85	25.2	−922.50
김진오	14,700.90	24,515.10	62.7	10,589.65	41.9	3,899.10
박태향	9,813.60	12,524.90	56	3,967.20	28.8	1,106.40
임규영	45,501.60	50,084.40	52.4	18,107.85	28.5	−501
이근오	37,856.98	42,547.03	52.9	15,887.23	29.6	−296.975
강필만	3,631.35	4,732.85	56.6	1,021.25	22	688.65
이춘성	12,335.25	14,897.75	54.7	5,492.40	31	576.75
한양여	2,751.55	2,041.45	42.6	5.35	0.2	788.45
임진문	14,820.05	13,539.95	47.7	3,007.60	16.9	−1,140.05
차상필	7,784.65	5,447.85	41.2	1,116.60	12.5	−1,616.65
남정순	12,368.15	13,312.35	51.8	1,888.25	13.2	951.85
주시준	3,465.40	2,368.60	40.6	−205.95		−105.40
정천향	2,380.75	2,357.25	49.8	180.15	7	1,300.75
전진옥	9,12.900	1,189.10	56.6	339.20	27.1	1,607.10
계	282,257.89					4,24.125/2,022.1

* 한양여, 주시준, 정천향의 매입 가격 시 수익률이 극히 낮은 것은 다른 사람들의 경우 주로 20편, 30편의 우량 홍삼을 제조한 반면 이들이 제조한 홍삼은 상대적으로 가격이 낮은 50편, 60편 등 열등품이 대부분이었기 때문이다.
* 판매 가격 시 수익은 판매 시 가격에서 총비용을 뺀 것이며, 매입 가격 시 수익은 마찬가지로 매입 가격 시 가격에서 총비용을 뺀 것이다. 수납 가격 시 수익은 수납 가격에서 총비용을 뺀 것이다.

근에 대해 약 10원의 이익을 표준으로 하여 수납 홍삼 1만 1,845근에 대한 예산을 발표하였다.[25]

1근당 22원이라는 배상 가격이 발표되자, 막대한 수익을 염두에 두고 있던 민간 제조업자들은 부당한 조치라며 크게 반발하였다. 그리고 직접 행동에 나서 여러 차례 진술위원을 본부로 파견하여 청원했다. 또 농상공부로 가서 자세히 진정하여 증액을 신청하기도 했다. 그때 제조업자들이 진정한 요지는 대략 다음과 같다.

첫째, 정부는 홍삼의 배상 가격을 결정할 때 생산비, 제조 비용, 자본 이자 등 모든 비용을 산정하여 그것을 기초로 하여 1근에 22원으로 정했지만, 이익금 견적액이 근소하여 당업자의 수지를 보상하지 못함으로 증액을 바란다. 둘째, 융희 원년도의 홍삼 제조업은 첫째 원료 수삼 가격이 비할 데 없이 폭등하였다. 아울러 민업이 관영에 비해 제조 공임 기타의 제비용이 높다. 셋째, 자금 경색 때문에 고리를 불입하였다. 넷째, 올해 삼업은 철두철미 민업으로 된 것으로 믿어 다대의 이익을 예상하여 직공 등을 후하게 대접하여 자연 용비冗費를 많이 요하여 당업자의 손해가 막대하다. 그런데 이제 다시 관삼 전매제도로 복귀하게 되면 소위 권리 포기료에 해당하는 상당한 배상금을 교부하지 않으면 안 된다. 세금을 증액하는 대신 자유매매제도로 해야 한다고 주장하였다.

민간 제조업자들은 이처럼 권리 포기료의 대가로 배상금을 대폭 증액하거나, 자신들이 부담할 세금을 증액하더라도 판매권을 넘길 것을 여러 차례 요구하였다. 그러나 기대만큼 성과를 거두지는 못한 것 같다. 배상 금액이 당초보다 2원이 증가된 1근당 평균 24원에 결정되었기 때문이다. 1근당 24원이라는 액수는 앞에서 보았듯이, 당초 삼업자들이 민업을 가정할 때 얻을 수 있는 판매 가격 또는 당시 내외 상인이 구입할 용의가 있던 가격보다 훨씬 낮은 액수였다.[26] 한편 일제가 2원의 증가를 수용한 것은 그만한 조건이 마련되었기 때문이다. 때마침 청국 각지 시장에서 홍삼이 부족해졌고, 이는 홍삼 가격의 상승으로 이어져 당초 매도 예상액보다 2할 내외의 증가를 보였다. 그래서 제조업자의 청원을 받아들여도 세입은 결손을 보지 않을 수 있었던 것이다.[27] 결국 1908년 5월 30일 수납 총 근수 1만 1,845근에 대해 1근당 평균 24원, 배상금 합계 28만 4,280원의 지불을 완료하여 1907년도 민간 제조 홍삼 수납은 일제의 의도대로 끝났다.[28]

그런데 일제는 1근당 24원, 총 28만 4,280원을 지불하고 수납한 홍삼 1만 1,845근을 청나라 상인에게 56만 1,000원에 매각하였다.[29] 일제는 수삼의 매입에서 제조까지 어떠한 노력도 기울이지 않고, 단지 민간에서 제조한 홍삼을 늑매하고는 27만 6,720원이라는 거금을 수익으로 할 수 있었다. 1907년 사례를 통해서도 일제가 매우 신속하게 홍삼 전매법을 실시한 목적을 알 수 있다. 그것은 바로 비교적 쉬운 방법으로 적지 않은 금액의 '국가 재원'을 확보할 수 있었기 때문이었다.[30]

이처럼 일제는 홍삼 전매제를 시행하면서 민간에서 제조한 홍삼도 늑탈하였다. 그만큼 홍삼에 대한 관심이 컸다. 당시 조선의 경제 상황에서 홍삼의 이익만큼 확실한 수익은 거의 없었기 때문에 민간에서 제조한 홍삼일지라도 포기할 수 없었던 것이다.

2. 삼포주 회유·통제 정책

일제는 홍삼 전매법을 공포하고, 일정한 자산이 있는 100여 명의 삼포주들에게만 경작을 허가하였다. 일제는 삼포주들을 회유·통제하고 아울러 홍삼 이익을 극대화하기 위한 정책들을 실시하였다. 구체적으로 그것은 모범경작자에 대한 포상, 개성삼업조합의 결성, 그리고 삼포 경작 자금 융통, 배상금 책정 등으로 나타났다.

(1) 모범경작자 포상

통감부의 모범경작자 포상은 홍삼 전매제를 시행한 이듬해인 1909년부터 실시되었다.[31] 처음 2년 동안에는 인삼 묘포 경작자만 포상하였다. 그 이유는 당시의 삼업 위기로 본포는 그 좌수가 매우 적었고, 또 병충해도 심각하여 포상하는 것 자체가 적절하지 않았을 것이다. 그리고 극심한 위기에 처한 삼업을 회복시키기 위해서는 건강한 인삼 종자 확보가 시급했기에 삼 묘포 경작자에 대한 포상이 중요하였다.[32]

1909년과 1910년 두 해에는 수상자가 매우 많았다. 1909년에는 14인, 1910년에는 20인이 수상하였다. 중복 수상자 5인을 제외하면 수상자는 29명이다. 이 숫자는 당시 인삼 묘포 종사자 가운데 절반 이상에 해당하였다.[33] 1911년부터 총독부는 포상 대상자를 인삼 묘포 경작자에서 본포 경작자로 변경하였다. 또 고용인에 대한 포상도 시작하였다.[34] 그리고 수상자가 이전과 비교하여 감소하였다. 1911년에는 13인이 수상했고, 1912년에는 단 2명이, 1913년에는 4명이 수상하였다. 1914년과 1915년에는 다시 증가하여 각각 9명, 15명이 수상하였다. 이처럼 본포 경작자의 경우 그 수상자 숫자가 매년 변동을 보이고, 또 중복 수상 사례가 적지 않았다.

반면 고용인에 대한 시상의 경우는 수상자가 매해 5명으로 고정되었다. 또 수상자도 매년 바뀌었고, 상품도 기존의 농기구[35]에서 은잔으로 바뀌었다. 1914년부터는 상품이 아닌 상금제도를 실시했다. 상금은 1등 100원, 2등 60~70원, 3등 35~45원 그리고 4등 20~25원이었다. 이처럼 일제는 삼정을 장악한 초기에 포상제도를 도입하여 삼포주를 회유하고자 하였다.

다수의 수상자 가운데 주목을 끄는 이는 공성학이다. 공성학은 1909년 인삼 묘포 경작자 포상부터 현재 확인 가능한 1915년까지 7년 동안 매년 수상자가 되었다. 정식 삼포 경작자와 인삼 묘포 경작자에 대해 포상한 1912년에는 두 부문에서 모두 수상하였다. 따라서 그는 7년 동안 8회의 수상 기록을 남겼다. 다음으로 많은 수상 기록을 보이는 삼포주는 손봉상과 왕재중으로 각각 5회 수상하였다. 4회 수상자로는 박우현이 있다. 이들 네 명의 삼포주 가운데 공성학(부친 공응규), 손봉상, 박우현 등은 한말에도 개성 지역의 유력한 자산가=삼포주였다. 1910년대 총독부가 개성의 공씨가, 손씨가, 박씨가를 적극적으로 호명하였고, 그 집안도 적극 부응하였음을 알 수 있다. 그들이 일제의 호명을 받은 것은 뒤에서 보겠지만 한말에 이미 개성 지역의 유력한 삼포주였기 때문이다. 그들은 일제가 삼업을 거대 삼업자본가 중심으로 재편해 갈 때 거대 삼포주로 성장하였다는 공통점이 있다. 그들의 성장은 우연이 아니었다. 이때부터 이미 일제와 협조관계를 맺었고, 그것이 그들의 성장에 도움이 되었다고 할 수 있다.

(2) 개성삼업조합 조직

총독부는 인삼업과 삼포주를 철저하게 통제하기 위해서 1903년 개성삼업조합을 결성시켰다. 개성삼업조합은 인삼특별경작구역 내의 인삼 경작자가 공동의 이익을 증진하고 쇠퇴한 삼업을 회복하며 더 나아가 장래 발전을 기도하고 아울러 관민 간에 개재하여 삼포 경영의 기관일 것을 목적으로 설립되었다.[36]

개성삼업조합의 인적 구성만 보면 민간 조직으로 보인다. 조합원이 삼포 경작자로 자격이 제한되었고, 또 그 초기 임원 역시 거의 대부분이 조선인 삼포 경작자였기 때문이다. 초대 조합 임원은 다음과 같았다. 조합장 손봉상, 부장 강필만, 이사 김익환·김득형·왕재중·기무라 유지로木村勇治郎·박성근, 회계 공성학이었다.[37] 일본인 이사로 이름을 올린 기무라 유지로도 일제 관리가 아닌 단순한 삼포 경작자였다. 이처럼 조합 임원은 모두 삼포 경작자였다. 그러나 개성삼업조합 설립 주체와 조합 정관 규정을 살펴보면 총독부가 삼포주를 통제하기 위해 설립시켰음을 알 수 있다. 1908년 한말 삼정에 대한 조사를 총지휘했고, 강점 이후에는 전매국장을 역임하면서 총독부 삼정의 실력자였던 도미이에 마사요시富家正義는 이미 1908년 10월 개성 삼포주를 대상으로 한 강연에서 "금후로 경작법을 완성하야 경작인 일동의 조합을 조직하고 제반 사무를 일치단결하야 조합 공동 일반에 실행함을 요함"이라고 하여 조합의 필요성을 언급하였다.[38] 이미 그때부터 일제는 삼포주를 관리 감독하기 위해 삼업조합 조직을 구상하였던 것이다.

따라서 삼업조합 정관에는 총독부의 개입을 가능하게 하는 조항들이 있다. 예컨대 임원 선출과 관련하여 당선된 임원에 대해 총독부의 승인을 얻도록 하였고, 정부가 임원 개선을 명할 수 있었다. 더욱이 선출된 임원이 정부 승인을 받지 못하면 정부의 지정을 받은 자가 임원 사무를 섭행하게 한 규정도 있었다. 결국 형식적으로 임원은 총회의 자유투표에 의해서 선출되지만, 실제로는 총독부가 선출된 임원에 대한 최종 선택권을 가졌다. 그리고 총회 의결은 총독부 승인을 받고 시행하도록 함으로써 조합 업무에 대해 일일이 간섭하지 않으면서도 효율적으로 통제할 수 있는 기반을 마련하였다. 이처럼 개성삼업조합은 일제가 한국인 삼포주 모두를 조직하여 삼포주는 물론 인삼업까지도 일률적으로 관리 감독하기 위해서 조직된 측면이 강하였다. 그리고 개성삼업조합은 개성 내에서도 자산가로 평가받는 삼포주들로 조직되었기 때문에 개성 사회에서 사회경제적으로 큰 영향력을 갖고 있었다.

(3) 삼업 자금 알선

총독부는 홍삼의 경쟁력과 중국 시장에서의 상품성을 잘 알고 있었다. 조선 후기부터 조선 인삼은 일본에서 큰 인기를 얻었고, 개항 이후 조선에 들어온 일본 상인들도 대부분 인삼의 가치에 주목하여 불법적으로 인삼을 판매하거나 제조하여 한말 인삼업 위기의 한 원인을 제공하기도 하였다. 총독부 역시 당시 조선에서 수출 가능한 상품으로 홍삼만한 것이 없음을 잘 알고 있었다. 통감부 시기 인삼업이 극심한 위기에 빠졌지만, 인삼업을 회복시키고 육성할 경우 충실한 재정 수입원이 된다고 판단했다. 그래서 위기에 처한 인삼업을 회복시키기 위한 정책으로 1910년부터 총독부는 삼업 자금 알선을 추진하였다. 1910년 개성삼업조합 조직 직후 총독부 소개로 한호농공은행에서 매년 10만 원을

삼업 자금으로 차입하여 경작자에게 대부한 정책이 그것이다.[39]

대부조건을 보면 1910년에는 연이율이 7.5퍼센트이며, 3년 거치 이후 3년간 연부상환 조건이었다.[40] 1911년에는 조건이 다소 바뀌어서 8.2퍼센트 이자율로 3년 거치 6개년 분할 상환이었다.[41] 이 해의 차입금 역시 10만 원이었다. 1910년부터 1919년까지 10년간 매년 차입한 금액을 보면 [표 22]와 같다.

구체적으로 차입과 상환에 대해서 살펴보자. 1912년에는 1911년의 대부 회수금 2만 9,055원과 그해 차입금 10만 원을 합하여 12만 9,055원을 삼포 경작자에게 대부하였다. 대부 받은 삼포 경작자는 101명이며, 담보 제공 삼포는 64만 3,214칸이었다. 1칸당 대부 금액은 약 23전이었다. 그리고 삼묘 육성을 개성삼업조합 사업으로 하기로 결정하여 1913년도 경영 묘포 예정 칸수 1만 2,000칸에 대한 비용으로 7만 원을 다시 한호농공은행에서 차입했다. 그래서 1912년 총 차입금은 17만 원이었다.[42]

1913년에는 처음 대부를 시작한 이래 4개년 동안 삼업 자금으로 한호농공은행에서 차입한 금액이 합계 42만 원이었다. 이 가운데 삼포 경영 자금 12만 원이라고 되어 있기 때문에 1905년 차입금 5만 원은 묘포 경영 자금으로 차입했음을 알 수 있고, 전해의 7만 원과 합하면

[표 22] 1910년대 삼업 자금 대부 금액

1910년	1911년	1912년	1913년	1914년	1915년	1916년	1917년	1918년	1919년
100,000	100,000	170,000	50,000	150,000	250,000	250,000	150,000	300,000	500,000

* 출전:《조선전매사》3권, 100~101쪽.

12만 원이 된다. 상환 금액은 3만 953원 76전이었다. 따라서 경작자에게 대부한 금액은 23만 2,200원이며 이를 경작 칸수로 할당하면 평균 1칸에 약 23전이었다.[43] 1914년 차입금액은 5만 원이 늘어서 총 15만 원이었다. 따라서 이때까지 삼업 자금으로 한호농공은행에서 차입한 금액은 57만 원이며 그 가운데 1914년도 상환 액수는 9만 4,972원 52전이었다. 따라서 1914년 말 현재 차입금액은 47만 5,027원 48전이었다.[44] 1915년에는 수확 예정 삼포를 담보로 한호농공은행에서 전년보다 10만 원이 증가한 25만 원을 차입했다. 이에 한호농공은행에서 차입한 금액은 총 72만 5,027원 48전이 되었다. 이 가운데 연내 상환을 마친 것은 36만 1,778원 83전으로 결국 1915년 현재 차입금액은 36만 3,248원 65전이었다.[45]

이처럼 10만 원이 넘는 차입금이 삼업 자금이란 명목으로 삼포주에게 대부되었다. 그런데 그 자금이 경작자에게 균등하게 대부되지는 않았다. 삼업 자금을 대부받기 위해서는 꽤나 까다로운 조건을 충족시켜야 했기 때문이다. 총독부는 삼업 자금 대부와 관련하여 〈삼업자금처리규정〉을 만들었다.[46] 그 규정에 의하면 자금은 조합 명의로 차입하였고 조합원은 그 상환에 대해 무한 연대책임을 지도록 했다. 그리고 조합원이 자금을 차입하려면 그 소요 금액과 담보 물건, 보증인, 상환방법 및 신설·경영하고자 하는 인삼업을 상세히 기술하여 삼정국장의 승인을 받은 후에 신청하도록 했다.

〈규정〉에는 담보 물건, 보증인, 상환방법 등이 상세히 지정되어 있다. 담보 물건은 토지, 가옥 등의 부동산과 유가증권 그리고 삼포로 한정하였고 그 이외에는 담보로 제공할 수 없었다. 실제로는 수확을 앞둔 삼포가 주요한 담보 물건으로 제공된 것 같다. 왜냐하면 1915년 25만 원을 차입하면서 수확을 앞둔 삼포를 담보로 하였다고 되어 있기 때문이다.[47] 차입금을 삼포주들에게 대부할 때도 역시 삼포는 중요한 담보 물건이었다. 이는 삼업 자금 대부가 대한제국 시기 배상금 선교제도가 변형된 것임을 짐작케 한다. 부동산을 담보로 제공할 때는 그 종류, 액면 금액과 시가를 상세히 적고 백지 위임장을 첨부하도록 했다. 인삼포를 담보로 할 때는 묘포, 본포의 구별과 삼령蔘齡, 칸수 그리고 시가를 상세히 적고 또 삼정국에서 발급한 증표를 첨부토록 했다. 그리고 담보 물건이 채무자 소유가 아닐 때는 원 소유자의 승낙서를 첨부해야 했다.

보증인에 대한 규정을 보면 보증인은 2인 이상으로 하되 개성군 내에 거주하고 자산과 신용이 확실해야 했다. 다만 담보 물건이 확실하다고 인정될 때는 삼정국장 및 농공은행의 승인을 거쳐 보증인을 1인으로 하거나 또는 보증인을 면제할 수 있었다. 보증인의 자력과 신용이 부적당하다고 인정되면 변경하게 하거나 또는 담보를 제공해야 했다. 만일 채무자가 확실한 보증인을 세우는 것이 불가능하거나 담보를 제공하기 어려우면 대부 기한 이전에라도 원리금을 상환토록 했다. 이렇게 담보 물건 및 보증인의 적부를 조사하는 과정에서 발생하는 조합 또는 농공은행의 비용은 차입 출원인이 부담했다. 이와 같은 담보 물건 및 보증인에 대한 규정을 만족시키는 차입 출원인이 다수일 때는 현재 소유 삼포의 칸수에 따라 비례로 대부 금액을 정하도록 했다. 단 담보 물건, 보증인, 삼포 생육 상황 그리고 신설할 삼포 등을 참작할 수도 있지만, 그 경우에는 삼정국장 및 한호농공은행의 승인을 얻어야 했다.

대부조건이 까다로운 만큼 상환 규정 역시 엄격했다. 1910년의 삼업

자금 차입의 경우 상한 기간은 대부 받은 날을 불문하고 모두 1915년 9월 1일까지였다. 그런데 1912년 12월부터 만 3년간 매년 11월 내로 원금의 3분의 1씩을 상환하게 했다. 묘포 경작자에 대한 대부는 만 1개년 이내였다. 예금이자는 연이율 7.5퍼센트이며 5월과 11월 두 차례 지불해야 했다.

만일 기한이 지나거나 또는 조합에서 상환을 청구해도 원금을 상환하지 않으면 보증인에게 청구하거나 또는 담보물을 매각하였다. 담보로 제공한 삼포나 기타 물건이 천재지변이나 기타 의외의 사고로 멸실 또는 철폐할 때는 비록 대부 기한 전이라도 원리금을 상환하게 했다. 이때 담보물 처분은 조합 임의로 결행하고 채무자는 그에 대해서 이의를 제기할 수 없었다.

상환이 지연되는 경우에는 상환일 다음 날부터 납일 당일까지 100원에 대하여 하루 5전의 비율로 연체이자를 징수했고 즉시 원금을 상환하도록 규정했다. 그리고 담보 물건 매각에 소요되는 경비는 그 매각 대금 중에서 제1순위로 공제하고 다음 대부 금액 및 이자를 계산하여 잔액이 있을 경우 채무자에게 돌려주고 부족하면 채무자 또는 보증인에게 배상케 하였다.

담보 제공 삼포를 채굴할 때는 비록 대부 기한 전이라도 원리금을 상환하게 하였고, 그 경우 조합은 채무자가 제공한 삼포 증표 및 위임장을 삼정국에 제출하여 수삼 배상금을 수령할 수 있도록 하였다. 담보로 제공한 삼포를 타인에게 양도할 때는 넘겨받은 사람의 담보 제공 승낙서를 첨부해 신고해야 했다. 만약 채무자가 수삼 배상금을 선교받으려 할 때는 삼정국에 조회하여 잔액이 대부금 및 이자에 충당하기에 충분한지 부족한지를 확정하고 만약 부족한 경우에 조합은 그 기한에 상관없이 선교금을 수령하여 상환에 충당했다. 단 이 경우에도 삼정국장 및 농공은행의 승인을 얻으면 채무자에게 다른 담보 물건을 제공하게 하거나 상당한 보증인을 세우게 하여 상환을 유예할 수 있었다.

한편 수삼 배상금 및 그 선교도 일차적으로 대부 자금의 담보로 제공되어야 했던 것 같다. 즉 조합원은 수삼 배상금을 지불받거나 또는 선교를 받으면 모두 농공은행에 예입해야 했으며, 이 예입금은 원리금 납입과 관계 없는 것에 한하여 조합의 승인을 거쳐 인출할 수 있었다.

채무자는 조합을 탈퇴 또는 조합원 자격을 상실하면 대부 기한 이전이라도 원리금을 상환해야 했다. 또 채무자는 고의로 원리금을 지불하지 않거나 조합에 손해를 입힌 사실을 알고도 담보 물건을 양도 감각 또는 전당에 제공하면 조합에서 제명당하고, 그 지분 또한 몰수당했다.

한편 삼업 자금을 대부하는 한호농공은행도 대부와 상환 과정에 깊이 개입하였다. 한호농공은행은 각 채무자가 조합에 제출한 차용증서 및 담보물 제공에 관한 증서 기타 일체의 관계 서류를 보관하였다. 그리고 담보물의 매각과 기타 채권의 집행에 관한 일체 행위 역시 위임받을 수 있었다. 또 조합의 현금과 채무자가 상환한 원리금은 모두 한호농공은행에 예입하여 상환 기간이 되면 바로 납입에 충당토록 했다. 단 삼정국장 및 농공은행장의 승낙을 거치면 조합 사업에 사용할 수 있었다. 자금 차입과 대출은 원래 조합 명의로 하도록 되었지만, 조합이 법인이 아니었기 때문에 삼업조합 조합장 손봉상 및 7명의 임원, 즉 강필만, 김익환, 김득형, 왕재중, 기무라 유지로, 박성근 그리고 공성학과 박우현 명의로 하였다.

삼업 자금의 대부 및 상환 조건은 이처럼 매우 엄격했다. 특히 대부를 받기 위해서는 확실한 담보 물건과 보증인을 요구하였는데, 두 조건을 충족시키기에는 아무래도 중소 규모 자산가보다 대삼포주가 훨씬 유리하였다. 때문에 대삼포주 중심으로 대부가 이루어질 가능성이 상당히 높았다. 그리고 차입 출원자가 다수일 때 삼포 칸수에 비례하여 대부 금액을 정한 조항도 대삼포주에게 유리하게 작용하였을 것이다. 실제로 1921년 삼포주별 대부 금액을 보면 편차가 컸음을 확인할 수 있다. 예컨대 손봉상은 3만 7,815원을, 공성학은 4만 77원을 대부받았다. 그렇지만 다른 삼포주 대부분은 1만 원 미만을 대부받고 있었다.[48]

이 대부금의 성격을 명확히 할 필요가 있다. 이는 엄밀히 말하면 '수삼 배상금 담보 대부금'이었다. 매년 가을 홍삼 원료를 전매국 개성출장소에서 수납하고 그 대가로 배상금을 삼포주에게 지급하는데, 그 배상금을 담보로 은행에서 차입한 것이었다. 이는 대한제국 시기 이용익이 홍삼 사업을 실시하면서 삼업 육성책으로 시행한 배상금 선교제도와는 차이가 있었다. 총독부는 삼업 경영을 확대하기 위해서 배상금 선교를 삼업 자금 대부로 변경하여 시행했던 것이다.

삼업 자금 대부는 인삼업 회복 및 개별 삼포주의 경영 확대에 일정하게 도움을 주었다고 할 수 있다. 그리고 삼업 자금 대부가 삼포주별로 차이가 컸는데, 고액의 대부를 받은 소수의 삼포주들은 일제와 일정하게 협력관계를 유지하지 않을 수 없었을 것이다. 일제는 한정된 삼업 자금을 편중적으로 대부함으로써 삼포주 중에서도 소수가 거대 삼포주로 성장할 수 있게 지원하였다. 그리고 그들을 통해 삼업계 인사들의 협조를 이끌어 내려고 하였다.

⑷ 수삼 배상금 책정

홍삼 전매제를 시행하게 되면 삼포주 입장에서는 수삼 배상금이 가장 큰 관심사 중에 하나일 수밖에 없다. 6년 인삼 농사의 결실이 배상금이었기 때문이다.

일제는 수삼 배상금을 책정하기 위해서 전매법 실시 당초부터 종래의 관행을 조사하고 또 그 경작, 관리, 수확, 납부 등에 필요한 제반 경비 및 금리 등을 조사했다. 그러한 조사를 바탕으로 예전처럼 수삼의 편급에 의해서 배상 가격을 구분하였다. 즉 품질을 검사하여 우량품 산출을 장려할 목적으로 우등, 상등, 보통의 세 등급으로 구분하여 배상금을 차등 설정했다. 그리고 그렇게 결정한 1근(正 200匁)당 배상 가격을 1908년 9월 12일로 공시했다.[49] 그것을 제시하면 [표 23]과 같다.

발표된 수삼 배상 가격을 본 삼포주들은 매우 부당하다고 하면서 저항했다. 삼포주 가운데 중심이 되는 자가 출두하여 청원하였는데, 일제는 시인할 만한 이유가 못 된다고 하면서 기각했다. 그러자 34명의 삼포주는 서울로 가서 수십 일간 체재하면서 본부 및 기타 요로 관리를 상대로 증액 개정을 신청하였다. 이에 일제는 주요 납부자 십수 명을 소집하여 배상 가격의 지당함을 반복 설명하여 승복시켰다.

당시 삼업자들이 승복한 이유는 훈시 내용에서 찾을 수 있을 것 같다. 훈시의 대체적인 내용은, '전매의 법은 당업자를 지도하여 상호간 이익을 발달케 함으로 가격의 승상昇上은 있어도 저하는 없게 하여 당업자의 표준을 정하여 안심 권업케 한다'였다. 당시 삼업자들은 이 말의 의미를, 앞으로는 마땅히 가격 인상이 있어서 당업자의 전도에 희망이 있을 것으로 받아들였던 것이다.[50] 즉 삼업자들이 낮은 배상 가격을 수용한 배경에는 올해의 손해를 내년 이후에는 보상받을 수 있다는 심리가 있었던 것이다. 그래서 수납을 전부 완료한 다음 날 모두 배상금 청구서를 제출하고 그날 지불을 마쳤다. 기타 삼포주도 계속해서 배상금 교부를 신청하게 되었다고 한다.[51]

[표 23] 1908년도 수삼 배상 가격

편급	1904	1905	1906	1907	1908년 이후			
					우등품	상등품	보통품	끽삼 배상 가격
4편	円 3,800	円 5,200	円 5,400	–	10,700~9,200	8,200~7,800	7,100	3,600
6편	3,4	4,8	5	8,8	9,200~7,800	7,000~6,700	6,1	3,1
8편	3	4,4	4,6	8,4	8,100~7,000	6,200~5,900	5,4	2,7
10편	2,6	4	4,2	8	7,500~6,500	5,800~5,500	5	2,5
12편	2	3,4	3,6	–	6,900~6,680	5,300~5,100	4,6	2,3
14편	1,35	2,95	2,95	6,75	6,000~5,200	4,600~4,400	4	2
16편	1,05	2,45	2,65	6,45	4,500~3,900	3,500~3,300	3	1,7
18편	0,9		2,55	6,35	4,3	3,4	3	1,6
20편			2,45	6,25	4,1	3,3	3	1,5
22편				6,15	2,8	2,3	1,8	
24편				6,05	2,4	1,9	1,4	
평균	2,257	3,768	3,697	6,925				

* 1904~1907년의 배상 가격은 《제1회 보고》, 87~88쪽. 가격 표시가 없는 편급은 그해 수납이 없었던 것이다.
* 1908년에는 우등품, 상등품 및 보통품의 구별만 있었고, 또 편급도 4편부터 20편까지만 배상 가격을 제시했다(《제2회 보고》, 47~48쪽).
* 1909년에는 등외품 가격은 1909년 9월 1일 탁지부고시 12호로 추가로 고시했다(《제3회 보고》, 29쪽). 그리고 21편 이하 역시 1908년에는 수납하지 않았지만, 이들 소편품을 신식 제조 방법 시험에 공용供用할 필요가 있어서 21편 이하 25편 이상을 공시품供試品으로 매수했다(《제3회보고》, 30~31쪽).
* 참고: 홀수 편은 생략함. 25편까지 수납함.

배상금을 둘러싼 일제와 삼포주들 사이의 갈등은 1909년에도 발생했다. 삼포주들은 아래와 같은 논거를 제시하면서 배상 가격의 인상을 강력하게 요구하였다. 최근 적부병으로 인해 경작하는 삼포 열에 여덟 아홉은 포기하고 있어서, 당해년도 수확은 불과 1만 7,000여 칸으로 경작자의 손해가 다대하다는 것은 미루어 알 수 있다. 그리고 6~7년간 인삼 1칸 재배 비용이 평균 3원을 내려가지 않는데 작년도 수삼 수입으로 가격을 평균하면 인삼 1칸 수입이 2원 50~60전에 불과하여 작년도 배상 가격이 이미 부당하였는데, 금년의 경우 1만 7,000여 칸 수입이 편급 등분을 혼합하여 예상 수량이 7,500차인데, 지금 가격으로 분배하면 2원 10전이 안 되므로 이익은 고사하고 손해만 많게 된다는 것이었다.

또 관삼(=홍삼) 가격은 작년도와 비교하여 20원 정도 인상이 예상되었다. 실제로 1909년 미쓰이물산과 체결한 홍삼 불하계약 내용을 보면, 홍삼 1근의 평균 가격이 82원이라는 고가였다. 또 종래 수납하지 않던 불량수삼도 끽삼喫蔘으로 제조하여 36원 이상 58원으로 불하하였다.[52] 그런데 수삼 수확 예상량은 작년도와 비교하여 그 절반이니 관삼 가격의 인상 원인은 수삼이 줄어든 결과이므로, 금년 수삼 가격이 작년도 수준에 머물러서는 안 된다는 것은 너무나 분명하다는 것이다.[53]

삼포주들은 기본적으로 배상 가격이 생산비도 보전하지 못할 정도로 낮다는 사실을 환기시키면서, 동시에 홍삼 가격 등귀는 수삼 생산량 감소에 따른 홍삼 제조량 감소에 기인하는 것이기 때문에 당연히 감소된 수삼 생산량에 따른 수삼 가격 상승이 있어야 한다고 주장하고 있는 것이다. 그러나 일제는 삼포주들의 요구를 인정하면서도 몇 가지 이유를 들면서 배상 가격을 인상하지 않았다. 그 이유를 살펴보면 경작 이익을 침해하는 병해의 예방법 강구는 초미의 급무이며 또 삼포의 도난 및 홍삼 밀조 단속은 더욱 엄밀하지 않을 수 없는데, 내년도 이후 정부는 이들 시설에 큰 돈을 투자할 계획이다. 다행히 이들 시설이 현실에서 효과를 나타내기에 이르면 반드시 경작의 이익이 없음을 우려하지 않아도 되기 때문에 이제 급히 삼포주의 요구를 들어 배상 가격을 증가할 필요를 인정할 수 없다는 것이다. 뿐만 아니라 삼포 경작의 손익은 수년의 세월을 지난 후에야 비로소 그것을 계산할 수 있으므로 가능한 한 그 배상 가격을 확정 부동의 것으로 하여 삼포주가 병충해 외에 다시 배상 가격의 변동으로 인한 위험도 느끼지 않도록 할 필요가 있다는 것이다.[54] 결국 일제는 삼포주들을 소집하여 가격 결정의 이유를 설명하고 승복을 받아내었다.

이처럼 일제는 100여 명의 삼포주에게 경작 허가권을 주고 그들을 회유하기 위한 정책을 일부 시행하였다. 그 과정에서 극소수의 삼포주들에게 혜택을 집중시켜서 그들을 협력 대상으로 삼고자 했음을 확인할 수 있었다. 회유책을 쓰기도 했지만 홍삼 이익과 관련해서는 삼포주들의 입장은 거의 배려하지 않고 총독부의 전매 이익 극대화를 실현하고 있었다.

3. 미쓰이물산에의 홍삼 불하와 인삼업의 수익 구조

일제의 홍삼 전매제 시행과 인삼업 재편 정책으로 100여 명의 한국인 삼포주가 성장의 기회를 잡을 수 있었던 것은 사실이다. 그렇지만 일제가 한국인 삼포주들을 위해서 홍삼 정책을 추진한 것은 아니었다. 총독부의 목적은 홍삼 전매를 통한 재원 장악이었다. 다만 이를 추진하는 과정에서 삼포주가 성장의 기회를 잡을 수 있었던 것이다. 하지만 홍삼을 제조하여 수출하는 과정에서 창출된 수익 중에서 삼포주에게 돌아간 것은 일부분에 그쳤다. 그보다 훨씬 큰 수익을 총독부와 미쓰이[三井]물산이 차지하였다. 총독부는 대한제국 황실과 마찬가지로 인삼 재배 부문과 홍삼 제조·수출 부문을 분리하여 관리하였다. 전자는 민간인이 참여할 수 있도록 하였다. 그래서 개성상인이 삼포 경영을 지속할 수 있었다.[55] 홍삼 제조와 수출은 철저하게 전매제로 시행하여 민간인의 참여를 차단하였다. 총독부는 홍삼을 독점 제조하였다. 하지만 제조된 홍삼을 총독부가 직접 중국에 내다팔기 어려웠으므로 그 판매 대행업체로 미쓰이물산을 선택하였다. 이런 구조가 일제강점기 내내 유지되었다. 이 구조 속에서 총독부는 홍삼 전매의 이익을, 미쓰이물산은 홍삼 유통 과정의 이익을 얻을 수 있었다. 이 두 부문의 수익은 한국인 인삼 재배업자의 수익보다 훨씬 높았다.

인삼업을 장악한 일제는 첫 2년 동안은 지명 입찰 방식으로 홍삼을 불하하였다. 1907년 민간 제조 홍삼은 1908년 8월 지명 입찰 방식에 의해 최고 입찰 가격인 56만 1,000원을 제출한 청나라 상인 동순태同順泰에게 불하되었다.[56] 그리고 1908년 제조 홍삼은 1909년 5월 역시 청상에게 근당 64원 50전, 총 근수 4,142. 5근에 대한 총액 26만 7,191원 25전에 불하되었다.[57] 두 차례에 걸친 지명 입찰에 의한 홍삼 불하로 일제는 예상 이외의 전매 수입을 얻을 수 있었다.

그러나 일제는 지명 입찰 방식에 의하면 매년 불하받는 사람이 다르고 또 가격 변동이 극심하여 인삼 시장의 동요를 면할 수 없다는 이유로 장기판매 계약을 체결하려 했다. 이에 청나라 상인과 미쓰이물산합명회사를 경쟁 입찰시켰다. 그 결과 입찰 가격이 높은 미쓰이가 지정되어 특약을 체결했다.[58] 당시 체결한 인삼 불하 계약서에 의하면 불하 가격은 수량의 다소를 불문하고 표준 가격으로 인수하도록 되었다. 그 가격은 홍삼 각 편급을 통하여 매근 82원이었다. 그리고 끽삼은 편급마다 다소 가격에 차이가 있어서, 36원에서 58원 사이에서 가격이 형성되었다.[59]

1918년도의 홍삼 제조와 수출을 한 사례로 삼아 일제의 홍삼 수탈 구조 및 그 수탈액 등을 구체적으로 살펴보자. 1918년에 총독부는 홍삼 원료인 수삼 6만 7,812근을 수납하였고 그에 대해 배상금으로 근당 평균 4.946원을 지불하였다. 따라서 총 배상금액은 33만 5,334원이었다.[60] 총독부는 수납한 수삼 6만 7,812근으로 홍삼 1만 9,143근을 제조하였다. 그리고 제조한 홍삼을 미쓰이물산에 200만 원이 조금 넘는 액수에 매도하였다.[61] 총독부는 수삼 배상금과 홍삼 제조 비용을 합해도 50만 원이 채 안 되는 비용을 지출하였지만, 그렇게 제조한 홍삼을 200만 원이 넘는 금액을 받고 미쓰이물산에게 넘긴 것이다. 단순히 계산해도 순수입만 150만 원 정도가 된다.

200만 원이 넘는 대가를 지불한 미쓰이 역시 엄청난 폭리를 취하기는 마찬가지였다. 1918년 당시 중국에서의 홍삼 판매 가격은 1근(160钱)에 대해 최상품은 250원이었고, 평균 150원 정도였다고 한다.[62] 평균 150원이라고 해도, 1만 9,143근을 수출하게 되면 그 총액은 287만 원 이상이었다. 그러나 실제로는 300만 원을 훨씬 초과하는 금액으로 판매하였을 것이다. 미쓰이물산은 수삼 재배와 홍삼 제조에는 전혀 관여하지 않고 판매만 담당하였지만, 제반 비용을 제하더라도 100만 원 내외의 이익을 얻었을 것으로 보인다. 6년간 애써 인삼을 재배한 삼포주가 그 대가로 33만 5,000여 원을 수령한 것과 선명하게 대비된다.

일제는 홍삼 전매제를 실시하면서 인삼에서 가장 수익이 큰 홍삼의 제조권과 판매권을 장악함으로써 총독부와 미쓰이물산이 식민지 조선에서 홍삼을 통해 거대한 수익을 얻을 수 있는 구조를 구축했던 것이다. 그 구조 속에서 한국인 삼포주들은 홍삼 원료인 수삼을 재배하는 위치에 있었던 것이다. 개성의 삼포주들은 당시 조선 경제의 처지를 고려할 때 결코 적다고 할 수 없는 수익을 얻을 수 있었지만, 그것은 일제가 얻은 홍삼 수익에 비하면 극히 적은 부분에 지나지 않았다.[63] 일제의 홍삼 전매제하에서 한국인 삼포주의 위치는 이러한 것이었고, 그러한 홍삼을 둘러싼 구조를 통해서 일제는 홍삼의 이익을 극대화하였다.

1910년대 홍삼 제조 이익을 구체적으로 살펴보기 위해서 정리한 것이 [표 24]이다.

[표 24]에서 통감부 시기 인삼업 위기를 잘 보여주는 항목은 홍삼 제조량이다. 홍삼 제조량 추이를 보면 1907년에는 1만 4,000여 근을 제조하였다. 이는 19세기 중반 이후 2만 근 내외의 수량을 제조하였던 것과 비교하면 크게 위축된 것은 아니었다. 그런데 1908년에 5,000근 수준으로 급감하고 1909년에도 2,900여 근으로 더 감소하였다. 홍삼은 일반적으로 6년근으로 제조하기 때문에 1909년 6년근이라면 1904년에 투자한 결과인 셈인데 1904년에 인삼업 투자가 크게 위축되었다고 할 수 있다. 그런데 1910년 제조 수량과 비교하면 2,900여 근도 양호

한 것이었다. 1910년에는 단지 894근을 제조하는 데 그쳤다. 1,000근도 안 되는 제조 수량은 1830년대 이후 최저 수치라고 해도 과언이 아닐 것이다. 한말 인삼업의 위기라고 할 때 그 문제가 되는 시기는 바로 1910년이었다. 그리고 1910년의 홍삼 제조 실적은 대개 그 6년 전 투자의 결과이다. 그 6년 전이면 1905년이 되는데, 그해에 삼포주의 인삼업 투자는 거의 이루어지지 않았고, 1910년 무렵 극심한 부진으로 나타났다고 할 수 있다.[64]

1910년 이후 다시 완만한 회복 추세를 보이는데, 1914~1915년이 되어야 예전 수준을 완전히 회복하게 된다. 이후 연도별로 편차는 있지만 1910년대 중반 이후에는 대체로 3만 근 내외의 홍삼을 꾸준히 제조

[표 24] 1910~1920년의 삼업 경영 상황

연도	경작 인원	경작 간수	배상액 (A)	홍삼 제조량	홍삼 매도액(B)	차액 (C=B-A)	비율 (C/B)
1907	(명) 70	(간) 84,332	(원) 59,686	(근) 14,232	(원) 561,000	501,314	89.4
1908	123	140,691	71,041	5,134	561,000	489,959	87.3
1909	102	197,357	31,910	2,941	267,691	235,781	88.1
1910	120	427,874	12,383	894	175,866	163,483	93
1911	172	837,906	36,760	2,299	119,458	82,698	69.2
1912	143	1,429,601	94,545	5,866	379,850	285,305	75.1
1913	136	1,451,320	271,705	17,122	701,699	429,994	61.3
1914	123	1,327,521	376,774	17,700	1,265,767	888,993	70.2
1915	109	1,038,769	477,893	27,322	1,386,306	908,413	65.5
1916	102	997,715	842,282	46,636	1,719,513	877,231	51
1917	112	1,088,128	741,392	37,368	1,853,621	1,112,229	60
1918	116	1,461,402	335,344	19,143	2,011,975	1,676,631	83.3
1919	120	1,724,654	687,583	26,003	1,865,917	1,178,334	63.2
1920	145	1,787,874	846,535	29,694	2,477,339	1,630,804	65.8
합계			4,814,128	252,354	14,967,152	10,153,024	67.8

* 《총독부통계연보》, 각 연도판 참고.

하였다. 인삼업이 다시 안정 단계에 진입했다고 하겠다. 경작 칸수도 1912년 100만 칸을 상회한 이후, 편차가 없지는 않지만 꾸준히 매년 100만 칸 이상을 유지하고 있다. 이 무렵이 되면 인삼업 투자가 한말의 위기를 극복하고 회복되었음을 알 수 있다. 앞에서도 언급했듯이 삼업 경영 확대는 개성상인의 경제력이 가장 중요하였고, 총독부의 경작 자금 대부 알선 등이 일정하게 기여하였을 것이다.

[표 24]에서 또 하나 주목할 항목은 배상액과 홍삼 매도액이다. 배상금이란 총독부 당국이 개성 삼포주로부터 홍삼 원료용 수삼을 수납하고 그 대가로 삼포주에게 지급한 돈이다. 따라서 이 배상액은 개성 삼포주의 수익이다. 한말 일제 초기에는 인삼업이 급변하였기 때문에 배상금 내역에서 일정한 경향을 찾기는 쉽지 않다. 다만 1908~1912년 동안에는 매년 10만 원이 안 되는 배상금이 지급되었다. 이는 개성상인이 이 무렵 삼업에서는 큰 수익을 기대하기 힘들었음을 의미한다. 그런데 1913년 27만여 원을 기점으로 꾸준히 증가 추세를 보인다. 이 역시 연도별로 편차가 있지만, 대체로 1913~1920년의 8년 동안 평균 53여만 원의 배상금이 지급되었다. 요컨대 1913~1920년의 8년간 개성상인들이 삼포 경영을 통해서 매년 50여만 원의 수익을 꾸준히 얻고 있었던 것이다. 그리고 1907~1920년의 13년 동안 개성 삼포주들은 배상금으로 480여만 원의 수익을 얻었다. 개성상인들이 삼포 경영을 통해서 많은 수익을 얻고 있었음을 확인할 수 있다.

그런데 삼포 경영에서 얻을 수 있는 수익은 배상금만이 아니었다. 수확한 수삼 가운데 홍삼 원료로 전매국에 납부한 것은 일부였고 절반 이상은 삼포주가 처분할 수 있었다. 물론 홍삼으로 제조할 수는 없었고 백삼으로 판매해야 했다. 이 백삼 판매를 통해서도 적지 않은 수익을 얻을 수 있었다. 대체로 1910년대 중반 이후 개성 지역에서는 삼포 경영에서 100만 원 이상의 수익이 있는 것으로 회자되었다. 삼포 경영이 개성상인의 경제력 유지는 물론 개성 상권에도 큰 버팀목이었음을 어렵지 않게 확인할 수 있다.

배상액과 달리 홍삼 매도액은 총독부가 배상금을 지급하여 삼포주로부터 수납한 수삼으로 홍삼을 제조하여 판매한 대금을 말한다. 당시 홍삼 판매권은 미쓰이물산이 갖고 있었다. 따라서 위 액수는 미쓰이물산이 홍삼 구매 대금으로 총독부에 지급한 것이다. 홍삼 매도액과 배상액의 차이가 곧 총독부가 홍삼 전매를 통해서 얻은 수익이었다. 총독부는 배상액보다 3~4배 많은 돈을 받고 홍삼을 매도하였다. 총독부가 홍삼 제조에 지출한 비용은 배상금과 제조 비용인데, 실제 홍삼 제조는 어려운 작업이 아니었고 또 그 비용도 많이 소요되지 않았다. 결국 총독부는 수납한 수삼에 대해서는 최대한 적은 배상금을 지출하고, 홍삼 제조에 대한 독점권을 행사하여 배상금보다 3~4배 많은 가격으로 홍삼을 매도하여 최대의 전매 수익을 도모하였던 것이다. 실제로 1914년 이후 총독부는 매년 100만 원 이상의 전매 수익을 얻고 있었고 지출을 제외한 순수익도 100만 원을 상회하였을 것으로 보인다. 1907~1920년 동안 총독부가 전매 수익으로 올린 액수는 거의 1,500만 원에 육박하였다.

우리는 이를 보면서 총독부가 왜 이른 시기부터 홍삼 전매제를 시행하고 또 삼업 자금 대부 알선까지 시행하면서 삼업 회복에 정책적 노력을 기울였는지 짐작할 수 있다. 단지 100여 명의 삼포주와 100만 평 내외의 삼포를 관리 감독하여 100여만 원의 재정 수익을 얻는 것은 대단히 매력적인 일이었다. 조선 후기 이래 인삼의 가치를 잘 알고 있던 총독부 당국이 홍삼을 독점하여 최소의 비용과 노력으로 최대의 재정 수익을 올릴 수 있었던 인삼에 큰 관심을 갖고 적극적인 육성책을 편 것은 당연한 일이었다.

2.
일제의 인삼업 재편과
거대 삼포주의 활동

1. 삼포 면적 확대와 거대 삼포주의 등장

통감부 시기 심각한 위기에 처했던 인삼업은 1910년대를 지나 개성상인의 삼업 투자가 증가하면서 다시 한번 전성기를 맞게 된다. 그 가장 중요한 요인은 개성상인의 자금력에 있다. 여기에 일제가 홍삼 전매제를 시행하면서 정책의 일관성을 갖게 되어 돌발적인 요인들이 줄어든 것도 개성상인이 삼업 투자를 늘리는 데 기여하였다. 또 총독부가 대한 제국 시기의 배상금 선교제도를 모방하여 삼업 자금을 알선한 것도 삼업의 성장에 도움이 되었다. 이러한 배경하에서 인삼업은 한말의 극심한 침체에서 1910년대 전반기를 거치면서 빠르게 회복하였다. 그 양상을 살펴보기 위해 작성한 것이 [표 25]이다.

[표 25]에서 우선 수확 삼포 개소를 보면 1908년에는 49좌에서 수삼을 수확했다. 이후 계속 감소하여 1909년에는 34좌, 1910년에는 12좌,

1911년에는 겨우 11좌에서만 수삼을 채취하고 있다. 1910년과 1911년 역시 삼업이 위축된 시기라고 볼 수 있는 1909년과 비교하여도 거의 3분의 1 수준으로 급감한 수치이다. 이는 특히 1906년 화폐정리사업으로 개성상인이 직면했던 자본 위기, 그로 인한 삼업 투자 침체가 6년 정도가 지난 이때에 나타난 것으로 이해할 수 있다.

수확 인원을 보면, 1908년에서 1911년 사이의 기록만 있는데, 수확 삼포 개소처럼 급격히 감소한 사실을 확인할 수 있다. 즉 1908년에는 43명이 수삼을 수확했는데, 1909년에는 19명으로 줄어들었다. 그리고 1910년에는 단 6명으로 급감하였다. 1911년에도 사정은 비슷해서 단지 8명만이 수확하고 있다. 이는 인삼 병해로 인해 수납 실적이 전혀 없는 사례를 감안하더라도, 6년 전인 1905년과 1906년 두 해에 각각 삼포를 신설한 사람이 10명 내외에 불과하다는 것을 의미한다.

[표 25]를 통해서는 인삼업 위기와는 전혀 다른 삼포 경영의 급격한 확대 현상도 동시에 확인할 수 있다. 그것은 대체로 1912년을 기점으로 하고 1913년부터 본격화되고 있다. 수확 삼포 개소를 보면 1911년 11좌에 불과했던 것이 1912년에는 39좌로 3배 이상 증가하였다. 1913년에는 88좌로 역시 그 이전 해보다 2배 이상 증가하였다. 이후에도 급증 추세는 계속되어, 1914년에는 148좌로 증가하고, 1915년에는 무려 288좌로 늘어났다.

수확 삼포 개소의 증가에 따라 수확 칸수와 근수도 증가하였다. 수확 칸수를 보면 1911년에는 1만 4,345.5칸에서 수삼을 채굴했는데, 1912년에는 5만 6,464칸으로 증가하여 5만 칸 수준을 회복하였다. 1913년에는 11만 3,755칸으로 급증하여 10만 칸 수준을 회복하였다. 그리고

[표 25] 1908~1915년의 삼업 변동 상황

	1908	1909	1910	1911	1912	1913	1914	1915
수확삼포개소	49과	34	12	11	39	82/6	148	228
수납 개소	32과	28	10	8				
수확 인원	43인	19	6					
수납 인원	26인							
수확 칸수	40,322칸	22,540	7,356	14,345.50	56,464	113,755/7,186	192,390	290,519
수납 칸수	13,242칸	21,769	6,709	13,285	38,712	131,579/8,517	244,477	365,868
수확 근수	30,532근	14,792	4,753	7,713	18,805	48,952/4,148	65,054	84,870
수납 근수	13,242	7,903	2,771	4,834	37,058	81,302/4,305	175,132	262,257
후삼 근수	16,520	6,038	1,838.50	184	77	170	1,036	15,083
후제 근수	694	831	95					
폐기	76	20						
수확 편수	736,182	377,048	110,258	272,397	231,003	515,799/42,729	600,846	768,089
수납 편수	187172	141,813	45,330	101,849	779,606	1,397,653/72,180	2,688,904	3,922,284
후삼 편수	521,575	205,685	59,996	164,848		3,980	22,498	270,228
후제 편수	24,885	29,550	3,520	5,700				
폐기	2,550	,223						
1칸당 근수	0.76	0.64	0.64	0.92	1.02	1.16/1,19	1.26	1.26
1칸당수납근수	0.35	0.35	0.38	0.53	0.33	0.43/0.58	0.33	0.34
1칸당 편수	18.9	18.1	14.8	18.98	17.94	16.86/15.99	17.06	17.12
1칸당수납근수	4.6	6.3	6.2	7.09	4.09	4.53/4.93	2.97	3.6

* 출전은 2회부터 9회까지 《삼정보고》(1908~1915)의 '수삼 수납' 항목.
* 채항목의 수납이란 홍삼 제조용으로 정부가 실제 수매한 것을 의미한다.

1915년에는 29만 519칸으로 30만 칸에 육박할 정도로 급증하였다. 근수도 1911년 1만 3,000근 정도였는데, 1912년에는 3만 8,712근으로, 1913년에는 13만 2,000여 근으로 증가하였다. 증가 추세는 계속되어 1914년에는 24만 4,477근으로 다시 1915년에는 36만 5,868근으로까지 늘었다. 1912년을 기점으로 전반적으로 급격한 증가가 이루어지고 있지만, 한말에 인삼업이 위기에 처하기 이전 시기를 기준으로 삼으면 1913년이 획기적인 해로 볼 수 있다. 1913년의 수확은 6년근을 기준으로 하면 그 6년 전인 1908년 파종의 결실이라고 할 수 있다. 1908년은 일제가 인삼업을 장악하여 홍삼 전매제를 시행함으로써 정책적 불확실성이 줄어들고, 화폐공황의 위기도 어느 정도 극복되던 시기였다. 저간의 사정을 목도하면서 개성상인은 다시 인삼업 투자를 확대해 갔음을 알 수 있다.

삼포 면적이 급격히 확대되고 있었지만, 개별 삼포주에 초점을 맞추면 모든 삼포주가 비슷하게 성장한 것은 아니었다. 인삼업 위기와 이후 일제의 홍삼 정책에 대한 개별 삼포주들의 대응은 서로 다른 양상을 보였다. 이는 개성삼업조합에서 1921년에 펴낸 《개성삼업조합 업무보고》를 살펴보면 확인된다.[65]

1921년 개성삼업조합에 등록된 삼포주는 총 170명이었다.[66] 그런데 그 가운데 두 명의 삼포주는 전해인 1920년과 비교한 감소분만 기재되어 있을 뿐, 경영하고 있는 삼포가 없으므로 이 둘을 제외하면 총 168명이 된다. 168명의 삼포주가 경영하고 있던 삼포 면적은 200만 6,360칸이었다. 1908년 자료인 〈경작허가인표〉와 비교하면 경작자는 35명이 증가한 반면 경영 면적은 무려 186만 5,669칸이나 확대되어 13년 사이에 13배 이상으로 급증한 사실을 확인할 수 있다.

급격한 증가 추세 속에서 1916년부터 1920년 사이 매년 삼포를 신설한 삼포주 숫자와 신설 삼포의 평균 경작 면적을 살펴보기 위해서 정리한 것이 [표 26]이다.[67]

[표 26]을 보면 1916년에 삼포를 신설한 이는 81명이었다. 그 가운데 종삼을 예외적인 것으로 보면 1917년에는 96명으로 증가하고 이후 계속해서 삼포를 신설하는 삼포주가 증가하고 있음을 알 수 있다. 그 다음 평균 경작 칸수를 보면 한말까지는 연근별 1인당 평균 경작 규모가 1,000칸이 못 되었다.[68] 그런데 일제강점기에는 [표 26]에서 보듯이 3,000칸에서 5,000칸 정도로 증가하고 있다.[69] 한편 총 경작 면적 200만 6,360평에 대해 총 경작 인원이 168명이므로 삼포주 1인당 평균 경작 면적은 1만 1,942.6칸이 된다. 13년 전인 1908년에는 이 정도의 면적을 경영하는 삼포주는 이조일 단 한 명뿐이었다. 당시 그의 경작 면적은 1만 5,638칸이었다.

그런데 급속한 경영 확대는, 다수의 중소 규모 삼포주에게로 면적이 분산되는 방식이 아니라, 소수 삼포주의 경작 면적이 급격히 확대되는 방식으로 진행되었음을 알 수 있다. 요컨대 1910년대 일제는 168명이라는 비교적 소수의 삼포주를 중심으로 인삼업 정책을 펴고 있었다. 그런데 168명의 삼포주는 비교적 비슷한 면적을 경영하고 있지 않았다. 그들 사이에는 경영 면적의 차이가 매우 컸다. 168명 삼포주의 경영 면적을 살펴보기 위해 정리한 것이 [표 27]이다.

1인당 평균 경작 규모가 1만 칸을 상회하고 있지만, 평균 수준의 경영을 못하고 있는 삼포주가 무려 118명으로 그 비율은 70.2퍼센트나 되고 있다. 특히 5,000칸 미만의 삼포를 경영하고 있는 삼포주는 79명으로 전체 삼포주 수의 거의 절반에 이른다. 그들이 경영하는 삼포 면적은 단지 9퍼센트에 불과하였다.

그들과는 대조적으로 10만 칸 이상을 경작하고 있는 삼포주는 두 사람인데, 이 두 삼포주의 경영 규모는 30만 9,521칸으로 전체의 15.4퍼센트를 차지하였다. 여기에 5만 칸 이상을 소유하고 있는 6명까지 합친 8명의 삼포주가 경영하던 면적은 69만 2,077칸이었다. 삼포주 비율은 4.8퍼센트에 불과했지만 그들은 무려 34.5퍼센트나 되는 삼포를 경영하고 있었다. 일제 초 비약적인 삼포 면적 확대는 소수 삼포주에게 집중되면서 진행되었음을 알 수 있다. 이들을 '거대 삼포주'라고 부를

[표 26] 1916~20년의 삼포주 숫자와 경작 면적

	종삼	2년근	3년근	4년근	5년근	6년근	계
경작 인원	147	152	133	101	96	81	710
경작 칸수	26,982	271,050	412,022	417,989	484,217	383,513	2,006,360
평균 경작 칸수	183.6	1,783.20	3,098	4,237.50	5,044	4,734.20	

*《개성삼업조합 업무보고》, 45~54쪽.

[표 27] 1921년도 삼포주별 경영 면적 분포 및 그 비율

	인원	비율	면적	비율
0~4,999칸	79	47	181,577	9
5,000~9,999칸	39	23.2	284,656	14.2
10,000~49,999칸	42	25	851,064	42.4
50,000~100,000칸	6	3.6	382,556	19
100,000칸 이상	2	1.2	309,521	15.4
	168	100	2,009,374	100

* 참고: 원 자료에는 합계가 2,006,360칸으로 되어 있어서, 실제 계산과는 다소 차이가 있다.

수 있을 것이다.

거대 삼포 경영주들의 경영 규모를 살펴보기 위해 작성한 것이 [표 28]이다. 표에서 우선 눈에 띄는 것은 손봉상과 공성학의 경영 면적이다. 두 사람은 각각 1921년에는 16만 474칸과 14만 9,047칸을, 1920년에는 19만 3,470칸과 16만 5,158칸을 경영하고 있다. 168명의 삼포주 가운데 경영 면적이 10만 칸을 넘는 삼포주는 이 둘뿐이다. 두 삼포주의 경영 면적은 전체 면적의 15퍼센트에 이르고 있다. 특히 손봉상은 3위인 박용현과 비교해도 거의 두 배에 이르는 삼포를 경영하였다. 대략 1칸을 1평으로 본다면 이 두 삼포주가 경영하는 삼포 면적을 평수로 환산하면 손봉상의 경우는 대략 50~60정보 이상, 공성학의 경우는 50정보 수준이 된다.

두 사람 다음으로는 김정호와 박용현이 8만~9만 칸 수준의 인삼포를 경영하였다. 이를 평수로 환산하면 27~30정보에 해당하는 면적이다. 그다음으로는 5만~7만 칸 수준이며, 여기에는 최성구, 박우현, 임진문, 김득형 등이 속하고 있다. 이들을 1921년 당시 개성 삼업계의 거대 삼포주였다고 할 수 있다. 그들 가운데서도 특히 손봉상, 공성학, 김정호, 박우현은 일제하 개성 지역에서 정치적·사회적·경제적으로 주목되는 인물들이다.

1910년대를 거치면서 거대 삼포주로 성장한 이들이 삼포 경영을 통해서 얻고 있던 수익 규모를 살펴보기 위해 제시한 것이 [표 29]다. 해당 표의 배상 금액은 1921년도에 삼포에서 채굴한 수삼을 총독부에 납부하고 받은 배상금이다. 손봉상이 1921년에 받은 배상금은 17만 2,915원 20전이었다. 1920년에는 채굴 면적은 알 수 없지만, 13만 8,631원

[표 28] 1921년도 거대 삼포주의 경영 규모

	종삼	2년근	3년근	4년근	5년근	6년근	합계	1920년
손봉상	間 655	13,324	27,682	31,721	43,894	43,498	160,474	193,470
공성학	686	11,503	21,760	33,745	47,981	33.372	149,047	165,158
박용현	426	7,757	16,878	14,850	20,286	24,871	85,068	98,156
김정호	453	7,665	17,301	14,593	25,710	15,659	81,381	92,639
최성구	348	5,431	9,511	14,131	19,090	12,360	60,871	59,386
고한주	259	4,066	9,854	15,589	14,621	9,345	53,734	41,666
박우현	364	5,597	10,564	8,000	1,257	14,224	51,306	70,282
임진문	302	4,440	10,888	10,398	7,370	16,798	50,196	52,368
木村勇治郎	306	5,110	6,858	8,461	12,360	8,339	41,434	51,911
김득형	308	5,122	9,390	9,311	6,788	3,361	34,280	64,840

* 출전: 개성삼업조합,《개성삼업조합 업무보고》, 45~54쪽.
* 1920년의 경영 면적의 경우 원자료에는 1921년과 비교하여 증감된 수치만을 기재하고 있는데, 이를 삼포 면적은 고친 것이다.
* 5만 칸 이상을 경영하는 임진문과 4만 칸 수준인 기무라 유지로木村勇治郎까지는 1921년 8월 현재 최대 삼포 면적 순이지만, 그 이하는 경영 규모에 관계 없이 중요인물로 생각되는 사람들을 선택한 것이다.

[표 29] 1920~1921년도 거대 삼포주의 배상 금액(단위: 원)

	1921년 배상금액	1920년 배상 금액
손봉상	171,925.20	138,631.10
공성학	108,656.60	97,786.10
김정호	101,824.20	67,660.60
박용현	84,764.60	56,749.90
최성구	57,462.60	27,401.10
고한주	32,933.00	6,830.40
박우현	47,079.30	37,686.70
임진문	59,513.70	41,281.20
木村勇治郎	16,235.50	30,940.60
김득형	6,411.20	69,817.80

*출전: 개성삼업조합,《개성삼업조합 업무보고》, 70~75쪽.

1전을 받은 것으로 확인된다. 1922년에 채굴할 수삼은 1921년에는 대개 5년근이었으므로 그 면적은 4만 4,000여 칸에 약간 못미치는데, 이는 1921년의 6년근 삼포와 비슷한 면적이다. 따라서 1922년에도 손봉상은 1921년과 비슷한 규모의 수삼 배상금을 받았을 것으로 보인다. 1921년 당시 4년근 이하의 삼포 면적을 보면, 이후에도 10만 원 이상의 수삼 배상금을 받았을 것으로 짐작된다. 그렇다면 손봉상은 1920년대 전반기에 삼포 경영으로만 거의 매년 10만 원 이상의 수익을 얻고 있었다고 할 수 있다.[70]

공성학은 1920년에 9만 7,786원을, 1921년에는 10만 8,656원을 수삼 배상금으로 받았다. 손봉상보다는 액수가 다소 적지만 10만 원이란 수입은 그 자체가 막대한 것이었다. 특히 4년근과 5년근의 면적을 보면 손봉상의 그것보다 넓다. 그렇다면 1922~1923년도에는 손봉상보다 더 많은 수삼 배상금을 받았을 가능성이 크다. 공성학 역시 1920년대 전반기에 10만 원 내외의 수입을 얻고 있었다. 두 삼포주는 매해 10만 원 내외의 수익을 얻었을 것으로 생각된다. 당시 10만 원이 어느 정도의 경제력이었는지는 고부 김씨가, 즉 김성수 집안과의 비교를 통해서 짐작할 수 있다. 고부 김씨가 3부자는 1918~1924년 사이에 대략 평균 13만 두락에서 최고 12만 원(1919)에서 최하 6만 4,000원(1920), 평균 10만 원 정도의 수입을 올리고 있었다.[71] 손봉상과 공성학은 삼포 수입만으로도 고부 김씨가에 못지 않은 부호였음을 알 수 있다.

그다음으로 삼포 면적이 컸던 김정호는 1920년에 6만 7,660원을, 1921년에는 10만 1,824원을 수삼 배상금으로 받았다. 1921년 당시 4년근과 5년근 면적을 보면 대개 위 수준의 배상금이 예상된다. 박용현이 수령한 수삼 배상금도 적지 않았다. 그가 받은 배상금은 1920년에 5만 6,759원, 1921년에는 8만 4,764원이었다. 1922년과 23년에도 비슷한 금액의 배상금을 받았을 것으로 짐작된다. 나머지 삼포주들도 1만 원 이상 많을 경우 3만~4만 원 정도의 수익을 올리고 있다. 이들을 거대 삼포주라고 할 수 있겠다. 다만 그들 내에서도 배상금 격차가 매우 심하여서 상위 네 명 정도가 특히 눈에 띄는 존재들이라고 하겠다. 이들은 뒤에서 보겠지만, 개성 사회에서 인삼업계뿐 아니라 다른 분야에서도 활발하게 활동하던 존재들이었다.

이들이 거대 삼포주로 등장할 수 있었던 계기는 무엇일까. 각 개인별로 다소 차이가 있을 것이다. 김정호는 그 아버지 김진구 대에 이미 개성 최고의 부호였다. 삼포뿐 아니라 지주 경영, 상업활동을 통해서 막대한 자본을 소유한 집안이었다. 따라서 김정호의 경우 집안의 자본으로 인삼업 투자를 진행할 수 있었을 것이다.

손봉상은 자기 당대에 개성 최상급 부호로 성장하였는데, 그의 성장에는 삼포 경영이 가장 중요하였다. 그는 삼업 관련 기술이 특출났다고 한다. 이처럼 거대 삼포주도 그 내부적으로 차이가 존재하지만, 기본적으로 총독부와 협력적인 관계를 유지하는 것은 중요하였다. 왜냐하면 총독부는 경작 허가제를 시행하여 삼포 개설에 대한 허가권을 장악하고 있었다. 이를 통해 비협조적인 삼포주는 배제할 수 있었다.

한편 한호농공은행의 삼업 자금 대부도 거대 삼포주로 성장하는 데 일조하였을 것이다. 개성삼업조합을 통해 한호농공은행에서 삼업 자금을 차입할 때 개성삼업조합이 법인이 아닌 관계로 몇 사람의 공동 명의로 차수했다. 그런데 공동 명의자는 손봉상, 공성학, 박우현, 김득형,

왕재중, 강필만, 김익환, 박성근, 기무라 유지로木村勇治郎 등 9명이었다. 이 9명 중 박우현을 제외한 나머지 8명은 삼업조합의 조합장 이하 임원들이다. 박우현은 삼업조합 관련자가 아니면서도 공동 명의자로 나서고 있는 것으로 볼 때 이 시기 개성 지역에서 그의 위치를 짐작할 수 있겠다. 그 가운데 강필만, 박성근, 왕재중, 김익환을 제외한 나머지 5명은 위의 표에서 보듯이 10대 거대 삼포주 안에 포함되어 있다. 이를 보면 그들이 삼포 경영 면적을 확대하는 과정에서 삼업 자금 대부를 적극적으로 활용할 수 있었던 지위가 적지 않은 역할을 하였을 것으로 짐작된다. 앞서 삼업 자금 운영 규정에서도 봤듯이 규정의 여러 조항들이 거대 삼포주들에게 유리한 것이었다.

2. 거대 삼포주의 활동

거대 삼포주들은 일제강점기에 어떤 존재들이었을까. 공성학으로 대표되는 공씨가에 대해서는 장을 달리해서 살펴볼 것이다. 여기에서는 간략하지만 손봉상과 박우현에 대해서 살펴보자.[72]

손봉상은 1861년생으로 자는 의문儀文, 호는 소산韶山이다. 1887년 가독家督을 상속했고, 1889년부터 인삼 경작에 종사했다.[73] 손봉상은 앞서 보았듯이 1920년대 초반에 개성 지역에서 최대의 삼포주로 등장하였는데, 한말에도 상당한 규모의 삼포를 경영하고 있었다. 1908년의 〈경작허가인표〉에 의하면 손봉상은 2년근 4,660칸을 7좌의 삼포에서, 3년근의 경우는 1좌의 삼포에서 186칸을, 6년근은 4좌의 삼포에서

2,789칸을 경영하고 있어서, 총 12좌의 삼포에서 7,635칸을 경작하고 있었다. 이러한 손봉상의 삼포 면적은 당시 120여 명의 삼포주 가운데 세 번째로 큰 규모였다.[74]

　손봉상이 한말~일제 초기에 거대 삼포주로 성장하는 과정에서 그의 활발한 관직 진출도 중요하게 작용했다. 1906년 손봉상은 경리원 주사를 역임했고, 같은 해 정부에서 설립한 종삼회사에 사무로 임명되었다. 1908년에는 탁지부 사세국 삼정과 촉탁으로 임명되었다. 이때의 촉탁은 일제가 실시한 삼정 조사와 관련하여 임시적으로 임명된 직위로 생각된다. 왜냐하면 1908년도의 《삼정보고》에서는 삼정과 직원으로 손봉상을 찾을 수 없기 때문이다. 일제에 의해 촉탁에 임명되었다는 사실은 전매제를 실시하던 초기부터 일제 당국과 일정한 협조관계를 맺고 있었음을 의미할 것이다. 그리고 그것은 손봉상이 일제강점기 인삼업계의 핵심적인 존재로 등장할 수 있었던 배경이 되기도 하였을 것이다. 손봉상은 개성삼업조합이 설립된 후 초대 조합장에 선출되었다. 이처럼 그는 1910~1920년대 개성 지방 인삼업계의 상징적인 인물이었다.[75]

　손봉상은 화폐정리로 인한 금융공황을 타개하기 위해 조직된 개성상업회의소에도 적극적으로 참여했다. 개성상업회의소는 1907년 9월 그 필요를 통감하고 개성 실업가 대표 한석진 외 5명이 개성상업회의소 창립 발기인이 되어, 농상공부대신 앞으로 설립 인가를 신청하고 같은 해 10월 허가를 받았다. 그해 11월 19일 제1회 상의원회를 개최하고 초대 회두에 최문현, 부회두에 손봉상을 선출하였다.[76] 그러나 일제강점기인 1915년에 조선상업회의소령 발포와 동시에 법적으로 해산되었다. 그러나 그 필요를 인식하고 당시 회두인 손봉상 등 30여 명이 발기하여 1915년 3월 조선총독에게 설립 허가를 신청하지만, 5월에 개성의 상공업으로 미루어 보아 아직 시기상조라 하여 설립이 허가되지 않았다.[77] 손봉상은 1907~1915년 사이에 존재한 개성상업회의소에서도 중요한 인물이었다.[78]

손봉상은 한말~일제 초 경제적인 측면, 즉 삼업 경영과 관련해서는 일제와 일정한 협력관계를 유지하면서 성장해 가는 모습을 보이지만, 다른 한편으로는 국권 침탈의 위기에 직면해서는 그에 적극적으로 대응하는 모습도 보여주었다. 그것은 서북학회 가입 및 교육활동 등으로 나타난다.[79] 손봉상이 서북학회 신입회원으로 입회금을 납부한 것은 1908년 초였다.[80] 그 후 《서북학회월보》를 통해서는 손봉상의 활동을 찾기는 힘들지만, 개성 지역에서는 교육계몽활동에 활발하게 참여하였다. 1909년 손봉상은 개성학회장을 역임하고 있었던 것이다.[81]

다른 지역에서와 마찬가지로 개성에서도 1904년 러일전쟁 이후 국권 침탈의 위기 속에서 국권 회복을 위한 교육계몽운동이 활발히 전개되었다. 여기에는 교육가뿐 아니라 종교가, 실업가 등이 교육 장려를 창도하는 소리가 점점 높아졌다. 그래서 종래에는 서당 외에는 교육 시설이 미비했는데,[82] 갑자기 여러 학교가 발흥하게 되었다. 개성에서 맨 처음 설립되어 교육장려론의 도화선이 된 학교는 배의학교였다. 강조원, 임규영 등이 국민교육이 급무라는 것을 자각하고 1905년 10월에 설립하였다.[83] 이어서 보창학교,[84] 영창학교, 한영서원,[85] 맹동의숙,[86] 숭명학교[87] 등이 우후죽순처럼 설립되었다. 그 결과 각종 학교가 10여 개, 학생 수가 1,500명을 헤아리게 되었다. 그리고 이를 통일하는 기관으로 개성학회가 조직되어 교육의 진보 발달을 꾀하고 있었다. 손봉상은

1909년에 그런 개성학회의 장을 역임하였던 것이다.

거대 삼포주 가운데 한말~일제 초 경제적으로나 정치사회적으로 특히 주목되는 인물은 박우현이다. 박우현은 1868년 정월 18일생이다.[88] 출생 당시 그의 집안은 "불빈하나 금일과 같이 부유치는 못하였다"는 기록으로 보아서, 중간급 자산가였던 것으로 추정된다. 박우현이 최초로 투신, 면려한 분야는 인삼 경작이었다.[89] 그는 인삼 경작과 판매를 통해서 큰 재산을 모았다. 그리고 그러한 경제력을 바탕으로 활발하게 관직에 진출하고 명예와 세력을 쌓아갔다.[90]

개성 경제계에서도 그의 성장은 두드러진 바가 있었다. 1905년에는 천일은행 개성지점장을 역임했고, 금융조합설립위원과 위원장 등도 역임했다. 뿐만 아니라 조선농회 개성지점장으로도 활동했다.[91] 사회적으로도 그의 활동은 계속되었다. 그는 일본적십자사 개성지부장, 애국부인회 개성위원부 고문, 개성신사 총대 등을 역임했다. 그의 활발한 정치·사회적 진출은 삼업 경영을 통한 부의 축적이 있었기에 가능했지만, 동시에 그것이 박우현이 식민지 초 개성의 대표적인 자산가로 급부상하는 과정에서 큰 역할을 했을 것이다. 1918년 무렵 그의 재산은 50만 원 내외에 이르렀다.

박우현은 단지 삼업 경영만을 고집한 것만은 아니었다. 그는 삼업자본을 바탕으로 고려삼업사, 개성사 등을 경영하였고, 개성보승회를 중심으로 사회활동도 전개하였다. 고려삼업사는 백삼 판매를 목적으로 설립한 회사였다. 1913년에 창립을 계획하고 1914년 2월에 설립하였는데, 그 사원은 모두 인삼 경작자 중 중요한 인물들로 구성되었다. 박우현은 이 회사의 사장을 맡았다. 고려삼업사는 창립 이후 당시까지 국내 판매에 국한되었던 백삼의 판로를 해외로까지 확대하는 데 노력하여 설립 이후 4년 정도가 지난 1917년 무렵에는 일본의 각 현은 물론 중국, 타이완으로부터 멀리 남양에 이르고 있었다.[92]

합명회사 개성사는 1917년 당시 경기도에서 두 번째로 큰 무역회사였다. 설립 연도는 1907년으로 1911년 당시 사장은 이건혁이었다.[93] 사원은 개성 지역 굴지의 자산가들로 구성되었다. 개성사의 설립 목적은 경성 혹은 인천 등지를 거치지 않고 수입 물품을 직접 일본 등지에서 구입, 판매하려는 데 있었다. 즉 개항 이후 조선의 상업이 점차 변천하여 당시 개성 지역의 상업은 경성 및 인천 등의 상점으로부터 소액의 물화를 수입하여 각 시장을 지배하는 데 그치고 있었다. 교토, 오사카, 기타의 생산지나 또는 대상점을 상대로 매매 경영하는 소위 무역상이 없어서 자연히 물품의 비열, 가격 앙등이라는 문제가 발생하였다. 그 결과 수요자도 이익이 되지 못하고 상업도 조잔해지고 있었다. 그러한 문제를 타개하기 위해서는 일본 등지의 생산지로부터 물품을 직접 수입, 판매할 필요가 있었다. 이를 실행하기 위해서 설립한 회사가 개성사였다. 식민지 초기 개성사의 영업활동은 실적이 좋아서 매 분기 1할 이상의 이익 배당을 하였다.[94] 박우현은 개성사에도 적극적으로 관여한 것으로 보인다.

개성보승회는 개성 지역에 남아 있는 고려 왕조의 유적·유물 등의 고적과 빼어난 경관을 수리 보존할 목적으로 1912년에 창립되었다. 창립 당시 박우현은 회장에 피선되었고, 유지들이 함께하였다.[95]

박우현은 한말~강점 초기 개성 지역의 대표적인 인물로 활동하였는데, 여기에는 인삼업을 중심으로 하는 경제적 성장과 개성 군수 등과 같은 활발한 관직 진출이 중요한 요인으로 작용했다. 식민지기 정치적·경제적 성장은 대개 총독부와의 긴밀한 협조관계를 토대로 이루어지는 경향이 강했다. 박우현도 예외는 아니었다. 박우현의 일제에 대한 인식은 침략적 측면을 제대로 보지 못하는 것이었다. 1918년 한 인터뷰에서 박우현은 "일선동화론에 대하여 극히 동정을 표한다"고 말하였다. 한걸음 더 나아가서 "금일의 대세를 보면 신부新附 민족된 조선인은 고사하고 동양의 전부, 인도까지라도 일본에 동화됨을 절망할 시대"라고 하였다. 그러면서 동양 전체, 인도까지 일본의 통치를 받아야 함에도 불구하고 일선동화의 시일이 크게 늦어지는 것은 다른 이유가 아니라 내지(=일본)의 하급 인사가 다수 조선으로 건너와서 작은 이익을 다툼으로 서로 감정을 야기하고 있기 때문이라고 보았다. 그리고 총독 정치에 대해서는 "진선진미盡善盡美하다"고 평가했다. 이러한 인식을 갖고 있던 박우현은 "지방 인민이 날로 부요하니 현금의 소농은 머지않아 지주가 될 것"으로 굳게 믿고 있었다.[96] 손봉상이 박우현과 같은 생각을 가졌다고 단정지을 수는 없다. 그러나 일제의 홍삼 정책에 적극 호응하여 경제적 이익을 누리게 된 소수의 거대 삼포주들이 일제의 조선 통치에 대해 비판적이기는 어려웠을 것이다.

3.
거대 삼포주 개성 공씨가의
삼포 경영과 자본 전환

한말~일제강점기에 활동한 개성 공씨가의 구성원은 공응규와 공성학이다. 이 둘은 부자관계이다. 공씨가는 한말에 자수성가하고, 일제강점기에는 개성을 대표하는 부호로 성장하였다. 공씨가가 경영한 핵심 사업은 삼포 경영이었다.

공씨가에서 의미 있는 경제활동은 공응규로부터 시작되었다. 그는 지방 출상을 통해 경제적 기반을 마련하였고, 개성으로 돌아온 후에는 인삼업에 투자하여 경제적인 성공을 거두었다. 다만 공응규는 개성 내에서 거부 반열에는 들지 못했다. 반면 공성학은 아버지의 삼포 경영을 계승한 후 더욱 성장시켰고, 그 결과 개성을 대표하는 거부로 성장할 수 있었다. 공성학은 축적된 자본을 근대적인 회사 경영에도 투자함으로써 근대적인 기업인의 면모도 보여주었다. 공응규—공성학으로 이어지는 2대에 걸친 공씨가의 경제활동은 삼포 경영으로 성공한 개성상인의 유형을 잘 보여준다는 점에서 의미가 있다.

공응규의 자수성가 과정은 일반적인 개성상인의 그것과 비슷하였다. 가업인 삼포 경영을 계승한 공성학의 성공 이면에는 개인적인 능력과 함께 조선총독부의 정책에 적극 호응한 것이 중요하였다고 생각된다.

1. 한말 공응규의 상업활동과 삼포 경영

공응규는 1857년 윤5월 8일 개성에서 태어났다. 자는 문경文卿이다.[97] 젊은 시절 공응규의 상업활동은 전통적인 개성상인의 그것과 비슷하였다.[98] 전통적인 개성상인은 대개 어려서 기본적인 글을 익힌 후 사환으로 장사의 기본을 배웠다. 이후 '지방 출상'이라 하여 타지로 가서 장사하여 돈을 모았다. 고향에 돌아온 후에는 시내에서 장사하거나 삼포에 투자하였다. 공응규도 그러한 길을 걸은 것이 확인된다.

손봉상은 장사의 길로 들어선 공응규에 대해서, "독서를 그만두고 이후 먼 타지에서 10여 년간 상업에 복무하였다"라고 표현하였다.[99] 공응규는 개성 시내가 아닌 타지에서 장사하였던 것이다. 그리고 그 기간은 10여 년에 걸친 오랜 세월이었다. 10년 동안 공응규가 어디에서 어떤 장사를 했고, 어떻게 돈을 모았는지는 기록이 없어서 알기 어렵다. 아마도 일반적인 개성상인처럼 극도의 내핍생활을 하면서 한푼 두푼 모았을 가능성이 높다. 손봉상도 공응규가 검약하였다고 적고 있다.

지방 출상을 통해 돈을 모아 개성으로 돌아온 공응규가 선택한 사업은 인삼업이었다. 19세기 이래 개성 일대에서 인삼을 본격적으로 재배하기 시작하면서 타지에서 밑천을 마련한 개성상인들이 고향에 돌아오면 삼포에 투자하는 것이 하나의 관행이 되고 유행이 되었다. 저간의 사정을 잘 보여주는 말이 개성인 사이에서 전해져 내려온다. '지방에서 보부상으로 성가하면 귀향하여 삼업에 참여하였다'[100]는 말이 그것이다. 공응규의 인삼업 투자도 이러한 맥락에서 이해할 수 있다. 손봉상에 의하면 공응규는 오로지 삼업에 힘썼다고 한다.

공응규의 삼포 경영에 대해서도 그 구체적인 사실을 확인하기는 어렵다. 다만 특정 시기의 단편적인 기록들을 통해서 공응규의 삼포 경영 규모를 알 수 있다. 우선 1896년 당시 개성의 삼포를 조사한 기록인 《부외촌경내각읍삼포적간성책》(이하 《적간성책》)이 남아 있다.[101] 이 자료에는 당시 공응규가 경영하던 삼포에 대한 정보가 수록되어 있다. 그 구체적인 소재지와 칸수는 [표 19]에서 제시한 바 있다.

공응규가 경영하고 있던 삼포는 6좌였고 그 총 칸수는 5,891칸이었다. 공응규의 삼포 경영 면적은 당시 《적간성책》에 기재된 삼포주 615명 가운데 네 번째로 큰 것이었다. 40세 무렵의 공응규는 삼포 면적을 기준으로 보면 개성에서 손꼽히는 삼포주로 성장하였음을 알 수 있다. 공응규는 20대를 전후하여 타지에서 장사를 하였고, 30대를 전후한 시기에 고향 개성으로 돌아와 삼포에 투자한 것으로 짐작되는데, 그는 삼포 경영 10여 년 만에 개성 굴지의 삼포주로 성장하였던 셈이다. 참고로 당시 삼포주의 평균 면적은 900칸 정도였다.

6,000칸에 가까운 삼포를 경영한 공응규의 경제력은 어떤 수준일까. 한 연구자는 1897년에 5년근 삼포 1,006칸을 12만 냥에 일본인에게 도매한 기록에 의거하여, 당시 5년근 삼포 1,000칸의 시가를 약 10만 냥(당오전) 내외로 추산하면 그 경제적 가치는 조租 250석에 해당하고, 이를 지가로 환산하면 논 1결 67부에 비견될 것으로 추정하였다.[102] 이에 의거하면 공응규의 삼포 5,891칸을 대략 6,000칸으로 보면 그 가치는

조 1,500석에 해당하고 지가로는 약 10결에 해당할 것이다. 당시 공응규의 경제력이 상당한 수준이었음을 알 수 있다.

삼포의 위치를 보면 6좌의 삼포는 장단과 금천에 있었다. 특히 금천에 4개 삼포가 있었고 그 면적은 4,050칸이었다. 전체 삼포의 68.7퍼센트가 금천에 있었다. 장단군 소재 삼포는 추채로 기재되어 있는 것을 보면, 6년 전인 1890년 무렵에는 장단 지역에 삼포를 개설하고, 그 이후에는 금천군에 삼포를 개설한 것으로 볼 수 있다. 금천과 장단은 당시 개성상인의 삼포 개설지 중에서 어떤 의미를 지닌 곳이었을까. 이와 관련해서는 《삼포적간성책》에 수록된 지역별 삼포 칸수를 참조할 필요가 있다. 《삼포적간성책》에 수록된 총 삼포 칸수는 55만 4,761칸이었다. 삼포가 많이 설치된 지역은 10곳이었는데, 가장 면적이 넓은 곳은 개성으로 면적은 26만 4,391칸이었고 그 비율은 47.7퍼센트였다. 2위는 금천으로 10만 8,093칸에 비율은 19.5퍼센트, 3위는 풍덕으로 8만 9,223칸에 비율은 16.1퍼센트, 4위는 장단으로 5만 1,905칸에 비율은 9.4퍼센트, 5위는 토산으로 1만 4,550칸에 비율 2.6퍼센트였다.[103] 이를 보면 당시 삼포의 거의 절반 가까이는 개성에 산재해 있었고, 개성 주변 지역인 금천, 풍덕, 장단, 토산 등지에는 19.5퍼센트에서 9.4퍼센트의 비율을 차지하여 개성보다는 덜 활성화되었다. 그런데 공응규는 개성이 아닌 당시 주변적인 위치에 있었던 금천과 장단에 삼포를 개설하였다. 이는 공응규의 삼포 경영에서 볼 수 있는 한 특징이다.

공응규가 금천과 장단 지역에 삼포를 개설한 이유는 개성 지역보다 삼포 1좌의 면적을 넓게 할 수 있었기 때문으로 짐작된다. 요컨대 공응규는 개성부에서 떨어져 있어서 관리에 어려움이 있지만, 대신 삼포를 보다 넓게 개설할 수 있는 지역을 선택하였던 것이다.

　인삼 연근을 보면 3년근, 5년근, 6년근, 추채 삼포가 있다. 이를 보면 공응규는 매년 삼포를 개설하기보다는 대개 격년으로 삼포를 설치하였던 것 같다. 비록 격년이지만, 6좌의 삼포의 존재는 공응규의 삼포 경영이 전업에 가까운 것임을 의미할 것이다. 손봉상이 공응규의 삼포 경영에 대해 전무하였다고 한 표현이 사실임을 알 수 있다. 한말 공응규의 삼포 경영은 대체로 이와 같은 특징을 지니고 있었다.

　40대 초반에 성공한 삼포주가 된 공응규는 개성 사회 내에서 다양한 관직 경력을 쌓으면서 유력자로 성장해 갔다. 공응규는 1891년에 분교관에 임명되면서 공직생활을 시작하였다.[104] 이후 한동안 공응규의 관직 이력은 확인되지 않는다. 그러다 1901년에 개성 목청전이 중수될 때 원조願助함으로써 관직이 주어졌다.[105] 목청전 중건 당시 178명에 이르는 개성인이 원조를 하였다.[106] 공응규도 당시 3,000냥을 원조하였다. 이에 대한 대가로 1901년 1월 29일 공응규는 시종원 분시어分侍御에 임명되었다.[107] 공응규 외에도 김용관, 양재기, 이준혁, 설보석은 시종원 분시종에 임명되었고, 임익상, 윤진향, 최재열은 시종원 분시어에 임명되었다. 이들은 모두 개성인이었고, 김용관, 양재기, 임익상, 최재열은 목청전 중건 당시 금전적으로 원조한 이들이었다.[108] 1901년 7월 1일에는 시종원 분시종에 임명되었으나,[109] 며칠 후에 해임되었다.[110] 당시 공응규의 관품은 9품이었다. 1902년에는 공응규의 관품이 6품이었는데 정3품으로 승진하였다.[111] 공응규는 1901년부터 관직을 제수받았다. 실직으로 보이지는 않지만, 그럼에도 관직을 받고 관품도 오르면서 개성 내에서 그의 사회적 위상은 점차 올라갔다.[112]

공응규의 공직생활은 인삼업계 내에서도 이어졌다. 대한제국은 홍삼 전매제를 시행하였고, 홍삼 제조 시기에는 다수의 관리를 개성에 파견하여 홍삼 제조를 감독하였다. 1903년까지는 중앙의 관리들이 파견되었는데, 1904년부터는 개성 삼업계 인물 중에서 검찰관이 임명되었다. 공응규는 검찰관에 임명되었다. 삼포주를 검찰관에 임명한 시기는 3년이었는데, 이 3년 동안 계속해서 검찰관에 임명된 사람은 공응규와 김진구 단 두 명이다. 그리고 1906년에 종삼회사를 설립할 때도 공응규는 그 사원으로 임명되어 활동하였다. 이 무렵 공응규가 개성 인삼업계 내에서 차지하고 있던 위상을 짐작할 수 있다.

공응규의 삼포 경영이 순조로웠던 것만은 아니다. 1900년대 후반에 개성 삼업계는 위기에 처하였다.[113] 공응규의 삼포 경영도 그 영향을 받았다. 그것은 삼포 규모의 급감으로 나타났다. 1908년 당시 공응규의 삼포 면적을 확인할 수 있다. 당시 그의 삼포는 5년근 삼포 단 1개뿐이었고, 그 면적은 1,465칸이었다. 순위도 중상위 정도에 그쳤다. 1896년의 삼포 경영과 비교하면 모든 면에서 부진하였다. 위기에 처한 공응규는 일선에서 물러나고 둘째 아들 공성학에게 가업인 삼포 경영을 물려주었다.

말년에 공응규는 병으로 거동이 불편하였고, 결국 1933년 77세의 나이로 세상을 떴다. 공응규는 전형적인 개성상인의 길을 걸었던 인물이다.

2. 일제하 공성학의 삼포 경영과 자본 축적

공성학은 1879년 2월 개성에서 공응규의 차남으로 태어났다. 어려서는 한학을 배웠다.[114] 아버지 공응규와는 달리 공성학의 유년시절은 가난하지 않았다. 공응규의 노력으로 중류 이상의 경제력을 갖추고 있었다. 그런데 뒷날 한 월남 개성인의 회고에 의하면 공성학은 개성상인의 전통에 따라 어려서 사환생활을 하였다고 한다.

그 회고에 의하면 공성학은 열 살에 백목전 변시철 도중의 사환으로 들어갔다고 한다. 재주 있고 영리한 공성학은 변 도중에게 훌륭한 장사꾼이 될 것이라는 인정을 받았다. 그래서 변 도중은 공성학을 데리고 6년간 전국 각지를 돌며 상인으로 수련시켰고, 공성학은 변 도중의 사환으로 수련생활을 거쳐 개성의 거상으로 성장할 수 있었다고 한다.[115] 공성학이 아버지로부터 삼포 경영을 승계한 때가 1897년이라고 하므로,[116] 10대에는 '사환생활'을 하였고, 그 과정을 마친 후인 20대부터 가업인 삼포 경영을 승계한 것으로 보인다. 가업을 승계했다고는 하지만, 1897년부터 공성학이 공씨가의 삼포 경영을 주도했다고 보기는 어렵다.

공성학이 공응규를 이어서 가업인 삼업을 주도하기 시작한 시기는 1909년 무렵으로 그의 나이 서른한 살 때였다. 이렇게 판단하는 근거는 1908년까지는 삼업 관련 기록에 공응규의 이름이 기재되어 있지만,[117] 1909년부터는 공성학의 이름이 등장하기 때문이다.[118] 당시 공응규는 50대 초반으로 활동할 수 있는 나이였다고 생각되지만, 공응규는 가업을 젊은 공성학에게 승계하였던 것이다. 결과적으로 이는 현명한 선택이었다고 생각한다. 앞 장에서 보았듯이, 당시 공씨가의 삼포 경영은 삼업계 전반의 위기와도 관련하여 심각한 위기를 맞고 있었다. 또 홍삼 전매 주도 기관이 대한제국 황실에서 총독부 전매국으로 바뀌는 커다란 변화가 있었다. 이러한 위기와 삼업계의 급변하는 환경을 이해하고 그에 적응해 가는 데는 아무래도 젊은 세대가 유리할 수 있었다. 공성학은 공응규의 차남이었다. 장남 공성재가 있었지만, 가업은 차남 공성학이 계승하였다.[119]

1896년 당시 삼포 면적 순위에서 4위를 차지했던 공씨가의 삼포 경영은 1908년에는 삼포 면적 순위에서 25위 전후에 그쳤다. 또 1908년부터 1910년 사이에 시행된 일제의 모범경작자 포상제도의 수상자 명단을 통해서도 이 집안의 삼업계에서의 위상을 짐작할 수 있다. 그를 보면 한말보다는 다소 밀려난 것을 알 수 있다. 즉 1908년 공응규는 모범경작자 실적 조사에서 14명 가운데 12등이었다.[120] 1909년에는 공응규를 대신하여 공성학의 이름이 등장하는데, 그해의 묘포 심사 포상표에 의하면 공성학은 14명 가운데 10위였다.[121] 1910년의 묘포 심사 성적표에 의하면 20명 가운데 11위였다.[122] 이처럼 일제강점을 전후한 시기 공씨가는 대략 10위 정도의 지위를 갖고 있었다고 볼 수 있다. 삼업계에서 10위권이라는 위상이 낮은 것은 아니지만, 1896년 당시 4위권에 비교하면 다소 밀린 것으로 볼 수 있다.

공성학은 집안의 삼포 경영이 위기에 처한 상황에서 전면에 나서게 되었다. 공성학의 삼포 경영과 관련해서는 1909년과 1910년의 묘포 심사 성적표를 주목할 필요가 있다. 당시 유력 삼포주들 예컨대 1908년 모범경작자 포상에서 1등을 차지한 박우현이나 손봉상은 1909~1910

년의 묘포 심사 성적표에서 이름을 확인할 수 없다. 이는 그들이 씨삼種蔘을 직접 키우지 않고 타인이 기른 종삼을 사다가 2년근 이상의 삼포를 설치하였음을 의미한다. 반면 1909년부터 이름이 등장하는 공성학은 묘포 심사 포상표에 등수는 뒤처지지만 이름을 모두 올리고 있다. 이는 손봉상이나 박우현 등과 달리 공성학은 종삼을 직접 재배하였음을 의미한다.

당시 개성 삼업계는 심각한 위기에 처해 있었고 삼업을 회복시키기 위해서는 건강한 종삼 확보가 중요하였다. 총독부 전매국이 1909~1910년에 본포 경작자를 포상하지 않고 묘포 경작자를 포상한 이유는 건실한 종삼 확보가 그만큼 중요하였기 때문이다. 이런 상황에서 공성학은 본포를 경영하면서도 드물게 묘포를 설치하여 종삼을 직접 키웠다. 다른 삼포주들이 타인이 키운 종삼을 구입할 때 공성학은 자신이 키운 종삼으로 삼포를 만들 수 있었다. 이 과정에서 공성학은 건강한 종삼을 확보할 수 있었고, 또 구입 비용도 줄일 수 있었을 것이다. 특히 공성학은 종삼을 안정적으로 대량 확보할 수 있었으므로 본포 면적을 크게 확대하는 과정에서 씨삼 확보의 어려움은 없었을 것이다.[123] 일제 하 공씨가가 한말의 위기를 극복하여 삼업계에서 두각을 나타낼 수 있었던 데는 당시 종삼 재배가 일정한 역할을 한 것으로 이해된다.

공성학은 가업인 삼업을 물려받고 얼마 지나지 않은 일제강점 초기부터 개성 삼업계에서 두각을 나타냈다. 1911년부터 총독부 전매국에서는 개성의 인삼 경작자를 대상으로 포상을 실시하였다. 이 해에는 1등이 3명이었는데, 그중 한 사람이 공성학이었다.[124] 1908년 포상에서는 손봉상과 박우현이 1등을 차지하였는데, 1911년에 손봉상은 1등의 자리를 지켰지만, 박우현은 2위로 밀려났고, 그 자리를 공성학이 차지한 것이다. 서른 세 살의 젊은 공성학이 개성 삼업계의 유력한 존재로 등장하기 시작한 것이다.

1913년에 포상에서는 수상자가 4명이었다. 이 해에 단독으로 1위를 차지한 삼포주가 공성학이었다. 이어서 2위 박우현, 3위 손봉상, 4위 이조일 순이었다.[125] 1914년에는 9명의 삼포주가 포상 대상이 되었는데, 공성학은 3등이었고 순위는 6위였다. 이조일, 손봉상, 박우현의 등급이 공성학보다 높았다.[126] 1915년에는 다시 1등을 차지하였다.[127] 이처럼 공성학은 1909년 무렵 공응규로부터 삼업을 물려받았지만, 당시 공씨가의 삼업 상황은 좋지 않았다. 그러나 공성학은 묘포 경작에 뛰어들어 그 위기를 극복해 갔고, 1911년 이후 그는 개성 삼업계의 유력한 인물로 등장하기 시작하였다.[128]

1910년대 공성학의 삼포 경영에 대해서는 관련 자료의 부족으로 그 자세한 내용을 알기 어렵다. 다만 1910년대 공성학의 삼포 경영은 대단히 성공적이었다고 말할 수 있다. 그 이유는 1921년에 삼포주들이 받은 수삼 배상금을 확인할 수 있는데, 공성학은 손봉상에 이어 두 번째로 많은 배상금을 받았다. 수삼 배상금 액수가 반드시 삼포주의 삼포 면적과 조응한다고 보기는 어렵지만 그 경향성은 인정된다고 생각한다. 수삼 배상금 순위를 통해서 당시 개별 삼포주들의 위상을 확인할 수 있는데, 1920~1921년 주요 삼포주가 수령한 수삼 배상금액은 [표 29]에서 제시한 바 있다.

[표 29]를 보면 1920~1921년 동안 수삼 배상금을 가장 많이 받은 이는 손봉상이었다. 그는 일제강점기 '인삼대왕'으로 불릴 만큼 일제하

개성 삼업계의 상징적인 존재였다. 또 그는 개성삼업조합의 초대 조합장이 된 후 죽을 때까지 그 직을 역임하였다. 이런 상징성으로 볼 때 그가 1위를 차지한 것은 당연해 보인다. 그런 손봉상에 이어 2위를 차지한 이는 다름 아닌 공성학이었다. 1908년 10위권 혹은 그 밖에 위치하던 공씨가의 삼포 경영이 10여 년이 지난 1920년 무렵 2위의 자리로 올라선 것이다.[129] 1910년대 공성학의 삼포 경영이 성공적이었다고 말한 이유이다.

1920년과 1921년에 공성학이 받은 수삼 배상금은 각각 9만 7,000여 원과 10만 9,000여 원이며, 둘을 합하면 20만 원을 상회한다. 1920년대 초반 공성학은 수삼 배상금으로 평균 10만 원 정도의 수입을 얻은 것으로 볼 수 있다. 그런데 공성학의 삼포 경영 수입은 배상금만이 아니었다. 전매국은 홍삼 원료로 부적합한 수삼을 삼포주들에게 돌려주었는데, 삼포주들은 백삼으로 가공하여 판매하였다. 백삼 판매 수입은 연도에 따라 차이가 있지만, 1920년대 초반은 수삼 배상금의 절반을 약간 상회하는 수준이었고, 1920년대 후반에는 수삼 배상금과 거의 비슷한 수준이었다.[130] 이를 공성학에게 적용하면, 1920년대 초반 공성학의 백삼 판매 금액은 수삼 배상금의 절반 정도인 5만 원 내외로 추정할 수 있다. 그렇다면 이 무렵 공성학은 삼포 경영으로 매해 15만 원 내외의 수입을 얻고 있었다고 할 수 있다.

1920년대 초반 15만 원의 삼포 경영 수입을 얻고 있던 공성학의 경제력은 어떤 수준일까. 공성학이 비슷한 시기 삼포 경영 수입을 수삼 배상금에 한정하면 고부 김씨가 큰 집안의 1년 지대 수입과 비슷한 수준이었고, 백삼 판매 금액까지 포함하여 15만 원으로 추정할 경우에는 김씨가 큰 집안의 1년 지대 수입을 능가하였다. 1920년대 초반 공성학이 이룩한 경제력은 '호남 재벌'과 비교할 수 있는 상당한 규모였던 것이다.

공성학의 경제력은 1930년대가 되면 개성 내에서도 열 손가락 안에 드는 규모로 성장하였다. 구체적으로 1933년과 1935년에 개성부 내 호별 부과 기준으로 본 개성 10대 부호에 공성학의 이름을 찾을 수 있다. 1933년에는 개성에서 9위의 부호였고,[131] 1935년에는 순위가 두 단계 상승하여 7위의 부호였다.[132] 앞 장에서 보았듯이, 공응규가 주도하던 시기 공씨가의 경제력은 개성 내에서 30위권 내외로 추정되는데, 공성학 대에 이르러 10위 안에 드는 대부호로 성장한 것이다. 공성학의 아들인 공진항과 함께 만주에서 농장을 개척한 경험이 있는 이선근은 공성학을 일러 '개성의 백만장자'라고 표현하였는데,[133] 과장이 아니었던 것이다.

1910년대 공성학의 급속한 성장 배경으로 개성삼업조합 활동을 빼놓을 수 없다. 개성삼업조합에 대해서는 앞서 기술한 바 있는데, 그 사무소는 삼정국 청사 내에 있었다.[134] 공성학은 삼업조합이 창립되던 해인 1910년부터 간부로 활동하였다. 1910년에는 회계로 이름을 올렸다. 당시 임원은 조합장 손봉상을 필두로 부장 1명, 이사 5명 그리고 회계 1명으로 구성되었다.[135] 즉 공성학은 삼업조합 창립 당시 8명의 간부 가운데 한 사람이었다. 이후 개성삼업조합은 조합장 손봉상, 부조합장 공성학 체제가 장기간 지속되었다. 그리고 1936년 손봉상이 죽자 부조합장이었던 공성학은 조합장의 자리에 올랐다. 이처럼 공성학은 삼업조합 초창기부터 임원으로 활동하면서 1936년까지는 2인자로 활동하였고, 1인자 사후에는 조합장 직을 승계하여 삼업계의 1인자로 올라섰다. 공성학이 개성삼업조합의 핵심 임원이었다는 사실은 그가 삼포 경영을 크게 확대하는 데 중요한 동력이 되었다.

공성학이 1909년부터 본격적으로 가업인 삼포 경영을 승계한 후 10~20년 사이에 삼업계의 유력자로 성장하고 집안의 경제력도 개성 굴지의 재력가문으로 성장시킬 수 있었던 동력은 무엇일까. 앞에서는 종묘 재배와 개성삼업조합 활동을 언급하였는데 이것만으로 그의 성공을 설명하기는 어렵다. 그의 성공 배경을 설명하기 위해서는 일제의 인삼 정책을 살펴보지 않을 수 없다.

대한제국의 홍삼 전매제를 계승한 조선총독부는 대한제국 홍삼 전매제의 내용을 많은 부분 답습하면서 결정적으로 다른 정책을 실시하였는데, 그것은 바로 '경작 허가제'였다. 말 그대로 인삼을 경작하려는 이는 총독부의 허가를 받아야 삼포를 설치할 수 있게 한 것이다.

공성학이 1910년대에 대단히 성공적인 삼포 경영 성과를 냈다는 것은 삼포 면적을 꾸준히 확대하였음을 의미하는데, 이를 다른 측면에서 보면 총독부가 공성학의 삼포 개설을 지속적으로 허가해 주었음을 의미한다. 총독부의 삼포 개설 허가는 일종의 특혜였다고 할 수 있다. 공성학은 그러한 특혜의 수혜자였고, 어쩌면 최대 수혜자였다고도 말할 수 있을 것이다. 총독부의 특혜를 받기 위해서는 총독부의 정책에 대한 협력이 요구되었다. 공성학도 삼포 경영을 성장시키는 과정에서 총독부와의 협력은 불가피하였다.

한편 공성학은 1937년 무렵 경기도 관내에만 71정보의 농지를 소유한 대지주이기도 하였다.[136] 그러나 같은 기록에서 개성 최대의 지주는 한명석이었고, 그가 소유한 경기도 관내 농지 면적은 1,300정보였다. 공씨가의 70여 정보는 비교조차 힘들다. 공씨가의 경제기반이 삼포 경영에 있었음을 다시 한번 확인할 수 있다. 요컨대 공성학이 축적한 자본의 성격은 그 대부분이 삼포 경영에서 얻은 것으로 그 성격을 삼업자본이라고 해도 무리는 없을 것이다.

3. 공성학의 자본 전환과 그 특징

'호남 재벌'에 준하는 경제력을 지니고 '백만장자'로 불려도 손색이 없을 만큼 공성학은 삼포 경영을 통해 자본을 축적할 수 있었다. 그는 축적된 자본을 근대적인 회사에 투자하기도 하고 또는 직접 회사를 설립하여 운영하기도 하였다. 이는 자본 전환에서 아버지 세대와는 다른 모습이었다. 물론 개성상인 전래의 상업 방식인 차인제도에 의해 다른 개성상인에게 사업 밑천을 투자하기도 하였다. 근대적인 회사 경영과 전통 방식의 차인제도가 공존한 공성학에게서 전통적인 개성상인에서 근대적인 회사를 경영하는 개성상인으로 변모해 가는 모습을 확인할 수 있다고 생각한다.

1910년대 공성학은 친분이 있는 개성상인들이 함께 자본을 투자하여 근대적인 회사를 설립·운영하는 일에 동참함으로써 삼업자본의 전환을 시도하였다. 공성학이 투자한 주요 회사로는 영신사를 들 수 있다. 영신사는 1912년에 자본금 4만 원으로 창립되었다. 창립 당시에는 점옥店屋 및 창고 대여가 주요 업무였다. 그런데 1918년 자금을 30

만 원으로 증자하면서 성격이 크게 바뀌었다. 당시 증자의 주요 목적은 수산물 무역에 있었다고 하며, 그를 위해 원산에 출장소를 설치하였다. 무역업 이외에 상업 자금이 없는 자에게 신용 대금도 계획하였다. 또 물품의 위탁 판매와 경성의 일본인 상점과 특약하여 소금을 판매할 계획도 갖고 있었다.[137] 설립 허가는 1918년 7월에 받았고, 이후 관염官鹽을 연약年約하여 300만 근가량을 취급하였고, 1년 수출입액이 100만 원에 달하고 주요 무역물은 미곡이었다. 사장은 김득형이었고 전무이사는 박봉진이었다.[138] 공성학은 이러한 영신사에 주요 주주이면서 중역으로 참여하였다. 즉 1921년 자료에 의거하여 회사의 중역 및 소유 주식 수를 보면, 사장은 손봉상(1만7,500)이었고, 사원으로 김원배(5만), 공성학(3만500), 김득형·김정호·공성초(각 3만), 박봉진(1만 6,500), 김기영·김경배(각 2만), 박용현(1만 2,000), 고한주(1만2,000), 최증한 외 8명이었다.[139] 이를 보면 공성학은 아마도 1918년에 영신사가 30만 원으로 증자할 때 2대 주주로 참여하였고, 또 이사로서 회사의 중역을 맡았음을 알 수 있다.

공성학의 영신사 투자는 1930년 무렵까지 지속되었다. 그러다 1930년 영신사의 주식 분포와 중역에 큰 변화가 있었다. 그 내용을 보면 사장 손봉상(4만 5,500), 사원 김원배(15만), 공성학(6만 3,000), 박봉진(3만 6,500), 박종근(5,000)이었다. 이 무렵 영신사는 다수의 인물이 물러나고 손봉상, 김원배, 공성학, 박봉진 중심으로 재편되었음을 알 수 있다.[140] 주식과 중역의 큰 변화에도 불구하고 공성학은 김원배에 이은 2대 주주의 지위를 유지하여 영신사 운영에 동참하였다. 이 체제는 1938년 무렵까지 지속되었다. 1939년 자료에 의하면 영신사의 주식과 중역은 큰 폭의 개편이 있었다. 사장은 김종훈(3만 6,500), 사원은 김응환(4만 5,500), 김종고(15만), 공진항(6만 3,000), 박종근(5,000)이었다.[141] 인물은 크게 바뀌었지만 공성학의 아들 공진항이 공성학의 지분과 중역 자리를 물려받았음을 알 수 있다.

새롭게 바뀐 체제는 1941년 무렵까지 지속되었는데, 1942년 자료에서 공씨가 인물의 이름이 없는 것으로 보아, 이 무렵 공씨가는 영신사에서 완전히 손을 뗐음을 알 수 있다.[142] 이를 보면 공성학은 1910년대부터 영신사의 핵심 주주이면서 중역으로 활동하였다. 그가 삼업자본을 근대 회사 자본으로 전환할 때 우선 다른 개성상인과 공동으로 투자하여 경험을 쌓고 있는 점이 주목된다. 이러한 경험을 배경으로 1920년대 중반이 되면 공성학은 직접 자본을 투자하여 회사를 설립하여 운영하기 시작하였다.[143]

공성학이 직접 운영한 대표적인 회사로는 개성양조주식회사가 있었다. 개성양조(주)는 1925년 9월 주류 제조 및 판매에 관련된 일체의 사업을 목적으로 설립되었고, 당시 자본금은 10만 원, 불입금은 2만 5,000원이었다.[144] 개성양조(주)의 설립에는 일제의 자가自家 소주 제조 금지 정책이 계기가 되었다. 개성 시민은 대다수가 소주를 애용하였고, 자가용 소주 제조 면허가 있어서 각기 기호대로 양조해 왔다. 그런데 1925년부터 관청에서 그 면허를 전부 몰수하였다. 이에 개성 사람들은 곤란을 느끼게 되고 일본 술, 중국 술 등 외래의 부정품이 유입되기 시작하였다. 당시 개성 실업가 김영택이 이에 착안하여 공성학 등 수 명과 발기하여 개성양조(주)를 설립하게 되었다. 그 결과 불과 1년 만에 산출고가 3,000여 석을 초과할 정도로 판로가 좋았다.[145] 양조 석

수 3,000석의 환산액은 15만 원에 달했다.[146]

설립 초기 개성양조(주)의 경영 상태는 좋았다. 그러나 개성양조(주)도 대공황의 여파를 피해갈 수는 없어서 경영에 어려움을 겪었다. 그러던 차에 공진항이 장기간의 외국 유학을 마치고 1932년에 귀국하였다. 그는 대공황으로 위기에 처한 집안 경제를 정리하기 시작하였고, 장래가 없다고 판단한 개성양조(주)도 정리하려고 하였다. 사실 당시 개성양조(주) 상황은 비관적이었다. 창립 이래 1934년까지 결손이 지속되었고, 1930년부터는 거의 폐업 상태였다고 한다.[147] 공진항의 회고에는 다소 과장의 여지가 없지 않다고 생각되지만, 1930년을 전후하여 지배인이 일본인 나가노 겐사쿠長野源作에서 최대현으로 바뀌었는데,[148] 저간의 사정과 관련이 있는 것 같다.

공성학은 공진항의 개성양조(주) 정리 계획을 반대하였다. 그에게 개성양조(주) 폐업은 단순히 "재정의 손실뿐 아니라 명예의 상처였다"는 것이다.[149] 아버지의 단호한 반대에 직면한 공진항은 개성양조(주)를 정리할 수 없었다. 대신 그는 구조 조정을 감행하였다. 새로운 지배인을 초빙하고, 또 화차가 들어오기 편리한 곳에 6,000평의 대지를 매입하여 공장을 신축하고 아울러 개성과 서울 사이에 있는 모든 양조권을 매수하여 대량 생산을 가능하게 하였다.[150]

당시 지배인은 최응용이었고 1935년부터 업무를 보기 시작하였다. 이후 송래양조장을 흡수 합동하여 점차 좋은 실적을 거두게 되었다. 1936년에는 장단양조장을 매수하였고, 1938년에는 식산양조장을 매수하였으며, 1939년에는 송도·백합·양합 양조장을 매수 합동하였다. 그 결과 1940년 무렵이 되면 개성 세무서 관내 양조업계를 통제하기에

이른다.[151]

회사 자체도 주식회사로서 성격을 보다 분명히 하였다. 1937년 자료에는 주식 수 2,500주, 주주 수 19명이 기재되어 있는데, 이전 자료들에서는 없던 항목이었다. 특히 인상적인 것은 대주주가 춘포사였고 주식 수는 2,188주였다.[152] 거의 대부분의 주식을 춘포사가 갖고 있었던 것으로 춘포사의 춘포는 공성학의 호였고, 공성학의 삼포 경영을 총괄하기 위해서 만든 회사였다.

이렇게 새로운 지배인 초빙, 신축 공장 건립, 흡수합병 등의 구조 조정을 거치면서 국면을 전환한 개성양조(주)의 이후 발전은 자못 인상적이다. 1940년 무렵 개성양조(주)는 생산 금액으로 보면 인삼과 견줄 정도로 성장하였던 것이다. 당시 1년간 생산 석수는 2만 석을 초과하였고, 이에 따르는 1년간 판매 수입 총액은 공정 가격으로 환산하여 230만 원을 내려가지 않았다. 그 결과 개성 실업계의 '넘버 원'이라는 칭호까지 듣게 되었다. 당시 직원 수는 사원이 12명, 상비 직공이 42명에 임시직공이 8명으로 모두 60여 명이었다. 이러한 성공은 주주에 대한 배당으로 이어졌다. 1941년과 1942년 자료에 의하면 개성양조(주)는 각각 9퍼센트와 10퍼센트의 배당률을 기록하였다.[153] 이는 앞에서 언급한 성장에 기반한 것임은 물론이다.[154]

앞에서 살펴본 공성학의 활동은 근대적인 회사에 투자하거나 직접 설립하여 운영한 것으로 근대적인 기업가의 일면을 보여준다. 그러나 공성학은 전통적인 개성상인의 상업 방식인 차인들에게도 자본을 투자하였다. 차인제도는 개성상인 특유의 상인 양성제도로, 가난하여 사업 밑천이 없는 젊은 개성상인에게 장사 밑천을 조달해 주고, 그가 사업에 성공하면 자본을 조달해 준 주인이 장사 밑천은 물론 일정한 이자(대개 15퍼센트 수준)까지 돌려받는 방식이었다. 경제적 부담이 없지 않지만, 장사 밑천이 없는 사람에게는 무담보 신용 대출이라는 점에서 매력적인 자금 조달 방식이었다.

공진항의 회고에 의하면 1932년 무렵 차인제도에 의해 운영되던 회사로는 신막에 있는 신곡자동차부, 사리원에 있는 서선무역사, 성진에 있는 해산물취급점포, 서울 을지로 입구에 있는 개성상회 등이었다. 신곡자동차부는 종씨宗氏가 경영하고 있었고,[155] 서선무역사는 봉산군에서 생산되는 가마니에 대한 일수 판매권을 가진 회사였다.[156] 1928년 서울의 개성상회는 한약상이었다. 이들 회사는 공씨가의 자본을 배경으로 차인들이 독립적으로 경영하던 회사였다. 그런데 1930년 전후한 대공황의 여파로 위기를 맞았고, 공진항에 의하면 당시 시채時債, 즉 시변에서 조달한 액수만 약 30만 원이나 되었다.[157] 1932년 귀국한 공진항은 이러한 집안 경제 사정을 보면서 구조 조정의 필요성을 절감하고 차인제도를 혁파하였다. 즉 더 이상 차인들에게 자금을 조달해 주지 않기로 한 것이다.[158]

근대적인 고등교육을 이수한 공진항은 차인제도를 시대에 뒤떨어진, 그래서 사라져야 할 제도로 인식하고 있었으므로 대공황의 부진을 기회로 삼아 공성학의 차인제도에 의한 자본 투자를 정리하였다.

이를 보면 공성학은 전통적인 개성상인에서 근대적인 개성상인으로 변환해 가는 과정에서 과도기적인 면모를 보여주는 인물이었다고 할 수 있다. 과도기적인 인물이라고 한 이유는 다음과 같다. 일제강점기 근대적인 기업활동에 거의 관여하지 않고 개성상인의 전통을 고수하는 개성 부호들이 있었다. 본문에서 잠깐 언급한 개성의 대지주 한명석 같은 이가 그런 유형에 해당하였다. 그에 반해 공성학은 근대적인 기업에 투자하고 나아가 직접 회사를 설립하고 운영한 점에서 그들과 다른 면모를 확인할 수 있다.

그렇다고 공성학이 근대적인 기업인으로서 적극적으로 활동하였다고 보기는 어렵다. 그는 확실히 아들 공진항 세대보다 근대적 기업 경영에서 적극적인 활동이나 두드러진 성과를 보여주지 못하였다. 이렇게 보면 공성학은 전통적인 개성상인의 상업 방식을 고수하는 유형에서는 벗어났지만, 그렇다고 근대적인 기업인으로 면모는 아직 약했던 존재로 이해할 수 있다.

공성학의 사례를 통해서, 일제강점기 개성 삼포주들 중에서 특히 대표적인 존재들은, 총독부의 삼업 정책과 관련해서 총독부의 정책에 협력적일 수밖에 없었음을 확인할 수 있었다. 그러면서도 근대적인 기업가의 면모도 보여주면서 동시에 전통적인 방식의 상업활동도 병행하였다. 이는 공성학 세대가 전통적인 개성상인에서 근대적인 개성상인으로 변모해 가는 과정에서 그 과도기적인 존재였음을 짐작케 한다.

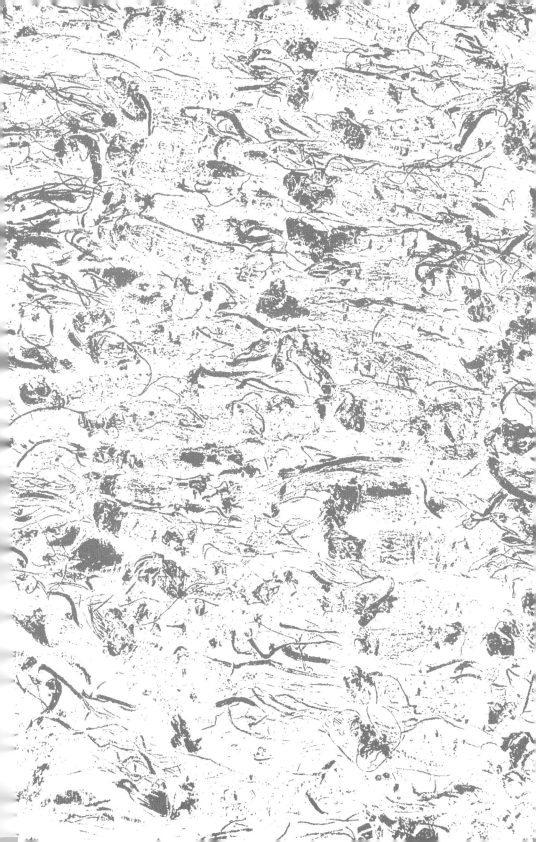

V

일제강점기 인삼업자의
활동과 백삼 산업의 성장

19세기 개성상인이 인삼업에 대대적으로 투자하면서 삼포 면적이 급격히 확대되고, 그에 따라 수삼 생산량도 급증하였다. 당시 수확된 수삼은 대부분 홍삼으로 가공되어 청나라로 수출되었다. 그런데 수삼을 가공해서 만들 수 있는 상품이 홍삼만 있는 것은 아니다. 인삼은 그 제조 방법에 따라 홍삼과 백삼 두 종류로 구별된다. 홍삼은 생인삼(=수삼)을 쪄서 그것을 화열火熱과 햇볕으로 건조한 것이다. 백삼은 표피를 깎고 벗긴 후 단지 햇볕으로 건조하여 제조한 것이다. 자연건조시켰기에 건삼이라고도 한다. 홍삼은 가격이 높고, 백삼은 상대적으로 저렴하였다. 수확한 수삼 중 총독부에서 수납하지 않은 것을 당시에는 후삼 혹은 퇴각삼이라고 불렀는데, 개성 삼포주들은 이를 백삼으로 제조하여 자유롭게 판매하기 시작하였다.[1] 다만 19세기까지는 개성상인이 홍삼을 제조할 수 있었으므로 채굴한 수삼을 백삼으로 가공하기보다는 홍삼으로 제조하여 수출하려고 하였다. 따라서 19세기에는 백삼이 존재하기는 하였지만 그 경제적 영향력은 크지 않았다.

일제강점기에 조선총독부로부터 경작 허가를 받은 개성 삼포주들은 인삼업에 대대적으로 투자하였다. 그에 따라 수삼 생산량도 비약적으로 증가하였다. 그런데 일제는 홍삼 제조량을 대개 3만~4만 근 수준에서 관리하였다. 그 이상의 홍삼이 제조되어 수출되면 중국 시장에서 가격 하락을 초래할 것이라고 우려하였기 때문이다. 혹은 당시 중국에 수출하고 있던 일본 인삼을 배려하였기 때문이라고 한다.

삼포주들의 대대적인 삼업 투자에 의해서 수삼 수확량은 비약적으로 증가하는 데 반해서 홍삼 제조량은 일정 수량으로 제한되었으므로 홍삼 원료가 되지 못한 수삼, 즉 후삼=퇴각삼이 매우 많아지게 되었다. 당시 총독부는 홍삼 원료가 아닌 수삼에 대해서는 개성의 삼포주에게 그 처분을 일임하였다. 이에 개성의 삼포주들은 그 수삼을 백삼으로 가공하여 판매하기 시작하였다.

수삼 수확량의 급증에 따라 제조되는 백삼도 크게 증가하였다. 개성 상인들은 자신들의 특기인 판매 촉진활동을 적극적으로 전개하여 백삼 시장을 개척해 갔다. 그 결과 1930년대가 되면 백삼 판매 수입이 수삼 배상금과 비슷하거나 더 커질 정도로 중요한 재원이 되었다.

그리고 일제강점기에 개성 이외의 지역에서도 인삼업 투자가 서서히 증가하였다. 아직 개성 지역과 비교하면 그 규모가 매우 작았지만, 꾸준히 성장하는 모습을 보여주었다. 개성 이외의 지역에서 생산된 수삼도 백삼으로 가공되어 판매되었다. 그들 지역은 분단 이후 남한에서 핵심적인 인삼 생산지로 등장하게 된다.

1.
개성상인의 백삼 상품화와
판매 촉진활동

1. 수삼 생산량 급증과 백삼 상품화

(1) 백삼 상품화의 계기

개성상인이 백삼 상품화에 본격적으로 착수한 시기는 1910년대 이후이다. 그 이전에도 개성상인은 백삼을 생산하였지만 백삼의 경제적 가치에 큰 관심을 두지 않았다. 홍삼의 경제적 가치가 백삼과는 비교가 되지 않을 정도로 높았기 때문이다.

홍삼과 백삼의 가격 차이에 대해서는 후대의 기록이지만 다음을 참조할 수 있다. 1924년 무렵 수삼, 백삼, 홍삼의 가격을 보면 수삼 1근 가격은 1원 50전가량, 백삼 1근은 15원가량, 홍삼 1근 가격은 65원 정도였다. 이 홍삼을 중국에서 판매하면 1근 150원에서 200원 정도를 받을 수 있었다.[2] 홍삼의 이익이 막대하였지만 홍삼 전매제 시행으로 홍삼을 제조도 판매도 할 수 없게 되자, 개성상인들은 그동안 큰 관심을 두지 않았던 백삼의 가치, 백삼의 상품화에 관심을 갖기 시작한 것이다.

대한제국 황실과 총독부 전매국은 홍삼 전매를 철저히 시행하여 홍삼 제조와 수출에 대한 독점권을 행사하였다. 특히 총독부 전매국은 제조한 홍삼 전량을 미쓰이물산에 불하하고 한국인의 홍삼 무역 참여는 철저히 차단하였다. 이렇게 하여 개성상인은 더 이상 홍삼을 제조하여 수출할 수 없게 되었다. 홍삼에 대한 권한을 잃은 개성상인이 홍삼 전매제하에서 진출할 수 있는 분야는 인삼 재배였다. 개성상인은 일제의 홍삼 전매제하에서도 인삼 재배를 장악하였다.[3]

인삼을 열심히 재배한 개성 삼포주들은 인삼포에서 주로 6년근 수삼을 채취한 후 전매국 개성출장소에 납부하였다. 출장소에서는 품질이 가장 좋은 수삼만 홍삼 제조용으로 수납하였다. 불합격 판정을 받은 수삼은 삼포주에게 돌려주었다. 돌려받은 수삼을 후삼 혹은 퇴각삼이라고 하였다. 개성상인은 홍삼을 잃었지만, 그나마 후삼을 손에 쥐게 되었다. 상업적 재능이 뛰어난 개성상인은 이 후삼을 갖고 큰 수익을 얻을 수 있는 사업을 고민하게 되었다. 사실 후삼 활용 방안은 이미 정해져 있는 것과 같았다. 수삼을 가공하여 만들 수 있는 상품은 홍삼과 백삼이었기 때문에 홍삼을 잃은 개성상인에게 남은 선택지는 백삼이었다.

(2) 경작 면적 확대와 백삼 생산량 증가 추이

개성상인이 백삼 상품화에 주목하게 된 또 다른 계기가 있는데, 그것은 일제하 수삼 생산량의 급격한 증가였다. 일제하 수삼 수확 면적은 19세기에 비해 대체로 2배 이상으로 증가하였다. 단위 면적당 수삼 생산량도 증가 추세였다. 당연히 수삼 수확량도 크게 늘었다. 그런데 총독부는 홍삼 제조 원료인 수삼의 급격한 증산에도 불구하고 홍삼 생산량을 일정한 수준으로 유지하였다. 그로 인해 홍삼 원료가 되지 못하고 개성상인에게 반환된 수삼 수량도 크게 증가하였다. 이는 백삼 원료의 급증을 의미한다.

백삼은 총독부 전매국의 전매 대상이 아니었다. 때문에 연도별 백삼 생산 수량은 《조선총독부통계연보》에 기재되어 있지 않다. 그러나 《통계연보》에는 각 연도별 수삼 수확 칸수, 수삼 수확 근수, 수납 수삼 근수 등이 기재되어 있다. 또 당시 언론 보도에 백삼 관련 기사가 적지 않다. 따라서 이상의 여러 자료를 종합적으로 검토하면 대체적인 백삼 생산량의 추이를 확인할 수 있다. 이를 정리한 것이 [표 30]이다. 백삼 상품화의 주요 계기였던 수삼 생산량 증가 추이를 [표 30]을 통해서 확인해 보자.

[표 30]에서 수확 면적부터 검토해 보자. 1910~1912년 수확 면적은 이후와 비교하면 매우 작다. 이는 한말 인삼업 위기 때문이다. 개성 일대 인삼은 6년근, 즉 파종 후 6년째에 수확하였기 때문에 1910~1912년 수확 면적은 1905~1907년 투자 결과이다. 1905년 무렵은 일제가 러일전쟁에서 승리한 후 대한제국에 대한 내정 간섭을 본격화한 시기이다. 일제는 이용익 제거 등을 통해 대한제국 내장원의 홍삼 정책을 무력화시켰다. 그렇지만 그를 대신할 제도와 인력, 조직, 자금 조달 등에 대한 대책은 마련하지 못했다. 오히려 이 시기 통감부가 취한 정책은 인삼업의 발전을 가로막는 것들이었다. 당시 개성 삼포주들은 통감부의 그러한 조치를 보면서 인삼업 투자를 주저할 수밖에 없었다.[4]

1910년대 들어서면 수확 면적이 급격히 증가하기 시작하였다. 1913

[표 30] 1910~1920년대 배삼 관련 통계

	1910년	1911년	1912년	1913년	1914년	1915년	1916년	1917년	1918년	1919년	1920년	1921년
수확 건수(간)	7,356	14,345	56,464	120,941	192,390	290,519	346,823	311,627	125,213	195,620	319,331	371,328
수확 근수(근)	4,725	13,285	57,517	140,096	241,836	365,218	528,678	485,067	201,159	311,106	525,230	733,016
수납 수삼(근)	2,771	7,719	18,805	53,100	64,477	99,303	162,533	131,892	67,812	103,785	116,508	139,108
배상금액(엔)	12,383	36,760	94,545	271,705	376,774	477,893	842,282	741,392	335,344	687,583	846,535	1,305,399
배삼 원료(근)	1,954	5,566	38,712	86,996	177,359	265,915	366,145	353,175	133,347	207,321	408,722	593,908
배삼 수량				21,700	44,500		110,000				10여만 근	215,085

	1922년	1923년	1924년	1925년	1926년	1927년	1928년	1929년	1930년	1931년	1932년
수확 건수(간)	475,339	419,788	380,149	303,713	230,411	348,390	327,491	334,479	336,918	350,243	365,090
수확 근수(근)	842,346	705,134	553,569	465,879	357,812	530,117	576,592	549,729	584,891	717,678	794,077
수납 수삼(근)	163,553	166,282	141,732	112,478	110,059	154,201	197,340	165,897	171,079	162,779	165,386
배상금액(엔)	1,445,912	1,430,680	1,152,634	917,839	870,366	1,219,577	1,648,012	1,315,812	1,390,478	1,319,327	1,360,599
배삼 원료(근)	678,793	538,852	411,837	353,401	247,753	375,916	379,252	383,832	413,812	554,899	628,691
배삼 수량	175,685	178,460	136,766	100,099	79,271	116,173	127,448				

* 수확 건수부터 배상 금액까지는 《조선총독부통계연보》가 연도판 참조.
* 배삼 원료는 수확 근수에서 수납 근수를 제외한 것으로 추정치임.
* 1913~14년 배삼 생산량은 〈배삼도 억호황〉, 《매일신보》 1914년 11월 6일 참조.
* 1916년 배삼 생산량은 〈박옹진씨담, 개성의 명산 고려인삼〉, 《반도시론》 1~7, 1917년 10월호, 36쪽 참조.
* 1920년 배삼 생산량은 추정치이며 〈삼가 인삼 단원〉, 《조선일보》 1920년 12월 13일 참조.
* 1921년 배삼 생산량은 〈배삼제조고〉, 《동아일보》 1921년 12월 30일 참조.
* 1922년 배삼 제조량은 정확한 수치는 없지만, 전년에 비해 3만 9,400근이 감소했다는 기록에 의거하여 추정함(〈인삼 시세 폭등〉, 《동아일보》 1924년 1월 27일).
  배삼 원료 증가에도 불구하고 제조량이 감소한 이유는 명확하지 않음.
* 1923~25년 배삼 제조량은 〈배삼제조현모, 근수간 가격증〉, 《동아일보》 1925년 11월 12일 참조.
* 1926년 배삼 제조량은 〈고려인삼審議〉, 《동아일보》 1926년 11월 9일 참조.
* 1927, 28년도 배삼 제조량은 〈배삼제조 호조, 170여만원〉, 《동아일보》 1928년 12월 4일 참조.

년에는 수확 면적이 12만 칸으로 두 배 이상 급증하더니 1914년에는 19만 칸으로 증가하였다. 증가 추세는 여기에서 그치지 않았다. 1915년에는 29만 칸, 1916년에는 34만 칸으로 격증하였다. 1916년은 1910년대 중에서도 최대 호황기였다. 1917년에도 수확 면적이 30만 칸을 상회하였다. 1918과 1919년 두 해에는 20만 칸 이하로 크게 감소하였다. 그리고 1920년에 다시 30만 칸 이상으로 증가하였고 1922년에는 47만 칸으로 격증하였다. 이후에는 1926년을 제외하면 30만~40만 칸 수준을 유지하였다.

대개 1910~20년대 수삼 수확 면적 추이를 보면, 1913년까지는 한말 인삼업 위기의 영향으로 수확 면적이 수천 칸에서 수만 칸 혹은 10만 칸을 겨우 넘는 수준이었다. 그런데 1914년 이후 20만 칸 수준으로 증가하였고 1916년과 1917년에는 30만 칸을 상회할 정도로 급증하였다. 그리고 1918년과 1919년에는 20만 칸 이하로 다소 소강 상태를 보였지만, 1920년 이후는 수확 면적이 30만 칸에서 40만 칸 수준을 유지하였다.

1910년대 수확 면적 급증의 배경을 살펴볼 필요가 있다. 일제는 1908년 7월에 홍삼 전매제를 시행하였다. 전매제하에서 인삼업 육성책으로 주목되는 제도는 경작 자금 대부 알선이다. 이는 홍삼 원료인 수삼을 수납하고 그 대가로 지급할 배상금을 담보로 한호농공은행으로부터 경작 자금 대부를 알선해 준 제도이다. 대한제국기 수삼 배상금 선교는 말 그대로 예상 배상금 중 일부를 미리 나누어준 데 반해 일제의 방식은 한호농공은행을 통한 자금 융통이었다. 그 액수는 1915년까지는 10만~20만 원 내외에서 증감하였고 이율은 7~8퍼센트 수준이었다.

일제의 삼업 자금 융자가 삼포주의 자금 융통에 편의를 제공하고 투자 활성화에 일조한 것은 부정할 수 없지만, 이를 확대 해석해서는 안 될 것이다. 융통 자금액 10만~20만 원은 당시에 적은 액수가 아니었지만, 개성 삼포주들의 1년간 삼포 투자 총액에서 차지하는 비율은 10~20퍼센트 내외였기 때문이다. 당시 인삼업 관련자의 기록에 따르면 매년 삼포 재료비(75만여 원), 경작 인부 임금(35만여 원) 등으로 100만 원이 넘는 자금이 필요하였다.[5] 당시 알선 자금이 10만~20만 원 정도였으므로, 100만 원의 삼업 투자금 가운데 80~90퍼센트는 개성상인이 스스로 조달하고 있었던 것이다.

이러한 삼업 자금 조달 상황을 감안하면 총독부의 자금 알선이 1910년대 삼업 부활에 일조한 것은 맞지만 그것이 개성 삼업계의 회복에 결정적인 계기였던 것처럼 과장되게 평가해서는 안 될 것이다. 기본적으로 개성 삼포주들이 스스로 조달한 개성상인의 자본이 1910년대 삼업 회복 과정에서 절대적으로 중요하였음이 강조되어야 할 것이다.

다음으로 연도별 수확 근수는 기본적으로 수확 면적에 의해 영향을 받았다. 그러면서도 단위 면적당 수확량은 1916년 이후 증가 추세였음을 확인할 수 있다. 1914년과 1915년의 1칸당 수확량은 1.26근 수준이었다. 그런데 1916년부터 1920년 사이에는 1칸당 수확량이 1.5~1.6근 수준으로 증가하였다. 1921년에는 1칸당 2근까지 수확하였다. 다만 이는 예외적인 사례였다. 그러나 이후에도 1칸당 1.5근 수준을 유지하였다. 이를 보면 1916년 이후 1칸당 수확 근수는 대체로 1.5~1.6근 수준이었음을 알 수 있다. 이는 1914~1915년의 1.2근 내외 수준과 비교하면 증가한 수치이다. 당시 단위 면적당 수삼 수확량이 그전에 비해 일정하게 증가하였음을 알 수 있다. 단위 면적당 수확량 증가 역시 수삼 증산의 한 배경이 되었다.

수납 근수는 수확 수삼 가운데서 크고 형체가 좋은 것만 골라서 홍삼 제조용으로 전매국에서 수납해 간 수량을 말한다. 수납 근수 추이를 보면 대체로 일정 수준을 유지하고 있음을 알 수 있다. 수확 근수 증대에 비례하여 수납 근수가 증가하지 않았다. 수납 근수는 연도에 따라 차이가 있지만, 대체로 15만에서 16만 근 수준이었다. 수확량이 최고를 기록한 해에도 수납 근수는 그 영향을 거의 받지 않았다. 예컨대 1921년에는 70만 근 이상, 1922년에는 84만 근의 수삼을 수확하였지만, 수납 근수는 여전히 13만 근, 16만 근 수준이었다. 이는 전매국에서 홍삼 제조 수량을 일정하게 제한하였음을 의미한다. 즉 전매국에서는 대체로 4만 근 내외로 홍삼 제조량을 제한하였고, 그에 필요한 수삼 수량(16만 근 내외)만 수납하였던 것이다.[6] 이러한 전매국 정책의 영향으로 백삼 원료가 될 수 있는 수삼 수량은 자연 크게 증가하였다.[7]

마지막으로 백삼 생산량 추이를 보면, 검토 대상인 20년 중 백삼 생산 통계를 확인할 수 있는 연도는 9개년에 불과하지만, 대체적인 백삼 생산 추이는 확인할 수 있다고 생각한다. 1910년대 백삼 생산 기록으로는 1913년의 2만 1,700근, 1914년 4만 4,500근이 가장 이른 것이다. 이 두 해 이후의 기록은 확인할 수 있다. 그렇지만 그 이전 시기 백삼 생산량에 대한 기록은 찾기 어렵다. 다만 "종래 조선인 측 얘기에 의하면 백삼의 수용은 1만 5,000근인데 이 수량 이상의 수확을 득하면 가격에 다대한 영향이 급及하리라 하였으나 …… "[8]라는 기사를 보면 예전에는 국내 백삼 수요량이 대략 1만 5,000근 내외였고, 개성에서 생산된 수삼도 이 수치의 영향을 받았을 것으로 짐작된다.

종래의 연간 백삼 수요량 1만 5,000근에 비하면 1913년의 2만 근이 넘는 생산량은 괄목할 증산이었다. 1914년의 4만 4,000여 근 역시 1913년의 2만 1,000여 근에 비하면 놀랄 만한 증가였다. 당시 개성의 백삼 관계자들은 초과 공급으로 인해 당연히 가격이 하락할 것으로 예상하였다. 그렇지만, 실제로는 수요가 격증하여 이듬해 4월경에는 재고가 거의 없었고 가격도 평균 5원 내외를 유지하여 뜻밖의 좋은 성적을 거두었다.[9]

　이처럼 1913~1914년의 백삼 생산량도 미증유의 증산이었는데, 1916년 이후 백삼 생산량은 전혀 다른 차원의 수치들이다. [표 30]에서 보듯이 1916년에는 11만여 근을 생산하였다. 이는 일제강점 이전 1만 5,000여 근에 비하면 7배 이상, 1914년의 생산량과 비교해도 2배 이상의 급증이다. 백삼 생산량 증가 추세는 여기에서 그치지 않았다. 1921년에는 21만 근 이상을 생산하여 1910~1920년대 최고 생산량을 기록하였다. 21만 근은 강점 이전 수준의 14배, 1910년대 최고 수준이었던 11만여 근의 2배에 해당하는 미증유의 생산량이다. 이후 생산량 추이를 보면 1921년을 기점으로 생산량이 하락 추세였고, 1926년에는 8만여 근으로 10만 근 이하를 기록한 경우도 있지만 대체로 10만 근 이상의 수준을 유지하였다. 이처럼 당시 백삼 생산량 증가는 수삼 수확 면적의 급증으로 수삼 수확량이 증대함에도 불구하고 홍삼 전매제하에서 홍삼 생산량을 일정 수준으로 유지한 결과라고 할 수 있다.

　그리고 백삼 1근을 만드는 데 필요한 수삼 수량도 시간이 흐르면서 줄어들었다. 1913~1914년에는 백삼 1근을 만들려면 수삼 4근 정도가 필요하였다. 그런데 1923년 이후에는 수삼 3근으로 백삼 1근을 만들고 있다. 위와 같은 여러 요인들이 복합적으로 작용하여 1910년대 중반 이후 백삼 생산량은 급격히 증가하였다. 백삼 생산량이 빠르게 증가하는 것을 보면서 개성상인들은 자연스럽게 백삼의 상품화에 큰 관심을 갖게 되었다.

한편 백삼과 관련된 제반 활동들, 예컨대 백삼 원료인 수삼 경작, 백삼 제조와 판매 등은 모두 조선인 특히 개성인이 장악하고 있었다. 여기에 일제·일본인의 개입은 거의 없었다. 즉 '전 관내에 걸쳐서 인삼 경작자 전부는 개성 읍내 재주자'였고, 백삼 제조 직공도 1916년 남녀 합하여 8만 5,000여 명이 필요하였는데 이들 모두 개성 사람이었고, 백삼 판매를 담당한 상인, 상회도 역시 개성상인들이었다.[10] 이처럼 홍삼의 경우 제조·수출을 전매국과 미쓰이물산이 차지하였지만 백삼은 경작부터 제조·판매까지 모든 과정을 개성인이 장악한, 순전한 조선인 경영 사업이었다.

2. 개성상인의 판매 촉진활동과 백삼의 상품성

(1) 약령시를 통한 판매 촉진활동

1910년대 중반 이후 백삼 생산량은 급증하였는데 생산량 증가가 경제적 이익 창출로 바로 이어지는 것은 아니다. 생산량 증가는 공급 확대를 의미한다. 수요가 일정 수준에서 제한되어 있다면 공급 확대는 오히려 가격 폭락을 야기할 수도 있다. 백삼 생산량 급증이 개성상인들에게 새로운 경제적 기회인 것은 맞지만, 공급 확대에 따른 새로운 수요를 창출하지 못한다면 백삼 생산량 증가로 인한 경제적 이익이 크지 않을 수 있다. 최악의 경우 치열한 가격 경쟁으로 백삼업계가 자멸할 수도 있다. 당시 개성 백삼업자들은 그런 상황을 우려하기도 하였다. 따라서 개성상인은 백삼 공급 증가에 따라 새로운 수요를 창출하여 가격 폭락을 저지하고, 더 나아가서는 공급 확대에도 백삼 판매 가격을 상승시켜야 하는 과제에 직면하였다.

그런데 당시 백삼 판매와 관련하여 개성상인이 처한 상황은 낙관적이지 않았다. 개성상인은 19세기까지 홍삼에만 주력하고 백삼에 대해서는 소홀하였다. 때문에 백삼 관련 사업에는 경험이 많지 않았다. 뿐만 아니라 개성 백삼에 대한 소비층의 인지도도 낮았다. 당시 조선에서는 주로 금산 인삼이나 풍기 인삼이 애용되었다. 다음 기사는 약간의 과장은 있지만, 저간의 사정을 잘 보여준다.

10여 년 전까지만 하여도 백삼으로 말하면 홍삼을 제작하고 남은 퇴물이라 하고 아무 가치 없는 것이라 무시하며 세상에서는 풍기삼이나 금산삼만을 애용하여 고려인삼은 인삼다운 대우를 받지 못하였다. 그래서 고려인삼은 가격이 점차 지헐至歇하여지는 동시 매년 산출이 겨우 수천 근에 불과하였지만 그래도 일반의 수용이 없어 오히려 잔여가 생겼다.[11]

이와 같이 불리한 상황을 타개하면서 개성 백삼(당시에는 고려백삼, 고려인삼이라 칭함)의 존재를 소비자에게 각인시키고, 그 판로를 확대하는 것은 개성상인이 해결해야 할 과제였다. 개성상인이 이 문제를 성공적으로 해결하면 백삼 판매를 통해 그들의 경제력은 더욱 튼튼해질 수 있다. 그러나 그렇지 못하면 과잉생산, 과잉공급으로 백삼업계는 물론 개성 인삼업계가 타격을 받을 수도 있었다.

그래서 개성상인은 백삼 판매 확대를 위해 다양한 노력을 하였다. 우선 그들은 약령시를 이용하여 판매를 확대하려고 하였다. 개성 백삼의 주요 수요처는 삼남 지방이었다. 삼남 지방 주요 도시인 대구, 대전, 전주 등지에서는 연례적으로 약령시가 개최되었다. 이는 한약재 유통의 중요 경로였다. 개성 백삼도 약령시를 통한 거래가 적지 않았을 것이다. 이러한 약령시를 통한 백삼 판매는 전통적인 유통 방식이었다고 하겠다.

1925년 무렵 개성 백삼업자들은 새로운 도전을 감행해 백삼 판매 확대를 꾀했다. 약령시를 개성에서도 개최하여 약령시를 통한 백삼 유통을 주도하려고 한 것이다. 조선 인삼이 가장 많이 산출되는 개성에 인삼에 대한 집합적인 거래 시장이 없기 때문에 백삼이 개성에서 생산됨에도 불구하고 대구 등지의 약령시에서 매매되었다. 개성 백삼업자 입장에서 보면 직접 판매로 얻을 수 있는 더 많은 이익을 놓치는 것이었다. 그래서 개성에도 약령시를 설치하여 개성 백삼을 남선 지방 약령시가 아닌 개성 약령시를 통해 유통시키고자 하였다. 그리고 남선 지방의 약령시에서 개성 백삼을 거래하면 사는 사람이나 파는 사람 모두 불리할 뿐 아니라 인삼의 품질, 신용에도 관계가 적지 않다는 것을 명분 삼아 개성 실업가들은 당국과 교섭하여 경기도지사의 허가를 받아 개성에도 약령시를 설치하였다.[12]

1회 약령시는 1925년 11월 16일부터 12월 중순까지 약 1개월 동안 개최되었다. 개성 약령시가 백삼 판매를 일차적인 목적으로 하였음은 물론이다. 다음과 같은 기사에서도 그러한 사정을 잘 알 수 있다.

…… 고려인삼의 본장인 개성에 약령시가 없음은 유감일 뿐더러 인삼과 하등의 인연이 없는 대구 기타 남도 지방에서 약령시를 개최하여 개성 인삼을 매매함은 모순당착의 사실이며 고려인삼의 성가를 손상함이 지극하다 …….[13]

이처럼 백삼 본고장인 개성에 약령시를 개최하여 백삼 유통을 주도하려고 했던 개성 백삼업자들은 협찬회를 조직하여 약령시를 조직적·재정적으로 후원하였다. 협찬회 회장은 박우현, 부회장은 손봉상이 선출되었다.[14] 이 두 사람은 당시 개성 인삼업계의 핵심적인 인물들로, 개성 백삼업자들이 약령시를 얼마나 중요하게 생각했는지를 짐작할 수 있다. 이듬해인 1926년에도 12월부터 1개월간 약령시가 개최되었다.[15]

그러나 개성 실업가들이 백삼 유통 과정을 주도하려고 개시한 개성 약령시는 기대했던 성과를 거두지는 못한 것 같다. 1회 약령시부터 성과가 좋지 않았다. 그 원인으로는 처음 창설하였다는 점과 그로 인해 백삼에 대한 수요자와 공급자에게 철저히 주지시키지 못한 점이 지적되었다.[16] 그러자 약령시의 발전을 위한 여러 가지 대책이 강구되었다. 예컨대 시장 건물을 출품 상인에게 무료로 대부하고, 경성제대 약물 연구 교수를 초빙하여 강습 혹은 강연회 개최 등을 계획하고 실제로 실행에 옮겼다.[17]

이러한 노력에도 불구하고 1927년부터는 개성에서 약령시는 개최되지 않은 것 같다. 1927년 이후 개성에서 약령시가 개최되었다는 기사를 찾기 어렵기 때문이다. 아마도 개성 약령시는 두 차례 개최된 후 동력을 상실하고 폐지되었거나 아니면 명맥만 유지한 것으로 보인다. 비록 실패로 끝났지만, 개성 백삼업자들은 전통적인 백삼 유통의 중심 역할을 하는 약령시를 주도하려 노력했고, 이는 그들이 백삼 상품화를 위해 펼친 활동 중 하나로 볼 수 있다.

개성 약령시 개최를 통한 백삼 상품화는 기대했던 성과를 거두지 못했지만, 개성상인은 삼남 지방에서 열리는 약령시를 통해서 백삼 판매를 확대하려고 노력하였다. 구체적으로 개성 백삼업계의 손꼽히는 거상들인 개성인삼상회, 개성호開城號, 고려삼업사 등은 전 조선적으로 유명한 약령시가 열리는 대구, 대전, 전주 등지로 특파원을 파견하여 판매 선전에 노력하였다. 그리고 인삼 상계의 거상들이 각지에서 인삼을 선전하고 판매에 노력하는 일은 개성 인삼 상계의 큰 복음으로 받아들여졌다.[18] 개성의 백삼 상회에서 특파원 등을 약령시에 파견하여 판촉활동을 전개한 사실을 통해서 개성 백삼업자들이 남선 지방 약령시를 통한 백삼 유통을 중시하였음을 알 수 있다.

개성상인이 약령시에 직접 진출하여 점포를 차리고 백삼 유통을 좌우한 사례도 있다. 대표적인 인물로 대구 약령시에서 백삼을 포함한 한약재 유통에서 거물로 인정받았던 김홍조金弘助를 들 수 있다. 김홍조는 대구의 명물이라는 약령시를 대표하는 인물이었다. 그의 한약방에는 매일 수백 명이 왕래하였고, 약종상으로는 대구에서 가장 컸다. 매일 매상고만 수천 원 이상에 달하여 의학계는 물론 대구 경제계에서도 없어서는 아니 될 큰 세력을 이루고 있었다.

그의 이력을 보면, 1890년대 초에 대구에 와서 인삼 행상을 시작하였다. 그러다 1915년 무렵 활동의 단서를 잡고 비로소 약포상을 개업하였다. 개업 당초에는 300~400원의 자본금으로 시작한 보잘것없는 것이었다. 그러나 1927년 무렵이 되면 자본금 수십만 원 이상의 거상으로 성장하였다.[19] 김홍조의 이력을 보면 한 가지 눈에 띄는 점이 있다. 그가 점포를 열고 사업의 단서를 마련한 시기가 1915년 전후라는 사실이다. 앞 장에서 보았듯이, 당시는 개성 백삼이 본격적으로 대량 생산되기 시작한 시기이다. 이 두 가지 사실을 갖고 추론해 보면 김홍조는 개성 백삼이 대량 생산되어 판매되기 시작하던 무렵에 그 백삼을 대구 약령시 등으로 반입하여 유통시키면서 성공의 기틀을 마련하였고, 그것을 기반으로 대구 약령시의 거상으로 성장한 것으로 짐작된다.

(2) 백삼 상회의 활동과 근대적 판매 촉진책의 도입

개성상인은 약령시를 통한 백삼 판매 확대를 위해 꾀하면서 동시에 상회를 세우거나 혹은 근대적인 판매 촉진책을 활용하면서 판매 확대를 위해 노력하였다. 1910년대 이후 개성 지역에서는 인삼 상인이 속출하였다. 모두 개성 출신이었지만, 그 내부를 보면 자본 규모에 따라 여러 층위가 있었다. 빈약한 자본을 소유한 인삼 상인이라면 백삼 행상을 하였다. 일정한 자본이 있다면 상회를 설립하여 통신판매 등을 통해 백삼 판매에 종사하였다.

소규모 자본으로 인삼 행상을 한 상인들에 대해서는 자료가 많지 않아서 자세한 활동은 알기 어렵다. 다만 다음 기록을 통해 그 일면을 엿볼 수 있다. 1918년 개성에는 인삼 매매 중개를 업으로 하는 자가 150여 명, 인삼 판매를 업으로 하는 자가 70여 명이 있었다. 그들 중 대다수는 점포를 열지 않고 백삼 출하기인 초겨울부터 이듬해 봄까지 각지에 행상을 파송하여 판매하므로 그 규모가 작았고 백삼 저장 수량도 많지 않았다.[20]

당시 개성에는 소자본으로 장사를 하던 인삼 상인도 있었지만, 동시에 거대한 백삼 상회도 존재하였다. 일제하 개성을 대표하는 백삼 상회로는 고려삼업사와 개성인삼상회를 꼽을 수 있다. 고려삼업사는 인삼 경작자가 중심이 되어 만든 회사였고, 개성인삼상회는 경작자가 아닌 순수 백삼 판매 상인이 만든 회사라는 점에서 차이가 있었다. 그러나 둘 모두 개성 백삼 유통계에서는 중추적인 회사였다. 두 회사의 활동상을 통해 백삼 판매 확대를 위해 근대적 마케팅이 어떻게 도입되어 활용되었는지를 살펴보자.

▩ **고려삼업사:** 고려삼업사를 창립하려는 계획은 1913년에 이미 있었지만 실제 설립일은 1914년 2월이었다. 고려삼업사는 비교적 이른 시기 설립된 백삼 유통 회사였다. 사원은 인삼 경작자 가운데 중요 인물로 조직되었다.[21] 당시 사장은 박우현이었다. 회사의 성격은 창립 주지를 통해 확인할 수 있다. 그 대강을 보면 다음과 같다. 1910년대 들어 인삼 경작 면적이 150만 칸을 헤아리게 되었지만, 그 판로를 조사하면 여전히 조선에 국한되었고 멀리 해외 수요에는 공급하지 못했다. 판로 확대에 대한 하등의 시설이 없으면 끝내 생산과잉의 폐단에 빠져 그 결과 경작 경제를 교란케 하고 그 경영을 수축케 할 것이 분명하였다. 그래서 경작인 일동이 분기하여 구제의 길을 열기로 하고 고려삼업사를 창기創起하였다고 한다.[22]

이를 보면 개성 삼포주들이 중심이 되어 경작 면적 확대에 따른 백삼 생산량 증가로 과잉공급과 그에 따른 가격 하락이 예상되므로 그를 해결하기 위해 판로를 확장하고자 고려삼업사를 설립하였음을 알 수 있다. 백삼 원료인 수삼을 경작하는 주요 삼포주로 조직된 고려삼업사는 당시 개성 백삼 제조와 판매에서 중추적인 기관이었다. 고려삼업사는 판로를 개척하는 데 많은 노력을 하였다. 그 결과 1917년 무렵 주요 거래처는 조선 팔도는 물론이고 일본 각 현과 중국과 타이완, 멀리 남양에 이르기까지 확대되었다.[23] 그러나 핵심 수출 지역은 일본과 중국이었고, 일본에 특히 많이 수출하였다.[24]

이후 고려삼업사는 몇 차례 주도 세력의 변화를 겪었다. 우선 1918년에 합자회사 고려삼업사로 새롭게 출발하였다. 관보에 따르면 박우현 등 3명은 합자회사 고려삼업사 설립을 신청하여 허가를 받았다. 자본금은 20만 원이고 본점은 개성군에 있었다.[25] 이렇게 하여 고려삼업사는 수많은 백삼 상회 가운데 회사제로 운영되는 유일한 곳이 되었다.[26] 당시 주요 멤버는 확인할 수 없지만, 1921년 당시 주요 관계자는 다음과 같았다. 사장 손봉상, 전무이사 김정호, 이사 공성학, 박용현, 김기영, 감사 나카다 이치고로中田市五郞, 김득형, 지배인 이사와 요시히로石禾義弘.[27] 이 임원진이 회사의 핵심 멤버들이었다. 회사 설립 시 함께했던 박우현이 보이지 않는데, 그의 동생인 박용현이 대신 참여한 것으로 보인다. 임원진의 면면을 보면 당시 개성 인삼업계뿐 아니라 개성 사회의 유력자들로 고려삼업사는 개성의 유력한 삼포주·자본가를 망라하여 조직된 회사였음을 알 수 있다.

그러나 1923년에 고려삼업사의 임원진은 대폭 바뀌었다. 앞의 임원진 가운데 전무이사 김정호만 유임되고, 나머지는 모두 교체되었다. 그리고 이사 손필상, 감사 손홍구, 사원 최희영, 감사 손종한이 그 자리를 대신하였다.[28] 신임 임원진을 보면 대부분 손씨로 사장 손봉상과 밀접한 관련이 있는 인물인 것 같다. 대개 이 무렵 고려삼업사는 개성의 유력 자본가와 삼업가의 합자회사에서 손봉상 집안의 회사로 성격이 바뀐 것으로 이해된다.

개성 백삼계에서 고려삼업사의 대표성은 사장 손봉상이 인삼업계에서 차지하고 있던 위상을 통해서도 확인할 수 있다. 일제강점기 손봉상은 개성 지역에서 '인삼대왕'으로 불릴 정도로 일제하 인삼업계에서 가장 영향력이 컸던 인물이다. 예컨대 1920년 초 경작 규모를 보면 매년 전매국에 홍삼 원료로 2만 근을 공급하였고 백삼과 미삼 등은 대략 5만 근을 산출하였다. 이를 더한 가액은 70만 원 이상에 달하였다.[29] 1920~1922년 사이 평균 수납 근수는 14만여 근이었고, 백삼 제조량은 16만여 근이었다. 그렇다면 손봉상은 홀로 수납 근수의 7분의 1을, 백삼 제조량의 3분의 1 정도를 차지하였던 셈이다. 이처럼 손봉상은 인삼 경작에서 타의 추종을 불허하는 최대 삼포주였다. 따라서 그것을 기반으로 백삼 판매계에서도 최고의 자리에 오를 수 있었다.

1920년대 고려삼업사의 사업을 보면 취급 품목은 백삼, 삼정蔘精과 기타 인삼 제품이었다.[30] 구체적인 판매활동을 보면 대대적으로 현대 광고술을 이용하여 판로 확보에 노력하였고, 통신판매를 주로 하였다.[31] 고려삼업사는 조선과 일본은 물론 해외까지 널리 판로를 개척하려고 노력하였다. 사장 손봉상은 해외 판로 확장을 위해 1920년대에만 두 차례 중국의 주요 인삼 수요지를 시찰하였다. 첫 번째는 1923년 개성삼업조합 임원과 함께 쑤저우, 항저우, 상하이, 난징, 한커우, 톈진,

베이징 등을 시찰하였다.[32] 두 번째 시찰은 1928년에 있었는데, 그때에도 타이완, 홍콩, 상하이 등 조선 인삼의 주요 수요지를 시찰하였다.[33] 그리고 1927년 무렵에는 국제시장에 판로를 개척하고자 남양제도, 중국, 프랑스령 안남 등 각지로 특파원을 파송하여 대대적인 판매 선전 계획을 세우기도 하였다.[34] 이처럼 고려삼업사는 근대적인 판매 촉진책을 도입하고 또 해외 판로 확대에도 적극 노력한 결과 1927년 무렵 판매고는 40여만 원에 달했다.[35]

▨ **개성인삼상회:** 개성인삼상회는 삼포주가 아닌 백삼 전문 상인으로 볼 수 있는 최익모가 세운 상회였다. 개성인삼상회는 백삼 판매 촉진책으로 근대적인 마케팅 기법을 선구적으로 도입하여 크게 성공을 거두었고, 다른 백삼 상회에도 큰 영향을 끼쳤다는 점에서 특히 주목할 필요가 있다. 개성인삼상회의 최익모가 도입한 근대적인 마케팅 기법을 보면, 개성 백삼에 대한 선전과 광고를 대대적으로 하여 그 인지도를 높였다. 또 백삼 포장을 일신하여 그 상품성을 제고하였고, 통신판매를 도입하여 새로운 유통망을 개척하려고 하였다.[36]

최익모는 이전에 새끼줄로 묶어 판매할 뿐 백삼 자체를 포장하지 않던 관행을 버리고 백삼 자체를 포장하기 시작하였다. 즉 백삼 허리를 금띠로 감쌌다. 이전과 똑같은 백삼이지만, 소비자에게는 전혀 다른 상품으로 보일 수 있었다. 그 결과 상품성이 훨씬 강화되었다. 그는 백삼을 담는 상자 장식에도 각별한 신경을 썼다. 찬란한 종이상자에 오색이 영롱한 상표를 붙여 봉한 후 다시 화인花印을 박은 나무상자에 넣었다. 그렇게 포장도 일신함으로써 예전과 동일한 개성 백삼이었지만, 진귀한 인삼으로 보일 수 있었다.[37] 최익모는 포장 혁신에 그치지 않고 상품

이름도 바꾸었다. 당시에는 주로 개성 백삼을 '송백삼'이라고 불렀다. 그런데 그것을 버리고 대신 '고려인삼'으로 개명한 것이다. 이 역시 기존 송백삼에 대한 좋지 않은 이미지를 쇄신하고 상품가치를 제고시키려는 의도였다.[38]

포장과 이름까지 바꾸면서 백삼의 상품성을 제고하려고 시도한 최익모는 판매 확대를 위해서 1916년 개성인삼상회를 개인 명의로 판매하기보다는 상회 명의로 판매하면 대내외적으로 신용이 배가될 수 있고 동시에 위신상으로도 이러한 방책을 취하지 않고서는 유리하게 사업을 전개할 수 없다고 생각했던 것이다.[39]

또 그가 백삼 판매 확대 방안으로 선택한 것은 통신판매였다. 통신판매는 소자본으로도 충분한 판매활동을 할 수 있다는 데 장점이 있었다. 큰 회사를 조직하려면 건물과 설비, 인건비 등이 필요하기 때문에 대자본을 갖지 않고는 실현하기 어렵다. 그러나 통신판매는 일정한 장소만 있으면 되었고, 선전을 위한 다소의 통신 비용이 있으면 충분하였다. 즉 대대적으로 광고와 선전을 하는 것이 유일한 판매방법이었으므로, 선전만 잘 하면 번화한 사거리 같은 데 일정한 장소를 두고 대대적으로 판매를 개시하는 것보다 우수한 성적을 거둘 수 있는 것이 바로 통신판매업이었다. 매약賣藥과 같은 것은 통신판매 방법이 더욱 유용하였다. 400~500원을 들여 신문지 전면 광고를 내어도 그만한 효과가 있었기 때문에 막대한 비용이 드는 것도 아끼지 않고 연일 광고를 냈다.[40]

통신판매업의 성패는 광고를 얼마나 인상적으로 하느냐에 달려 있다. 때문에 최익모는 광고문 작성에 적지 않은 공을 들였다. 좋은 광고문의 요건은 쉽고도 기발한 문구를 사용하여 한눈에 대뜸 알아볼 수 있도록 간명하고 요령이 있어야 했다. 최익모는 광고문 작성에서 뛰어난 기량을 발휘했던 것 같다. 자신이 직접 작성한 광고문을 신문지와 권위 있는 잡지에 연속적으로 발표하여 개성 백삼과 개성인삼상회의 존재를 각인시켰다.[41]

최익모는 언론기관을 통한 광고 선전뿐 아니라 상보商報도 발행하여 백삼 선전에 노력하였다. 상보는 개성 삼업계의 생명선이란 평가를 받을 정도로 백삼 판매에서 중요한 역할을 하였다. 최익모는 상보를 화려하게 개조하되, 아롱진 색채와 고상한 조각과 인삼 그림 등 특이한 기술미를 더해서 세상 사람들의 이목과 마음을 끌었다. 상품을 보지 않고 다만 상보 하나만 보고 주문을 하기 때문에 이런 기술과 수완 없이는 성공하기 어려웠다.

개성의 인삼 상인 가운데 선구적으로 근대적인 마케팅 기법을 도입한 최익모는 경제적인 성공을 거두었고 그의 상회도 승승장구하였다. 상회 창립 후 2년 정도 지난 1918년의 개성인삼상회 영업 현황을 보면, 대리점 및 특약점이 20여 개소에 달하였다. 연매상액이 도매로 3만 8,000근, 산매散賣로 1만여 근에 이르렀다. 그리고 그 총액은 30만 원 이상에 달하였다.[42]

당시 한 언론은 최익모의 성공을 다음과 같이 요약하였다.

세인이 개성인삼임을 확신할 만한 표表(즉 등록 익자益字 상표)를 인삼에 첩부하고 기타 장치 방법도 고상 정밀케 한 후 수용자에게 안심 편리를 여興코자 장구 연월을 고심 연구한 결과 금수에 대수용을 환기하여 조선 급 지나 내지는 물론 중국 강남, 대만, 태국, 싱가포르, 하와이 등지까지

보普히 통신판매를 개시하고 판로를 대확장한 바, 개업 이래로 세계에 신용을 박득하여 매일 주문이 답지할 뿐 아니라 그 수용이 축년 증가하여 금에 공급은 수용을 충하기 불능한 성황을 정하였으니…….[43]

새로운 마케팅 기술을 도입한 최익모의 성공은 다른 개성상인에게도 자극을 주었다. 그의 방법을 채택하는 백삼 상인이 나타나기 시작한 것이다. 그 결과 내부 경쟁도 치열해지고, 그 과정에서 몰락하는 상인도 나타났다. 그렇지만, 그런 시행착오를 거치면서 전체적으로 보면 백삼 판매가 촉진되고, 급격한 공급량 증가에도 오히려 백삼 가격이 상승하는 상황을 만들어 낼 수 있었다.[44]

(3) 백삼의 약효와 가격 경쟁력

백삼에 대한 수요 창출은 개성상인의 다양한 판매 촉진책에 힘입은 바 컸다. 그렇지만 한편으로는 백삼이 지닌 상품성, 가격 경쟁력도 수요 창출에 기여하였다. 개성상인이 아무리 뛰어난 수완을 발휘한다 해도 판매할 물건의 상품성이 떨어진다면 단기간의 성공은 가능할지 몰라도 장기적으로 수요를 유지하기는 어렵다. 백삼은 상품성과 경쟁력을 갖고 있었고, 그것이 개성상인의 능력과 만나면서 광범한 수요를 창출하였던 것이다. 백삼이 지닌 상품성과 경쟁력은 약재로서 효능의 탁월함과 홍삼에 비해 상대적으로 저렴한 가격 등에서 찾을 수 있다.

인삼이 지닌 약효에 대한 한·중·일 세 나라 사람들의 믿음은 수천 년 동아시아 의약사가 입증하는 바이다. 그리고 20세기에도 동아시아에서 인삼에 대한 믿음은 여전하였다. 다음 기사는 그런 상황을 보여준다.

고려인삼은 만병의 영약, 기사회생의 약왕藥王이라 하여 이를 극히 귀중히 여김은 너저분한 이론을 기다릴 바 아니며, 중국인이 고려인삼을 존중함은 실로 우리의 상상 이상이다. 중국인의 중류 이하 가정에서는 고가 인삼을 십분 복용할 수 없으므로 빈사瀕死의 병자 베개에 고려인삼을 빌려와 둠으로써 친척과 친구에게 이처럼 인삼을 복용하여도 회복치 못함은 과연 대명大命의 소치라는 뜻을 표시하는 자가 없지 않다. 이는 인삼을 복용하여도 치료가 안 되니 달리 치료할 방편이 없다는 것으로 이처럼 고려인삼을 존중한다. 이는 옛날부터 수다한 경험에 의하여 그 영효靈效를 믿게 된 것으로 지금도 중국과 조선에서는 그 수용이 조금도 쇠퇴함이 없을 뿐 아니라 오히려 그 수용이 더욱 증가하여 세계에 보급하며 그 가격도 역시 점차 상승하는 경향이 있다.[45]

이처럼 한국과 중국에서는 인삼의 약효에 대한 믿음이 강했다. 그 신뢰는 오랜 경험과 체험을 통해 형성된 것이었고, 근대 의학이 발달한 20세기에도 여전하다. 일본은 한국이나 중국보다 서구 문물을 적극적으로 또 빠르게 수용하였다. 근대 의학의 보급도 빨랐다. 그 결과 전통 의학에 근거한 것들이 적지 않게 부정되었지만 인삼은 예외였다. 근대 학문을 통한 연구에서도 인삼의 효능은 인정받았기 때문이다. 이에 대해서는 다음 글이 참고가 된다.

일본에서도 유신 전까지 왕성하게 인삼을 애용하였으나, 고려인삼은 교통 불편과 고가 등의 이유로 수요가 많지 않았다. …… 그런데 유신 이래 서구 문명의 수입과 함께 초근목피의 한약은 거의 돌아보지 않게 되었는데, 유독 고려인삼에 한해서는 위대한 효능이 있는 것으로 인정받아 성가가 더욱 향상함과 함께 이를 연구하는 학자도 속출하여 학술적으로도 특이한 성분 함유를 발견하게 되었다. 동시에 임상시험에서도 그 영효를 확인하게 이르렀다. 학자의 연구 결과 옛날부터 동양 여러 나라에서 이를 존중히 여김은 당연한 이유가 있음을 증명하여 양약洋藥 만능의 일본에서도 인삼의 수용은 현저히 증가하게 되었고 …… .[46]

홍삼에 비해 상대적으로 저렴한 가격 경쟁력도 백삼 수요 창출에 일정하게 기여하였다.

홍삼과 백삼의 차이는 단지 쪄서 말렸느냐 아니면 그냥 말렸느냐의 차이뿐이고 품질에는 하등 우열이 있는 것은 아니므로 한국인과 일본인은 경제적인 백삼을 복용해도 충분한 효과가 있을 것이다.[47]

위 신문기사 내용은 홍삼과 백삼이 약효에서 차이가 없고 가격은 백삼이 훨씬 저렴하니 백삼을 애용하라고 권고하고 있다. 백삼 상인에게는 백삼의 가격 경쟁력을 적극 홍보할 것이 요구되기도 했다.

중국인은 관습상 홍삼만 알고 백삼은 모르므로 가격 차이가 격심하니 만일 인삼업 본가인 우리 조선인이 그 실지 효력이 홍삼, 백삼에 관계없음을 충분히 설명하여 그들에게 시용試用하게 하면 고가인 홍삼보다 저가인 백삼을 더욱 애용할 것이다. 그러면 그 판로를 확장하는 데에 힘을 들이지 않고 후리를 얻을 수 있을 것 아닌가.[48]

당시 언론도 백삼과 홍삼의 가격 차이에 주목하였다. 실제 백삼과 홍삼의 가격 차이를 보면 다음과 같다. 1924년 당시 수삼 1근의 산지 시세는 1근 1원 50전 정도였다. 백삼으로 만들면 상품 1근은 15원가량, 홍삼으로 제조하면 1근에 65원 정도였다. 홍삼 65원은 전매국이 미쓰이물산에 판매한 가격으로 보이며 미쓰이물산은 그 홍삼을 중국에서 150원 혹은 200원에 판매하기도 하였다.[49] 이처럼 백삼과 홍삼은 실제 판매 가격을 비교하면 10배 정도 차이가 있었다. 때문에 백삼은 인삼으로서 홍삼과 비슷한 약효를 갖고 있으면서 가격은 훨씬 저렴하기 때문에 가격 경쟁력이 있었다. 수요층 입장에서도 상대적으로 저렴한 가격으로 인해 백삼에 대한 소비 지출을 늘릴 수 있었을 것이다.

3. 국내외에서 판매 확대와 가격 상승

앞서 살펴본 대로 개성상인은 백삼 판매 확대를 위해 다양한 활동을 전개하였다. 그러한 노력은 백삼이 지닌 상품성, 가격 경쟁력 등과 상승효과를 발휘하여 백삼 수요는 크게 확대되었다. 그 결과 미증유의 백삼 생산량 증가, 즉 공급량 급증에도 불구하고 백삼 가격은 오히려 상승하는 호경기를 구가할 수 있었다. 판매 지역도 국내뿐 아니라 국외로 확대되었다. 구체적으로 당시 언론 보도를 통해 국내외 시장에서 백삼 가격의 변동, 판매 추이를 살펴보자.

우선 국내 상황을 보면, 1913년 백삼 생산량은 2만 1,700근이었다. 이는 예전의 1만 5,000근에 비하면 70퍼센트 가까운 증산이었다. 당시 백삼 관계자는 1만 5,000근 이상 생산하면 가격에 다대한 영향을 끼칠 것으로 예상하였다. 그러나 예상과 달리 수요가 격증하여 수량 전체를 판매하는 데 문제가 없었다. 가격도 1근당 평균 5원 내외를 유지하였다. 이는 백삼 관계자들이 예상치 못한 기대 이상의 성적이었다. 이에 1914년의 백삼 생산량 4만 4,500근도 비록 전년에 비하면 배 이상의 증산이었지만, 적당한 가격(3원 내외)을 유지할 것으로 기대하였다.[50]

1920년 백삼 생산량은 10여만 근이었다. 시가는 대근大根이 평균 4원이었다. 따라서 이 해에 백삼 제조로 벌어들인 수익은 40여만 원이었다. 이 시세는 전년에 비해 5분의 2가량 하락한 것이었다. 한편 이 해 전매국에서는 홍삼 원료로 11만 7,000근을 수납하였고, 그 대가로 삼 포주들이 받은 배상금은 84만 원이었다.[51] 1920년 무렵 수삼 배상금은 백삼 판매액보다 두 배 이상 많았다.

1921년 개성 인삼 시세는 10월 21일 조사에 의하면, 10편 특천特天이 11원 50전, 갑천甲天이 11원, 을천乙天이 10원 50전이었고, 30편은 각각 8원 50전, 8원, 7원 등이었다.[52] 이 시세는 전년보다 상승한 것으로 보이며, 당초 당업자들의 우려와는 달리 좋은 시세였다. 그해는 인 삼 수확이 다소 과잉인 듯하여 관계자들은 앞날을 비관하였다. 그러나 당시 미삼의 일본 방면 수출이 점차 증가하여 일반 시가도 조금 앙등하 였던 것이다.[53]

1923년 11월 인삼 시세를 보면, 15편 별특천別特天이 11원, 특천이 10원, 갑천이 8원 90전, 을천이 7원 80전이었고, 30편은 각각 8원 50전, 7원 60전, 6원 90전, 6원 20전이었다.[54] 12월 시세는 15편이 12원, 30편이 7원 50전이었다.[55] 한 달 사이에 최상품의 가격은 상승한 반면,

일반 품질의 백삼은 다소 가격이 하락하였다. 1921년 시세와 비교하면 '별특천'이라는 등급이 새로 설정되었지만, 시세는 약간 하락한 정도였다. 이 두 해는 백삼 원료 수삼이 59만 근과 54만여 근에 이를 정도로 수확량이 많았다. 백삼 제조량도 21만 근과 17만 8,000여 근으로 1910~1920년대의 최고 수준이었다. 그럼에도 위와 같이 시세가 하락하지 않고 일정한 가격대를 유지하였다. 공급량의 격증에도 예전 가격대를 유지하였다는 것은 결국 그만큼 새로운 수요가 창출되었음을 의미한다.

1923년 백삼 생산량이 17만 8,000여 근에 달하였음에도 불구하고 그 이듬해 가격은 상승하기 시작하였다. 1924년 1월 시세는 12월에 비해 1할 5분 상승하였다. 그 원인에 대해 언론 보도는 전년도 생산량이 적었던 반면 해외 수출품이 예상외로 많고 또 지방 주문도 예년보다 많았기 때문이라고 하였다.[56] 구체적인 시세를 보면 백삼 상품 1근의 가격이 15원가량이었다.[57] 이전에 최상품 가격이 12원을 넘긴 적이 없었음을 감안하면 이 무렵 백삼 가격 등귀 현상을 알 수 있다. 1924년 3월에도 백삼 가격 상승은 지속되었다. 4월 초 가격을 보면 특천 15편이 16원 50전까지 상승하였다. 1월에 비해 1원 50전의 상승이고, 전년 말에 비하면 3원가량의 폭등이었다. 이러한 가격 상승은 재고 부족에서 비롯되었다.[58] 이처럼 17만 5,000여 근에 이르는 백삼이 품귀를 빚을 정도로 당시 백삼에 대한 수요가 폭발적으로 증가하였다.

1925년 백삼 생산량 10여만 근은 그 전해에 비하면 3만 6,000여 근, 그 전전해에 비하면 7만 8,000여 근 감소한 것이다. 생산량이 현저히 감소한 반면 개성 백삼의 진가가 점차 회자되어 판로도 괄목할 만큼 확장되었으므로 그에 따라 가격도 자연히 등귀하였다. 때문에 1925년 생산량에 대해서도 백삼업자들은 그 가격과 판매를 낙관하였다.[59] 이처럼 당시 국내 시장에서 백삼 수요는 급격히 증가하여, 미증유의 공급량 증가에도 가격은 꾸준히 상승하였고, 생산량도 모두 판매되고 있었다.

해외 시장 상황을 보면 개성 백삼은 1910년대부터 일본에 수출되었다. 그렇지만 초기에는 그 수량이 미미하였다. 총독부 조사에 의하면 조선산 백삼의 일본 내지 이출액은 1913년도 154근에 불과하였고, 1914년에 414근, 1915년에 1,934근으로 약진하였다. 일본에서 그 효능이 점차 일반에게 인식되어 더욱 수요가 증가할 것으로 예상되었다.

그러나 판로 확장을 어렵게 하는 장애물도 있었다. 일본에서도 백삼이 생산되었는데 그 품질과 형체가 조선 인삼과 비슷하였다. 이에 약종상들이 그것을 조선 인삼으로 둔갑시켜 판매하는 일이 비일비재하였다. 심지어 일본산 인삼을 조선으로 반입한 후 경성 등지에서 조선 인삼으로 진열하여 일본인에게 판매하고 그것이 일본으로 재반입되는 사례도 있었다. 일본산 백삼을 조선산 백삼으로 속여 판매하는 일은 조선 백삼의 성가를 실추시키는 행위로 작은 문제가 아니었다. 그러나 조선 백삼은 품질이 우량하고 가격이 홍삼에 비하면 매우 저렴하였기 때문에 상당한 수요가 있을 것으로 예상되었다. 즉 1근에 2원 이내로 수입할 수 있다면 이입세를 부담하여도 판매할 수 있다고 일본인 업자는 예측하였다.[60]

인삼의 일본 수출은 1916년 무렵 급증이라고 할 정도로 증가 추세를 보였다. 1916년 1월부터 10월까지 수출 수량을 보면 백삼은 2,347근, 백미삼은 4,541근이었다. 이 가운데 어느 정도가 일본으로 향했는지는 정확하지 않지만, 1920년대의 사례를 보면 70퍼센트 내외의 백삼 및 백미삼이 일본으로 수출되었을 것이다. 일본의 백삼 수입도 증가 추세였는데 1916년 1월부터 10월까지 수입액은 1만 2,169근, 그 감정가액은 1만 7,362원이었다. 이 수입 백삼 중 일부는 조선 내에서 소비되지만, 그 대부분은 조선 인삼으로 위조되어 일본으로 재수출되었다.[61]

백삼의 대 중국 수출은 일본에 비해 어려움이 많았다. 우선 조선 인삼 하면 중국인들은 홍삼을 떠올렸기 때문에 백삼이 조선 인삼이라는 인식이 약하였다. 그리고 더 큰 문제는 중국 백삼 시장에는 미국산과 일본산 백삼이 저렴한 가격을 경쟁력 삼아 이미 시장을 장악한 상태였다.[62]

1910년대 백삼 수출 기록을 확인할 수 없고, 10여 년 후인 1928년 백삼 수출 통계자료가 있다. 이를 보면 당시 중국 수출 백삼은 1만 50근이었고 그 가액은 10만 7,300여 원이었다. 반면 일본 수출 백삼은 3만 6,652근이었고 그 가액은 24만 1,000여 원이었다.[63] 두 국가에 수출된 백삼 수량은 4만 6,702근이었고, 그 가액은 45만 5,600여 원이었다. 1928년 백삼 생산량은 12만 7,448근이었으므로 약 36.6퍼센트 정도가 수출되었음을 알 수 있다. 나라별 수출 비중을 보면 중국이 22퍼센트 정도, 일본이 78퍼센트 정도였다.[64] 1916년의 수출액이 6,888근이었으므로 10여 년 사이에 수출액이 6.8배 정도 증가한 셈이다. 이를 보면 개성상인의 백삼 판매 확대활동은 국제적으로 적지 않은 성공을 거두고 있었다.

이처럼 1920년대 들어 백삼 생산이 격증하는 가운데서도 가격이 꾸준히 상승한 결과 백삼 판매액도 놀랄 만큼 증가하였다. 1920년 수삼 배상금이 84만 원, 백삼 판매액이 40만 원 정도였음은 앞에서도 보았다.[65] 수삼을 전매국에 납부하여 받은 배상금이 백삼 판매액의 두 배 이상이었던 것이다.[66] 1923년에는 수납 수삼 배상액이 143만여 원이었던 데 반해 백삼은 82만여 원이었다.[67] 격차는 여전하였지만, 액수만 놓고 보면 1921년의 2분의 1 수준이던 것이 1923년에는 57퍼센트로 약간 상승하였다. 1927년 백삼 제조 수량은 11만 6,173근, 그 가격은 130만 1,864원이었다.[68] 이해 수삼 배상금액이 121만 9,577원이었으므로 백삼 가격이 수삼 배상금을 초과하였다. 1928년 백삼 제조수량은 12만 7,448근이었고, 그에 대한 예상 가격은 178만 4,795원이었다.[69] 이 해의 수납 수삼 배상금은 164만 8,012원이었다. 이 해에도 백삼 판매액이 수삼 배상금을 초과할 것으로 예상된다. 이처럼 1923년까지만 해도 백삼 매상고는 수삼 수납 배상금의 약 절반 정도에 불과하였지만, 4~5년 사이에 배상 금액을 초과할 정도로 백삼 경기는 호황을 구가하였다.

이상에서 보았듯이, 일제강점기 개성의 인삼업계는 홍삼 이외에 백삼을 적극적으로 상품화하여 성공을 거두었다. 그를 통해서 수삼 배상금에 버금가는 혹은 그 이상의 수입을 창출할 수 있었다. 이처럼 일제강점기에도 개성상인의 경제활동은 위축되지 않고 활발하게 전개되었고, 그에 따라 인삼 산업도 이전보다 크게 성장할 수 있었다.

2.
금산 지역 인삼업자의 활동과
금산 백삼의 성장

시대에 따라서 애용된 인삼은 그 종류와 공급 지역 등에서 적지 않은 변화가 있었는데, 19세기 이후 인삼이라고 하면 대부분 재배 인삼을 의미한다.[70]

인삼 공급 지역도 시대에 따라 바뀌었다. 야생 인삼 단계에서는 평안도, 함경도, 강원도, 충청·경상·전라의 산간 지역 등이 주요한 인삼 공급 지역이었다.[71] 그러나 19세기 이후 재배 인삼 단계에서는 개성 일대가 주산지로 부상하였고, 분단 이전까지 인삼 생산과 공급에서 압도적인 지역이었다. 그리고 재배 면적이나 생산량에서 개성 지역보다 열세였지만, 강원, 경상, 전라, 충청 일대에서도 인삼 재배가 이루어졌다.

분단 이후에 남한에서 인삼 생산과 공급 지역은 또 한 번 변화를 겪는다. 한국전쟁 이후 개성이 북한 땅에 편입되면서 남한에서 개성은 더 이상 인삼 주산지라는 명성을 유지하기 어렵게 되었다.[72] 그렇지만 개성 출신 월남민들이 강화, 김포, 파주 등지에서 인삼 재배를 계속하였다. 그러나 시간이 흐르면서 남한에서 인삼과 관련한 개성의 명성은 약해져 갔다. 그 이유 중에 하나는 월남 개성인이 여전히 홍삼 원료인 수삼 재배에 주력했기 때문이다. 1996년에 폐지될 때까지 홍삼 전매제가 시행되어 일반인이 홍삼을 접하기 힘들었다. 월남 개성인이 인삼을 재배해도 수삼 원료로 납입되었다. 따라서 일반인이 월남 개성인이 생산한 수삼을 접할 기회는 많지 않았다. 반면 일제하까지 인삼의 생산과 공급에서 주변부에 머물렀던 금산, 풍기 등의 지역에서 분단 이후 인삼업이 급속히 성장하였다. 그리고 현재는 금산 인삼, 풍기의 인삼이 한국을 대표하는 인삼으로 인식되면서 시장을 주도하고 있다.

인삼 생산과 공급 지역의 위와 같은 변화에도 불구하고 지금까지 인삼에 대한 역사적 고찰은 대부분 개성 인삼에 초점을 맞추어 왔고, 다른 지역의 인삼에 대해서는 관심이 부족하였다. 이는 일제하까지 개성 인삼이 그 만큼 압도적인 존재였음을 보여준다. 그렇지만, 전쟁 이후 금산과 풍기 등지가 인삼 주산지로 부상한 사실을 감안할 때 그 지역 인삼에 대한 역사적인 고찰도 필요하다. 현재 한국에서 인삼 주산지로 부상한 지역의 인삼이 한말~일제하에는 어떻게 존재하고 또 어떤 변화 과정을 겪어 왔는지를 검토할 필요가 있는 것이다.

이에 금산 인삼에 초점을 맞추어 한말~일제하 금산 인삼의 존재 양태, 성장 과정 등을 살펴보려고 한다. 금산 지역을 선택한 이유는 일제하까지 개성 다음으로 인삼업이 활기를 띤 곳이기 때문이다. 지금도 풍기 인삼과 쌍벽을 이루고 있어서 대표성을 부여할 수 있다. 금산 인삼에 대한 고찰을 통해 일제하까지 개성 이외 지역에서 인삼 생산이 어떻게 이루어졌고 그 특징은 무엇이었는지, 그리고 현재의 금산 인삼을 있게 한 역사적 과정은 어떠하였는지를 이해할 수 있을 것이다.

1. 금산 인삼의 특징과 지위

(1) 금산 인삼의 재배 기원과 그 특징

금산 인삼의 재배 기원에 대해서는 자료 부족으로 명확히 밝히기 어렵다. 다만 일제하 신문기사 중 금산 인삼의 기원을 다룬 것이 있어 참고할 수 있다. 그 첫째는 1929년 당시 금산군 산업기수였던 호소카와 간지細川治一의 기록이다. 그는 금산 인삼이 1770년경 김립金笠이란 사람이 개성에서 인삼 종자를 갖고 와서 묘포를 만들어 시험 삼아 재배하였는데 좋은 성적을 거두어 그 생산한 세근細根(어린 묘)을 개성 인삼업자에게 판매한 데서 시작되었다고 적고 있다.[73]

두 번째 기록은 1932년 《매일신보》 기사이다. 그 기사에서 금산 인삼의 기원에 대해 설명하고 있는데 다분히 설화적이다. 그 내용은 다음과 같다.

1460년경 금산면 상옥리에 김씨 성을 가진 과부가 살았는데, 진악산에서 삼지오엽三枝五葉에 선홍색으로 성숙한 열매가 있어 이를 따다가 정원 한 모퉁이에서 재배하였더니 이듬해 봄에 새싹이 나므로 수년간 이를 적극 보호하였다. 과부 김씨의 외아들 유복이 열 살 때 불치병에 걸려 백약이 무효였는데, 혹시나 하여 재배하던 애초愛草의 뿌리를 달여서 먹였더니 불치병이 나았을 뿐 아니라 이전보다 훨씬 건강해졌다. 이 소문이 인근에 전파되자 이 뿌리를 약용으로 재배하는 농가가 증가하였는데, 이것이 금산 인삼의 기원이라는 것이다.[74]

마지막 기록 역시 《매일신보》 기사이다. 1935년 기사에서는 금산 인삼의 기원과 관련하여, 당시 금산 읍내 중도리에 사는 강방환의 6대조

강득무가 진악산 아래에 있는 금산면 계진리에 거주했는데, 가을철에 약초를 캐기 위해 관남봉을 오르다 기이한 풀을 발견하고 채취해 보니 산삼이었다. 그래서 그 열매를 따다가 깊이 파묻고 그다음 해에 파종하고 경작한 것이 금산 인삼의 기원이라고 소개하고 있다.[75]

두 번째 기사는 설화적인 성격이 강하여 역사적 증거로는 받아들이기 어렵다. 첫째 기사와 셋째 기사는 그 가능성을 배제할 수 없지만, 그 근거가 제시된 것이 아니어서 금산 인삼 재배의 기원을 논할 때 신중하게 인용할 필요가 있다.

이처럼 금산 인삼의 기원 문제는 명확히 말하기 어렵다. 다만 금산에서 인삼 재배가 시작된 시기에 대해서는 대략적으로 추론해 볼 수 있다. 인삼으로 명성을 얻고 있는 금산이지만, 자연산 인삼 단계에서는 인삼 산지로서 주목을 받지 못했던 것 같다. 《세종실록지리지》에는 조선 팔도 330여 개 군현에서 산출된 약재를 기록하고 있다. 이에 의하면 인삼의 경우 전체 군현 중 3분의 1 이상에서 산출되고 있었다. 그런데 금산군 조항에서는 인삼 기록을 찾을 수 없다.[76] 《신증동국여지승람》에서도 토산으로 인삼을 언급한 곳이 많은데 금산의 경우 토산으로 인삼은 언급되지 않았다.[77] 반면 이웃한 군인 진산군의 경우, 《세종실록지리지》에서는 약재로 인삼 기록이 없지만, 《신증동국여지승람》에서는 토산으로 인삼 기록이 나온다. 이를 보면 자연산 인삼 단계에서는 금산이 인삼 산지로서 크게 주목받던 곳이 아니었을 가능성이 크다.

그런데 18세기 말 《금산군 읍지》를 보면 '물산' 조항에 인삼이 기재되어 있다.[78] 조선 초기에는 토산 혹은 물산으로 기록되지 않던 인삼이 조선 후기에 와서 새롭게 등장한 것이다. 문제는 이 인삼의 성격이다.

이 인삼이 자연산 인삼인지 아니면 재배 인삼인지를 확인할 필요가 있다. 관련 자료의 부족으로 명확히 규명하기는 어렵지만, 개인적으로는 조선 후기 읍지에 기록된 금산 인삼은 재배 인삼일 가능성이 크다고 생각한다. 그 이유로는 우선 자연산 인삼 단계에서는 금산이 인삼 산지로 무명에 가까웠던 사정을 고려해야 할 것이다. 그리고 18세기 말이면 전국적으로 인삼 재배 열풍이 불기 시작하던 때였다.[79] 즉 시기적으로 재배 인삼일 가능성이 큰 것이다. 이러한 추론이 가능하다면 금산 지역에서 인삼이 재배되기 시작한 시기는 18세기 중후반까지 거슬러 올라갈 수 있을 것이다. 그러나 기원의 또 다른 측면인 누가 어떤 계기로 인삼 재배를 시작하였는지는 규명하기 쉽지 않다.[80]

다음으로 개성 인삼과 비교하여 금산 인삼의 몇 가지 특징을 살펴보도록 하자. 우선 개성과 금산에서 가공·생산한 인삼의 종류가 달랐다. 일제강점기 홍삼은 특별경작구역인 개성 일대에서 수확한 수삼으로만 제조되었다. 반면 개성 이외의 지역에서 생산된 수삼은 백삼으로 가공하는 것이 일반적이었다. 재배 기간도 서로 달랐다. 홍삼은 보통 6년을 재배한 수삼으로 제조하므로 개성상인은 인삼을 6년 정도 키웠다. 반면 백삼은 4~5년 정도 재배한 수삼으로 제조하였다. 재배 기간이 달랐으므로 그 크기도 차이가 있어서 홍삼 원료 수삼은 크고 굵은 반면 백삼 원료 수삼은 그보다는 작았다. 이처럼 수삼은 가공 후 크게 홍삼과 백삼으로 나뉘는데, 개성 인삼이 홍삼을 대표한다면, 금산 인삼은 한말 이전부터 백삼을 대표하였다.

백삼에도 두 종류가 있었다. 몸체가 길어서 한두 개의 잔뿌리를 가지면서 전체가 곧게 뻗은 것을 직삼이라 하였다. 반면 몸체가 비교적 짧고 서너 개의 잔뿌리를 가지며 그 잔뿌리를 구부려서 몸체에 부착시켜서 마치 손 위에 네 개의 손가락을 제1의 환절로 절곡折曲하여 접착시킨 것처럼 보이는 것을 곡삼曲蔘이라 하였다. 곡삼은 잔뿌리를 구부려서 건조시키므로 직삼보다는 기술과 비용이 더 필요하였다. 곡삼은 경상, 전라, 충청 및 압록강 연안의 한국과 청나라 사람들이 애호하였다고 한다.[81] 이처럼 백삼도 형태에 따라 직삼과 곡삼의 구별이 있는데, 금산 인삼은 곡삼으로 특별히 유명하였다.[82]

백삼의 또 다른 특징으로는 홍삼에 비해 정부의 정책적 개입이 약했다는 점을 들 수 있다. 홍삼은 중국 수출품으로 막대한 이익을 창출하였으므로, 사행 경비 보조 혹은 직접 과세 등의 방법으로 재정에 기여하였다. 때문에 조선 정부는 18세기 말부터 대한제국 시기까지 홍삼 수출에 깊은 관심을 갖고 정책적인 관여를 계속해 왔다. 그러나 백삼의 경우 국내 소비용이 많고 또 그 경제 규모도 홍삼에 비해 작았기 때문에 정부의 정책적 개입은 제한적이었던 것으로 보인다.[83] 이는 홍삼과 비교되는 부분이다. 대한제국 수립 이후에는 주로 세금 징수를 목적으로 한 정부의 백삼 정책이 시행되었다. 대한제국 시기 백삼 징세를 주관한 것은 궁내부 내장원인데, 내장원에서는 징세를 위해 백삼 삼포를 조사하고,[84] 그것을 근거로 일정한 세금을 징수하였다.[85]

통감부기 일제는 대한제국의 정책을 이어받아 대한제국보다 훨씬 강화된 홍삼 전매제를 시행하였다. 특히 인삼특별경작구역을 설정한 사실을 주목할 필요가 있다. 인삼특별경작구역이란 홍삼 원료인 수삼을 재배할 수 있는 지역을 특별히 지정한 것인데, 개성과 그 일대 몇 개의 군으로 한정되었다.

반면, 백삼의 경우 일제는 대한제국의 정책을 그대로 따랐던 것 같다. 즉 전매제의 적용을 받는 특별경작구역이 아닌 곳에서는 인삼 재배에 대한 제한을 두지 않았다. 또 백삼 제조에도 특별한 제한을 가하지 않았다. 요컨대 특별구역 이외의 지역에서는 신고만으로 삼포를 설치할 수 있고, 또 거기에서 수확한 수삼으로 백삼을 생산하는 데도 총독부의 정책적 개입은 없었다.

그러나 인삼 경작자는 매년 삼포의 위치, 칸수, 근수를 총독부에 신고해야 했다. 즉 특별구역의 허가제와 달리 그 외 지역에서 인삼 재배는 신고제였던 것이다. 다만 세금 징수는 일제에 의해서도 계속되었는데, 통감부는 이를 위해서 인삼세법을 제정하였다. 이 법에 의하면 인삼특별경작구역이 아닌 곳에서 인삼을 경작하는 자는 매년 수확할 삼포 1칸에 대하여 세금으로 10전을 납부했고 정부에서는 그와 관련하여 매년 수확할 삼포의 칸수를 사정査定했다.[86] 신고제는 1934년부터 허가제로 바뀐다. 대개 백삼 정책은 이와 같았는데, 홍삼에 비해서는 정부의 정책적 개입이 약했다. 한말 금산 인삼은 이러한 조건하에서 생산되고 있었다.

(2) 인삼포 면적의 추이와 금산 인삼의 지위

한말 금산 인삼의 경작 규모에 대해서 구체적인 실상을 파악하기는 쉽지 않다. 단편적인 통계를 통해 그 대강을 확인해 보려고 한다. 한말 개성 이외 지역의 인삼포 면적과 수삼 생산 등에 대한 통계는 몇 개 있지만, 조사 범위가 넓고 나름 신뢰할 만한 것으로는 [표 31]의 통계가 있다.

이 통계는 통감부가 특별구역 이외 지역의 인삼 재배 상황을 파악할 목적으로 재무감독국의 조사를 바탕으로 작성한 것이다. [표 31] 통계가 특정 시점에 국한된 일회성 자료이며 또 당시 실상을 그대로 반영하지도 못한다는 한계가 있다. 그렇지만 이 표를 통해 당시 전국 각지의 인삼 경작 상황의 대강은 살펴볼 수 있다.

우선 인삼 경작 지역을 보면 경기와 강원을 포함한 남한 지역 전역에서 인삼이 재배되고 있었다. 여기에는 전남과 충북이 빠져 있지만, 다른 기록에서는 인삼 재배 사실을 확인할 수 있다.[87] 또 누락된 두 쪽에 실려 있을 가능성도 있으므로, 한말 개성 이외에도 남한 각지에서 인삼을 재배하였음을 알 수 있다.

인삼 재배 지역이 광범하게 분포하였지만, 그 규모는 매우 영세하였다. 1908년 당시 금산을 제외한 군 단위에서 경작 인원이 100명을 넘는 곳은 풍기군, 거창군, 용담군 등 세 군에 불과하였다. 경작 칸수도 군 전체에서 1,000칸을 넘는 곳은 인제군, 풍기군, 안의군, 거창군, 용담군 정도이고 나머지 22개 군은 군 전체 인삼포 면적이 1,000칸도 되지 않았다. 그리고 인삼포 1개소의 평균 면적을 의미하는 칸수/개소를 보면 이천과 양구가 예외적으로 100칸을 넘을 뿐 나머지 24개 군의 경우 몇 칸에서 수십 칸에 불과하였다.

금산군을 보면 누락된 부분이 있어서 아쉽지만, 그래도 금산이 당시 개성 이외의 지역에서는 최대 인삼 산지였음을 알 수 있다.[88] 경작 칸수를 보면 확인 가능한 면적이 6,500칸이다. 이는 풍기 인삼의 6,799칸보다 작다. 그런데 총계 ①과 총계 ②의 차액이 10만 422칸이고, 이는 누락된 두 쪽에 실려 있는 것인데, 차액의 많은 부분이 금산 인삼 재배지일 가능성이 높다. 그러면 금산 지역의 인삼 재배 면적이 실제로는

[표 31] 1908년 무렵 군별 인삼 경작 통계[89]

도별	군명	경작 인원	개소	칸수	간수/개소
경기도	용인군	2	2	39	20
	이천군	2	2	400	200
	계	4	4	439	110
강원도	춘천군	1	1	2	2
	회양군	7	7	165	24
	안협군	1	1	6	6
	양구군	3	4	740	185
	인제군	15	15	1038	69
	평창군	14	14	847	61
	계	41	42	2798	67
경상북도	풍기군	177	189	6798	36
	순흥군	13	13	355	27
	봉화군	6	6	264	44
	문경군	21	33	468	14
	계	217	241	7885	33
경상남도	협천군	10	10	40	4
	고성군	1	1	3	3
	밀양군	49	28	132	5
	안의군	86	42	1086	26
	함양군	26	15	155	10
	거창군	151	139	2028	15
	계	323	235	3444	15
전라북도	진안군	20	20	171	9
	장수군	49	44	356	8
	용담군	213	170	2100	12
	운봉군	37	38	544	14
	남원군	7	7	51	7
	계	326	279	3222	
	충주군	13		320	
	단양군	8		164	
	영춘군	8		101	
	계	68		1080	
충청남도	한산군	1		276	
	계	1		276	
총계 ①		1002	794	19678	25
총계 ②		11218	1782	30100	17

8,000~9,000칸 정도는 되었을 것이다.

　이를 보면 한말 금산 인삼은 재배 면적에서 풍기 인삼과 쌍벽을 이루고 있었고, 순위를 따지면 금산군이 수위였다고 할 수 있다. 금산은 개성을 제외하면 최대 인삼 산지였지만 규모의 영세성은 다른 지역과 다르지 않았다. 금산 지역 인삼포 1개소의 면적은 평균 13칸이었다. 요컨대 금산 인삼은 한말 풍기 인삼과 쌍벽을 이루고 있고 경작 인원도 많았지만, 매우 영세하였다.

　비교를 위해 당시 최대 인삼 산지였던 개성 인삼의 1908년 상황을 보면 경작 인원은 123명이고, 그 면적은 14만 691칸이었다.[90] 14만여 칸은 다른 지역의 인삼포 전체를 합친 면적인 3만여 칸과 비교하면 거의 다섯 배에 가깝다. 그리고 1인당 경작 면적도 1,143.8칸으로 다른 지역의 수십 칸 규모와 크게 대비된다.[91] 이처럼 한말 개성 일대와 그 외 지역의 인삼 재배는 규모에서 큰 차이를 보이고 있었다. 이러한 격차는 자금 조달 능력에서 비롯된 것으로 보아야 할 것이다.[92]

　일제강점 직전인 1910년 5월의 인삼 경작 상황을 보여주는 통계도 있는데, [표 32]가 그것이다. 이 표는 1910년 5월 1일 당시의 상황으로 통감부에서 인삼세법에 따라 과세 대상을 사정한 결과를 수록하고 있다. 우선 도 단위 경작 지역을 보면 경기, 충남, 전남이 빠지고 대신 황해도가 추가되었다. 그리고 당시 특별경작구역 이외의 총 경작 면적은 7만 507칸이었다. 1908년과 비교하여 3만 100칸이 늘어서 2년 사이에 2배 이상 증가하였다. 실제로 경작자들이 2배 이상의 인삼포를 신설했을 수도 있다. 그렇지만 이전 조사에서 누락된 부분이 추가된 결과일 수도 있다. 지역별로 보면 금산이 포함된 전라북도의 면적은 4만 2,279

칸인데, 이는 60퍼센트의 비율로 인삼 경작에서 전라북도의 위상을 짐작할 수 있다. 2위는 풍기 인삼을 갖고 있는 경북으로 그 비율은 약 21퍼센트였다. 이 역시 적지 않은 비중이며, 두 지역의 면적을 합한 비율은 80퍼센트이다. 이를 보면 한말 백삼의 대부분은 전북과 경북에서 공급했다고 해도 과언이 아닐 것이다. 강점 직전 지정구역 이외 지역에서 인삼 생산 상황과 금산 인삼의 지위는 대체로 이와 같았다.

2. 인삼 경작자의 활동과 금산 백삼업의 성장

(1) 총독부의 정책과 인삼 경작자의 활동

대한제국의 백삼 정책은 인삼세 징수에 한정되었다. 이는 일제강점기인 1910년대에도 마찬가지였다. 약간의 변화라고 하면 한말에는 지정구역 이외의 지역에서 인삼을 경작하려면 재무감독국에 신고해야 했지만, 1910년대에는 지방 장관, 즉 부윤·군수·도사島司 등으로 신고 기관이 바뀐 정도였다.[93]

그런데 백삼 징세를 규정한 인삼세법이 1920년에 폐지되었다. 인삼세는 염세, 선박세와 함께 잡세로 분류되었다. 사실 인삼세와 염세는 간접국세가 아니었다. 그렇지만 그 세액이 근소하여 편의상 잡세로 총괄하고 있었다. 1914년 잡세의 수입 조정액이 2만 5,295원에 불과할 정도로 세액은 적었다.[94] 총독부의 인삼세 폐지는 인삼 경작자에 대한 정책적 배려보다는 과세 비용 대비 세액이 적었기 때문으로 보인다.

한 신문기사에 의하면, 인삼세는 매년 수확할 인삼포 칸수를 대상으로 과세하는 것이므로 수확 전에 그 칸수를 사정해야 하는데, 각지에 점재한 인삼포를 사정하고 관리하는 데 적지 않은 시간과 비용이 소요되는 반면 그 세액은 소액이어서 폐지한다고 적고 있기 때문이다.[95]

총독부의 인삼세 폐지로 백삼에 대한 징세가 사라졌다. 그만큼 인삼 경작자에게는 경제적 이득이었다. 인삼세 폐지가 면적 확대에 긍정적인 영향을 끼칠 것이라는 전망은 어렵지 않게 할 수 있다. 1920년대 이후 전국 각지에서 인삼포 면적이 꾸준히 증가하는데, 인삼세법 폐지가 영향을 끼친 것으로 보인다.

1930년대 들어서 총독부는 1920년대의 방임주의를 바꾸어 백삼에 대한 정책적 개입을 강화하기 시작하였다. 우선 1934년 인삼 경작에 대해 기존의 신고제를 폐지하고, 부령府令 제138호(1933년 12월 12일)로 지정구역 외의 인삼 경작도 전매국의 허가를 받도록 변경하였다. 이로써 일제는 면적 관리를 통해 백삼 생산을 통제할 수 있게 되었다. 실제로 총독부 전매국에서는 지정구역 이외의 인삼에 대해서도 통제하기 시작했다. 즉 지정구역 외의 인삼 채굴 면적이 1933년 6만여 칸, 1934년 7만여 칸, 1935년 23만여 칸, 1936년 28만여 칸으로 비약적인 증가가 예상되었는데, 전매국에서는 그러한 면적 확대에 제동을 걸었다. 구체적으로 1934년부터는 인삼 식부를 3분의 1가량 감소시키겠다고 한 것이다.[96] 전매국의 방침은 실행되었고, 1934년 금산 인삼에 대해서도 묘포 축소를 명령하였다. 종래까지 금산 인삼의 묘포는 2만 3,000칸이 었는데, 이를 1만 칸으로 줄이도록 한 것이다.[97]

1940년대 들어 총독부의 백삼 통제는 더욱 강화되었다. 1933년의 정책이 수삼 생산 통제를 목표로 한 것이었다면, 1943년에는 백삼의 유통·배급 부문에 대해서도 개입하기 시작하였다. 이전까지 백삼은 산지 생산자들이 조합을 결성하여 관리해 왔다. 가격도 각 산지의 도지사가 결정하였다. 그래서 지방에 따라 가격에 차이가 발생하는 일도 있었다. 그런데 총독부에서는 백삼이 필요한 곳으로 유통되지 못하고 있다는 이유를 들어 백삼 유통을 통제하고자 하였다. 즉 총독부는 1940년대 초반 제약회사에서 인삼을 재료로 여러 가지 강장제와 가공약품 등을 만들면서 인삼 수요가 증가하게 되자, 정작 인삼이 필요한 한약방이나 병자들은 구하기 힘들게 된 상황을 배급 통제의 근거로 삼았다. 구체적으로는 배급 통제 강화, 가격 조정, 규격 통일에 중점을 둘 계획이었다. 배급 통제 강화를 위해서는 조선생약통제회사가 전 조선 인삼의 집하와 배급을 담당하도록 하였다. 그리고 가격 조정을 위해서 총독이 직접 생산 지역, 생산 연수, 생산비 등을 참작하여 지역별로 적당히 결정할 계획이었다. 마지막으로 인삼 규격 역시 철저히 통일시켜 품질향상을 꾀하고자 하였다.[98]

이처럼 1920년부터 1933년까지 백삼에 대해서 거의 방임하고 있던 총독부는 1933년 말부터는 단계적으로 백삼의 생산뿐 아니라 유통·배급에 대해서도 통제를 강화했다. 이러한 총독부의 정책 변화는 인삼 경작자와 인삼포 면적의 추이에 영향을 끼쳤다.

한편 전국적으로 명성이 높던 금산 인삼을 발전시키기 위해 금산군에서도 관심을 가졌다. 군 차원에서 몇 차례 개성에 조사 시찰을 보냈다. 1915년 3월 농업교사 무카이 다다나리向井忠也를 수원권업모범장과 개성에 출장을 보내 인삼 재배 기술을 시찰하게 하였다. 그해 4월에는 군 서기를 개성에 출장을 보내 인삼조합 설립 상황을 조사하게 하였다. 또 1921년 3월에는 산업 기수를 개성에 보내 개성 인삼 병해 예방 상황을 조사하도록 하였다.[99] 금산군의 이러한 활동은 금산 인삼의 발전에 긍정적인 영향을 끼쳤을 것이다. 그러나 금산 인삼의 발전은 군 당국의 지원보다는 인삼 경작자들의 노력에 힘입은 바가 더 컸다.[100]

일제하 금산 지역 인삼업자들이 직면한 가장 심각한 문제는 가짜 금산 인삼의 성행이었다. 금산 인삼은 그 독특한 약효로 전국적으로 유명하였다. 그런 만큼 다른 지역 인삼에 비해 고가로 팔렸다. 그래서 다른 지역 인삼을 금산으로 반입하여 금산 인삼으로 둔갑시킨 후 판매하는 상인들이 속출하였다.[101] 그러한 간상배들 중에는 중국 혹은 일본 인삼을 싼 가격에 구입해 와서 금산 인삼으로 거짓 포장하여 판매하기도 하였다.[102] 가짜 금산 인삼의 성행은 진짜 금산 인삼의 판로를 제약할 뿐 아니라 가짜 금산 인삼을 진짜 금산 인삼으로 알고 구입한 사람들에게

[표 32] 1910년 금산군 인삼 재배 현황

군	면	경작 인원	개소	간수	간수/개소
금산군	군일면	1136	112	2394	21.4
	군이면	336	32	549	17.2
	남일면	936	92	1031	11.2
	남이면	1616	160	1427	8.9
	서일면	986	97	1099	11.3
	합계	5010	493	6500	13.2

* 출전: 《제2회 삼정보고》, 1908, 117~135쪽.
* 비고: 위 표에서 금산군을 별도로 정리한 이유는 금산군의 나머지 면 지역이 기재된 132~133쪽이 누락되어 있기 때문이다. 누락된 두 쪽에는 금산군의 나머지 면들과 아마도 전남과 충북 지역 상황이 수록되었을 것으로 추측된다. 총계 ①은 132~133쪽이 누락된 조건에서 총계이며, 총계 ②는 두 쪽의 수치까지 합한 것이다.

도 손해를 끼치는 심각한 문제였다.[103]

금산 인삼 경작자들은 가짜 금산 인삼 문제를 금산삼업조합을 설립하여 공동의 노력으로 극복하려고 하였다. 금산삼업조합은 1922년 2월에 인삼업 개량과 매매 과정의 폐해 교정을 목적으로 설립되었다.[104] 즉 금산 인삼 경작자들은 인삼 병해 예방, 경작방법 개량 등의 경작 관련 활동과 유통 과정에서 가짜 금산 인삼을 억제하기 위해 금산 인삼의 품질을 조합에서 공인함으로써 그 명성을 회복하려고 했다.

금산삼업조합은 설립되던 해부터 금산 인삼의 성가를 유지하기 위해 품질 검사를 철저하게 실시하였다. 그를 위해 품행방정하고 청렴한 사람 중에서 무기명 투표로 3인의 검사원을 선정하였다.[105] 그리고 조합 검사를 통과한 백삼은 일정한 지대紙袋에 넣어 단단히 봉하고 겉봉투에는 검사 증인證印, 등급별 검사인과 소유자의 인장을 찍어서 금산 인삼임을 보증함으로써 수요자들이 사기를 당하지 않게 하였다.[106] 즉 특이한 의장意匠을 고안하여 금산 인삼은 일일이 검사한 후 각 등급별로 봉함 날인한 후 판매함으로써 그 성가를 회복하려고 했다.[107] 당연히 인삼 봉지에 검인檢印이 없는 것은 금산 인삼으로 인정하지 않았다.[108] 금산 삼업조합에서는 판로 확대를 위해 광고 선전에도 관심을 가졌다. 신문 광고와 선전 종이를 다수 인쇄하여 배포하거나,[109] 금산 인삼을 선전하기 위해 조합 간부를 각지로 파견하기도 하였다.[110]

이처럼 1920년대 금산의 인삼업자들은 경작 개량을 위해 또 유통 과정에서 성가 유지를 위해 조합을 설립하여 다양한 활동을 전개하면서 금산 인삼의 발전을 위해 노력하였다. 그러나 1930년대 들어서도 가짜 금산 인삼은 두절되지 않았다. 그에 더해 총독부의 통제 정책 도입으로 금산 인삼은 새로운 환경에 놓이게 되었다.

가짜 금산 인삼이 1930년대에도 여전히 성행하던 사실은 다음의 신문기사를 통해서 확인할 수 있다. 1932년 당시에도 상인들은 각처 산지의 인삼을 금산 지역으로 갖고 와서 교묘하게 금산 인삼 모양으로 제조한 후 미검사 금산 인삼으로 판매하였다. 당시 금산 시장에서 판매되는 타지 수입 인삼은 6만여 근, 그 가액은 30여만 원 정도였다고 한다. 원산지에서 1근에 3원하는 인삼이 금산 시장을 거치게 되면 6, 7원에 매매되었다. 1931년 수입 인삼 수량을 보면 일본 인삼이 3만여 근, 개성 인삼이 2만여 근, 경북 인삼이 1만여 근, 강원 인삼이 5,000여 근 등이었다고 한다. 이 인삼은 행상인들에 의해 타 지방에 가서 5, 6원의 이익을 보고 금산 인삼으로 판매되었던 것이다.[111]

이처럼 1930년대 들어서도 부정 상인의 가짜 금산 인삼 판매가 두절되지 않았고, 금산 인삼의 성가 손실, 판로 위축 문제는 여전하였다. 그리고 앞서 언급했듯이, 전매국의 백삼 통제 정책의 일환으로 경작 면적이 축소되었고, 금산 인삼도 그 영향을 받아 묘포 면적을 제한받았다.

금산의 인삼업자들은 이러한 문제들에 대한 해결책을 모색하기 위해 삼업조합에서 좌담회를 개최하였다. 1935년 2월 조합 간부, 인삼업계 유지, 신문 관계자들이 참석하여 개최된 좌담회에서는 백삼 통제 기관 설립의 필요성을 실감하고 어떻게든 설치해야 한다는 논의가 이루어졌다.[112]

이러한 논의를 배경으로 인삼 경작자와 행정 당국은 그 해결책으로 기존의 금산삼업조합을 금산인삼동업조합으로 개편하고 아울러 금산 인삼을 전라북도 특산품으로 지정하였다. 즉 인삼동업조합을 통해서는 생산에서 합법적 통일을 기하고, 금산 곡삼을 전북 특산물로 지정하여 생산과 판매를 유기적으로 합리화하려고 한 것이다.[113]

기존의 금산삼업조합은 임의조합이었다. 이를 조선중요물산동업조합령에 의한 동업조합으로 변경하면 법인의 자격을 부여받을 수 있었다. 그래서 1935년 6월 총독부의 인가를 받아 금산삼업조합을 해산하고 인삼동업조합을 창립하였다.[114] 삼업조합이 순수한 경작자들의 단체였다면 인삼동업조합은 관청과의 협조가 가능한 기구였던 것으로 보인다. 왜냐하면 초대 조합장으로 선출된 김창영이 금산 군수의 지위에 있었기 때문이다.[115]

그리고 금산삼업조합은 임의단체였기 때문에 부정 상인 혹은 정관 위반자에게 법적 제재를 가할 수 없었다. 그러나 동업조합이 되면서 직접적인 단속은 여전히 불가능했지만, 관청의 지원하에 감독을 강화할 수 있었다. 예컨대 인삼동업조합 설립 이후 금산 인삼은 그 생산과 판매 과정에서 모두 조합 정관에 의해 검사를 받게 되었고, 검사를 받지

[표 33] 1910년 인삼세표의 경작 인원과 면적

도명	경작 간수	경작 인원	사정 간수	납세 인원	세액
충청북도	3,850	135	1,448	89	144,800
전라북도	42,479	1,379	6,587	687	658,700
경상북도	14,684	117	1,744	48	174,400
경상남도	1,538	81	217	47	21,700
황해도	7,571	1	–	–	–
강원도	385	6	199	4	19,900
합계	70,507	1,719	10,195	872	1,019,500

* 출전:《조선총독부관보》1911. 3. 28.

않으면 100원의 과태금을 부과하였다.[116] 또 인삼 호경기로 경작자들이 조합을 통하지 않고 수삼을 매매하는 경우가 빈발하자 이를 단속하였는데, 이때 경찰서와 전매국의 지원을 받았다.[117] 이처럼 동업조합으로 변경된 후 수삼 생산과 백삼 제조에 대한 관리 감독을 보다 강화할 수 있었다.

금산인삼동업조합의 설립으로 생산 증가, 제품 개량, 검사 등에서는 이전보다 강화된 활동이 가능해졌다. 그렇지만 유통 부문의 문제는 여전히 과제로 남아 있었다. 인삼 경작자와 당국에서는 그 문제를 특산품 지정을 통해 해결하려고 하였다. 금산 인삼은 1935년 8월 9일부로 전라북도 고시 제82호에 의해 〈특산품취체규칙〉의 적용을 받는 특산품으로, 그 취급자로는 금산인삼동업조합이 지정되었다.[118] 전북의 〈특산품취체규칙〉은 도령 제14호로 1931년 4월 1일 제정되었다.[119] 그 주요 내용을 보면, 도지사가 지정한 지역 내에서 산출한 특산품은 도지사의 지정 혹은 허가를 받은 자만이 판매를 목적으로 그 특산품을 매수 혹은 취득할 수 있었다. 요컨대 금산 인삼이 전북의 특산품으로 지정됨으로써 금산 인삼은 금산인삼동업조합에서만 판매를 목적으로 취급할 수 있게 된 것이다.

이렇게 하여 금산인삼동업조합은 수삼 생산, 백삼 제조 및 그 판매 등에서 독보적인 기관이 될 수 있었다. 그런데 인삼동업조합에서는 그 판매를 직접 담당하지는 않고 판매 전담 기관을 별도로 두었다. 즉 특산품으로 지정되던 1935년에 금산인삼사가 설립되었다. 금산인삼사는 동업조합 평의원들의 발기로 자본금 4만 원 규모로 조직되었다.[120] 금산인삼사의 구체적인 활동 사항은 확인하기 어려운데, 대체로 1937년까지 존속한 것으로 보인다. 왜냐하면 1938년에는 '금산산업조합'이 창립되어 금산 인삼 위판 업무를 담당하고 있기 때문이다. 금산산업조합은 1938년 3월 23일 설립 허가가 났는데,[121] 금산 인삼의 위탁 일수 판매 기관이었다.[122] 금산 인삼의 판매 표준 가격은 생산비, 기타 제반 정세를 감안하여 동업조합과 산업조합의 토의를 거쳐 결정되어 도 당국의 인정을 받은 후에 발표되었다.[123]

이와 같이 금산 인삼업자들은 1930년대 신설된 동업조합에 의해 생산 증가, 제품 개량 및 검사 등을 시행하였고 다른 한편 특산품 지정을 통해 판매를 통제하는 동시에 조선은 물론 해외까지 선전에 노력하여 각지에 특약점을 설치하는 등 그 판로 확장에 노력하였다.[124] 그러한 노력은 다음 절에서 보듯이 금산 인삼 발전의 추동력이 되었다고 할 수 있다.

(2) 인삼 경작의 확대와 금산 백삼업의 성장

일제하 금산 인삼의 발전상을 확인하기 위해서는, 면적이나 백삼 생산량의 추이를 살펴볼 필요가 있는데, 그에 앞서 우선 일제하 지정구역 이외 지역의 삼포 면적 추이를 간단히 살펴보려고 한다. [표 34]는 그것을 정리한 것이다.

1913년 인삼포 면적은 12만 8,696칸이었다. 이는 1910년의 7만여 칸보다 크게 증가한 것이다. 증가 추세는 이후에도 지속되어서 1922년 20만 칸 수준으로 확대되고, 1929년에는 64만여 칸, 1933년 무렵에는 87만여 칸으로 급성장하였다. 1913년의 면적과 비교하면 거의 6.8배나 증가하였다. 일제하 지정구역 이외의 지역에서 인삼 재배 면적의 급속한 확대 추이를 확인할 수 있다.

　도별 경작 면적은 한말과 조금 다른 양상을 보인다. 1929년의 경우 최대 면적의 도는 18만 2,500여 평의 황해도였다. 이어서 전라북도 12만 4,300여 평, 경북 11만 5,650여 평, 강원도 8만 1,200여 평의 순위였다.[125] 한말 경작 면적이 극히 작았던 황해도가 1위로 급부상한 사실이 이채롭다. 황해도의 경우 개성과 인접한 곳이므로, 개성 일대의 인삼 재배와 관련해 급성장한 것으로 이해된다. 금산 인삼과 풍기 인삼을 갖고 있는 전북과 경북이 그 뒤를 잇고 있다.

　1930년의 경우 황해도가 18만 7,000여 평으로 역시 제1위이고, 경북 16만 3,400여 평, 전북 15만 4,600여 평, 강원 10만 2,700평, 경기 6만 8,100여평, 경남 4만 8,900평, 충남 3만 800평, 충북 1만 2,600여 평, 평북 800평의 순위였다.[126] 1929년에서 1년이 지난 시점이므로 변화의 추세를 볼 수는 없지만, 모든 도에서 면적이 증가하였다. 특히 경북이 전북을 제치고 2위를 차지한 사실이 주목된다. 그러나 1933년에는 다시 지정구역 이외 지역의 인삼 경작 면적 87만 3,000여 평 중에서 전북이 25만 7,500여 평으로 1위를 차지하였다.[127] 결국 이 시기 인삼 경작 면적의 급격한 확대는 전북, 경북, 황해 3도가 이끌었음을 알 수 있다.

　지정구역 이외 지역에서 인삼 면적의 급격한 증가로 지정구역과의 면적 격차는 크게 줄어들었다. 1922년 한국 내 인삼 경작 면적은 총 157만 7,580평이었다. 그중 특별지정경작구역 내의 인삼포 면적은 132만 8,007평이었다. 이는 전체 면적의 약 85퍼센트에 해당하는 것이었다. 나머지 22만 9,773평이 지정구역 이외 지역의 면적으로 그 비율은 15퍼센트 정도였다.[128] 그런데 1933년 말 지정구역 내의 인삼 경작 면적은 195만 6,000평이고, 지정구역 외의 면적은 87만 3,000여 평이었다.[129] 총 면적 대비 비율을 보면 전자는 69퍼센트, 후자는 31퍼센트가 된다. 10여 년 사이에 그 격차가 크게 줄어들었음을 알 수 있다.

일제하 금산 인삼의 경작 면적 역시 크게 증가하였다. 일제하 금산 인삼의 성장 과정을, 현재 확인 가능한 자료를 중심으로 정리한 것이 [표 35]이다.[130]

[표 35]의 통계는 연도별 정확성에 차이가 있다. 1923~1929년의 통계는 금산군 산업 기수가 금산군에서 조사한 내용을 제시한 것으로 신뢰성이 높다고 생각한다. 1930년대 통계는 신문기사에 소개된 것으로 신뢰도가 낮은 연도도 있다. 그러나 현재로서는 자료의 제약으로 이 표를 통해서 1922~1941년의 약 20년 동안 금산 인삼의 대체적인 성장 과정을 살펴보려고 한다.

금산삼업조합이 창립된 1922년의 상황을 보면 조합원 400명, 경작 면적 5만 평, 연산액 2,000여 근이었다.[131] 이후 비교적 정확한 통계가 있는 1923~1929년의 변화를 보면, 우선 경작 인원은 400여 명 수준에서 1920년대 중반 700여 명대로 크게 증가하였다. 경작 인원 증가는 인삼포 면적 증가로 이어졌다. 1924년 3만 7,000여 칸에서 1927년에 8만 5,000여 칸으로, 1929년에는 9만 5,000여 칸으로 증가하였다. 그리고 1인당 경작 면적 역시 증가한 사실이 주목된다. 1924년에는 1인당 평균 경작 면적이 78.5칸이었다. 그런데 매년 꾸준히 증가하여 1927년에는 100칸을 넘어섰고, 1929년에는 130칸 수준으로 확대되었다.

수삼 생산량 역시 대체로 증가 추세였다. 1923년에 1만 9,000여 근이었는데 1928년에는 2만 8,000여 근으로 증가했다. 즉 1920년대 전

[표 34] 일제하 경작구역 외의 삼포 면적

연도	묘포		본포		사정査定		
	경작인원	칸수	경작인원	칸수	납세인원	칸수	세액(원)
1913	845	33,013	2,149	128,696	12,878	894	1,287.80
1914					839	19,949	1,949
1915	1,270	50,224	2,454	143,651	1,025	21,928	2,193
1918						31,889	3,188
1922				229,773			
1929			2,709	644,600			
1930				768,900			
1933				873,000			

* 출전: 1913년은 《조선총독부관보》 1914. 4. 9, 1914년은 《관보》 1915. 4. 19, 1915년은 《통계연보》 1915년도 제518표, 1918년은 《통계연보》 1918년도 제532표.
* 비고: 1922년 이후 삼포 면적 단위는 평임.

[표 35] 일제하 금산 인삼 관련 통계

연도	경작인원	삼포칸수	칸수/인원	수삼	백삼	수삼/백삼	가액	가액/백삼	출전
1922	400	50,000			2,000				매일 35.6.20
1923				19,002	7,602	2.5	72,730	9.567	細川治一, 〈錦山人蔘に就て〉, 《朝鮮》 175, 1929, 59쪽.
1924	472	37,067	78.5	18,798	6,265	3.0	60,400	9.641	
1925	620	51,001	82.3	17,582	6,411	2.7	91,620	14.291	
1926	697	59,913	86.0	11,537	3,843	3.0	48,468	12.612	
1927	779	85,284	109.5	23,235	7,739	3.0	94,374	12.195	
1928	728	83,459	114.6	28,146	8,599	3.3	105,420	12.260	
1929	731	95,219	130.3						
1933		180,000			20,000		180,000		매일 33.11.7
	1,500	178,000	118.7				6만여		매일 34.6.12
					20,000				매일 34.9.12
1935	1,800	200,000	111.1						매일 35.6.12
					20,000		16만여	8	매일 35.11.3
1936					26,000		22만	8.462	동아 36.1.23
		265,998							매일 36.5.24
1937					25,000				매일 38.8.18
1938					30,000				상동
1938					50,000				조선 39.8.3
1941	1,000	105,000	105		50,000		100만	20	매일 42.3.16

* 각 단위는 삼포 칸수 칸, 수삼, 백삼은 근, 가액은 원임.
* 칸수/인원, 수삼/백삼, 가액/백삼은 필자가 작성한 것임.
* 비고: 1933년 11월 7일과 1938년 수치는 예상고이다.

반 2만여 근 내외에서 1920년대 후반에는 거의 3만 근에 육박했다. 그런데 수삼 생산량 증가 추세가 면적의 증가 추세와 반드시 일치하는 것은 아니어서 흥미롭다. 예컨대 1925~1926년의 경우 삼포 면적은 그 이전 해보다 증가했지만, 수삼 수확량은 감소하였다. 이런 현상은 가뭄, 홍수 등의 기후적인 요인과 병충해 등으로 인한 흉작 때문일 것이다.

백삼 생산량은 경작 인원, 경작 면적, 수삼 수확량이 증가한 만큼의 증가율을 보여주지 못하고 있다. 1923년 7,600여 근이었는데, 1928년에는 8,600여 근으로 1,000근이 증가하였을 뿐이다. 그 이유는 정확히 알 수 없다. 다만 이 표를 보면 1923년과 1928년의 수삼/백삼 비율, 즉 백삼 1근을 제조하는 데 소요되는 수삼의 수량에 차이가 있음에 주목하게 된다. 1923년의 경우 수삼 2.5근으로 백삼 1근을 제조한 반면, 1928년에는 수삼 3.3근으로 백삼 1근을 제조하였다. 이는 1928년 수확 수삼의 품질이 전반적으로 좋지 않아서 백삼 제조에 보다 많은 수삼이 필요하였기 때문으로 짐작된다.

백삼 판매를 보면, 우선 백삼 1근 가격은 1923~1924년에는 10원이 채 못 되었다. 그런데 1925년에 14원 대로 폭등하고, 이후에는 12원 대로 안정적인 추세를 보이고 있다. 연도별로 백삼 가격에 차이가 있기 때문에 전체 판매액도 백삼 생산량과 비슷한 추세로 움직이지는 않았다. 역시 14원으로 폭등한 1925년에는 그 생산량이 이전 해보다 아주 조금 증가했을 뿐이지만 판매액은 3만 원 이상 증가하였다. 그리고 1928년에는 10만 원을 돌파하고 있다.

요컨대 1920년대 후반 금산 인삼의 상황을 정리하면 경작 인원은

700명대 초반이고 인삼포 면적은 9만 5,000여 칸으로 10만 칸에 조금 못 미치고 있었다. 백삼 생산량은 8,500여 근으로 역시 1만 근에 이르지 못했다. 다만 백삼 판매액은 1928년에 10만 원에 달하고 있었다.

1930년대 이후 통계를 보면 경작 인원의 경우 증가 추세는 꾸준하면서도 그 증가 속도는 더욱 빨라졌다. 즉 1934년에 1,500명, 1935년에는 1,800명으로 나오는데, 1920년대의 7백 수십 명과 비교하면 두 배 이상 증가하였다. 1930년대 이후 금산 사람들 사이에 인삼 재배가 성행했음을 알 수 있다.

인삼포 면적 역시 1933년 18만 칸을 기록하여 4년 만에 거의 두 배 가까이 급증하였다. 그 증가 추세는 계속되어서 1936년에는 26만여 칸이 되었다. 그런데 1941년에는 10만 5,000칸으로 1936년과 비교하여 절반 이하로 급감한 것으로 나온다. 1941년의 급감은 앞서 본 일제의 생산 통제가 영향을 끼쳤기 때문으로 보인다. 한편 인삼포 면적이 크게 증가한 만큼 경작 인원도 증가하고 있기 때문에 1인당 경작 면적은 1920년대와 큰 차이가 없다. 물론 1929년의 130칸을 제외하면 대개 일제하 금산 인삼의 1인당 평균 면적은 110칸 내외였다고 할 수 있다.

백삼 생산량 역시 1930년대 크게 증가하여서, 1933~1934년 무렵 2만 근 수준, 1936~1938년 무렵 2만 5,000~3만 근 수준 그리고 1940년을 전후해서는 5만 근 수준으로 증가한 사실을 확인할 수 있다. 1920년대 후반까지 1만 근을 돌파하지 못했던 사실을 감안하면 1930년대 백삼 생산량은 폭발적으로 증가하였다. 그 판매액도 함께 늘어서 1935~1936년에는 20만 원을 상회하게 되고, 1941년에는 100만 원을 상회하는 것으로 나온다. 1941년의 판매액 100만 원은 백삼 1근의 가격이 20원 수준으로 크게 상승했기 때문이다. 그 이전까지 백삼 가격은 8원 내외라는 기록만 확인되는데, 이는 1920년대와 비교하여 오히려 하락한 것이다. 1941년 이후 백삼 1근 가격을 알 수 없기 때문에 100만 원 수입이 돌출적인 것인지 아니면 이후에도 그 수준이 유지되었는지는 알 수 없다. 다만 1930년대에는 대체로 20만 원 대의 수입을 얻은 것으로 볼 수 있을 것이다.

이처럼 1930년대 금산 인삼은 경작 인원과 면적이 1920년대에 이어서 크게 증가하였고, 그에 따라 백삼 생산량도 5만 근 수준으로 격증하였다. 그로부터 얻는 수입은 20만 원 대 이상이었고, 1941년에는 100만 원을 돌파하기도 하였다. 일제하 금산 인삼은 가짜 금산 인삼의 성행으로 인한 문제, 일제의 정책 변경 등의 문제가 없지 않았지만, 인삼업자들의 노력으로 크게 성장한 사실을 확인할 수 있었다.

한말~일제하 금산 인삼은 비록 경작 규모와 경제적 가치 등에서는 개성 홍삼에 못 미쳤고, 또 총독부의 정책 강화와 가짜 금산 인삼의 성행으로 위기도 있었지만, 그런 속에서도 금산 인삼업자들은 다양한 활동을 전개하면서 금산 인삼의 발전을 위해 노력하였다. 당시 금산 인삼의 이러한 발전 과정은 해방 이후 자금 문제가 해결되면서 금산 인삼이 비약적으로 발전하게 되는 추동력이 되었다고 할 수 있다.

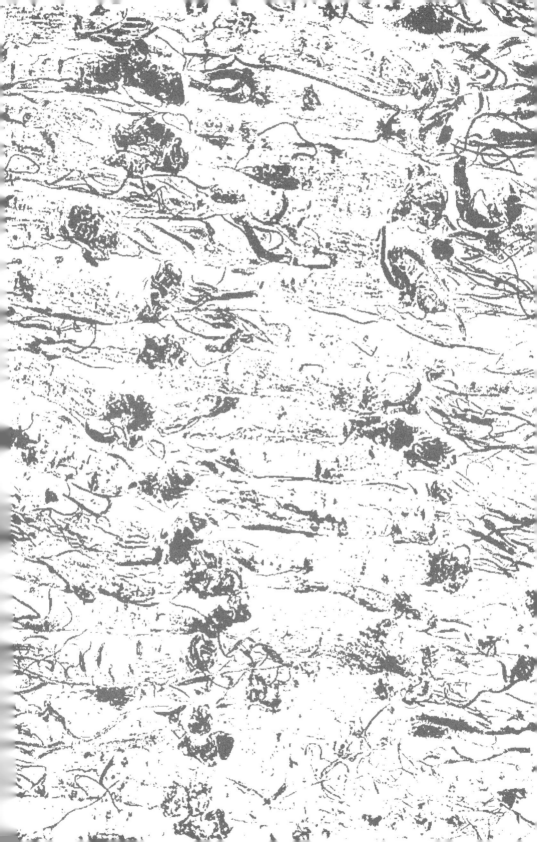

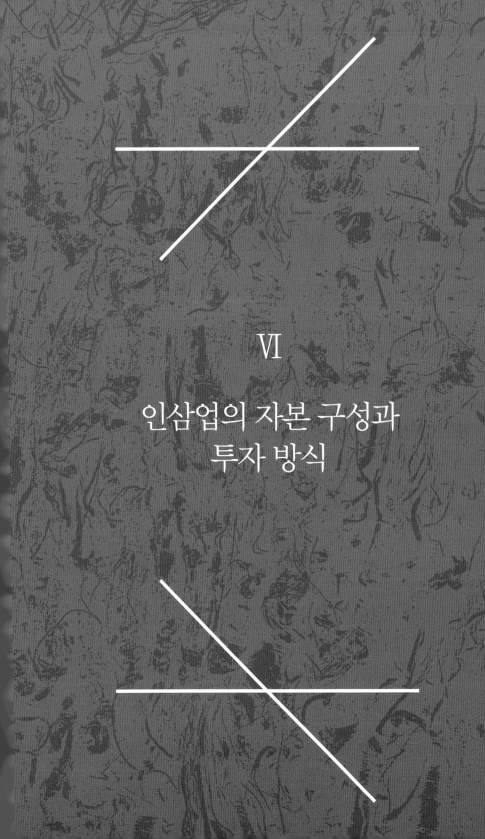

VI

인삼업의 자본 구성과
투자 방식

홍삼과 그 원료인 수삼 재배방법과 그 생산관계 등에 대해서는 이미 몇 편의 논문이 나와 있다.[1] 그 연구 성과에 힘입어 우리는 삼포 경영의 자본주의적 특징, 초창기 인삼 재배방법 그리고 1896년 무렵 삼포 경영의 구체적인 실상 등을 확인할 수 있다. 그러나 삼포 경영을 둘러싼 생산관계에 대한 홍희유의 논의는 개괄적인 성격이 강하다. 구체적인 사실들에 의해 보완될 부분이 많다. 초창기 인삼 재배법은 그 자체로 의미가 크지만, 홍삼에 대한 논의가 없고 또 19세기 이후 인삼 재배에 소요되는 비용 등에 대해서는 다루지 못한 한계가 있다. 1896년 당시 개성 일대의 삼포에 대한 분석은 여러 의미 있는 정보를 제공하지만, 인삼 재배법과 홍삼 제조법 등에 대해서는 포괄하지 못하고 있다. 이처럼 인삼 재배와 관련된 연구 성과가 있지만 재배 비용이나 홍삼 제조 비용 등은 본격적으로 다루지 못했다.

한말 삼포 농업의 실상을 알려주는 자료로는 개성 출신인 김택영이 박유철의 종삼법種蔘法을 수연修演해서 쓴 글,[2] 그리고 한말 일본제국주의가 농업 식민 정책을 위해 남긴 농업조사보고서와 저술 등에 개성 인삼과 관련된 항목이 있다.[3] 이 기록들을 통해 19세기에 홍삼 생산이 어떻게 이루어졌고, 또 인삼업을 둘러싼 생산관계의 내용과 그 특징을 확인할 수 있다.[4]

묘포의 비용을 포함하여 밀종포와 본포의 비용에 대한 자료는 일제가 1907년 12월 황실이 전관하던 삼정을 탁지부 사세국 삼정과로 이관하여 장악한 후, 1907년도에 민간에서 제조한 홍삼을 강제로 빼앗고는 그에 대한 배상금을 책정하기 위하여 묘포에서 홍삼 제조에 이르기까지의 제반 과정에서 요구되는 비용과 경리원 시대의 관행을 조사하여 산출한 기록이다. 조사 시기는 1908년 1월이었다.[5]

배상금을 교부하는 삼정과 입장에서는 적게 지출하는 것이 유리하기 때문에 비용이 축소 조사될 가능성이 높았다. 실제로 인삼 종자 1근의 가격이 4원 50전으로 되어 있는데, 1905년 기록인《한국토지농산조사보고》에는 종자 1근의 가격이 7~8원 내지 10원이라고 기록되어 있다.[6] 1905년과 1908년 사이에는 인삼 종자가 귀했는데, 2, 3년 사이에 가격이 이렇게 폭락했을지는 의문이다. 어쨌든 삼포 경영의 비용 항목과 그 비용 액수를 확인할 수 있는 자료로는 유일하므로 이러한 한계를 감안하면서 검토해 보고자 한다.

1.
인삼 경작법과
생산비 구성

한말 개성의 삼포주들은 6년근 수삼을 채굴하기까지 세 종류의 서로 다른 삼포를 설치하는 것이 일반적이었다. 우선 씨삼을 키우는 묘포가 있었다. 다음으로 씨삼을 본포에 옮겨 심기 전에 밀종포에서 1년간 키웠다. 그리고 나서 마지막으로 본포로 옮겨 심고 4년을 재배하였다. 이 세 종류의 삼포를 경영하는 과정에서 항목별로 비용이 크게 요구되었다.

1. 묘포 경작법과 생산비 구성

묘포 경영에 필요한 제반 항목과 그 비용에 대해서 정리한 것이 [표 36]이다. 이 표에 의하면 묘포 1칸의 생산 비용은 2원 7전 5리였다. [표 36]을 통해서 묘포를 경영하는 데 요구되는 항목을 보면, 당연하지만 인삼종자가 필요하였다. 그리고 구입한 종자 중에서 양호한 것만을 선별할 필요가 있었다. 묘포를 설치하기 위해서는 묘포를 갈아서 흙을 부드럽게 해야 했다. 이어서 인삼씨가 발아할 수 있도록 묘포에 비료와 같은 역할을 하는 약토, 황토 등을 넣어주었다. 그리고 햇볕을 싫어하는 인삼의 성질로 인해 해가림을 해주어야 했다. 해가림을 위해서는 기둥 역할을 할 대나무, 발, 위를 가릴 짚으로 만든 거적, 거적을 묶을 새끼줄 등이 필요하였다. 해가림이 설치되면 파종하였다. 파종 이후에는 관수, 제초 등의 작업이 요구되었다. 겨울을 지나기 위해서 복토도 하였다. 그리고 묘포를 둘러칠 장책을 설치해야 했다. 이러한 작업에 적지 않은 노동력이 요구되었다. 구체적으로 씨 고르기, 땅 고르기, 해가림 설치, 관수·제초 등 묘포 관리, 복토 및 채굴 등에서 노동력이 필요하였다.

이렇게 묘포를 경영하기 위한 항목별 비용을 보면 1년간 묘포를 경영할 때 단일 항목으로 가장 많은 비용이 드는 것은 인삼 종자 대금으로 56전 3리였다. 전체 묘포 경영비 중에서 그 비중은 약 27.1퍼센트였다. 여기에 약토와 황토 대금을 체토비로 합산하게 되면, 그 비용은 82전 5리가 되고, 비율은 39.8퍼센트가 되어 묘포 전체 비용의 40퍼센트 정도를 차지하게 된다. 특히 체토는 밀종포나 본포에서는 사용하지 않는 점을 상기하면, 묘포에서 체토의 중요성을 짐작할 수 있다. 인삼 종자 대금과 체토비 둘을 합하면 1원 38전 8리가 되며, 그 백분율은 66.9퍼센트이다. 인삼 종자 대금과 체토비는 묘포에만 있는 비용 항목이면서 그 비중이 매우 컸다. 이는 묘포 경영의 한 특징으로 볼 수 있을 것이다.

한편 노동력의 사용을 보면 200칸을 기준으로 할 경우 일용 노동력은 연 46인 정도인데, 장기 고용은 1인이었다. 여기에 우경 1일경이 더해지고 있다. 그 비용, 즉 임금 지불은 34전 5리이고, 비율은 16.5퍼센트였다. 임금이 차지하는 비율이 그렇게 높지 않은 것으로 보인다. 이는 묘포가 200칸 정도로 작은 규모라는 점을 감안해야 할 것이다. 그러나 임금 구성을 자세히 보면 묘포 경영의 또 다른 특징을 발견할 수 있다. 관수, 제초 기타 손질을 하는 거상居常에게 22전 5리를 지불하고 있

[표 36] 묘포 1칸당 생산비 조사[7]

비용 세목	금액錢厘	적요
인삼 종자 대금	56.3	인삼 종자 1근 4원 50전. 1근의 종자를 정선하여 약 묘포 8칸에 파종 (저장을 마친 종자를 파종 때 구입 예상 가격)
선종비選種費	0.6	200칸에 파종할 종자를 정선하는 데 연 3인을 요함. 1일 1인 일당 40전
정지비	3.1	우경 1일 500칸 외에 인경 1일 15칸 우경 1일 2원, 인경 1일 40전
청석 대금	6	1칸 분 60전, 10년간 사용
약토 대금	52.5	1칸 15두, 1두 3전5리
황토 대금	30	1칸 3부負, 1부 10전
해가림 설비용 대나무	7	죽목 대소 7본, 평균 1본 5전, 5개년 사용
해가림 설비용 발	6.4	초렴初簾 10전 4년 사용, 가렴加簾 20전 7년 사용, 면렴面簾 4전 4년 사용
해가림 설비용 편고編藁	5.6	1태駄로 4.8칸에 사용. 1태는 8속으로 1속 길이 5칸 1태 80전 3개년 사용
해가림 설비용 승대繩代	0.9	1사리沙里로 2칸 사용. 1사리 25발(=150척)임 1사리 대금 1전 7리
해가림 소요 인부	1.3	1인 1일 30칸 작업. 1인 1일 40전
파종과 그 부수 작업 소요 인부	2	1인 1일 20칸(단 천사川沙 채취도 포함)
관수 제초 기타 손질	22.5	200칸에 대해 거상居常 1인 급료 45원
장책障柵 설비비	2	200칸 4원
기구 손료損料	1.3	농구 13원 40전. 평균 5개년 사용으로 간주, 200칸 분으로 할당
복토비	1	200칸 분에 대해 총 5인, 1인 40전
제토 및 굴취비掘取費	4	200칸 분에 대해 20인, 1인 40전
잡비	1	
차지료	4	
계	207.5	

다. 이는 전체 노임의 65.2퍼센트에 해당한다. 인삼씨를 발아시키는 전문 기술을 갖고 있다고 할 수 있는 거상이 200칸, 평수로는 대략 200평 정도의 묘포를 혼자서 관리한 것으로 이해된다. 다만 해가림 설치라든가, 복토, 채굴 등 일시에 많은 노동력이 필요한 경우에 한해서 일용 노동력을 사용하는 방식으로 묘포가 경영되었음을 알 수 있다.

차지료는[8] 1칸에 4전으로 그 비율은 2퍼센트에 불과하였다. 200칸으로 환산하면 8원이 된다. 묘포 생산비 구성에서 차지료 비율이 높지 않다. 그러나 절대 액수만 놓고 보면 묘포의 차지료는 일반 차지료보다 배액에 이르는 것이었다.[9] 결국 묘포 경영 자체에 큰 비용이 들기 때문에 그 비중에서 낮게 평가되었음을 알 수 있다. 한말 묘포 경영은 대체로 위와 같은 항목과 비용으로 이루어졌다.

한편 당시 묘포는 200칸 정도가 일반적인 규모였다. 이를 확인하기 위해 제시한 것이 [표 37]이다. 이를 보면 1907년 당시 묘포 18좌 가운데 200칸 규모의 종삼포가 14좌로 전체의 77.8퍼센트를 차지하고 있다. 묘포의 규모는 200칸 정도가 일반적이었음을 알 수 있다. 한편 이 자료에 기록된 총 종삼포 면적은 3,669칸이다. 이 면적을 본포로 이식

[표 37] 1907년의 개성 종삼 칸수[10]

칸수	100칸	150칸	200칸	200칸 이상	계
인원	1	2	14	1	18
백분율	5.60퍼센트	11.10퍼센트	77.80퍼센트	5.60퍼센트	100

* 실제 백분율 합이 100퍼센트가 안 되는 것은 반올림 때문임.
* 160칸도 있는데, 이는 150칸에 포함시켰다. 또 196칸과 201칸의 경우는 200칸에 포함시켰다.

할 경우, 3배 반 정도로 확대됨으로 본포의 면적은 1만 2,800여 칸이 된다. 그런데 후술하듯이 1907년 혹은 1908년의 신설 삼포 면적은 어느 쪽이나 5만 칸을 상회하였다. 따라서 이 자료가 1907년 신설된 종삼포 전부를 대상으로 한 것이 아닐 가능성이 큼을 주의해야 한다. 여하튼 묘포 규모를 200칸으로 상정하면 당시 200칸의 묘포를 경영하기 위해 필요한 비용은 대략 550원이었다.[11]

2. 밀종포 경작법과 생산비 구성

밀종포 경영에 소요되는 비용을 살펴보기 위해 제시한 것이 [표 38]이다.[12] 밀종포 경영을 위해서 필요한 항목을 보면 삼묘 구입이 가장 중요하였다. 그리고 삼묘를 1년간 키우기 위한 밀종포를 설치하는데 그 설치 항목들은 묘포의 그것과 대동소이하였다. 삼묘를 옮겨 심기 전에 묘포의 흙을 고르게 정지했다. 묘포와는 달리 약토와 황토 등은 필요하지 않았고 대신 비료 항목이 있다. 밀종포도 해가림을 설치해야 했다. 밀종포가 설치되면 제초, 관수 등의 일반적인 관리 작업이 필요하였다. 그리고 밀종포도 삼포를 둘러싸는 장책을 설치하였다. 1년간 키운 후에는 채굴 작업이 필요하였다.

밀종포 경영 비용에서 우선 주목되는 점은 밀종포의 칸당 생산 비용이 95전 7리로, 묘포의 칸당 생산비 2원 7전 5리와 비교하면 그 절반에도 미치지 못할 정도로 낮다는 사실이다. 새삼 묘포 생산비가 매우 높다는 사실을 확인할 수 있다. 그러나 밀종포의 경우도 1,000칸, 즉 대략 1,000평을 기준으로 하면 그 비용은 957원이 된다. 이 비용 역시 다른 작물의 1,000평당 생산비와 비교하면 매우 높다는 점은 의심의 여지가 없다.

또 하나 특징적인 점은 삼묘 대금이 65전 2리가 되어 밀종포 비용에서 그 비중이 68.1퍼센트로 매우 높다는 사실이다. 만약 1,000칸을 기준으로 하면 652원이 되는 셈이다. 뒤에서 보듯이 이는 본포 1년 전체

[표 38] 밀종포 1칸당 생산비 조사

비용 세목		금액鎯厘	적 요
삼묘 대금		65.2	묘포 1칸의 삼묘로 밀종포 본포 3칸 반 이식이 보통이므로 밀종포 1칸에 요하는 삼묘 대금은 59전 3리가 된다. 그러나 종삼가의 이익으로 생산비의 1할을 할당하여 이를 가산하여 계산.
정지비		1.2	우경 1,000칸에 대해 2일, 인경 연 20일 우경 1일 2원, 인경 1일 40전
식부비		1.5	1인 1일 20칸, 1일 급료 30전
해가림설비용	염대簾代	3.9	조렴粗簾 1칸분 7전 4년간 사용, 정렴精簾 15전 7년간 사용
	대나무	2.8	죽목 대소 7본, 평균 1본 2전 5년간 사용
	편고	2.7	1태로 10칸에 사용. 1태 80전 3개년 사용
	승대	0.6	1사리沙里를 3칸분에 사용. 1사리 25발, 1사리대沙里代 1전 7리
	소요 인부	0.8	1인 1일 50칸 작업. 일급 40전
제초비		3	5회 제초. 1,000칸에 대해 1회 연 20인, 일급 30전
관수 기타 손질 비용		4.5	1,000칸에 대해 거상居常 1인, 급료 45원
장책 설비비		1.5	1,000칸에 대해 15원
비료비		2	1,000칸에 대해 20원(비료·인부 함께)
기구 손료		0.3	1,000칸에 대해 농구 총계 15원, 평균 5개년 사용
복토비		0.5	1,000칸에 대해 연 15인, 일급 30전
제토 및 굴취비		1.2	1,000칸에 대해 연 40인. 일급 30전
잡비		1	1,000칸에 대해 10원
차지료		3	1칸에 대해 3전
계		95.7	

경영비를 웃도는 액수이다. 삼묘 구입을 위한 초기 투자 부담이 꽤 컸음을 알 수 있다.

다음 노동력 이용을 보면 1,000칸을 기준으로 하면 연 245명의 일고와 1인의 거상 그리고 약간의 우경이 사용되고 있다. 구체적으로는 거상 1인이 1,000칸을 관리함에도 불구하고 200칸의 묘포를 관리하는 거상과 동일한 임금을 받고 있다. 밀종포 면적이 묘포 면적보다 다섯 배나 됨에도 불구하고 임금이 동일하였다. 이는 묘포 경영에 요구되는 기술이 더 높게 평가받았기 때문일 것이다. 그리고 1,000칸의 작업을 하루에 끝낸다고 가정할 때, 밀종포에서도 일복 설치에 20인, 1회 제초에 20인, 복토에 15인, 채굴에 40인이 필요한 것으로 나타나듯이, 일시에 많은 노동력이 필요하였다. 그리고 차지료는 칸당 3전으로 1,000칸을 기준으로 하면 30원이었다.

요컨대 밀종포는 본포와 비교하여 씨삼 구입비가 절대적인 비중을 차지하였다. 이는 초기 투자 부담을 가중시켰다. 그 때문에 비용 부담을 분산시키기 위해서 바로 본포로 이식하지 않고 칸당 더 많은 삼묘를 심을 수 있는 밀종포를 설치하였던 것으로 보인다.

3. 본포 경작법과 생산비 구성

본포의 경작법은 이와 같았는데, 본포 경영에 필요한 비용 구조를 알아보기 위해 제시한 것이 [표 39]다.[13]

본포 경영에 요구되는 항목을 보면 연근별로 다소 차이가 있었다. 밀

[표 39] 본포 1칸당 생산 비용 조사

비목		금액錢厘					적요
		3년근	4년근	5년근	6년근	계	
삼묘 대금		27.3	–	–	–	27.3	삼묘(밀종) 대금의 상세는 제2표에 있음
정지비		1	–	–	–	1	우경 1,000칸에 대해 2일, 이 외에 인경 15인 우경 1일 2원, 인경 1일 40전
식부비		0.8	–	–	–	0.8	1인 1일 40칸, 일급 30전
해가림설비용	염대	2.5	2.5	2.5	2.5	10	1칸 분 5전, 2개년 사용
	편고대	0.7	0.7	0.7	0.7	2.8	1태로 40칸에 사용. 1태 80전 3년간 사용
	대나무	2.5	2.5	2.5	2.5	10	죽목 대소 5본, 1본 2전, 4년간 사용
	승대	0.4	0.04	0.4	0.4	1.6	1사리沙里로 4칸에 사용. 1사리는 25발 1전 7리
	소요 인부	0.6	0.06	0.6	0.6	2.4	1인 1일 70칸 작업. 일급 40전
제초비		2.4	2.4	2.4	2.4	9.6	연 4회 제초. 1,000칸에 대해 1회 연 20인 일급 30전
관수 기타 손질		4.5	4.5	4.5	4.5	18	1,000칸에 대해 거상 1인, 급료 45원
장책 설비비		1.5	1.5	1.5	1.5	6	매년 1,000칸에 대해 50원 (신설비 수선비 평균 매년 동일 할당)
비료비		–	2	–	2	4	격년 1,000칸에 대해 20원
기구 손료		0.3	0.3	0.3	0.3	1.2	1,000칸에 대해 농구 총계 15원. 평균 5년 사용
복토비		0.5	0.5	0.5	–	1.5	1,000칸에 대해 연 15인, 일급 30전
제토비		–	0.9	0.9	0.9	2.7	1,000칸에 대해 연 30인, 일급 30전
채수비		–	–	–	2	2	1일 1인 15칸, 일급 30전
잡비		1	1	1	1	4	1,000칸에 대해 매년 10원
경비 비용		4.8	4.8	28	28	65.6	번병番兵 급료, 신탄유비薪炭油費, 번인番人 급료
차지료		3	3	3	3	12	매년 1칸에 3전
금리		5.4	8.7	14.4	21.1	49.6	금리 연 1할, 매년 누진법에 의해 계산
계		59.2	36.3	63.2	73.2	2원 32전 1리	

종포에서 재배한 인삼을 이식하는 3년차 본포의 경영에는 삼묘 대금과 정지와 식부 작업이 필요하였다. 반면 수삼을 채굴하는 6년차 본포의 경우에는 채굴 작업이 요구되었다. 이 둘을 제외하면 다른 항목은 비슷하였다. 해가림을 설치해야 했고, 본포 관리를 위해 제초, 관수 등의 작업이 필요했다. 본포에도 장책 설치는 필수였다. 그리고 겨울을 나기 위한 복토 작업도 있었다. 비료는 두 해에 한 번 주었다. 묘포나 밀종포와는 달리 본포를 지키기 위한 경비를 서는 작업도 요구되었다. 그리고 무엇보다 금리 항목이 눈에 띈다. 금리 항목이 매해 계상된 것을 보면 당시 삼포 경영에 필요한 자본을 삼포주 혼자서 부담하는 경우는 극히 적었고, 타인의 자금을 적절하게 차입하는 것이 일반적인 방식이었음을 알 수 있다. 타인의 자금을 빌린다고 했을 때 그것은 대개 시변을 통해서 이루어졌을 것이다. 삼포 경영과 관련하여 시변이 매우 중요한 기능을 하였음을 충분히 알 수 있다.

본포 경영비를 보면 각 연근별로 소요되는 비용에 차이가 있었다. 3년근 삼포의 경우 1칸을 경영하는 데 필요한 금액은 59전 2리이었다. 이는 1,000칸을 기준으로 할 때 3년째에는 592원을 지출해야 됨을 의미한다. 구체적인 비용 항목을 보면 2년근 구입 대금으로 1칸당 27전 3리가 요구되었고, 그 비율은 46.1퍼센트였다. 이는 3년째 지출의 절반 가까이를 차지하였다. 2년근 구입에 꽤 많은 비용을 지출해야 했음을 알 수 있다. 3년째 본포에는 4~6년째 본포와는 달리 정지비 및 식부비의 비용 항목이 있다. 이는 2년근을 이식하는 데 필요한 비용이다.

3년근 삼포의 비용 항목을 묘포 혹은 밀종포의 비목과 비교할 때 새로 추가된 것은 경비 비용과 금리 항목이다. 그리고 금리 항목을 따로 설정한 것을 통해서, 삼포 경영에는 많은 자본을 4년 내외 기간 동안 고정시켜야 한다고 상식적으로 알고 있는데, 그 자본이 타인에게서 차입하는 경우가 일반적이었음을 알 수 있다. 그러면서도 3년근 삼포의 비용에서 경비 비용과 금리가 차지하는 비율은 각각 8.1퍼센트와 9.1퍼센트로 4~6년근의 그것과 비교하면 상대적으로 낮다. 이는 도난 위험이 가장 높은 인삼 뿌리는 5년근 이상인 반면 3년근의 경우는 그 위험성이 상대적으로 낮았기 때문이다.

4년근 삼포를 보면, 1칸당 비용 합계가 36전 3리로 다른 연근의 비용보다 훨씬 낮은데, 이는 4년근 삼포의 특징이 될 것이다. 6년근 삼포 비용의 거의 절반에 불과하다. 이는 4년근의 경우 3년근과 달리 삼묘 대금을 지출하지 않아도 될 뿐 아니라, 또 5년근이나 6년근에 비해서 삼포 감시를 강화하지 않아도 되었고 동시에 금리 부담도 그다지 높지 않은 데서 기인하고 있다. 달리 말하면 여타 연근과 비교하여 추가 항목이 없다는 의미인데, 4년근 삼포의 경우 경제적으로 보면 그 부담이 상대적으로 적었다. 그러면서도 각 비목의 비율을 보면 금리가 8전 7리로 24퍼센트를 차지하여, 비율만 보면 5년근 삼포의 그것보다 높다. 그리고 금리와 경비 비용을 합한 비용은 13전 5리이며 그 비율은 37.2퍼센트이다. 이를 통해서 차츰 본포에서 두 비용 항목의 비중이 증대해가는 경향을 확인할 수 있다.

5년근 삼포의 경우는 1칸당 생산 비용이 63전 2리로, 1,000칸을 기준으로 하면 632원이 되어 3년근과 4년근 삼포보다 지출이 증가하고 있다. 지출의 증가는 대부분 경비 비용과 금리에서 기인하였다. 경비 비용은 28전으로 3년근과 4년근의 4전 8리와 비교하여 월등히 증가하

였다. 뿐만 아니라, 5년근 삼포의 총 비용에서 44.3퍼센트라는 큰 비중
을 차지하고 있다. 이를 통해서 5년근부터는 삼포 감시가 매우 중요한
업무임을 알 수 있다. 금리 부담은 14전 4리로 그 비율은 22.8퍼센트이
다. 4년근 삼포의 금리 비율 24퍼센트에는 미치지 못하지만, 4년째와
비교하여 5전 7리가 증가하고 있다. 이는 4년근 8전 7리에 비해 꽤 많
이 증가한 것이다. 결국 금리 비율 감소는 금리 상승률을 훨씬 능가하
는 경비 비용 상승률에 기인하고 있다. 한편 경비 비용과 금리의 합계
는 42전 4리로 그 비율은 67.1퍼센트였다. 5년근 총 비용에서 매우 큰
비중을 차지하고 있다.

6년근 삼포의 총 비용은 1칸당 73전 4리로 본포에서 가장 많은 비
용이다. 이는 5년근 삼포와 비슷하게 주로 경비와 금리 비용에서 비롯

[표 40] 항목별 본포 1칸당 생산 비용

		삼포 대금	일복비	노임	기타	경비 비용	금리	합계
3년근	비용	27전3리	6전1리	9전8리	5전8리	4전8리	5전4리	59전2리
3년근백분율	46.10퍼센트	10.3	16.6	9.8	8.1	9.1	100	
4년근	비용	–	6전1리	8전9리	7전8리	4전8리	8전7리	36전3리
4년근백분율	–	16.80퍼센트	24.5	21.5	13.2	24	100	
5년근	비용	–	6전1리	8전9리	5전8리	28전	14전4리	63전2리
5년근백분율	–	9.70퍼센트	14.1	9.2	44.3	22.8	100	
6년근	비용	–	6전1리	10전4리	7전8리	28전	21전1리	73전4리
6년근백분율	–	8.30퍼센트	14.2	10.6	38.1	28.9	100	
합계	비용	27전 3리	24전 4리	38전	27전2리	65전 6리	49전6리	2원 32전 1리
합계백분율	11.80퍼센트	10.5	16.4	11.7	28.3	21.4	100	

되었다. 경비 비용은 5년근과 마찬가지로 28전으로 그 비율은 38.1퍼센트를 차지하고 있어서 5년근보다 비중은 낮다. 그렇지만 금리는 21전 1리로 5년째와 비교하면 6전 7리가 증가하여 전체에서 점하는 비율도 28.9퍼센트로 높아졌다. 결국 6년근 삼포에서 비용 상승은 금리 부담의 증가에서 연유하고 있음을 알 수 있다. 그리고 경비 비용과 금리를 합한 비용은 49전 1리로 그 비율은 66.9퍼센트가 된다. 6년근 삼포에서 이 두 부문에 지출되는 비용이 절대적으로나 상대적으로나 더욱 증가하고 있음을 확인할 수 있다. 한편 6년근, 즉 채굴기에는 이전에는 없던 채수비採收費 2원이 추가되었다. 채수비는 3년근 이식 때 정지비와 식부비보다 높게 책정되고 있어서 주목을 끈다.

본포의 총 비용을 살펴보자. 단일 항목 중에서 비용 부담이 가장 큰 것은 경비 비용이었다. 4년 동안 1칸당 65전 6리, 1,000칸으로 환산하면 656원을 지출해야 했다. 1년 평균으로 환산하면 1,000칸을 기준으로 할 때 경비 비용으로 164원을 지출해야 했다. 그다음으로 비용 부담이 큰 것은 금리였다. 1칸당 49전 6리로 그 비율은 21.4퍼센트이다. 1,000칸을 기준으로 하면 496원이 되고, 1년 평균 124원 정도를 금융 비용으로 지출해야 했다. 세 번째로 지출 부담이 큰 것은 노임, 즉 임금이었다. 1칸당 38전으로 그 비율은 16.4퍼센트였다. 1,000칸으로 환산하면 380원이 되었고, 4년간 매년 평균 95원 정도를 임금으로 지출했다. 그런데 노임 비중은 16.4퍼센트인데, 이는 삼포 경영에 많은 노동력이 요구될 것이라는 예상에 비하면 낮은 수치로 보인다. 이는 경비 비용을 노임 항목에 포함시키지 않았기 때문이다. 만약 경비 비용을 노임에 포함시키면 그 총액은 1원 3전 6리가 되고 비율은 44.6퍼센트로 증가하여 단연 으뜸이 된다. 1,000칸으로 환산하면 4년 동안 1,036원 정도를 임금으로 지급해야 했다. 그리고 임금 부문과 금리 부문을 합하면 1원 53전 2리로 그 비율은 66퍼센트가 되어 삼포 경영비의 3분의 2 정도를 차지하고 있다. 이를 통해 삼포 경영에서 노동력과 자본 비용의 부담 정도를 충분히 알 수 있다.

요컨대 1칸의 삼포를 6년 동안 경영하려면 2원 32전 1리의 비용이 필요하였다. 이를 1,000칸으로 환산하면 2,321원이 된다. 결국 6년 동안 2,300원이 넘는 자본을 동원할 수 있는 능력이 있어야 삼포를 경영할 수 있었다. 다음 노동력 문제를 보면, 묘포와 밀종포처럼 거상 1인이 일반적인 본포 관리를 하고, 특별한 작업이 요구될 때는 다수의 노

[표 41] 1칸당 6개년 생산 비용 조사

	종삼포		밀종포		3년근		4년근		5년근		6년근		3~6년계 합계	
	금액	비율	금액	비율	금액	비율	금액	비율	금액	비율	금액	비율	금액	비율
종삼 삼묘대	56.3	27.6	65.2	68.8	27.3	46.9	–	–	–	–	–	–	27.3	11.9
파종 관리비	33.9	16.4	14.2	15	9.5	16.3	10.6	30	8.6	13.8	12.1	16.7	40.8	17.9
일차설비	21.2	10.3	10.8	11.4	6.7	11.5	6.7	19	6.7	10.8	6.7	9.3	26.8	11.7
경비 비용	2	1	1.5	1.6	6.3	10.8	6.3	17.8	29.5	47.4	29.5	40.7	71.6	31.4
차지료	4	1.9	3	3.2	3	5.2	3	8.5	3	4.8	3	4.1	12	5.3
황토 약토대	88.5	42.9	–	–	–	–	–	–	–	–	–	–	–	–
금리	–	–	–	–	5.4	9.3	8.7	24.6	14.4	23.2	21.1	29.1	49.6	21.7
계	207.5	100	95.7	100	59.2	100	36.3	100	63.2	100	73.4	100	232.1	100

* 단위 금액은 전(원진리), 비율은 퍼센트.
* 원 자료에는 잡기 1전이 일괄적으로 기재되어 있는데 여기서는 일괄적으로 제외하고 계산.
* 비율계가 100퍼센트가 안 되는 경우는 반올림 때문.

동력을 집중 동원하였다. 예컨대 삼묘를 이식하기 위한 정지 작업 및 식부에 35인 정도의 노동력이 필요하였다. 일복 설치에 15인, 제초 1회에 20인 연 4회 실시로 80인이 필요하였다. 복토 작업에 15인, 제토 작업에는 30인 정도가 필요했다. 4년근과 5년근 삼포에서는 정지 및 식부를 위한 노동력이 필요하지 않았다는 차이가 있을 뿐 3년근과 크게 다르지 않았다. 다만 6년근의 경우는 채수를 위해 1,000칸을 기준으로 67인 정도가 더 필요하였다. 한편 묘포와 밀종포와는 달리 본포에서는 번병番兵 혹은 장정이 삼포 감시를 위해 상주하는 것은 전혀 다른 양상이다.

4. 홍삼 제조 과정과 비용 구성

홍삼 제조에는 어느 정도의 비용이 소요되었을까. 각 작업별 소요 비용을 구체적으로 알려주는 사료는 아직 찾을 수 없다. 다만 삼포 생산비를 논하면서 일제에 의해 간략하게 정리된 것이 있다. 그것을 정리하면 [표 42]와 같다.[14]

1907년 제조 비용이 상대적으로 낮은 이유는, 이 해에는 민간업자가 제조하였고 그 결과 삼정과에서 감독 기타에 요하는 제 잡비를 계상하여 가산하지 않았기 때문이라고 한다. 제조는 특정인에게 청부하여 홍삼 1근에 1원씩 비용을 지불한 것으로 가정하였다. 그리고 미삼은 본삼本蔘에 붙어 있는 것이기 때문에 별도 임금을 지급하지 않는다.

그런데 이 표는 홍삼 제조 비용을 분석하는 데는 적지 않은 한계가 있다. 무엇보다도 수삼 구입비가 누락되어 있다. 그리고 제조비를 일괄적으로 홍삼 1근당 1원으로 책정하고 있는데 이는 사실을 호도한 것이다. 왜냐하면 1907년 민간에서 홍삼을 제조할 때는 홍삼 1근당 2원씩 제조 비용을 지급하였기 때문이다.[15] 그리고 앞서 언급했듯이 1894~1895년 무렵에 홍삼 1근당 제조 비용이 1원 혹은 1원 20전이었음을 감안하면 [표 42]에서 홍삼 제조 비용을 1근당 1원으로 책정한 것은 실제보다 낮은 액수였다.

1908년 일제가 홍삼 전매제를 실시하고 첫해 홍삼을 직접 제조하면서 분석한 비용 구조를 보면 [표 43]과 같다.[16] 1908년에는 4,173근의 홍삼을 제조하였다.[17] 이 표는 홍삼 4,173근을 제조하는 데 소요된 비용을 보여준다. 이 표를 보면 알 수 있듯이 홍삼 제조에서 절대적인 비용을 차지하는 것은 원료비, 즉 수삼 구입비였다. 원료비가 전체 비용의 94.9퍼센트를 차지하였다. 원료비에는 운반비와 집삼 수당이 포함되어 있는데, 이를 제외하더라도 그 비율은 94.3퍼센트로 압도적인 비중을 점하였다. 이는 수만 근에 이르는 수삼을 구입하기 위해서는 불가피한

[표 42] 홍삼 제조 비용 조사

연차	홍삼 총 근수	제조비(원)	수삼 운반비	직공 기타 상여	제잡비[18]	계(원)	1근당 제조 비용(리)
1905	본삼 15,905 미삼 3,155	15,905 (70.2퍼센트)	1,508 (6.7퍼센트)	1,385 (6.1퍼센트)	3,861 (17.0퍼센트)	22,659[19]	1,425
1906	본삼 14,650 미삼 2,904	14,650 (64.0퍼센트)	1,543 (6.7퍼센트)	1,711 (7.5퍼센트)	4,996 (21.8퍼센트)	22,900	1,563
1907	본삼 11,845 미삼 2,369	11,845 (75.9퍼센트)	1,338 (8.6퍼센트)	1,185 (7.6퍼센트)	1,248 (8.0퍼센트)	15,616	1,319

지출이었다. 다만 그런 비용을 지불하더라도 홍삼을 제조하면 수삼 구입가보다 몇 배 높은 가격으로 판매할 수 있었으므로 원료비 지급 자체가 문제가 되지는 않았을 것이다.[20]

수삼 구입 비용 다음으로 많은 비용이 소요된 것은 임금에 해당하는 노임이었다. 여기에는 수삼 운반비, 집삼 수당과 세삼·증삼·건조·마무리 등의 작업에서 필요한 공임과 직공 상여 등이 포함된다. 그 액수는 2,261.650엔으로 그 비율은 대략 3퍼센트였다. 수삼 구입비와 인건비를 합한 비중은 97.3퍼센트가 된다. 그 외의 비용은 소모품비와

[표 43] 1908년 홍삼 제조비 구성

구분	세목	비용	좌비율	합계(円)	좌비율	1천 근 당 생산비
원료비	수삼 구입비	70,896.30	94.3	71,290.36	94.9	17,083.72
	수삼 운반비	264.32	0.4			
	집삼 수당	129.74	0.2			
세삼비	공임	154.91	0.2	194.43	0.3	46.592
	기구 손료	39.52	0.1			
증삼비	공임	360	0.5	820.16	1.1	196.54
	소모품비	410.66	0.5			
	비품비	49.5	0.1			
건조비	공임	265.15	0.4	794.48	1.1	190.386
	소모품비	437	0.6			
	비품비	92.33	0.1			
마무리 비용	공임	280.57	0.4	1,166.20	1.6	279.463
	소모품비	865.315	1.2			
	기구 손료	20.315	0.03			
잡비	소모품비	79.58	0.1	886.535	1.2	212.445
	직공 뇌료肭料 및 상여	806.955	1.1			
계		71,152.17	100	75,152.17	100	18,009.145(150)

* 이 해의 수삼 배상금 중에서 표본으로 채수한 수삼 26근에 대한 금액 144.300엔을 공제한 것을 본 표의 배상금으로 함.

기구 손료 등 감가상각비에 해당하는 것이었다. 한편 1908년에 홍삼 제조 작업에 동원된 직공은 집삼 7인, 증삼 7인, 화고공火庫工 4인, 간 방공 7인, 잡역 18인으로 총 43명이었다. 이 해는 삼업이 극도로 위축 된 시기였다. 때문에 홍삼 4,000여 근을 제조하는 데 그쳤다. 통감부 이전에 최대 4만여 근을 제조하던 때와 비교하면 급감한 수량이었다. 따라서 예년 같으면 홍삼 제조 인력은 100여 명을 훨씬 상회하였을 것 이다.

4,173근의 홍삼을 제조하기 위해서 소요된 총 비용은 7만 5,152.170 엔이었다. 이를 홍삼 1,000근 제조 비용으로 환산하면 1만 8,009.150 엔이 되었다. 1908년 당시에는 홍삼 1,000근을 제조하기 위해서는 대 략 1만 8,000엔 정도가 소요되었음을 알 수 있다. 제조 비용이 매우 높 은데, 이는 고가의 수삼을 원료로 구입해야 했기 때문이었다.

한편 개성상인은 그들의 자본으로 수삼을 구입하여 홍삼을 제조할 수 있는 여력이 충분했다. 1907년 사례가 그것을 증명한다. 이렇게 민 간에서 제조할 경우 수삼 구입비도 훨씬 높게 책정되었고 제조공들의 노임도 훨씬 후하게 지급되었다. 그러면서도 20퍼센트 이상의 수익을 거둘 수 있었다. 그러나 일제의 홍삼 전매제로 개성상인들의 홍삼 제조 및 판매는 불가능하게 되었고, 그 결과 인삼업에서 얻을 수 있는 수익 은 줄어들 수밖에 없었다.

2.
삼업자본 조달과
투자 방식

1. 개성상인의 삼업자본 조달

앞에서 살펴본 바에 따르면 한말 삼포 1칸을 4년 정도 경영하여 수삼을 수확하기 위해서는 2원 30전 내외의 자본이 필요하였다. 당시 1,000칸이 삼포 1좌의 일반적인 면적이었음으로 1,000칸 삼포를 경영하기 위해서는 2,300원 정도의 자본을 4년간 투자해야 했다. 500칸 삼포라면 1,150원 정도의 투자가 필요하였다. 삼포 경영에 투자해야 하는 자본의 크기를 짐작할 수 있다. 개성의 삼포주들은 그만한 자본을 어떻게 조달하였을까?

19세기 초반 개성상인의 삼업 투자 초창기에는 그 자금이 개성상인의 상업자본과 지주자본에서 조달되었다. 그리고 19세기 중반 이후 인삼업이 크게 성장한 이후로는 삼업자본이 여기에 추가된 것으로 볼 수 있다. 1895년 이전까지 홍삼 수출을 주도했던 역관들도 일정하게 자본을 투자했을 것이고 또 인삼 수익에 관심이 있던 서울상인들 혹은 서울의 관료도 투자했던 것 같다. 그렇지만 삼포 투자금의 원천 가운데 가장 중요한 것은 역시 개성상인의 상업자본이었다.[21]

아직까지 19세기 초 개성상인의 자본 축적 정도를 확인할 수 있는 자료는 없다. 다만 18세기 중반 이중환이 지은 《택리지》의 다음 서술을 통해 대략은 짐작할 수 있다.

밑천이 많은 큰 장사를 말한다면 한 곳에 있으면서 재물을 부려, 남쪽으로 왜국과 통하며, 북쪽으로 중국의 연경과 통한다. 여러 해로 천하의 물자를 실어 들여서 혹 수백만 금의 재물을 모은 자도 있다. 이런 자는 한양에 많이 있고, 다음은 개성이며, 또 다음은 평양과 안주이다. 모두 중국의 연경과 통하는 길에 있는 것이며, 큰 부자로 되는 바, 이것은 배를 통하여 얻는 이익과 비교할 바가 아니며, 삼남에도 이런 또래는 없다.[22]

위 글을 통해서 우리는 상업자본 특히 해외무역을 통한 자본 축적으로 서울, 개성, 평양 등이 당시 부자 상인들이 많은 도시였던 사실과 그런 큰 부자들이 삼남 지방에는 존재하지 않았다는 사실을 알 수 있다. 18세기 중반까지는 17세기 이후 본격화된 한중일 삼각무역으로 인한 호황이 어느 정도 남아 있을 때였다. 그러나 18세기 중반 이후 삼각무역의 호황이 점차 사라지면서 조선은 마땅한 수출품 부재로 대외무역에서 곤란을 겪었다. 따라서 수십 년이 지난 19세기 초반 개성상인의 상업자본 규모를 18세기 중반의 그것을 갖고 추론하는 것은 신중할 필요가 있다. 그러나 개성상인은 대외무역뿐 아니라 국내 상업에서도 독보적인 위치를 차지하고 있었다. 때문에 18세기 중후반 무역 쇠퇴로 개성상인의 자본이 일정하게 위축되었을 가능성은 있지만, 심하게 침체되었을 것으로는 생각되지 않는다.

이러한 추론은 19세기 초반 개성상인에 의한 개성 지역의 인삼 주산지화 과정을 통해서 뒷받침할 수 있다. 영남 사람들은 늦어도 17세기에는 인삼 재배법을 알고 있었고 실제로 재배도 하였다.[23] 그리고 1세기 정도 지난 18세기 후반에는 정조를 위시한 조정이 인삼의 인공 재배와 그 경제적 가치에 대해 큰 관심을 갖게 될 정도로 주요 상품으로 등장하였다.[24] 그러나 영남과 충청 지역에서 개성 지역보다 훨씬 앞서 인삼 재배가 보급되고 실제 경작도 이루어졌지만, 그 재배 규모는 소규모였다.[25] 그 결과 대량 생산을 통한 주산지화와 홍삼의 대량 수출은 한말까지 삼남 지역 어디에서도 가능하지 않았다. 반면 개성상인들은 이들 지역보다 한참 늦은 19세기 들어서부터 서서히 개성 지역에서 인삼 재배를 시작하였다. 그리고 20년 정도가 지나고 19세기 초중반이 되면 개성은 인삼 주산지로 등장하게 되고 이후 홍삼의 대량 생산과 수출은 전적으로 개성 지역이 전담하게 된다.

영남과 충청도에서 인삼 재배를 먼저 시작하였음에도, 이들 지역보다 훨씬 늦게 출발한 개성이 인삼 주산지와 홍삼 제조 및 수출의 본거지가 될 수 있었던 이유는 오직 자본 축적 규모의 차이로밖에 설명할 수 없다.[26] 앞서《택리지》에서도 나왔듯이 삼남 지방에는 대자본을 4~5년간 투자하여 인삼을 대량 생산할 수 있는 자본가와 자본이 없었다. 반면 개성에는 국내외 상업활동을 통해 자본을 축적하고 있던 개성상인들이 존재하였다. 그들이 상업자본을 삼업자본으로 적극적으로 전환시킴으로써 19세기 초반 이후 개성 지역의 인삼 주산지화와 홍삼의 대량 생산과 수출이 가능해졌다. 그리고 성공적인 자본 전환 이후 개성상인은 이른바 '인삼 경기'로 인해 18세기 후반 수출품 부재 문제를 일거에 해결하고 국제 무역을 재개시킴으로써 자본 축적을 가속화시킬 수 있었다.[27]

자본 규모만 보면 18세기 후반 서울과 평양 두 지역의 상인들도 삼포를 경영할 수 있는 자본을 축적하고 있었다. 특히 서울은 역관의 활동무대이기도 하였기 때문에 삼포 경영의 이익을 잘 알고 있었고 19세기초반까지는 관심을 갖고 일정하게 투자도 했던 것 같다. 예컨대 역관이중심이 되어 개성에 있던 홍삼 제조소인 증포소를 한강 변으로 옮기기도 했던 것이다. 일종의 개성상인과 역관(넓게는 서울상인도 포함) 간의홍삼을 둘러싼 상권 쟁탈전이 벌어졌던 것이다. 그러나 결국 증포소는개성으로 다시 옮겨 가고 이후 이것이 관례가 되면서 서울은 홍삼 제조에서 주도권을 상실하여 주변적인 존재로 머물게 되었다.[28]

개성상인과 삼포 경영의 관계를 구체적으로 보여주는 기록은 홍희유의 연구에서 찾아볼 수 있다. 그는 개성상인의 상업부기책인《외상장책》과《타급장책》등을 분석하여 개성상인의 자본과 삼포 경영과의 관계에는 크게 세 유형이 존재했던 것으로 파악했다.[29] 첫째 유형은 단순한 고리대적 대차관계이다. 위 장책에서 백중립이 1푼 이율로 100냥씩대부한 것이 그것이다. 그런데 1897년 6월 6일조에 이영균과 양계진이꾸어간 6월 본돈 2,892냥 8전 7푼과 1,983냥 7전 7푼은 고리대가 아니라 상인들이 이 두 사람의 경영 삼포에 공동자금으로 출자한 것, 즉 삼포 경영에 대한 투자로 볼 수 있다고 한다.

[표 45]에 제시하는 개성상인 장책에서 보다 확실한 개성상인의 삼
포 투자 사례를 확인할 수 있다. 이《외상장책》의 주인공은 1840년부터
1850년간에 박형근, 양계진, 차윤홍 등이 경영하는 삼포 도중에 각각
투자하여 한깃(한몫)에 최하 87냥으로부터 최고 2,200냥의 이익배당금
을 얻고 있다. 여기서 박형근, 양계진, 차윤홍 등의 '삼포 도중 이익조
한깃 입금'이라고 한 것은 장책 주인이 세 사람의 삼포 도중에 투자하
여 각각 이익배당금을 받아들였다는 것을 보여주는 것이다. 이는 개성

[표 44] 19세기 중반 개성상인들과 삼포업자들과의 대차관계[30]

간지	연월일	내용	액수
갑진	1884. 10. 28	박윤화(?)가 삼포용으로 꾸어간 돈	20냥
정해	1887. 3. 1	한이명이 삼포용으로 꾸어간 돈	50냥
〃	1887. 4. 9	〃	〃
〃	1887. 10. 10	박형근이 삼포용으로 꾸어간 돈	350냥
을미	1895. 3. 11	이영원이 삼포용으로 꾸어간 돈	279냥 7전 5푼
병신	1896. 10. 19	양계진이 삼포용으로 꾸어간 돈	200냥
정유	1897. 6. 6	이익균이 삼포용으로 꾸어간 6월본 돈	2,892냥 8전 7푼
〃	〃	양계진이 삼포용으로 꾸어간 6월본 돈	1,983냥 7전 7푼
〃	1897. 9. 18	백중립이 1푼 이률로 꾸어간 삼포용 돈	100냥
〃	1897. 10. 10	〃	〃

[표 45] 삼포에 투자하여 얻은 이익배당금 수입 정형[31]

	연월일	내역	수입액수
경자년	1840. 11. 20	박형근 삼포 도중 이익조 한깃 입금	87냥 6푼
신축년	1841. 7. 29	양계진 삼포 도중 이익조 한깃 입금	426냥 8전 3푼
갑진년	1844. 10. 25	〃	1,661냥 4전 1푼
경술년	1850. 6. 9	차윤홍 삼포 도중 이익조 한깃 입금	2,200냥 2전 5푼
계			4,375냥 5전 5푼

상인들이 여러 삼포들에 한몫을 투자하여 이익 배당에 참가한 사실을 보여준다.

홍희유는 개성상인의 삼포 경영 침투는 투자보다는 자금을 미리 대주는 방법으로 더 많이 이루어진 것으로 이해했다. 즉 삼포에 생산자금 혹은 인삼값을 미리 대주고 생산물을 매점하는 사람을 인삼 물주라고 명명하고 이들에 대해 큰 의미를 부여하였다.[32] 홍희유는 인삼 물주가 상품화폐관계가 높은 수준으로 발전하고 그 확대에 의해 봉건제도가 분해되어 가던 시기에 흔히 나타나는 상업자본의 최고 형태로서의 매점업자적 성격을 지닌 존재라고 의미를 부여하였다.[33]

한편 1899년 내장원이 삼정을 전관하면서부터 수삼 배상금 선교제도를 실시하였다. 이 역시 개성 삼포주들에게 삼업자금 조달에 도움을 주었다. 이 제도는 경작자들이 내장원에 자금 융통을 청원하여 시행하게 된 것으로, 1899년부터 그해 수확할 삼포를 소유한 경작자에게 미리 그해 정부에서 수납할 수삼 예상 수량을 조사하고 이에 대한 배상 금액을 추정하여, 그 추정 예상금액의 약 5할 내지 8, 9할까지를 4월이나 5월경에 미리 지급하는 제도였다. 그 액수는 대략 10만 원에서 20만 원 정도였다. 가을철 수납기가 되면 수삼 수납을 완료한 후 12월에 각 경작자마다 그 배상금을 결산하여 전도前渡 금액 및 이자(약 1개월 1보步, 즉 일보日步 4전 내외)를 공제하여 그 잔금을 삼포민에게 교부했다. 만약 경작자의 실제 배상금으로 전도금 및 이자 합계를 충당할 수 없을 때는 그 부족 금액을 해당 삼포민에게 추징했다.[34] 이 제도는 삼포주들에게 적지 않은 금융 편의를 제공하였다. 특히 6년근 삼포를 경영하는 데 가장 많은 비용이 요구되었기 때문에, 배상금 선교는 자금 측면에서

삼포주들에게 큰 도움을 주었다.[35]

19세기 중반이 되면 인삼업에서 벌어들인 수익이 매우 커서 그것이 다시 인삼업으로 투자되어 삼업자금으로 활용되었다. 개성상인의 삼포 투자 규모는 홍삼 수출량 추이를 통해 간접적으로 살펴볼 수 있다. 1823년 정부가 지정한 홍삼 제조 근수는 1,000근이었는데 10년도 안 된 1832년에 홍삼 제조 근수는 8,000근으로 증가하였고, 다시 15년 정도가 지난 1847년에는 4만 근으로 격증하였다. 24년 만에 홍삼 생산량이 40배로 증가한 것이다. 1830~1840년대 개성 지역에 불었을 '인삼 경기(인삼 붐)'를 쉽게 짐작할 수 있다. 이때가 되면 삼업자본은 개성상인의 상업자본 못지않게 성장하였고, 이 삼업자본은 다시 삼포 경영에 재투자되어 인삼 경기의 팽창을 가속화했다고 볼 수 있다.[36]

2. 삼업 투자 방식

대체로 삼포 경영을 위한 자금으로는 개성상인의 자본이 핵심을 차지하였고 기타 자본도 투자되고 있었다. 거액의 자금이 투자되고, 5~6년 정도 자본이 고정되어야 하는 조건 때문에 한 사람이 자본 전체를 투자하는 경우보다는 공동 투자가 일반적이었다. 따라서 삼포 경영을 둘러싼 자본 투자 방식은 단일하지 않고 여러 형태였다. 홍희유는 개성부기 분석을 통해 세 가지 유형, 즉 고리대 자본, 도중都中(=공동 투자) 자본, 선대자본(=인삼 물주)으로 구분하였다. 그러나 이는 개성상인 장부책의 기록에 의한 것으로 정작 자기 자본으로 투자한 경우는 포괄하지 못하는 문제가 있다.

삼포 경영에는 자본 조달 방식과 함께 차지借地관계도 주목할 필요가 있다. 인삼을 한 번 재배했던 밭에서 다시 인삼을 재배하기 위해서는 10년 이상이 지난 후에나 가능하였다. 때문에 타인의 토지에서 재배하는 경우가 많았고 자기 토지에서 재배하는 사례는 드물었다.[37] 즉 대부분이 남의 땅을 빌려서 삼포를 경영한다고 보면 된다. 그러나 삼포를 경영하기 위한 차지관계는 일반 논밭에서의 차지관계와는 성격이 매우 달랐다.

1910년의 《삼포에 관한 조사보고서》에 의하면 당시 삼포를 둘러싼 제반 관계에서 삼포권蔘圃權을 갖는 자를 '포주圃主'라 하고 실제 경작자를 '작인作人'이라고 하였다. 그런데 대개는 포주가 동시에 경작자가 되었다고 한다. 실제 작인은 고인雇人, 즉 고용인인 경우가 많았다는 것이다.[38] 이 조사에 따르면 한말 삼포 경영의 일반적인 형태는 다음과 같다. 삼포 소유권을 갖고 있는 포주가 타인의 토지를 임차하여 삼포를 설치하고 그 경작을 실제 담당하였다. 그러면서 삼포 감시 업무 등을 위해 연중 삼포에 상주하는 고용인을 두어 삼포를 관리하게 하였다.

이와 관련하여 《조사보고서》보다 15년 이전에 작성된 《삼포적간성책》(일종의 삼포대장)이 남아 있다. 여기에 기재된 고농雇農과 자농自農의 비율은 다음과 같다.[39] 삼포대장에는 총 825좌의 삼포와 615명의 삼포주가 기재되어 있다. 825좌의 삼포 중에서 '자농'이라고 표시되어 있는 삼포 수는 95좌(11.5퍼센트) 4만 7,685칸(8.6퍼센트)이었다. 반면 '고雇 ○○○'라고 표시되어 있는 삼포 수는 464좌(56.24퍼센트) 40만 4,160칸(72.85퍼센트)이고, 미상이 266좌(32.34퍼센트) 10만 2,916칸

(18.6퍼센트)이다. 그리고 삼포 1좌당 평균 면적이 '자농'으로 표시된 경우는 약 502칸, '고雇'가 기재되어 있는 삼포는 약 871칸, 미상인 삼포는 약 387칸이었다.[40] 위의 《조사보고서》에서 대개는 삼포주가 경작자가 되었다는 기록과,[41] 《적간성책》에서 높은 비율로 고농이 표시된 사실을 동시에 고려하면 《적간성책》의 고농은 삼포주 겸 경작자와 고용인의 관계로 이해된다. '자농'은 삼포 소유권을 갖고 있고 타인의 토지를 임차하여 삼포를 설치하고 그 경작과 상시 삼포 감시 업무까지 함께 수행하는 그래서 '고인雇人'을 두지 않은 경우로 이해된다. 자농의 경작 면적이 '고雇'가 있는 경우보다 작은 이유는 관리인을 고용할 비용을 아껴야 할 정도로 자본 규모가 작았을 것이고 따라서 가족 노동력을 중심으로 삼포를 경영했던 것으로 추정된다.

드물게는 삼포주와 작인 사이에 병작과 유사한 관계가 이루어지는 일도 있었다고 한다.[42] 이는 《조사보고서》에서도 언급하고 있듯이 동사同事(=도중都中)로 볼 수 있다.[43] 이 관계를 좀 더 구체적으로 살펴보면, 삼포주는 2년근 또는 3년근을 공급하고 작인은 기타 비용 혹은 도지전賭地錢을 부담함으로써 수삼 채취 후에 이를 반분하거나 혹은 비율을 정하여 나누었다고 한다. 만약 삼포주가 1년근을 공급했을 때는 가장 저리의 자본을 작인에게 대여했다고 한다.[44] 이 사례는 풍덕에서 조사한 내용이다. 이러한 경작관계는 10년 전까지 존재했고 1910년 무렵에는 사라졌다고 한다. 1910년 무렵이면 삼업은 이미 일제에 의해 거대 삼포주 중심으로 재편되고 있었다. 때문에 중소 자본 소유자들이 주로 이용했을 도중은 쇠퇴하고 있었던 것으로 보인다. 그러나 통감부 설치 이전까지는 도중(=동사同事)이 많이 존재했을 것으로 생각된다.

둘 이상이 자본과 노동력 등을 공동 출자하여 삼포를 경영하는 도중 혹은 동사 방식은 이른 시기부터 행해졌던 것 같다. 앞의 개성상인의 장책에서 이형근 삼포 도중, 양계진 삼포 도중, 차윤홍 삼포 도중이라고 한 것은 모두 공동 투자 방식을 보여준다. 이외에도 《적간성책》에서도 공동 투자의 기록을 볼 수 있다. 강남면 적간에서 김영석 삼포의 경우 "이경연 도중"이라고 부기되어 있는 것이 그것이다.[45] 이외에도 금천 사람 손윤서와 개성 사람 김인협 도중이 6근삼 840칸을 금천 독산촌에서 경영한 사례도 있다.[46]

다음과 같은 사례도 있다. 1907년 당시 서울에 거주하던 이풍곤은 1904년 개성에 살 때 개성 거주 장영동의 삼포 400칸을 매득하여 역시 개성에 거주하던 김종호와 이 해 동사로 그에게 치포治圃와 간사看事를 맡기는 계약을 하였다. 이 경우 이풍곤은 주로 자본을 출자하고 김종호는 삼포 관리 등 노동력을 제공하는 계약을 체결했음을 알 수 있다.

통감부의 기록에서도 공동 경영의 사례가 확인된다. 1908년 당시 통감부가 삼포를 조사하면서 그 표본으로 제시한 자료가 있다. 그 자료에 의하면 표본 삼포의 총 칸수는 1,087칸이고 삼포주는 이시우로 게재되어 있다. 그런데 비고란에는 이 삼포가 김익영, 황주동, 이시우 3인의 공동 경영이라고 밝히고 있다. 그 공동 계약 내용은 김익영과 황주동은 삼묘 및 삼포 재료 그리고 기타 제 비용을 공급하고 이시우는 상번인常番人 및 기타 실시에 대해 감독 시설 등 노동력을 출자하는 것이었다. 그리고 그 손익은 3인의 공동 분담으로 한다고 되어 있다.[47] 이는 이풍곤과 김종호의 동사관계와 비슷하게 자본과 노동력의 공동 출자 방식이다.

이처럼 다대한 자본을 투자해야 하는 삼포 경영에서 혼자서 전적으로 자본을 부담하기에는 자본 조달도 쉽지 않고 또 실패할 경우 경제적 타격이 꽤 클 것이기 때문에 위험을 분산한다는 차원에서도 삼포 경영에서 공동 투자 혹은 동사는 일반적으로 행해졌던 것으로 보인다.

막대한 자본의 투자, 차지관계의 활성화 그리고 고가의 작물이란 점 등으로 인해 인삼포는 일반 농지와는 다른 경제적 성격을 갖고 있었다. 재배지의 대차 기간은 명백하게 정해지지는 않았지만, 암묵적인 기간은 존재했다. 즉 묘포와 밀종포의 경우는 이식할 때까지, 본포의 경우 수확할 때까지가 그 기간이 되었다.

차지료는 보통 일반 작물의 2배 내지 3배에 달하는 고가였다.[48] 차지료 지불은 대부분 금전으로 이루어졌다. 간혹 미곡 등으로 하는 경우도 있지만 이는 드문 사례였다.[49] 그러나 어떤 경우에도 수확한 수삼으로 차지료를 지불하는 일은 없었다. 다만 종포와 밀종포에서는 실물을 차지료로 분배하는 경우가 있었다.[50] 차지료는 선납이 관행이었다. 종포와 밀종포에서는 1년분을 미리 지불하고, 본포에서는 3년분을 선납하였다. 본포에서 3년이 지난 후에도 수확을 하지 않고 계속 차지해야 하는 경우에는 해마다 선납하였다.[51]

계약 해지와 관련하여 삼포용 토지를 빌려준 토지소유자에게는 어떠한 경우에도 해약할 권리가 없었다. 심지어 차지인이 의무를 이행하지 않은 경우에도 토지 반환을 요구할 수 없었다. 그러나 토지소유자는 수삼 채납採納 때에 역관이나 해당 관청에서 구입한 수삼에 대한 대금 또는 배상금 내에서 지대 공제를 청구하였다.[52] 반면 차지인은 토지를 빌렸는데 삼포 경영에 적당하지 않은 척박한 토지여서 인삼을 이식해야 하는 경우에는 해약할 수 있었다.[53]

삼포는 전대轉貸할 수 있었다. 그러나 삼포와 분리하여 차지권만을 전대하거나 양도하는 사례는 거의 없었다. 일단 인삼을 심으면 그 인삼을 떼어놓고 차지권만을 전대할 필요가 없기 때문이다. 전대는 지주의 승낙이 필요하지 않았다.[54] 전대의 경우 지주는 차주借主에게 차지료를 청구하는 것이 통례였다. 인삼은 고가의 작물이면서 토지에 묶여 있어서 지대를 받는 데 가장 유리하였다. 이는 전대가 자유로운 한 원인이 되었다.[55] 삼포의 차지권은 토지소유자가 바뀐 후에도 새로운 토지소유자에게 대항할 수 있었다. 뿐만 아니라 이를 통해 전당권자와 기타 제3자에게도 대항할 수 있었다.[56]

이처럼 삼포용 토지의 대차관계는 보통 토지의 대차, 즉 도지賭地 병작 등과 그 취지를 달리하는 일종의 물권적 관계를 낳고 있었다. 예전부터 하나의 물권과 같이 취급되어 이를 삼포권이라고 부를 수 있는 것이다. 당국에서도 일종의 물권과 같이 취급하였다. 이를 타인의 토지 위에서 작삼作蔘할 수 있는 권리, 즉 차득권借得權으로 이해하는 방식도 존재하였다. 즉 이 권리는 사람의 권리가 아니라 인삼이 가지고 있는 것으로, 삼포주는 이 인삼이 가지는 차득권을 계승한 자로 간주하였다. 때문에 지주나 삼포주가 바뀌어도 차지권에는 영향이 없다고 생각하는 방식이었다.[57]

삼포 매매는 자유로웠고 또 활발하게 이루어졌다.[58] 당시에는 이를 '삼매매蔘賣買'라고 불렀다. 인삼을 매매하는 데는 지주의 승낙이 필요하지 않았고 또 통지할 필요도 없었다. 삼포 양도에는 당연히 차지권도 뒤따랐다. 삼포의 담, 덮개 등의 공작물과 관리인의 오두막(일반 가옥과 같음) 등은 특약이 없다면 삼포의 양도에 수반되지 않지만, 관습상 이전 삼포주는 이를 무상으로 사용할 수 있도록 허락하였다.[59] 삼포 양도는 특별한 절차는 없었고 구두 약속으로 이루어졌다. 1899년 내장원 소관 이후 빙권을 교부함에 따라 이 빙권의 인도로 매매가 성립하였다. 통감부 시기에 삼정이 탁지부로 이관되고 삼정과가 설치된 이후의 양도 절차는 명의 이전을 청구하면 삼정과에서 그 공장公帳에 명의를 변경하여 기재하였다.[60] 이 경우에도 관의 허가 증명 또는 신고가 필요하지는 않았다.[61]

삼포는 전당도 자유롭게 할 수 있었다. 이 역시 지주의 승낙이나 통지가 필요하지 않았다. 여기서 말하는 전당은 저당의 개념에 가까워서 채권자에게 삼포를 인도해야 하는 그런 전당은 아니었다. 그리고 채무를 이행하지 않았다고 해서 전당 잡은 삼포를 매각하거나 자기 소유로 할 수는 없었다. 유질流質 계약도 계약 기간이 경과했다고 해서 바로 삼포권이 이동하지는 않았다. 대체로 수삼 배상금이 교부될 때 채무를 이행하는 사례가 많았다. 요컨대 삼포 전당은 1899년 내장원 소관 이후 수삼 배상금 선급에서 일종의 담보로 제공된 것으로 볼 수 있다. 따라서 전당권 집행에 대한 사례나 소송 사례는 거의 없었다.[62]

이처럼 삼포에 관한 사항은 여타 토지의 대차, 전당 등과 다른 점이 적지 않았다. 또 삼포는 삼포로서, 특종의 권리 목적물로서 그 양도 전당 등에 대한 특별한 관습이 있었다. 그리고 이들 관계에 대해서 일종의 물권적 성질을 갖고 있었다.[63]

이상에서 살펴보았듯이, 개성상인은 개성을 인삼 주산지로 만들면서 인삼 재배법과 홍삼 제조법에서 큰 진보를 성취하였다. 그러나 아쉽게도 이 글에서는 19세기 수삼 재배와 홍삼 제조에서 이루어진 진보는 다루지 못하였다. 대신 한말 단계의 재배법과 제조법 그리고 그를 위한 비용 문제를 살펴보았다. 그 결과는 상식적으로 이해하고 있듯이, 삼포 경영을 위해서는 막대한 자본이 투자되어야 했고, 작업에 따라 일시에 많은 노동력이 필요하였음을 확인할 수 있었다. 한말 단계 기록 검토를 통해 삼업은 자본과 임노동의 결합에 의해 경영될 수밖에 없었음을 알 수 있었다. 삼포의 이러한 경영적 특징은 19세기 초중반에도 크게 다르지 않았을 것이다.

인삼은 한 번 재배한 곳에서는 10년 동안 다시 인삼을 재배할 수 없기 때문에 자기 소유 토지에서 삼포를 설치하는 경우는 거의 없었고, 또 인삼은 대단히 고가의 작물이었기 때문에 삼포는 일반 농지와는 매우 다른 권리관계를 낳았다. 우선 차지료가 일반 작물에 비해 3배 정도의 고가였고 차지료는 선불이었다. 차지 기간도 본포의 경우 삼을 수확할 때까지였다. 이처럼 차지권자의 권한이 토지소유자에 비해 강하였다. 이는 차지인은 토지에 사정이 있으면 해약할 수 있었지만, 토지소유권자는 차지료를 제때 받지 못하는 경우에도 해약할 수 없던 관행에서 단적으로 드러난다. 비록 타인 소유 토지에 설정되었지만 삼포권蔘圃權은 일종의 물권으로 인정받고 있었던 것이다. 따라서 차지권이지만 삼포권은 자유롭게 매매되었다.

이처럼 19세기 홍삼 생산은 개성상인을 떼어놓고는 생각할 수 없고, 그 생산은 자본과 임노동의 결합에 의해 가능하였고 그 결과 삼포의 경제적 권리는 일반 농지와는 매우 상이한 성격을 갖게 되었다.

VII

결론

지금까지 살펴본 인삼업의 역사적 의의는 무엇일까. 무엇보다도 근대적인 인삼업이 19세기 조선에서 처음 등장하여 발전해 온 사실이 가장 중요한 의의일 것이다. 19세기 중엽 조선 사회에는 과연 근대적 인삼업이 등장했다고 말할 수 있는가. 개인적으로 등장했다고 생각한다. 이러한 답변을 하기 위해서는 근대적인 인삼업이 무엇인지를 논해야 할 것이다.

근대적인 산업이라고 하면 대개 기계제 대량 생산을 떠올리기 쉽다. 면직물업의 변천을 보면 쉽게 이해할 수 있다. 면직물업 자체는 오랜 역사를 지니고 있다. 우리나라만 해도 조선시대에 이미 면직물업이 존재했다. 그렇지만 조선시대 면직물업을 근대적인 면직물업이라고 하지 않는다. 근대적인 면직물업은 일반적으로 영국에서 증기기관을 활용한 방적·방직 기계에 의해 대량 생산 단계에 비로소 등장한 것으로 이해된다. 기계를 활용한 대량 생산으로 가격을 낮추는 데 성공함으로써,

경쟁력을 갖춘 영국의 면직물은 세계 곳곳으로 수출되었고 각지에 남아 있던 전통적인 방식의 면직물업을 퇴출시켰다. 우리나라에서도 19세기 후반에는 전통적인 면직물업이 소멸한 것으로 이해된다. 근대적인 면직물업의 등장 과정을 보면 근대적인 산업의 특징으로 기계에 의한 대량 생산, 가격 경쟁력, 시장 확대 등을 생각할 수 있다.

면직물업의 사례를 모든 산업 부문에 적용할 수 있을까? 그렇게 할 수는 없다고 생각한다. 면직물업은 대중적인 소비재이다. 그런 만큼 대량 생산하여 가격 경쟁력을 갖춘 후 세계 곳곳에서 전통 방식으로 생산된 면직물을 구축하고 시장을 확대하는 것이 중요한 의미를 지닌다. 그러나 홍삼은 면직물과 같은 대중적인 소비재가 아니다. 홍삼은 귀중품이었고 소비층도 상당한 경제력이 있는 사람들로 한정되어 있었다. 따라서 면직물업에 적용될 수 있는 기준으로 근대적 인삼업을 논하기는 힘들다.

가격 경쟁력이란 문제를 보자. 홍삼은 중국에서 수요가 컸기 때문에 낮은 가격이 아니었지만 수요는 존재하였다. 18세기에 미국삼이 이미 중국에 수입되고 있었다. 미국삼은 가격 경쟁력이 홍삼보다 훨씬 컸다. 즉 홍삼보다 몇 배는 저렴하였다. 홍삼은 훨씬 저렴한 미국삼과 경쟁하였지만 도태되지 않고 꾸준히 수요를 창출하면서 중국 시장에서 성가를 유지하였다. 당시 중국인들은 홍삼을 미국삼보다 훨씬 높게 평가했다. 즉 미국삼이 저가 인삼이라면 홍삼은 명품 인삼이라는 인식이 있었던 것이다. 그렇기에 높은 가격에도 수요가 존재하였다.

기계에 의한 대량 생산 문제를 보자. 모든 근대적인 산업이 기계에 의한 대량 생산 방식을 도입해야 하는 것은 아니다. 유럽의 명품 브랜드 제작 과정을 보면 여전히 수공업적 방식이 남아 있다. 오히려 수공업 방식이 그 브랜드의 가치를 더욱 제고하고 매우 높은 가격에도 판매가 가능하게 한다. 명품들이 수공업 작업으로 생산된다고 해서 그 산업을 전근대적이라고 하지는 않는다. 이를 보면 기계에 의한 대량 생산은 대중적 소비재에 잘 적용되는 기준이고 고가의 귀중품은 그러한 기준을 적용하기 어려움을 알 수 있다. 명품 브랜드 사례를 보면 현재에도 수요를 창출할 수 있는 상품을 생산하는 산업이 곧 근대적 산업이라고 할 수 있지 않을까. 19세기 홍삼 생산이 기계에 의해 생산되지 않았는데 이 때문에 당시 인삼업을 전근대적이라고 할 수는 없다고 생각한다.

기계에 의하지는 않았지만 19세기 중반 조선의 인삼업은 대량 생산 단계에 진입한 것은 확실하다. 1847년에 정부가 허가한 수출량은 4만 근이었다. 1근을 640그램이라고 하면 4만 근은 25톤에 해당한다. 이때 이미 대량 생산 단계에 진입했다. 이후 홍삼 생산량은 감소하여 2만 근에서 2만 5,000근 수준을 유지하고 일제강점기에는 3만~4만 근 수준을 유지하였다. 일제강점기 홍삼 수출량을 이미 19세기 중엽에 도달했던 것이다. 인삼업의 특성상 기계제 생산이 반드시 필요한 것도 아니다. 홍삼은 수삼을 원료로 하기 때문에 수삼을 수확하고 한 달 정도 이내에 홍삼 제조를 마쳤다. 따라서 홍삼 제조는 1년 내내 이루어지는 것이 아니라 수삼 수확 이후 한 달 정도에 집중적으로 이루어졌다. 19세기 중엽 개성상인은 이 한 달이란 기간에 홍삼 25톤을 제조할 능력을 갖고 있었다. 기계제가 도입되지는 않았지만 홍삼을 대량 생산하는 데 문제가 없었던 것이다.

근대적인 인삼업만 놓고 보면 그 성립 요소로 가장 중요한 것은 수삼의 대량 생산이라고 생각한다. 홍삼은 수삼을 가공한 것이므로, 수삼이 없으면 홍삼도 없다. 따라서 홍삼의 대량 생산이란 곧 수삼의 대량 재배를 전제로 한다. 사실 원료인 수삼만 확보되면 홍삼을 제조하는 것은 그리 어려운 일이 아니었다. 당시 잠삼潛蔘이 끊임없이 존재한 이유 중의 하나도 홍삼 제조가 고도의 기술을 요하는 것이 아니었기 때문이다. 따라서 인삼업의 경우 그 근대적인 성격은 홍삼 제조보다는 수삼 재배에서 찾아야 할 것이다. 그렇다면 25톤의 홍삼을 생산할 수 있는 수삼을 생산하고 있던 19세기 중엽에 근대적인 인삼업은 성립했다고 볼 수 있을 것이다.

이러한 논증이 받아들여진다면, 근대적인 인삼업은 19세기 중엽에 조선에서 처음 성립되었다고 할 수 있다. 그리고 당시 등장한 근대적인 인삼업의 기본 틀은, 인삼 재배와 홍삼 제조 등에서 기계에 의한 작업이 도입되었지만 현재까지 이어지고 있다. 근대적인 산업이라고 하면 서구에서 들어온 것이라는 생각이 강하다. 한국 역사 속에서 근대적인 산업이 발흥한 사례는 아직까지 보고되지 않았다. 그러나 인삼업은 한국 역사 속에서 발흥한 근대적인 산업이라는 점에서 그 역사적 의의가 매우 크다고 하겠다.

주

I. 서론

1 인삼의 기원 문제를 비판적으로 검토한 연구 성과로는 다음을 참고할 수 있다. 양정
필·여인석, 〈'중국인삼'의 실체에 대한 비판적 고찰─이마무라 토모의 학설을 중심으
로〉, 《의사학》 12권 1호, 2003; 양정필·여인석, 〈'조선인삼'의 기원에 대하여〉, 《의사
학》 13권 1호, 2004. 중국에서는 인삼이 중국에서 기원하였다고 주장한다. 중국에서
는 인삼 관련 기록이 기원전 문헌에도 나오기 때문이다. 반면 우리나라의 경우 6세기
들어서야 인삼 관련 기록이 나온다. 그러나 중국의 인삼 기록에는 인삼에 대한 상식
적인 지식과 모순되는 내용이 매우 많다. 위의 두 논문은 이를 비판적으로 검토하면
서 인삼은 조선에서 기원하였음을 밝히고 있다. 만약 중국 학자들의 주장처럼 중국
관내의 산서성 상당上黨 지역에서 인삼이 자생하였다면 그곳의 토질과 기후는 인삼이
자라는 데 적합할 것이다. 인삼 자생에 적합한 토질과 기후라면 인삼 인공 재배도 가
능해야 한다. 즉 그곳은 인삼 재배지로 각광을 받아야 할 것이다. 그런데 상당 지역에
서 인삼 재배가 성행한다는 이야기는 들리지 않는다. 이는 그곳의 토질과 기후가 인
삼이 자라기에는 적합하지 않음을 의미한다. 반면 기원전부터 인삼 자생지였던 한반
도와 만주 산간 지역은 현재에도 중요한 인삼 재배지이다.

2 조선 전기에도 '산삼'이란 말이 있었다. 그렇지만 당시 그것은 자연산 인삼을 지칭하

지 않고, 구황용으로 사용할 수 있는 다른 식물을 지칭하였다.

3 19세기에도《조선왕조실록》등 관찬 사료에 나오는 '인삼'의 용례는 자연산 인삼을 지칭하는 경우가 많고. 19세기가 되면 자연산 인삼 채취 수량이 현저하게 감소하기 때문에 왕실 등 지배층의 약재로 한정되어 사용될 뿐 다른 나라로 수출할 여력은 없다. 그러나 왕실은 19세기에도 자연산 인삼을 애용하였다. 그런 만큼 관찬 사료에는 자연산 인삼의 수납이나 국왕 등의 자연산 인삼 복용과 관련된 기록이 다수 남아 있다. 그런 기록들에서는 자연산 인삼을 그냥 '인삼'이라고 표기하였다.

4 조선 후기 인삼 재배에 대한 연구로는 다음을 참고. 염정섭, 〈18세기 家蔘 재배법의 개발과 보급〉,《국사관논총》102, 2003; 정은주, 〈조선 후기 가삼 재배와 蔘書〉,《한국 실학연구》24, 2012 등.

5 이마무라 도모今村鞆,《인삼사》제1∼7권, 조선총독부전매국, 1934∼1940.《인삼사》에 대한 대략적인 소개로는 양정필, 〈《인삼신초》·《인삼사》(전7권) 해제〉,《인삼신초·인삼사 1》, 민속원, 2009, 3∼25쪽 참조.

6 예컨대 인삼의 기원을 한국이 아니라 중국이라고 주장하는 점, 인삼 재배의 기원도 조선이 아니라 일본이라고 주장하는 점, 한말 일본인 인삼 도둑을 우호적으로 서술하는 점 등이 그렇다. 이에 대해서는 양정필, 앞의 책, 17∼24쪽 참조.

7 한국인삼사편찬위원회 편,《한국인삼사》상·하권, 한국인삼경작조합연합회, 1980; 한국인삼사편찬위원회 편,《한국인삼사》Ⅰ·Ⅱ, 2002.

8 장일무,《한국인삼산업사》제1·2권, 2018.

9 대표적으로 전성호,《한국의 전통회계와 내부통제 시스템》Ⅰ·Ⅱ, 민속원, 2011; 전성호, 〈19세기 개성상인 회계장부에 나타난 여성 금융〉,《여성과역사》23, 2015; 전성호, 〈박영진가 회계장부 14책 16권 연혁, 유래, 특징〉,《장서각》24권 3호, 2014; 전성호, 〈개성상인 삼포 경영 원가계산 구조 분석−박영진가 삼포 도중 사례를 중심으로 (1896~1901)〉,《경영사학》60, 2011; 전성호, 〈개성 시변제도 연구−개성상인 회계장부 신용 거래 분석(1887~1900)〉,《대동문화연구》75, 2011 등.

10 이철성,《조선 후기 대청 무역사 연구》, 국학자료원, 2001.

Ⅱ. 19세기 개성상인의 투자와 근대 인삼업의 성장

1 해당 시기에 동아시아에서 무역이 활발하게 전개된 사실은 일반적으로 인정되고 있다. 대개 청과 일본이 주도하고 조선은 그 사이에서 중개무역을 한 정도로 연구되었다. 외국에서도 그 시기에 조선 상인의 활약은 거의 주목받지 못하고 있다. 예컨대 프랑크의《리오리엔트》를 보면, 해당 시기를 다루고 있지만 조선과 조선 상인의 역할에 대한 언급이 거의 없다. 조선 상인의 역할을 분석한 연구가 거의 없는 만큼 국내 학계는 물론 해외 학계에도 관련 사실이 거의 알려져 있지 않다. 당시 조선 상인은 청과 일본 사이에서 무역을 중개한 것이 아니라 삼국 간 주도한 것으로 이해되며, 그러한 관점에서 연구가 이루어질 필요가 있다. 한계가 있지만, 인삼을 매개로 당시 조선 상인의 주도성을 주목한 연구로는 양정필, 〈17~18세기 전반 인삼무역의 변동과 개성상인의 활동〉,《탐라문화》 55, 2017을 참조할 것.

2 이중환,《택리지》, 복거총론 생리. 至於富商大賈 坐而行貨 南通倭國 北通燕都 積年灌輸 天下之物者 或有至累百萬金者 惟漢陽多有 之次則開城 又次則平壤安州 皆以通燕之路 輒致巨富 此則又不比舟船之利 三南無此等伍.

3 17세기 말 조선 최고 부자는 변승업이었다. 그가 역관 신분이었던 것은 우연이 아니다. 그 자신만 역관이었던 것이 아니다. 당시 그의 집안에는 여러 사람이 역관으로 활동하였다. 변승업은 삼국 간 무역의 호황이라는 시대적 배경하에서 자기 집안의 역관 네트워크를 적극 활용하여 당대 최고의 부자가 될 수 있었다. 박지원이 지은 〈허생전〉에 장안의 부호로 변 부자가 나오는데, 그 모델이 바로 변승업이었다.

4 기존 연구에서는 '중개무역'의 쇠퇴 원인을 중·일 간 직접 교역에서 찾기도 한다. 물론 그 영향도 없지 않겠지만, 18세기 중엽 이후 청-일본 간 무역도 쇠퇴하고 있었다고 한다. 결국 삼국 간 무역의 침체는 조선과 일본의 수출 상품 부재에서 찾아야 할 것이다.

5《비변사등록》 영조 21년(1745) 5월 21일.

6《비변사등록》 영조 27년(1751) 10월 2일.

7《비변사등록》 영조 28년(1752) 6월 10일.

8 18세기 관모 무역에 대해서는 김정미, 〈조선 후기 대청 무역의 전개와 무역수세제의

시행〉,《한국사론》36, 1996; 이철성, 〈18세기 후반 조선의 대청 무역 실태와 사상층의 성장〉,《한국사연구》94, 1996 등 참조.

9 개성상인은 이 시기 피잡물皮雜物도 독점하여 국내 유통과 무역을 주도하는 모습을 보여준다. 강만길의 연구에서는 당시 무역 변동에 대한 이해가 없기 때문에 단순히 개성상인이 취급한 물품으로만 언급되어 있다. 그러나 유독 18세기 후반 들어서 개성상인이 피잡물과 관련하여 문제를 야기하는 배경에는 위와 같은 무역 변동, 즉 인삼 무역의 침체와 그를 대체할 상품으로 피잡물 수출이 자리하고 있었다.

10 18세기 중국과 유럽 간 국제무역에 대한 새로운 이해를 시도한 성과로는 안드레 군더 프랑크, 이희재 역,《리오리엔트》, 이산, 2003 참조.

11 일본은 19세기 중반까지 근 100여 년간 조선·청국과의 교역에서 활동이 미약하였다. 그들은 은을 대체할 새로운 수출품을 생산하는 데 실패하였기 때문이다. 그러나 메이지유신 이후 서구 문물을 적극적으로 받아들이면서 조선·청과의 무역을 재개하고 주도해 갔다.

12 《승정원일기》, 숙종 26년(1700) 6월 5일.

13 《승정원일기》, 숙종 36년(1710) 11월 28일. 提調閔鎭厚所啓 頃年因李彦紀所達 嶺南羅蔘 每年二斤進上內局事定式 而近來蔘品 漸不如初 反不及於嶺南之蔘 雖每每點退 而終不能盡納好品 槪聞曾前嶺人 多以種蔘爲業矣 自有進上之事 不無官家侵責之事 故種蔘者漸少 以致如此 而嶺南民瘼 莫此爲甚. 홍삼에 대한 기록은 《비변사등록》58, 숙종 33년(1707) 5월 27일.

14 18세기 후반 인삼 재배법과 관련된 연구로는 염정섭, 〈18세기 家蔘 재배법의 개발과 보급〉,《국사관논총》102. 2003 및 정은주, 〈조선 후기 家蔘 재배와《蔘書》〉,《한국실학연구》24를 참조할 것.

15 이 기록을 처음 주목한 이는 북한의 역사학자 홍희유이다.

16 《승정원일기》 숙종 42년(1716) 9월 23일. 若夫慶州之無蔘田 今已累十年矣 雖欲濫取 何處可採.

17 《승정원일기》 숙종 42년(1716) 5월 12일. 本府素置蔘田 以備進供之需 而稱以藥用 取採無節.

18 일본인 연구자들 중에는 인삼 재배가 일본에서 기원하였다고 주장하는 이들이 있다.

이는 한마디로 일고의 가치도 없는 주장이다. 막부가 인삼 재배에 성공한 시기가 18세기 초이다. 그러나 위 문헌 기록에 의하면 조선은 늦어도 17세기 중엽에 이미 인삼 재배법을 확보하고 있었다.

19 정약용, 《경세유표》 권8 지관수제 전제 11, 정전의 3, 近年以來 人蔘又皆田種 論其贏羨 或相千萬 此不可以田等言也; 〈삼포절목〉, 《비변사등록》 185책, 정조 21년(1797) 6월 24일.

20 《정조실록》 권30, 정조 14년(1790) 7월 25일. 一自家蔘盛行之後 慶尙原春兩道封進 率多家蔘; 《비변사등록》 185권, 정조 14년 8월 21일. 兩南家植之蔘 近漸豊盛 交易賣買 作一生業.

21 《정조실록》 정조 21년 2월 22일. 가삼이란 자연산 인삼과 달리 인공 재배한 인삼을 가리키던 용어였다. 이 가삼이 수삼을 지칭하는지 아니면 홍삼을 지칭하는지는 분명하지 않다. 그런데 조정에서 재배 인삼에 대한 지식이 충분하지 않은 시기에는 이 둘을 특별히 구별하지 않고 범칭하였던 것 같다. 예컨대 조정에 바치는 가삼은 수삼이었을 가능성이 높고, 잠월潛越되던 가삼은 홍삼일 가능성이 높다. 왜냐하면 당시 우리나라 사람들은 가공처리하지 않은 수삼을 선호한 반면, 청나라에서는 가공한 파삼이나 홍삼을 선호했기 때문이다(서경순, 《몽경당일사》, 1855(《연행록선집 XI》, 366쪽)).

22 이에 대한 자세한 내용은 이 책의 Ⅱ부 2장 참조.

23 19세기 자료에는 홍삼이란 용어는 잘 보이지 않는다. 홍삼은 수삼을 쪄서 말린 것으로 붉은색을 띠어서 홍삼이라고 한다. 당시 조정은 홍삼 그 자체보다는 대청 수출품으로서 홍삼에 주목하였다. 대청 무역품으로서 홍삼은 주로 '포삼包蔘'으로 불렸다. 포삼이란 역관 등이 중국에 사행 갈 때 제반 경비를 마련하기 위해 은이나 인삼 등을 꾸러미에 싸서 갖고 갔는데, 이렇게 꾸러미에 싸서 갖고 간 인삼이란 의미이다. 당시 관찬 기록에는 대부분 포삼으로 기록되어 있다. 그렇지만 이 글에서는 익숙한 홍삼이란 용어를 사용한다.

24 여기에서 삼포란 인삼 꾸러미라는 뜻이다. 삼포란 용어의 내력을 보면 사신 일행이 청나라를 왕래하는 과정에서 많은 경비가 소요되었다. 그 경비를 마련하기 위해서 정부에서는 사행을 떠나는 역관 등이 은이나 인삼을 싸고 가서 청나라에서 무역하는 것을 허락하였다. 이때 은이나 인삼을 꾸러미에 싸고 갔기 때문에 '포'라고 하였고,

인삼을 싸고 가면 '삼포'가 되었다.

25 《비변사등록》 185책, 정조 21년(1797) 6월 24일.

26 만상 군관은 군관이란 호칭을 쓰지만 반드시 무인이었던 것은 아니다. 의주는 사행이 오래 머물면서 사행 접대에 막대한 비용이 필요하였는데, 무역의 기회를 통해 얻은 이익으로 비용의 일부를 충당하곤 했다. 만상 군관은 그러한 역할을 부여받고 무역에 참여한 존재이다.

27 《정조실록》 권30 정조 14년 7월 25일; 《비변사등록》 185권 정조 14년 8월 21일.

28 《포삼신정절목》 순조 10년(이마무라 도모, 《인삼사》 2권, 총독부전매국, 1935, 409~410쪽에 수록되어 있음). 뒤에서 검토하겠지만 주산지화 초기인 1823년의 공식 포삼 근수는 1,000근이었다.

29 《포삼신정절목》, 순조3년(이마무라 도모, 《인삼사》 3권, 212쪽에 수록되어 있음).

30 개성상인의 지방 출상에 대해서는 양정필, 〈일제하 개성상인의 상업전통 연구─地方出商을 중심으로─〉, 《한국민족운동사연구》 72, 2012 참조.

31 김택영, 〈홍삼지〉, 《소호당집》, 1905.

32 이 시기 개성 지역 인삼 주산지화 과정에 대해서는 이 책의 Ⅱ부 2장 참조.

33 《비변사등록》 201책, 순조 10년(1810) 6월 19일.

34 김택영, 〈홍삼지〉.

35 《포삼신정절목》(이마무라 도모, 《인삼사》 2권, 조선총독부전매국, 1935, 409~410쪽에 수록되어 있음.).

36 《비변사등록》 194책, 순조 3년(1803) 윤2월 12일.

37 《승정원일기》 2148 순조 21년(1821) 12월 3일.

38 강만길, 앞의 논문 참조.

39 요시오 에이스케善生永助, 〈朝鮮の商人と商業慣習〉, 《朝鮮學報》 46집, 1971, 108쪽.

40 이와 관련해서는 가삼이 상품작물로서 그 가치가 대단히 컸지만, 특수작물이었기 때문에 아무나 쉽게 재배할 수 있는 것이 아니었고, 따라서 이를 재배하는 것은 특수한 경우의 경영형 부농이었을 것이라는 언급 참조(김용섭, 〈조선 후기 경영형 부농의 상업적 농업〉, 《증보판 조선 후기 농업사 연구》, 일조각, 1990, 318~319쪽).

41 정약용, 《경세유표》 권8, 지관수제 전제 11, 정전의 3.

42 구체적인 인삼 재배 비용에 대해서는 이 책의 Ⅵ부 참조. 비록 한말의 생산 비용이지만 삼포 경영에 소요된 자본의 규모를 엿볼 수 있다.

43 현종천, 〈삼업〉, 《개성》, 1970, 276쪽.

44 〈토속〉, 《송도지》, 1648. 民多田小 一人所耕 不過一日.

45 상업활동을 통해 일정 정도의 자본을 모으고, 이를 토대로 삼업에 투신하고 있는 전형적인 예를 우리는 공응규를 통해서 확인할 수 있다. 이에 대해서는 이 책의 Ⅳ부 3장 참조.

46 이중환, 《택리지》 복거총론 생리.

47 홍희유, 앞의 글; 강만길, 앞의 글; 강만길, 〈도고상업과 반도고〉, 《조선 후기 상업자본의 발달》, 고대출판부 1973; 김영호, 〈조선 후기에 있어서의 도시상업의 새로운 전개〉, 《한국사연구》 2, 1968 등 참조.

48 시변時邊제도에 대해서는 다음의 연구 성과를 참조할 것. 홍희유, 앞의 글.

49 일제강점기 시변 참여자는 150~200여 명 정도였다. 개성 사회에서는 시변에 참여한다는 사실 자체가 경제적으로 성공한 개성상인의 징표가 되었다. 개성상인 중에서도 상당한 부를 소유한 소수만이 시변을 이용할 수 있었기 때문이다.

50 조선식산은행 조사과, 《開城ノ時邊ニ就テ》, 1929 참조. 일제 시기에도 시변제도가 삼업자금 융통에 활용되고 있었는데, 당시 조사자는 '시변에 의한 금융고 태반은 상업자금으로 사용됨은 당연한 사실이나 그 다음에는 인삼 경작 자금으로서 이용된다'라고 적고 있다.

51 이철성, 《조선 후기 대청 무역사 연구》, 국학자료원, 2000.

52 당시 개성상인의 인삼 재배는 거의 독점에 가까웠다. 그런데 이는 조정에서 개성상인에게만 인삼 재배를 특별히 허락한 결과가 아니다. 즉 조정에서 개성상인에게 독점권을 부여한 것이 아니었다. 당시 자료를 보면 조정에서는 인삼 재배에 대해서 별다른 정책을 시행하지 않았다. 오직 홍삼에만 관심을 가졌다. 따라서 인삼 재배와 관련한 개성상인의 독점적 지위는 그들에게 맞설 만한 재배업자가 없는 상황에서 나온 결과라고 할 수 있다.

53 《구포수삼도록책》(규 9863), 《구포건삼도록책》(규9862).

54 서유구, 《임원경제지》 16 관휴지 4 약류 인삼 수채조. 이철성은 이 부분을 잘못 해석

한 것 같다. 건모율을 상대적인 비율로 보지 않고 절대적인 근량으로 본 듯하다. 그 결과 포삼 1근이 대략 160개의 인삼 뿌리로 구성되었을 것이라는 결론에 이르고 있다(이철성, 앞의 책, 114쪽). 참고로 홍삼 1근을 구성하는 인삼 뿌리가 많을수록 낮게 평가받았다. 이는 홍삼 크기가 그만큼 작다는 것을 의미한다. 우리나라 홍삼의 경우는 우량품이 10편 내외 보통은 20~30편이었다. 삼포 경영이 사상 최악이었던 한말 시기에도 80편 이상은 제조되지 않았다. 1편은 홍삼 1뿌리를 말한다.

55 김기호, 《개성구경》, 1972, 152쪽.

56 홍삼 제조용 수삼이 모두 6년근 삼포에서 채굴된 것은 아니다. 7년근 삼포에서도 수삼이 채굴되었고, 5년근 삼포에서도 채굴되었다. 이처럼 홍삼 원료 수삼 중에는 5년근과 7년근도 포함되었기 때문에 위 표의 수치는 근사치일 수밖에 없다.

57 이철성, 앞의 책, 179~180쪽.

58 〈인삼잡문〉, 《영사관보고》 906호, 1886년 7월 9일, 95쪽.

59 〈통상휘찬 제2호 부록〉(명치 27년(1894) 2월) 〈朝鮮國 中部地方 商況視察〉(《通商彙纂》 한국편 1권, 여강출판사 영인본. 1987, 141쪽).

60 《통상휘찬》 제60호(30년(1897) 3월 1일 발행), 〈仁川港二於ケル米及人蔘ノ情況〉(영인본 4권, 592쪽).

61 《承政院日記》 고종 1년(1864) 6월 8일.

62 여기에서는 개성상인의 삼업 투자에 초점을 맞추다 보니, 잠삼과 관련된 존재가 마치 개성상인만 있는 것처럼 서술되었다. 그런데 실제 잠삼 사건들을 보면 다양한 지역 사람들이 공모하는 것이 일반적이었다. 다만 개성 지역이 인삼 산지이고, 개성인들이 부유하였기 때문에 물주 등 중요한 위치에는 개성인이 있었다.

63 잠삼의 존재는 한편으로 사삼 합안세의 폐지와도 관련이 있었을 것이다. 조정에서 사삼 합안세의 존재를 알게 된 이상 그것을 그대로 둘 수는 없었을 것이다. 그래서 사삼 합안세를 폐지시켰다. 그렇다고 개성상인이 당시까지 확대한 인삼업 투자를 축소하였을 것 같지 않다. 따라서 사행에 필요한 홍삼은 2만 근에서 2만 5,000근 수준이어서 정부에서는 이것만 공식적으로 허가하였지만, 개성상인은 이미 그 이상의 홍삼을 제조할 수 있는 투자를 하였으므로, 공식 수출량 이상의 홍삼은 잠삼으로 제조

되었다고 할 수 있다.

64 정약용, 《경세유표》 권8 지관수제 전제 11, 정전의 3.

65 《민천집설》 농포문, 종가삼(김용섭, 〈조선 후기 경영형 부농의 상업적 농업〉, 《증보판 조선 후기 농업사 연구》, 일조각, 1990, 318쪽).

66 홍희유, 앞의 글, 232~234쪽 참조.

67 최원규, 〈한말·일제하의 농업경영에 관한 연구─해남 윤씨가의 사례─〉, 《한국사연구》 50~51, 1985, 288쪽

68 1900년의 조사 자료에는 '질이 좋고 잘 팔리는 경우에 농장주는 그의 지출의 15배나 되는 거액을 벌어들이게 되는 것이다'(러시아대장성, 정문연 역, 《국역 한국지》, 447쪽)라고 하여 여전히 삼포 경영이 큰 수익을 보장하고 있었음을 알려주고 있다.

69 19세기 초중반의 사례는 확인할 수 없지만, 1896년 삼포대장에 의하면 장춘화, 김준행 등의 거주지가 '거경居京'으로 표시되어 있어서 서울 사람이었을 가능성이 높다. 역관으로는 이기, 방한시 등이 삼포대장에 기재되어 있다(《삼포적간성책》(奎 19484) 참조).

70 자료의 시기가 1888년, 즉 19세기 후반이기 때문에 이에 대한 분석 결과를 갖고 19세기 삼포주에 의한 자본의 성장을 논하는 데는 일정한 한계가 있다. 그렇지만, 대략적인 경향은 확인할 수 있다고 생각한다.

71 삼포주 명단은 다음과 같다. 金圭玉(2) 金克烈(2) 金汝中(2) 金允文(2) 金廷桓(2) 金宗海(3) 金鎭豊(2) 朴美卿(3) 朴致謙(4) 方鎭厚(3) 孫宗範(2) 孫弘明(2) 王在中(4) 李德茂(2) 李東旭(3) 李百源(2) 李致弘(2) 林季增(2) 林永鎭(4) 車尙弼(2) 河在明(2) 洪在九(2) 黃汝玉(3). 괄호 안의 숫자는 소유한 삼포 수를 나타낸다.

72 이백원李百源의 경우 1,000칸 규모의 7년근 삼포를 2좌, 이치홍李致弘의 경우는 500칸, 1,400칸 규모의 5근 삼포를 2좌 소유했던 것으로 나타난다.

73 오오가키 다케오大垣丈夫, 《朝鮮紳士大同譜》, 1913, 1043쪽.

74 오성, 《한국근대상업도시연구》, 국학자료원, 1998, 131~132쪽 참조.

75 삼업에 종사했다고 해서 왕재중王在中이 직접 삼농사를 지었는지는 의문이다. 삼포 소유 규모로 보아서는 재력가로 보이기 때문에 오히려 자본을 투자하고 관리인을 두어서 삼업을 대신 경영케 했을 가능성이 더 커 보인다. 1896년의 《삼포적간성책蔘圃

摘奸成冊》에서는 실제로 송한녀宋汗汝라는 고인雇人을 두어 삼포를 경영하고 있는 것으로 나타나고 있다.

76 왕재중과 같이 한두 삼포에 투자하고 여기서 얻은 수익으로 재투자하는 유형은 한말 시기까지는 가장 보편적인 유형이었다고 생각된다. 1896년 《적간성책摘奸成冊》에 기재된 600여 명의 삼포주 가운데 1종 소유가 80퍼센트에 이르는 사실에서 이를 확인할 수 있다(홍순권, 〈한말시기 개성 지방 삼포농업의 전개 양상〉(下), 《한국학보》 50, 1988, 186쪽 〈표 34〉 참조).

77 《경기도거래안》 1책, 446쪽.

78 한편 일제 시기에 들어서는 매년 삼포에 투자하고 있을 뿐만 아니라 그 면적도 비약적으로 증가하고 있다. 이는 일제가 자산이 있는 소수 삼포주에게 집중적으로 지원하는 정책을 채택한 영향인데, 왕재중은 자산 있는 소수 삼포주에 포함되었던 것이다.

79 조선총독부 삼정과, 《삼정보고》, 1909~1915년의 각 연도판 포상 내역 참조. 포상제도에 대한 구체적인 내용은 이 책의 Ⅳ부 1장 참조.

80 《제4회 삼정보고》, 1910, 98쪽.

81 차상필은 무과에 급제한 양반 출신이다(임봉식, 《개성지》 권8 무과, 1934, 255~256쪽).

82 《목청전중건원조성책》(규 21006. 1901년 1월). 이 자료의 보다 자세한 내용은 3장 2절 참조.

83 《훈령조회존안》 6권, 400쪽.

84 보다 자세한 내용은 4장 1절 참조.

85 오성, 앞의 책, 117쪽. 삼포주의 평균 가옥 규모를 통해서도 특수한 상품작물로서 인삼 재배가 큰 부를 보장하고 있었음을 확인할 수 있다.

86 19세기에는 사상들이 홍삼 무역을 통해서 자본을 축적할 수 있었다는 사실은 그 시기 인삼업의 중요한 특징 가운데 하나이다. 대한제국기의 황실과 일제강점기의 조선총독부 그리고 대한민국 정부는 홍삼 전매제를 실시했다. 따라서 민간인의 홍삼 무역 참여는 불가능하였다.

87 《건삼책乾蔘冊》에 등장하는 인물은 총 33인이지만, 중복되는 사람을 1인으로 보면 30인이 된다.

88 김세정의 경우 몽학 출신일 뿐만 아니라 나이도 80세를 넘긴 고령으로 나타나고 있

다. 따라서 김세정이 직접 사행에 참여했는지는 의심스럽다.

89 이들 다섯 역관 가문의 내력에 대해서는 金榮卿, 〈韓末 中人層의 近代化運動과 現實 認識―서울지역 譯官 川寧 玄氏家를 中心으로―〉, 연세대 석사논문, 1997; 김현목, 〈한 말 역학생도의 신분과 기술직 중인의 동향〉, 《韓國 近代移行期 中人研究》, 신서원, 1999 등 참조.

90 《승정원일기》 고종 24년 8월 18일.

91 《승정원일기》 광무 2년 8월 16일. 윤규섭은 이후 한말 시기에도 개성 지방의 홍삼 제 조와 관련하여 주요 인물로 계속 활동하였다.

92 윤규섭과 홍덕조는 무역과 관련해서도 주목할 필요가 있다. 이 두 사람은 홍삼 제조 와 관련하여 직책을 맡고 있었다. 즉 윤규섭은 감채관의 직책을, 홍덕조는 감세관의 직책을 맡고 있다. 명칭으로 미루어 보아, 감채관은 수삼 채굴 및 홍삼 제조 시 부정 행위를 방지하는 것, 감세관은 포세 납부 시 부정 행위를 감시하는 것이 그 직무가 아니었을까 추측된다.

93 현제복은 1897년 12월 27일 농상공부주사로 각도각군금은동철매탄각광 사무위원으 로 임명되고 있으며, 1900년 5월 22일에는 농상공부주사로 시종원분주사에 임명되 고 있다(안용식 편, 《대한제국 관료사 연구(Ⅰ)》, 1994, 832쪽 참조). 1904년 2월에도 농상공부주사로 시종원 분주사에 임명되고 있다(안용식 편, 《대한제국 관료사 연구 (Ⅱ)》, 1995, 99쪽 참조).

94 최석영은 광무 원년 11월 16일 자로 중추원 3등 의관에 임명되어, 다음해인 7월 3일 에 의원면관되고 있고 당시 품계는 6품이었다(안용식 편, 앞의 책(1), 786쪽 참조).

95 방한덕은 1897년 11월 정3품으로 중추원 2등 의관에 임명되었고, 다음해인 10월에 는 종2품으로 충주원 1등 의관에 임명되었으며, 역시 같은 해에 농상공부 광산국장 에 임명되었다. 1899년에는 의주 군수에 임명되었다. 《독립신문》에 의하면 이때 방 한덕이 의주 군수가 될 수 있었던 것은 궁중에 뇌물을 바쳤기 때문이라고 한다(《독립 신문》 광무 3년 6월 10일). 그러나 두 달 정도 지나서 모친상으로 면관免官하고 있다(안 용식, 앞의 책(1), 282쪽). 방한덕의 경우는 1900년대에 들어서도 정치적 진출은 계속 되어서, 1902년 8월에는 평안남북도 수륜원 검쇄관에 임명되고, 다음 해에는 수륜원 서무국장에 임명되고 있다(안용식 편, 앞의 책(Ⅱ), 348쪽). 이뿐만 아니라 방한덕은

1896년에 농상공부 협판의 자격으로 대조선은행 창립 발기회에 관여하고 있고(《독립신문》건양 원년 6월 18일), 또 농상공부 광산국장 시절이던 1898년에는 독립협회 회원으로도 활동하다가 체포되기도 했다(《독립신문》광무 2년 11월 7일).

96 역관들 중에는 개성 지방의 삼포 경영에 직접 투자를 하는 경우도 있었다. 즉 1896년 현재 이기는 5근 삼포 307칸을 소유하고 있었고, 방한시는 6근 삼포 1,000칸을 소유하고 있었던 것이다. 이들은 고인雇人을 두어 삼포를 경영하고 있었다(1896년, 《삼포적간성책》참조).

97 16명의 역관 가운데 오경희는 이 집안 사람이었을 것으로 짐작된다.

98 김양수, 〈조선 후기 사회변동과 전문직 중인의활동〉, 《한국 근대이행기 중인연구》, 192쪽.

99 조성윤, 〈임오군란의 사회적 성격〉, 연세대 석사논문, 1982, 106쪽.

100 이하 임상옥과 관련된 내용 중 특별한 각주가 없는 것은 문일평, 〈임상옥〉, 《조선명인전》, 조선일보사, 1936년 및 양정필, 〈19세기 전반 대청 홍삼 무역의 발전과 임상옥의활동〉, 《민족문화연구》, 2017 참조. 참고로 문일평(1888~1939)은 의주 출신으로 임상옥과 동향이었다. 한편 임상옥의 생애를 통해 홍삼 무역의 이익 규모를 짐작할 수 있음은 물론이고, 이에 더하여 당시 연경 상인들의 존재의 일단도 엿볼 수 있을 것이다.

101 이를 통해 당시 연경 무역에 종사하던 만상 등의 상인들이 상업활동에 필요한 최소한의 학식은 지니고 있었음을 알 수 있다. 그리고 상업활동에 나서는 시기는 대략 최소한의 학식을 익힌 후인 십대 중후반부터였을 것으로 짐작된다.

102 임상옥의 상업활동은 포삼 무역의 전개와 밀접한 관계를 갖고 있다. 대략 그가 상업활동에 나서기 시작할 무렵 포삼 무역이 시작되고 있고, 또 그가 10여 년의 활동을 통해 나름대로의 노하우를 축적할 수 있었을 때인 30세 초반 무렵에 포삼 무역권이 만상에게 맡겨지고 있는 것이다. 그리고 이 시기의 홍삼 무역은 공식 포삼량은 200여 근으로 한정되어 있었지만, 인삼 주산지화 결과 홍삼 생산은 급격히 증가하고 있었기 때문에 공식 포삼 이외의 잠삼 조달에도 어려움이 없었고, 가격은 주산지화 초기였기 때문에 고가를 유지하고 있었을 것이다.

103 이 수백 칸의 대하大廈로 인해 임상옥은 한때 곤욕을 치르기도 한다. 즉 어떤 어사가

가옥이 참람되다 하여 대부분을 훼철하고 또 임상옥을 옥에 가두었던 것이다.

104 그 내용은 '營産業致鉅萬 好施仁廣公益 辛未西賊 白衣從軍 以功除郭山郡守 贈兵曹判書, 號稼圃, 其玄孫 揭載記念'으로, 기념 게재된 현손은 임명준이다(《조선신사대동보》, 900~901쪽).

105 다만 일설에는 연경사행을 따라 떠난 무역상들이 안주에서 사행을 기다리느라, 미처 강을 건너지 못한 상태에서 큰 홍수가 져서 이 해 연경 무역이 낭패로 돌아갔는데, 유독 오희순만 미리 강을 건넜고, 연경에 가서 인삼을 훨씬 고가로 팔게 되면서 한몫을 잡게 되었다고 한다. 이때의 이익으로 2만 석의 토지를 매입할 수 있었다고 한다.

106 이용선, 《거부열전》 5권, 상서각, 1776, 21~56쪽 참조. 어쩌면 오희순은 홍삼 무역을 통해 거부를 축적할 수 있었던 마지막 상인일 것이다. 왜냐하면 1900년대에 들어서 홍삼 무역은 일본의 미쓰이물산이 독점하게 되고, 해방이 될 때까지 지속되면서 원천적으로 한국인 상인의 홍삼 무역은 차단되었기 때문이다.

107 연갑수, 《대원군집권기 부국강병정책 연구》, 서울대학교출판부, 2001 참조.

108 김상태 편, 《윤치호 일기 1916~1943》, 역사비평사, 2001, 607쪽.

109 황현, 《매천야록》, 국사편찬위원회, 493쪽.

110 민영익과 현흥택의 관계는 1907년 무렵에는 서로 어긋나고 있었던 것 같다. 왜냐하면 현흥택이 청국 상해로 들어가 민영익에게 빚을 받으려고 상해재판소에 재판을 하여, 민영익이 은행에 저축한 돈 절반이 현흥택에게 돌아가고 있기 때문이다(《매천야록》, 408쪽). '민영익이 저축한 돈'이 홍삼가일 가능성도 배제할 수 없다. 한편 민영익은 상해에서 4만 원을 내어 프랑스와 러시아의 변호사를 고용하여 안중근의 옥안獄案을 돕기도 했다(《매천야록》, 517쪽).

111 그는 고종 24년 5월에 내무국 주사로 임명되고 있으며(《승정원일기》 고종 24년 5월 11일), 동년 동월에는 내무부 전운 낭청에 차하되고 있었다(《승정원일기》 고종 24년 5월 27일). 뿐만 아니라 고종 27년 3월에는 총무국 감리로 임명되고 있는데, 이때 그는 수안 군수 자리에 있었다(《승정원일기》 고종 27년 3월 20일). 그리고 1895년 4월 궁내부 관제가 제정되면서는 내장원 장원사장에 임명되었고(《승정원일기》 고종 32년 4월 7일), 동년 5월에는 부령에 임명되었으며(《승정원일기》 고종 32년 윤5얼 14일), 며칠

후에는 시위대련대장에 임명되었다(《승정원일기》고종 32년 윤5월 25일). 1895년 7월에는 종2품의 품계를 받았고(《관보》, 개국 504년 8월 27일), 건양 원년에는 내장사장에 임명되었다(《승정원일기》건양 원년 3월 4일). 한편 현흥택은 이 무렵 결성된 독립협회에도 관계하여, 그 위원이 되고 있다(《독립신문》건양 원년 7월 2일). 1898년 2월에는 풍천 군수에 임명되고, 1901년에는 상원 군수에 임명되었으며(안용식 편, 앞의 책(Ⅰ), 832쪽 참조), 이 무렵 훈3등에 봉해지고, 팔괘장을 하사받았다(《승정원일기》광무 5년 7월 23일). 1902년 6월에는 다시 운산 군수에 임명되고 1903년에는 평안북도 지계감리에 임명되었다(안용식, 앞의 책(Ⅱ), 1000쪽 참조). 또 이 해에는 혼성려단 보병 제1연대장에 임명되었고(《승정원일기》광무 7년 2월 5일), 다음해에는 다시 친위 제1연대장에 임명되었다(《승정원일기》광무 8년 1월 18일). 1906년 11월에 현흥택은 육군 정령으로 훈2등에 봉해졌다(《승정원일기》광무 10년 10월 15일). 그리고 1907년 군대 해산 때 육군 정령에서 면관되었다(《승정원일기》융희 원년 7월 26일).

Ⅲ. 대한제국의 홍삼 정책과 일제의 인삼업 침탈

1 이에 대한 보다 자세한 내용은 이 책의 Ⅱ부 1장 1절 참조.

2 대한제국기 삼업 변동 및 삼업 정책에 대한 논문으로는 다음을 참조할 것. 홍순권, 〈한말시기 개성 지방 삼포농업의 전개 양상(상·하)−1896년《삼포적간성책》의 분석을 중심으로−〉,《한국학보》49·50, 1987·1988; 원윤희, 〈한말·일제강점 초 삼포농업의 변동과 홍삼정책〉,《역사교육》55, 1994; 양상현, 〈대한제국기 내장원의 인삼관리와 삼세 징수〉,《규장각》19, 1996 등.

3 《구포건삼도록책》(규 9862).

4 《증보문헌비고》권 151 전부고 11 공제 2.

5 이마무라 도모,《인삼사》2권 인삼정치편, 420쪽. 최태호 역시 이를 수용하여 이를 '제1차 왕실관리'라고 하였다(최태호, 앞의 글, 52~54쪽)

6 《蔘圃に關する報告書》.

7 〈각부아문소속각사개록〉,《의안》(규 20066), 102~104쪽, 갑오 6월 28일.

8 〈紅蔘을 度支衙門에 永付하는 件〉, 《일성록》 고종31년 7월 24일(《한국근대법령자료집》
  Ⅰ, 78쪽).

9 《포삼공사장정》(규 19323); 《한국근대법령자료집》Ⅰ, 105~109쪽. 이 장정은 이미 몇
  몇 논문에서 분석된 바가 있다(조기준, 조경미, 박형진 등의 논문 참조). 그러나 해석에
  동의할 수 없는 부분도 있고, 또 충분한 해석이 시도되었다고 생각되지는 않는다.

10 제1조 本 衙門에서 관원을 파견하여 포삼공사를 設하고 採蔘造蔘事務를 監董하며 圖
  書를 造給한다.

11 제2조 삼정이 이미 國計 소관이 되었으니 原稅 이외에 종전 陋規를 痛革하고 모든 別
  付·私稅 등의 명목을 일체 嚴防한다.

12 구체적으로는 海防營納, 司譯院納, 鎭禦營納春川, 統衛營納, 灣府納, 松營各樣納, 監
  探所納 등이다. 참고로 갑오 이전 포삼세를 징수하던 기구들은 두 유형으로 대별될
  수 있다. 첫째는 군사 관련 기관이며, 다른 하나는 홍삼 생산 및 무역과 관련 있던 곳
  들이다.

13 이러한 조처는 갑오개혁 시 가계 지권 발급 계획과 동궤에 있다고 볼 수 있다. 이에
  대해서는 왕현종, 《甲午改革硏究》, 연세대 박사학위 논문, 1999, 282~302쪽 참조.

14 '각도 각읍의 삼포는 모두 公司의 査明을 거쳐 장부를 만들고, 종삼인은 모두 문빙을
  수령해야 한다. 채삼시 역시 본아문에 물明하여 문빙을 받아 시행한다.'

15 1894년에는 실제로 삼포 적간이 이루어졌다. 개성부 내 삼포를 적간한 후 성책成冊
  을 상송上送하라는 관문關文을 시행한다는 개성 유수의 보고를 통해서 확인할 수 있
  다(《公文編案》 4책, 1894년 8월 17일, 개성 유수→탁지아문). 그런데 이때 적간에 다소
  문제가 있었던 것 같다. 왜냐하면 11월에 다시 적간할 것을 지시하고 있기 때문이다.
  즉 각처 삼포 칸수를 다시 적간하여 수성책修成冊을 보고하되, 읍동명邑洞名, 칸수間數
  등을 기록하고 이후의 입종立種, 이종移種, 채탁採斫은 탁지아문의 제음題音을 받아 시
  행할 것을 각 포주들에게 알릴 것을 지시하고 있었던 것이다(《公文編案》 4책, 1894년
  11월 15일, 탁지아문→개성부).

16 9조는 수삼 매매에 대해서도 규정하고 있는데, 수삼을 매매할 때는 포주 이름 밑에
  차수를 적어 공사公司에 납納하되 매차 당 동전 1냥을 수세하여 7전은 공사 공비公費
  로 3전은 지방납세로 한다는 내용으로 되어 있다. 이 조항에는 외국인의 수삼 매매에

대한 금지 문구가 없기 때문에 일본인들의 수삼 매입을 합법화시키는 논거로 사용되기도 하였다. 이를 근거로 이 장정이 일본인 상인이 인삼을 밀수출하는 데 유리하도록 제정된 것으로 이해한 논문이 있다(박형진, 앞의 글, 35~37쪽).

17 〈재정개혁 인삼〉, 《유길준전서》 4, 일조각, 197쪽

18 이하 특별한 각주가 없는 한 1896년 이용익 및 개성 부윤의 삼정 전관 시도에 대한 것은 《주한일본공사관기록》 8권 公信第37號(1896. 9. 17) 및 이에 첨부된 별지와 세 종류의 부속서附屬書 갑을병갑乙丙(이상 번역문 248~252쪽)에 의한다.

19 《주한일본공사관기록》 10(국편사편찬위원회, 501쪽).

20 그렇다고 황실이 애초 의도하고 있던 홍삼 1만 5,000근의 매입까지 실패했다는 것은 아니다. 한 자료에 의하면 이 해에 황실에서는 수확 수삼의 절반을 구입했고, 이 수량은 전부 면세 대상이었기 때문에 인삼세가 2만여 원에 불과하게 되었다고 한다(《국역 한국지》, 695~696쪽).

21 《한말근대법령자료집》 II, 建陽 2년 7월 15일, 270쪽.

22 《승정원일기》 건양 2년 3월 6일 ; 《독립신문》 건양 2년 4월 13일. 같은 달 8일 이용익은 황주군黃州郡 철도鐵島로 정배되었고(《승정원일기》 건양 2년 3월 8일), 같은 해 10월에 가서야 방송放送되었는데(《고종실록》 광무 원년 10월 28일), 이때는 대체로 홍삼 제조가 끝났거나 한창 진행 중인 시기이다.

23 〈궁내부관제 개정〉, 광무 2년 7월 2일(《한국근대법령자료집》 II, 377쪽).

24 이최영李最榮이 삼정감리를 득차得差한 것은 이용익의 동당同黨이었기 때문이라고 한다(《황성신문》 1898년 9월 6일, 雜報 李固當免)

25 《구한국관보》 1898년 7월 2일.

26 《구한국관보》 광무 2년 8월 11일.

27 그러나 이용익은 삼정에 관여할 아무런 권리가 없었지만, 비밀리에 1898년의 홍삼 제조에 관여하려고 시도하고 있었던 것 같으며, 이에 대해 《독립신문》은 우려하면서도 믿을 수 없는 일이라는 기사를 싣고 있다(《독립신문》 1898년 9월 3일, 〈무슴 권리〉).

28 《승정원일기》 광무 3년 1월 17일.

29 이용익은 1899년 7월에 내장원경內藏院卿에 임명된다(《승정원일기》 광무 3년 7월 19일).

30 황실의 홍삼 전매는 1906년까지 계속되지만, 이용익이 주관한 시기는 1904년 초반 까지이다.

31 이마무라 도모, 《인삼사》 1, 120쪽.

32 《훈령조회존안》 1, 1899년 11월 26일 428쪽. 삼정사는 곧 내장원 직제로 편입되어 삼정과로 개편된다. 한편 개성에 두었던 삼정기관은 포삼공사로부터 시작하여 공세 소貢稅所, 공세사公稅社, 삼정사蔘政社, 삼정과蔘政課 등으로 몇 차례 명칭이 바뀌고 있 다. 그런데 주목할 만한 점은 그 책임자가 적어도 공세사 이후에는 이건혁 한 사람이 었다는 사실이다. 이건혁은 황실의 홍삼 전매가 폐지되는 1906년까지 삼정과장으로 있었다. 일설에 의하면 이건혁은 이용익의 분신이었다고 하는데, 확인할 길은 없다. 그러나 이건혁은 오랜 개성 거주를 계기로 개성 지방에서 경제적으로도 유력자로 성 장하고 있었다.

33 재배에 대한 단속은 일제의 홍삼 전매제하에서는 더 한층 강화된다. 이에 대해서는 다음 장 참조.

34 당시 일본인들의 삼포 침탈에 대해서는 이 책의 Ⅲ부 2장 2절 참조.

35 《訓令照會存案》 2책, 216쪽, 光武 3년 9월 25일貢稅事務長에 대한 訓令.

36 《第一回蔘政報告》, 第三 蔘政에 關한 事項調査, 38쪽. 이는 일제에 의해 인삼 경작구 역이 특별히 정해지고, 또 자산이 일정 정도 이상인 자(예컨대 50칸 이상)로 자격을 제 한하고, 또 단속이 불편한 곳에서의 경작을 금하던 것과는 다르다. 이는 일종의 허가 제로 일제는 경작허가권을 장악함으로써 이후 삼포주들의 행보에 큰 영향을 끼쳤다.

37 경작대장은 모두 3통이 작성되었는데, 그중 1통은 경리원에 제출하여 그해 파견되는 감채관의 대장으로 삼았다. 적간책은 매년 작성되고 있었다. 이는 1907년 삼정이 경 리원에서 농상공부로 이관될 때 그 문부文簿 역시 이관되고 있는데, 이때 넘긴 문부 13책 가운데, 1900년부터 1907년까지 작성된 적간책 7권(1902년분은 없음)이 포함되 어 있는 사실에서 확인할 수 있다(《훈령조회존안》 1907년 10월 4일, 농상공부대신에 대 한 훈령).

38 《훈령조회존안》 1권 339쪽, 광무 3년 11월 11일 개성 부윤에 대한 훈령.

39 《훈령조회존안》 1권 199쪽, 광무 3년 9월 9일 공세사 사무장에 대한 훈령.

40 《제1회 삼정보고》, 52쪽.

41 《제1회 삼정보고》, 51쪽.

42 〈잡보 파일중대〉, 《황성신문》 1899년 9월 11일.

43 〈잡보 고무삼경〉, 《황성신문》 1899년 9월 13일.

44 〈잡보 파병호삼〉, 《황성신문》 1899년 9월 18일.

45 〈잡보 삼정수필〉, 《황성신문》 1899년 10월 18일.

46 대한제국기 군사제도에 대해서는 조재곤, 〈대한제국기 군상정책과 군사기구의 운영〉, 《역사와 현실》 19호, 1996 참조.

47 앞의 책, 48~49쪽 참조.

48 《구포건삼성책》 참조.

49 갑오개혁기에도 역시 검찰관들이 파견되고 있었다. 그러나 아직 그 내역을 정확히 파악할 수 없지만, 황실 홍삼 전매기보다는 그 수가 적었던 것으로 보인다.

50 사정이 어떻든 감찰관으로 임명된 이들 삼포주들이 당시 개성 지방에서 삼포 경영과 관련하여 유력자였을 것이라는 짐작은 어렵지 않게 할 수 있고, 실제로 그랬다.

51 이처럼 황실의 삼포에 대한 단속은 대단히 철저한 바가 있다. 이후 일제에 의해 홍삼 전매제가 실시될 때도 이때의 틀에서 크게 벗어나지 않고 있음을 확인할 수 있다. 일인들은 그들의 전매제가 황실의 그것과는 질적으로 다르다는 것을 강조하고 있지만, 실제 이미 대한제국기에 거의 대부분 시행되던 제도들을 답습하고 있는 측면이 강하다.

52 당시에 포민들도 이러한 사정을 인정하고 있었다. '此物이 但係於公故로 當初圃民이 不敢索其准價ㅎ고'(《경기도각군소장》 제21책, 광무 10년 12월 청원서(534쪽) 참조).

53 당시 이율은 약 1개월 1보, 즉 일보 4전 내외였다.

54 《제1회 삼정보고》, 19쪽 및 《人蔘史》 2권 434쪽.

55 《제1회 삼정보고》 9~10쪽.

56 한말 일제 초 홍삼 전매제의 추이에 대해서는 양정필, 〈대한제국기 황실의 홍삼 전매제 시행과 통감부의 삼업 재편〉, 《한국 전통사회의 재인식》, 이상태 박사 정년기념논총 간행위원회, 2006 참조.

57 일본인들도 보다 중요한 원인은 다른 데 있었음을 알고 있었다. 이에 대해서는 각주 61번 참조.

58 도미이에 마사요시富家正義, 〈고려인삼의 금석〉, 《반도시론》 1권 6호, 1917, 25쪽.

59 원윤희, 〈한말·일제강점 초 삼포농업의 변동과 홍삼정책〉, 《역사교육》 55, 1994 참조.

60 대한제국 황실의 홍삼 전매가 삼업에 끼친 영향은 긍정적인 측면과 부정적인 측면이 공존한다. 긍정적인 측면은 수삼 배상금 선교제도를 시행하여 삼업자들의 자금 융통에 도움을 준 사실이다. 이 배상금 선교제도는 총독부도 그대로 받아들여 시행하였다. 그러나 원윤희도 지적하였듯이 재정 확보에 치중한 점을 무시할 수 없다. 그 결과 이용익이 삼정을 주관하던 시기 삼업은 위기까지는 아니지만 위축의 기미를 보이고 있었다. 황실 홍삼 전매가 삼업에 끼친 영향은 이미 원윤희가 검토하였기 때문에 이 글에서는 삼업 위기를 초래한 외부 요인, 즉 일제의 경제 침입에 초점을 맞춰 살펴볼 것이다.

61 당시 일본인도 삼업 위기를 이 요인들에서 찾고 있었다. "…… 구래의 제도가 其宜를 不得함으로 수확 전에 인삼 도적의 도굴이 용이하고 此等의 災危를 면하고 납부할지라도 정부에서 그 배상금을 하부함이 용이치 못한 등 諸種의 방해로 불행에 至하여 파산하고 자금이 益益缺乏을 고함으로 此 特有 産物을 폐멸에 陷함……"(도미이에 마사요시, 앞의 글, 26~27쪽. 그러나 위기가 일제의 경제 침입 과정에서 초래되었다는 사실은 밝히지 않고 있다).

62 총독부는 홍삼 전매제를 시행하면서 궁내부의 후신인 경리원으로부터 홍삼 전매제 관련 장부를 물려받았다(탁지부 사세국 삼정과, 《제1회 삼정보고》 1908, 1~3쪽 참조). 여기에는 1904~06년도 《삼포적간성책》만 받은 것으로 되어 있는데, 1896년에도 적간성책을 작성하였기 때문에 이후에도 계속 작성하였다고 생각한다.

63 《삼포적간성책》(규 19484). 이 자료를 자세히 분석한 성과로는 홍순권, 앞의 논문 참조.

64 탁지부 사세국 삼정과, 〈인삼경작허가인표〉, 《제2회 삼정보고》, 1908, 5~15쪽.

65 일제강점 이후인 1912년까지를 검토 시기로 한 이유는 6년 내외의 재배 기간을 요하는 삼포 경영의 특수성 때문이다. 예컨대 1911년도 수확 성적은 6년 전인 1906년의 삼포 투자 상황에 좌우된다는 사실을 감안한 것이다.

66 1898년 파종 인삼을 6년근이 되는 1903년에 수확하지 않고 한 해를 넘겨서 1904년에 채굴한 이유는 다음과 같다. 1903년 수확 실적이 적었기 때문에 경작자들은 다음 해의 수삼 부족으로 그 가격이 폭등할 것을 예상하여 채굴을 다음 해로 넘긴 경우가

많았다. 뿐만 아니라, 정부에서도 수급의 균형을 맞추기 위해서 그 이월을 장려하는 정책을 채택하였다(《제1회 삼정보고》, 1908, 96쪽). 그런데 삼포민의 생각보다는 정부의 정책이 보다 강하게 작용했던 것 같다. 왜냐하면 정부에서는 1903년 홍삼 제조량을 3만 근으로 정해 놓고 있었다. 그런 만큼 삼포민의 선택권은 줄어들었기 때문이다(〈광무 8년 7월 25일 보고서〉, 《경기도각군보고》 9책, 259쪽). 한편 이러한 수급 문제 외에도 당시 유행하던 인삼 병해의 영향도 있었다. 즉 이 무렵 삼 병해가 극심하였는데, 그 영향으로 생육이 불량하였고 때문에 1년간 더 재배하였다(《제1회 삼정보고》, 103쪽).

67 춘채란 가을이 아닌 이듬해 봄에 캔 인삼을 말한다. 춘채에 대한 이러한 계산법은 1908년 삼정을 조사하던 일본인들이 채택한 것으로, 이 글에서도 위 계산법을 적용하였다.

68 이처럼 1908년에 수삼 수납 실적이 부진했던 데는 당시 횡행하던 삼 병해의 영향이 컸다. 이에 더해 일제가 전매제를 실시하면서 수삼의 품질 검사를 더욱 엄격히 시행한 것도 하나의 원인이다.

69 1908년 삼정을 조사한 일본인들은 보고서에서 이 시기 삼업 변동을 잘못 설명하고 있다. 이들이 참고한 것은 1902년 이후의 자료들이며, 수납 실적만은 1901년 자료를 첨가하고 있다. 그 결과 1901년보다 1902년 수납 실적이 부진을 보이는 데 주목하고, 그 원인을 갑오개혁기 무겁게 삼세를 부과했기 때문이라고 보았다. 그러나 한말 시기 홍삼 제조 실적에서 보듯이 이 시기는 삼업 호황기였다.

70 이러한 시기 구분은 한말 삼정의 변화와 궤를 같이하고 있음을 알 수 있다. 즉 1896~1898년은 비록 궁내부에서 삼정을 전관하기 시작했지만, 아직은 체계적인 관리가 이루어지기 전으로 일종의 과도기로 볼 수 있다. 1899~1903년은 이용익으로 대표되는 황실이 홍삼 전매를 전형적으로 실시하던 시기였다. 그리고 1904~06년은 삼정이 여전히 형식적으로는 궁내부 소관으로 남아 있었지만, 일제가 1908년부터 본격 시행하는 홍삼 전매제를 준비하는 과도기적인 시기였다.

71 특히 1898년에는 홍삼 제조를 맡은 현영운이 비리를 저지르고 있었는데, 홍삼 감독관이 불법을 자행하는 상황에서 엄정한 삼정 집행은 기대하기 어렵다. 한편 일본 상인들은 이러한 삼정 공백을 이용하여 삼포 침탈을 자행하였다.

72 탁지부 사세국 삼정과, 《제1회 삼정보고》, 1908, 93쪽.

73 앞의 책, 94쪽.

74 〈잡보 설상가상〉, 《황성신문》 1899년 3월 9일.

75 〈송도 쇼요〉, 《독립신문》 1899년 3월 11일.

76 실제로 포민 중에 박 모라는 사람이 홀로 인삼을 키우려고 하자 포민들이 삼종자를 소각하고 그 사람을 장작불에 화장할 요량으로 남문에 둔취하기도 했다.

77 〈잡보 부윤청원〉, 《황성신문》 1899년 5월 17일. 이 기사에 의하면 개성민요 발생의 직접적인 원인 제공자 중의 한 사람으로 볼 수 있는 당시 개성 부윤 김중환은 이때 면관을 내부에 요청하고 있다.

78 인천 개항 이전에도 부산 방면에서 밀수출이 다소 이루어졌다. 그렇지만 한국 정부의 엄중한 취체하에서 다량의 인삼을 감시의 눈을 피해 육로로 부산까지 수송하는 일은 매우 힘들었기 때문에 소량이 밀수출되는 데 불과했다(이마무라 도모, 《인삼사》 6권, 518쪽).

79 이마무라 도모, 《인삼사》 6권, 518~519쪽.

80 이마무라 도모, 앞의 책, 525쪽. 구체적인 인물로는 關繁太郎, 藤井友太, 中村再三, 森勝次, 山口太兵衛 등이 확인된다(《인삼사》 6권, 535쪽).

81 시노부 준페이信夫淳平, 《韓半島》, 187~188쪽 ; 《인삼사》 6권, 524~525쪽. 당시 일본인 측에서는 인천에서 짐꾼 기타 사람들을 배로 임진강으로 운반하여 개성 부근 상류의 적당한 거리에 있는 동강이라든가 벽란도에 상륙하여 삼포에 들어갔다. 그 일단이 많을 때는 50인, 적을 때는 30인 정도로 신변 보호를 위해 도검과 단총을 휴대하고 있었다(《인삼사》 6권, 526쪽). 한편 이때 동원된 일본인 가운데는 낭인 및 신문기자들도 있었다. 그들은 어떤 일이 있기를 원하는 떠들썩한 무리였기 때문에 삼포 도채에 매우 흥미를 갖고 재미있어 했을 뿐 아니라, 그 대가도 받지 않았다고 한다. 마치 옛날의 야무사野武士와 흡사했다고 한다(같은 책, 544~555쪽).

82 《경기도거래안》 제1책, 444쪽, 광무 원년 9월 22일, 경기관찰사의 보고서.

83 《경기도거래안》 제1책, 445~446쪽, 광무 원년 10월 6일, 보고서.

84 《경기도거래안》 제1책, 446쪽, 광무 원년 10월 5일, 보고서. 이외에도 〈송도삼일〉, 《독립신문》 1898년 9월 24일; 〈소구삼가〉, 《황성신문》 1898년 12월 29일 등 참조.

85 〈잡보 삼민과 일인〉,《황성신문》광무 3년 12월 2일.

86 《경기도거래안》제1책, 444쪽.

87 〈삼정 규칙〉,《독립신문》1898년 8월 28일.

88 《황성신문》1899년 12월 2일.

89 〈잡보 삼민과 일인〉,《황성신문》1899년 12월 2일.

90 이마무라 도모,《인삼사》6권, 527쪽.

91 〈잡보 불념민정〉,《황성신문》1898년 10월 12일.

92 일제의 황실재정 해체 과정과 경리원에 대해서는 이윤상,〈1894~1910년 재정제도
와 운영의 변화〉, 서울대 박사논문, 1996, 3장 2절 참조.

93 〈청원서〉,《경기도각군소장》제18책, 405~406쪽, 광무 9년 12월. 삼가 10원은 경리
원의 배상금에 비하면 상당히 높은 가격인데, 포민들은 만약 전매제가 아닌 민간인
사이의 정상적인 매매라면 이 정도의 가격은 받을 수 있을 수 있다고 생각하고 있었
다(《경기도각군소장》제21책, 534쪽)

94 〈청원서 및 지령〉,《경기도각군소장》제19책, 419~420쪽, 광무 10년 1월.

95 〈청원서〉,《경기도각군소장》제21책, 497쪽, 광무 10년 6월.

96 〈개성부 삼포민 윤응두 등 청원서〉,《경기도각군소장》제21책, 521~523쪽. 광무 10
년 11월 5일; 〈개성포민 김재근 등 청원서〉, 같은 책, 534~536쪽. 광무 10년 12월.

97 〈개성 삼포민 윤응두 등 청원서〉,《경기도각군소장》제22책, 586~587쪽. 광무 11년
3월.

98 《제1회 삼정보고》, 20쪽.

99 《岩波講座 日本歷史 17》近代 4, 1976, 26쪽.

100 후루야 테츠오古屋哲夫,《日露戰爭》,中央公論社, 1966, 96쪽.

101 잭 런던, 윤미기 옮김,《조선사람 엿보기-1904년 러일전쟁 종군기-》, 한울, 1995
참조.

102 일제의 화폐 정리에 대해서는 김재순,〈로일전쟁 직후 일제의 화폐금융정책과 조선
상인층의 대응〉,《한국사연구》69, 1990; 오두환,〈화폐정리사업과 식민지 통화제도
의 성립〉, 한국연구원, 1991; 류승렬.〈한말·일제 초기 상업변동과 객주〉, 서울대 박
사논문 1996 등 참조.

103 이외에도 외획의 폐지, 어음 중심의 금융 관행 등도 전황의 한 원인이 되고 있었다.

104 주식회사 대한천일은행, 《개성지점조사서류》 1906년 8월 11일.

105 오두환, 앞의 책, 288~299쪽.

106 '화폐정리사업'으로 인한 자금 경색이 인삼 병해보다 더 심각한 삼업 위기의 원인이 었다는 것은 1908년 이후 일제가 한호농공은행을 통해 삼업자금으로 10만 원을 조 달하면서 삼포 경영이 다시 활기를 띠기 시작한 사실에서도 알 수 있다.

107 《경기도거래안》 1책, 444쪽 참조. 개성민요 이후에도 일본인의 삼포 도채는 지속되 었고, 이에 대한 삼포민들의 소장은 《각사등록 경기도편》 1책, 521~522쪽 참조.

108 《경기도거래안》 1책, 445~446쪽 참조.

109 〈잡보 불념민정〉, 《황성신문》 1898년 10월 12일. 소장을 올려 억울한 사정을 알리면 서 동시에 처벌과 개혁을 요청하는 방식은 이후에 수삼가 문제 등에서도 적극적으 로 활용되던 삼포민들의 일반적인 대응 방식이었다. 〈광무 8년 5월 개성포민 김시 렬 등 소장〉, 《경기도각군소장》 13책, 186쪽; 〈광무 9년 12월 청원서〉, 같은 책, 405 쪽; 〈광무 10년 1월 청원서〉, 같은 책, 419쪽; 〈광무 10년 6월 개성부 삼포민 한량여 등 소장〉, 같은 책, 497쪽; 〈광무 10년 12월 청원서〉, 같은 책, 534쪽 등 참조.

110 〈광무 8년 12월 일 개성부 포민 한청일 등 소장 및 지령〉, 《경기도각군소장》 제15책.

111 〈광무 9년 2월 일 소장 및 지령〉, 《경기도각군소장》 제16책.

112 설효석 역시 개성 지방의 유력한 자산가이면서도 동시에 삼포주였다.

113 주식회사 대한천일은행, 《개성지점 조사서류》 1906년 8월 11일.

114 이보호, 《대한천일은행 공첩존안 해설》, 1960 참조.

115 〈광무 8년 7월 25일 개성부윤의 보고서〉, 《경기도각군보고》 9책, 259쪽. 1904년의 포민 400명이란 수치는 정확한 것은 아니고 당시 제출한 소장에 서명한 사람의 수 이다. 생각건대 당시 400명이라고 하면 삼포주를 거의 망라했을 것이다.

116 〈인삼경작허가인표〉, 《제2회 삼정보고》, 5쪽. 이 자료는 일제가 1908년 7월 홍삼 전 매법을 반포 시행하면서, 인삼을 경작하는 자는 모두 정부에 신고하여 허가증을 교 부받도록 하였는데, 이때 경작 면허를 받은 삼포주 씨명과 칸수 및 주소를 기록한 것이다. 신고는 1908년 9월에 마쳤으므로 이 자료는 1908년 8월경의 경작 상황을 보여주고 있는 셈이다.

117 일제강점기 거대 삼포주에 대해서는 이 책의 Ⅳ부 2장 2절 참조.

118 일제 삼업 자금 알선 전체 비중 10~20퍼센트.

119 간매란 채굴 전 삼포 매매를 말한다(김기호, 147쪽). 따라서 내장원 간매란 내장원에 서 채굴 전의 삼포를 직접 구매하여 이익을 극대화하려는 시도로 이해할 수 있다. 즉 삼정 당국에서 직접 삼포를 수매하여 치포治圃하는 것을 말한다.

120 전상진은 자래로 윤규섭의 가인家人이었다고 한다(〈광무 7년 9월 강문경 청원서〉, 《경기도각군소장》 10책).

121 〈수삼대금 환부청구〉(규 21700), 윤규섭 공술서.

122 〈광무 5년 9월 전성원 청원서〉, 《각사등록》 2권, 55쪽. .

123 〈광무 7년 9월 강문경 전상진 청원서〉, 《각사등록》.

124 〈광무 5년 9월 전성원 청원서〉, 《각사등록》; 〈광무 7년 9월 강문경 전상진 청원서〉, 같은 책; 〈광무 8년 3월 강문경 청원서〉, 같은 책; 〈광무 8년10월 강문경 청원서〉, 같은 책 등이 그것이다.

125 윤규섭이 강유주를 이용익에 소개한 사실로도 그의 위치를 짐작할 수 있다.

126 〈광무 3년 10월 12일 보고〉, 《경기도거래안》 2책, 526쪽.

127 이 성책은 한말 태조 이성계의 잠저였던 목청전을 중수할 때 개성 지역 자산가들이 의연한 금액에 따라 명단을 작성한 것이다. 김성형은 개성 이외 지역에 거주하면서 삼포에 투자하고 있던 자산가였다고 생각한다.

128 〈종삼회사장정〉(奎 18959) 참조.

129 손봉상과 박우현은 일제강점기 개성 지역 삼업계을 대표하는 사람들로 성장한다. 아울러 김진구의 아들 김정호와 공응규의 아들 공성학 역시 일제강점기 삼업계를 대표하는 사람들이었다.

130 이하 김진구의 약력과 관련하여 특별한 각주가 없는 한, 《소산선생문집》에 있는 김 진구의 행장(394~397쪽) 참조. 그의 조상을 보면 16세조 때 개성으로 이주한 이후 세 거해 왔음을 알 수 있다. 그리고 관직 진출이 드물었던 개성 지방의 일반적인 분위 기와는 달리 가문 대대로 관직에 진출하고 있는 양반가였음을 알 수 있다. 이러한 양반 지위의 유지에 이 집안의 경제력이 큰 힘이 되었을 것임을 어렵지 않게 짐작할 수 있다.

131 대한천일은행.《개성지점 조사서류》, 1906년 8월 11일.

132 〈목청전중건원조성책〉. 김진구 외에 이명엽, 김려황, 김민용이 포함되어 있다. 이들을 한말 개성을 대표하는 거부로 보아도 무방할 것이다.

133 검찰관 임명을 받았다고 매번 그 직을 수행한 것은 아니었다. 1905년의 경우 김진구는 노모의 병간호를 이유로 직책 수행이 어렵다는 청원을 하고 있는데, 경리원에서이를 받아들이고 있다(〈광무 9년 9월 21일 청원〉,《경기도각군소장》28책, 371~72쪽).

134 이 회사의 활동은 극히 부진했던 것 같다. 당시 종삼회사에서는 3,620칸에 양종삼하고 있었고, 이를 위해 경리원에서는 지화紙貨 7,000원을 획하하고 있었다. 이 획하액 가운데 5,773원 60전은 종삼 경비로 종포인에게 지급되었고, 잔액 1,226원 40전은 삼정과에 있었는데, 종삼이 거개 병에 걸려 장차 폐기를 면하기 어렵다는 보고가 있다(〈융희 원년 10월 20일 보고서〉,《경기도각군보고》제13책, 366쪽).

135 〈종삼회사장정〉(규 18959). 한편 바로 앞 주의 보고서를 올리고 있는 이도 사장인 김진구였다.

136 이러한 김진구의 개성 김씨가의 대표성은 일제강점기에 들어서도 계속되고 있다. 그의 아들인 김정호 역시 일제 시기 개성 지역의 가장 대표적인 인물로 활동했다.

137 공응규와 관련된 사실 중에서 특별한 각주가 없는 경우는《소산선생문집》에 실려있는 공응규의 묘갈명을 참조했음(398~402쪽).

138 한말 삼포 관련 기록을 보면 본명인 공응규 대신 공문경孔文卿으로 기재되어 있는경우가 종종 있다.

139 공응규의 성장에서 우리는 19세기 중반 이후 개성상인이 부를 축적하는 전형적인모습을 볼 수 있다. 즉 어려서부터 외지에 나가 상업활동에 종사하고 이를 통해 모은 일정한 자산을 바탕으로 삼업에 투자하여 큰 부를 축적하는 방식이다.

140 공응규의 이러한 생각 때문에 그의 아들 공성학은 당시 개성 지방에서 인정받던 유학자로 성장할 수 있었고, 그 손자인 공진태·공진항 등도 해외에 유학하여 각각 변호사, 언론인 및 사업가 등으로 크게활동할 수 있었다.

Ⅳ. 일제의 홍삼 전매제 시행과 거대 삼포주의 등장

1 이하 일제의 황실 재정 해체 과정에 대한 서술은 이윤상, 〈1894~1910년 재정제도와 운영의 변화〉, 서울대 국사학과 박사학위 논문, 1996, 205~261쪽을 참조해서 정리함.

2 《칙영》 20책(규 17706).

3 《제1회 삼정보고》, 1쪽.

4 한말 시기 삼정의 실태를 살피는 데 도움이 되는 자료라고 생각되지만, 간혹 오류도 보이기 때문에 인용할 때는 주의할 필요가 있다.

5 홍삼 전매법과 동 시행세칙 초안은 1907년 12월 칙령 35호 발포와 동시에 기초되었 던 것 같다(《제1회 삼정보고》, 21쪽). 이때의 초안은 1908년 7월 반포된 법안과 비교하 여 약간의 자구를 제외하고는 거의 차이가 없다.

6 경작에 관한 규정은 3조, 5조 6조, 7조, 13조, 15조이며, 수확에 관한 규정은 8조, 9조, 12조, 수납에 관한 규정은 4조, 10조, 12조, 제조에 관한 규정은 1조, 판매에 관한 규 정은 2조, 검사·감독에 관한 규정은 16조, 처벌에 관한 규정은 18조, 21조, 17조, 19 조, 20조, 22조, 23조, 24조 등이다.

7 수확에 관한 규정은 11조, 14조, 수납에 관한 규정은 13조, 15조, 16조이며 나머지는 경작과 관련된 규정들이다.

8 한 일본인은 이를 두고 '不文을 成文으로 한 것'이라고 말하고 있다(도미이에 마사요시, 〈人蔘에 關ㅎ 講話〉, 《재무휘보》 4호, 1908, 75~76쪽).

9 일제는 홍삼 제조의 원료에 충당할 인삼의 특별경작구역을 지정할 수 있었고(전매법, 5조), 이 조항에 의거하여 1908년 7월 30일 탁지부령 제22호로 인삼특별경작구역을 다음과 같이 지정하였다. 즉 경기도: 개성군, 장단군, 풍덕군, 황해도: 금천군, 토산군, 평산군, 서흥군, 봉산군(《제2회 삼정보고》, 5쪽).

10 전매법 12조와 13조는 일제 스스로도 가혹하다고 인정하여 1920년 11월 제령制令 24 호로 홍삼 전매령을 제정할 때 폐지하고 있다(《조선전매사》 3권, 18쪽). 경작 칸수 감 소 및 계획 수삼 수확량에 미달할 때 취한 이러한 가혹한 조치를 통해 일제가 삼업에 서의 수탈에 얼마나 집착하고 있었는지를 알 수 있겠다.

11 《제2회 삼정보고》, 5쪽.

12 《조선총독부관보》제326호, 1913년 8월 30일, 299쪽.

13 《조선총독부관보》제472호, 1914년 2월 25일, 271쪽.

14 《조선총독부관보》제147호, 1927년 6월 29일, 299쪽.

15 일제강점기에 특별경작구역이 아니면서 인삼 산지로 유명했던 곳은 금산이었다. 금산 지역의 인삼업에 대해서는 이 책의 Ⅴ부 2장 참조.

16 융희 원년 9월 10일 내각관보(미야모토 세에조, 앞의 글, 28쪽) 및 〈경리원잡세조사안〉, 《조사국래거안》 참조.

17 미야모토 세에조宮本政藏, 앞의 글, 28쪽. 《제1회 삼정보고》 3쪽에는 농상공부가 아닌 궁내부의 감독하에 각 삼포주가 홍삼을 제조했다고 한다.

18 미야모토 세에조, 앞의 글, 32~42쪽. 1907년도 홍삼 제조를 민업으로 한 의도는 분명하지 않다. 아마도 홍삼 제조에 관여하기에는 준비가 부족하였기 때문이었을 것이다.

19 미야모토 세에조, 앞의 글, 40쪽.

20 도미이에 마사요시富家正義, 〈인삼에 관혼 강화〉, 《재무휘보》 4, 1908, 78쪽.

21 미야모토 세에조, 앞의 글, 32쪽.

22 당시 민간제조업자들의 이름, 홍삼 제조액, 이를 얻기 위한 지출액 그리고 판매하려고 했던 가격 등이 남아 있어서 민업으로 할 경우 삼업의 상황을 엿볼 수 있다. 자료는 다음과 같다. 민간제조업자 15명의 명단, 주소, 매입 수삼 편별, 차수, 편계와 민간제조업자들이 판매하려고 했던 가격과 상인들이 구입하려고 했던 가격 등은 미야모토 세에조, 앞의 글, 32~40쪽에 실려 있다. 그리고 정부가 전매제를 실시하면서 홍삼 매입 대가로 지불하려는 배상 금액은 《제1회 삼정보고》, 21쪽에 그리고 각 제조업자별 제조 홍삼의 편급별 근수와 편수는 《제2회 삼정보고》, 59~65쪽에 실려 있다(이하 특별한 경우가 아니면 출전은 밝히지 않음).

23 "대자산가"라는 표현이 있듯이 표에 기재되어 있는 15명은 당시 개성 지방에서 일정한 부력을 지닌 사람들로 볼 수 있다.

24 《제1회 삼정보고》, 4쪽.

25 《관보》, 1908. 4. 11(《제1회 삼정보고》, 17쪽에서 재인용).

26 이 가격에 의하면 전체적으로 몇 천 원의 이익을 얻을 수 있다고 주장할 수 있지만, 민업일 때의 수익과 비교하면 턱없이 낮은 이익이다. 게다가 15명의 제조업자가 균

등하게 그 이익을 분배받지도 못해서, 위의 계산에 의하면 일부는 오히려 손해를 보고 있는 것으로 나타나고 있다.

27 이를 보면 일제는 정미년도 홍삼 판매에서의 수익을 먼저 정하고, 그리고 나서 이 수익을 보장해 줄 수 있는 홍삼 배상 금액을 결정하고 있음을 알 수 있다.

28 《제1회 삼정보고》, 17~19쪽.

29 《제2회 삼정보고》, 60쪽. 이 액수는 당시 민간제조업자들이 판매하려고 했던 가격과 거의 비슷한 규모이다.

30 도미이에 마사요시, 〈人蔘에 關ᄒ 講話〉, 《財務彙報》 4, 1908, 78쪽. 이처럼 당시 일본인은 '국가의 재원'이라는 표현을 썼는데, 이는 대한제국기 홍삼 전매제의 성격에 대해서는 적절한 표현이지만, 실질적으로 식민지화된 상태에서는 식민지적 경제 침탈이었다.

31 매해의 포상 내역에 대해서는 각 연도판 《삼정보고》의 해당 항목 참조.

32 한말 삼업 위기에 대해서는 이 책의 Ⅲ장 2절 참조. 개략적인 검토로는 본 논문 3장 1절 참조. 한말 삼업 위기는 삼포주에게는 경제적 손실과 수입 급감을, 당국에게는 전매 수익의 급감을 의미했다.

33 1908년 8월 당시 종삼가는 43인이었다(〈인삼경작허가인표〉 참조).

34 1912년의 경우는 예외적으로 정식 삼포 경작자와 삼묘포 경작자에 대해서 포상하고 있다(《제6회 삼정보고》, 1912, 48~49쪽).

35 이때의 상품은 관수차, 수준기水準器 대초大鍬 등의 농기구였다.

36 《제4회 삼정보고》, 1910, 89쪽. 조합 사무소는 삼정국 청사 내에 있었다.

37 《제4회 삼정보고》, 1910, 98쪽.

38 도미이에 마사요시, 〈人蔘에 關ᄒ 講話〉, 《재무휘보》 4호, 1908, 81쪽.

39 《조선전매사》 3권, 100쪽.

40 《제4회 삼정보고》, 100~101쪽.

41 《제5회 삼정보고》, 123쪽.

42 《제6회 삼정보고》, 1912년, 81쪽.

43 《제7회 삼정보고》, 1913, 114쪽. 삼업자금으로 차입한 금액이 일시에 경작자에게 대부되지는 않았음을 알 수 있다. 이 해까지 삼업자금으로 차입한 금액은 30만 원인데,

3만 953원 76전을 상환했으므로 실질적인 차입 금액은 16만 9,046원 24전이 된다. 그러나 실제 대부한 금액은 23만 2,200원이므로 3만 6,836원 24전은 아직 대부되지 않은 상태이다. 사정이 이러했기 때문에 '자금 및 자본금에 대해 항상 유금遊金이 없도록 기약하고 또 예금 이자에서도 은행과 교섭을 중시하여 그것을 인상하는 등 세심한 주의를 게을리 하지 말 것'을 환기시키고 있다(《제6회 삼정보고》, 82쪽).

44 《제8회 삼정보고》, 1914, 88쪽.

45 《제9회 삼정보고》, 1915, 102쪽.

46 〈삼업자금처리규정〉의 전문은 《제4회 삼정보고》, 100~105쪽에 전재되어 있다.

47 《제9회 삼정보고》, 102쪽.

48 개성삼업조합, 《대정십년도 개성삼업조합업무보고》, 28~33쪽.

49 《제2회 삼정보고》, 46~47쪽.

50 《제3회 삼정보고》, 33쪽.

51 《제2회 삼정보고》, 1908, 49쪽.

52 《제3회 삼정보고》, 32쪽.

53 《제3회 삼정보고》, 32~33쪽, 인삼업자들의 신청서.

54 《제3회 삼정보고》, 28~29쪽.

55 총독부가 개성상인을 특별히 배려해서 삼포 경작을 맡긴 것은 아니다. 인삼 재배는 진입장벽이 너무 높아서 일본인들이 뛰어들 수 없었던 것이다. 삼포 경영은 6년의 기간이 필요할 뿐 아니라 그 사이에 계속해서 큰 자본을 투자해야 한다. 또 인삼 재배 기술을 터득하는 데도 수년의 기간이 요구된다. 이는 일본인에게 큰 장벽이 되었다. 일제가 개성상인에게 삼포 경영을 맡긴 것은 특혜나 배려라기보다는 어쩔 수 없는 선택이었다고 할 수 있다.

56 《제2회 삼정보고》, 59~60쪽.

57 《제3회 삼정보고》, 52쪽.

58 《제3회 삼정보고》, 54쪽. 이후 일제가 폐망할 때까지 미쓰이물산의 홍삼 불하 독점은 계속되었다.

59 《제3회 삼정보고》, 55쪽.

60 《총독부통계연보》, 1918년도판, 1180쪽.

61 앞의 통계연보, 1183쪽.

62 〈만능의 령약인 고려인삼〉, 《반도시론》 2권7호, 1918. 7, 54쪽.

63 이처럼 인삼업은 수삼 재배보다 홍삼 제조와 판매를 통해서 얻을 수 있는 수익이 훨씬 컸다. 대한제국 황실에서 삼정을 장악하기 전까지는 역관이라든가 사상들이 홍삼 무역을 통해 자본을 축적할 수 있었다. 그러나 전매제가 실시되면서 이러한 길은 완전히 차단되었다. 대신 미쓰이물산에서 홍삼 무역에 관여하기 시작했다. 식민지 강점 이후에는 주체가 황실에서 일제로 바뀌었을 뿐 전반적인 홍삼 무역 구조는 그대로 지속되었다.

64 이 해의 극심한 삼업 투자 부진은 화폐정리사업의 후폭풍 때문이었다. 대한제국 말기 삼업의 극심한 부진 상황에 대해서는 이 책의 Ⅲ장 2절 참조.

65 이 자료에는 1921년 현재 조합에 등록된 경작자의 이름과 각각이 소유하고 있는 삼포 면적이 기재되어 있어서 경영 확대의 구체적인 실상과 개별 삼포주들의 대응을 살피는 데 유용하다.

66 참고로 1912년 당시 삼포 경작자는 101명(《제6회 삼정보고》, 81쪽), 1914년 조합원은 118명(《제8회 삼정보고》, 88쪽), 1915년 조합원은 128명(《제9회 삼정보고》, 102쪽)이었다.

67 시기가 1916년부터 1920년인 이유는 1921년 자료의 6년근은 1916년에 신설한 것이 되고, 5년근은 1917년 그리고 2년근은 1920년에 신설한 것이 되기 때문이다.

68 1896년의 《적간성책》에 의하면, 당시 개성 지역의 총 삼포 면적은 55만 4,761칸이었다. 1921년의 197만 9, 378칸(종삼 칸수 제외)과 비교하면 대략 1/3.5 수준이지만, 삼포주는 615명으로 1921년의 168명과 비교하면 3.5배 이상으로 많았다는 점을 상기할 필요가 있다.

69 2년근의 경우는 밀종포인 경우가 많기 때문에 다음 해에 3년근으로 정식포에 이식할 경우에는 면적이 적지 않게 증가할 것이다. 때문에 2년근을 정식포의 그것과 비교하는 것은 적절하지 않다고 할 수 있다.

70 물론 삼포 경영비를 제외한 순이익을 계산할 필요가 있다. 그러나 이를 염두에 둔다고 해도 삼업 수익이 이 배상금 액수를 밑돌지는 않았을 것이다. 왜냐하면 홍삼 납부 대가인 배상금 이외에 홍삼 제조용으로 부적합한 수삼을 환부할 경우 이를 백삼으로 제조하여 팔았는데, 여기서 얻을 수 있는 가격이 삼포 경영비를 상쇄하고도 남았을

것으로 생각되기 때문이다.

71 김용섭, 《한국근현대농업사연구》, 225쪽.

72 공성학과 김정호도 이 시기 핵심적인 거대 삼포주였다. 다만 김정호 집안에 대해서
는 이 책의 Ⅲ부 3장 2절에서 개괄하였고, 공성학 집안에 대해서는 이 책의 Ⅳ부 3장
에서 살펴보고 있으므로 여기에서는 손봉상과 박우현에 대해 소개하려고 한다.

73 《조선인사흥신록》, 1935, 261쪽.

74 〈인삼경작허가표〉, 1908. 이처럼 손씨가는 삼업을 통해 성장하고 있었고, 이후에도
사정은 비슷했다. 이는 1938년 경기도 지주명부를 통해서도 확인할 수 있다. 여타 개
성 부호들과는 달리 손씨가의 토지는 34정보에 머물고 있다(《농지개혁시 피분배지주
및 일제하 대지주명부》, 111쪽). 반면 김정호의 김씨가는 271정보의 토지를 소유하고
있고, 공씨가는 71정보의 토지를 소유하고 있었다. 이후 손봉상의 가업은 그의 아들
손홍준으로 이어진다.

75 이러한 영향인지는 정확하지 않지만, 지금도 많은 개성 사람들은 손봉상을 삼업계의
신화적인 존재로 인식하고 있다. 특히 한말 극심한 피해를 주었던 삼 병해를 퇴치하
는 데 큰 공헌을 했고, 또 삼업의 개량 발달에 지대한 공헌을 한 사람으로 기억하고
있다(강화 삼우회 면담).

76 손봉상은 1910년 회두의 자리에 오른다(《조선인사흥신록》, 1935, 261쪽).

77 《조선상공회의소발달사》, 개성부편, 1936, 9~10쪽. 이후 개성상공회의소가 다시 설
립된 것은 1933년에 들어서이다.

78 손봉상은 1919년에는 합자회사 고려삼업사 사장, 1920년에는 합자회사 영신사 사장
으로 피임되었다. 1923년에는 송도면협의원, 1931년에는 숭양서원장, 1933년에는
개성인삼동업조합장 등을 역임하고 있다(《조선인사흥신록》, 261쪽 참조).

79 이 시기 국권회복운동에 대해서는 김도형, 《대한제국기의 정치사상연구》, 지식산업
사, 1994, Ⅱ장 참조.

80 《서북학회월보》 15호, 융희 2년 2월 1일(아세아문화사 간, 《서우》 하, 1976, 363쪽).
1908년 6월에는 월손금 20전을 납부하고 있다(《서북학회월보》 제1권 제1호, 융희 2년
6월 1일(아세아문화사 간, 《서북학회월보》 상, 1976, 45쪽)). 손봉상 외에 개성 출신 서북
학회원으로는 한교학, 윤응두, 이건혁, 임규영, 최문현, 강조원 등을 확인할 수 있다.

81 《조선인사흥신록》, 1935, 261쪽.

82 1905년 이전에 설립된 학교로는 1898년의 공립소학교(1907년 공립보통학교로 된다), 1902년의 개성학당, 같은 해의 개성심상고등소학교, 1904년의 호수돈여숙 등이 있었다(오카모토 가이치岡本嘉一,《개성안내기》, 1911(경인문화사 영인본, 474~481쪽 참조)). 이하 학교에 대한 내용은 특별한 언급이 없는 한《개성안내기》에 의함.

83 강조원과 임규영 두 사람은 모두 서북학회원이었다(《서북학회월보》 15호, 융희 2년 2월 1일(아세아문화사 간,《서우》 하, 1976, 363쪽)). 임규영은 교장을 지냈는데, 1911년 당시에는 이미 고인이 되어 있었다. 강조원은 1911년 당시 부교장이었고, 교장은 윤치호가 맡고 있었다.

84 강화도 진위대장이던 이동휘가 설립한 학교이다. 개성에 보창학교를 창립하고 다시 부근 다섯 곳에 같은 이름의 학교를 설립했다. 1906년 교육이 진흥하자 개성 유지(김기하, 김용성 등을 들 수 있다)를 유설하여 동년 6월 16일 숭양서원을 교사로 하여 개교했다. 특수한 학풍을 갖고 한동안 전성기를 구가했다고 한다. 1911년 당시 교장은 김용성이었고, 교사 6명(전원 한국인)에 학생수는 91명이었다(오카모토 가이치, 앞의 책, 478~479쪽).

85 기독교 감리교회에서 설립한 학교로, 1906년 이후 조직을 변경하여 규모를 확장하고 소학과 6년, 고등과(즉 중학과) 3년으로 연장했다. 1911년 당시 윤치호가 교장이었고, 직원 9명에 학생은 323명이었다. 그리고 분교 다섯을 갖고 있다고 한다.

86 한말 일제 초 개성 지방의 유력한 자산가 중 한 사람이었던 김진구가 설립한 학교이다. 1910년 삼인학교로 바뀌었다가 이후 공립보통학교로 편입되었다(보다 자세한 내용은 3장 2절 참조).

87 1906년 4월 설립된 학교로 1911년 당시 더욱 건재했다고 한다. 그리고 당시 교장은 장정한張鼎漢, 교감은 일본인 岡本豊喜, 학감은 김성용, 이 외에 교원은 3명, 학생수는 75명이었다.

88 《조선신사대동보》, 1913, 626쪽. 참고로 1918년 한 기록에는 1869년 출생으로 되어 있다(《반도시론》 2권 7호 1918, 10쪽).

89 《반도시론》, 2권 7호, 1918, 10쪽. 이하 특별한 각주가 없는 내용은 이 자료에 의한 것임.

90 《반도시론》 1권 7호, 1917, 45쪽.

91 《조선신사대동보》, 1913, 526쪽.

92 《반도시론》 1권 7호, 1917, 45~46쪽.

93 岡本嘉一, 《개성안내기》, 1911, 81쪽. 그런데 《반도시론》에는 개성사의 설립연도는 1913년이라고 적고 있다. 이 해 박우현이 개성사의 사장이 되었을 수도 있다.

94 《반도시론》 1권 7호, 1917, 46쪽.

95 《반도시론》 1권 7호, 1917, 47쪽.

96 《반도시론》, 2권 7호, 1918, 11~12쪽.

97 한말 삼포 관련 기록을 보면 본명인 공응규 대신 공문경으로 기재되어 있는 경우가 종종 있다.

98 공응규와 관련된 사실 중에서 특별한 각주가 없는 경우는 《소산선생문집》에 실려 있는 공응규의 묘갈명을 참조했음(앞의 문집, 398~402쪽).

99 손봉상, 《소산선생문집》. 遂撤其讀 遠服賈十年.

100 현종천, 〈삼업〉, 《개성》, 1970, 276쪽.

101 이 자료에 대한 분석은 다음을 참고할 수 있다. 홍순권, 〈한말시기 개성지방 삼포농업의 전개 양상-1896년 삼포적간성책의 분석을 중심으로〉(상·하), 《한국학보》 49·50, 1987·88.

102 홍순권, 〈한말시기 개성 지방 삼포농업의 전개 양상-1896년 《삼포적간성책》의 분석을 중심으로〉(하), 《한국학보》 50, 1988, 168~169쪽.

103 홍순권, 앞의 논문, 51쪽 및 59쪽 참조.

104 《승정원일기》 고종 28년(1891) 4월 17일. 손봉상이 지은 공응규 묘갈명에는 고종 27년(1890)으로 되어 있는데 오류이다.

105 목청전은 태조 이성계가 왕위에 오르기 전에 살던 집으로 조선 건국 이후에는 태조의 어진을 모시는 진전眞殿이 되었다. 임진왜란 때 불타버렸는데, 이후 3백여 년간 중수되지 못하다가 1901년에 이르러 비로소 중건되었다(목청전의 역사성에 대해서는 한숙희, 〈조선시대 개성의 목청전과 그 인식〉, 《역사와 담론》 65, 2013 참조).

106 당시 의연자들의 이름과 의연 금액을 기록한 것이 《목청전중건원조성책》이다.

107 《승정원일기》 고종 37년(1900) 12월 10일. 손봉상의 글에는 태조 어진을 목청전에

봉안할 때 시종원 분시어가 되었다고 적고 있다. 이를 보면 목청전 중건과 관련하여 벼슬이 내려졌음을 알 수 있다.

108 《목청전중건원조성책》참조.

109 《승정원일기》고종 38년(1901) 5월 16일.

110 《승정원일기》고종 38년(1901) 5월 27일.

111 〈통첩: 비서원랑 유인철−〉의정부 주사, 광무 6년 6월 2일〉, 《궁내부래안》69.

112 한편 1905년에는 강화도 사립보창학교 찬성금을 의연하였다. 다수의 개성 인사가 동참하였는데, 설효석·김진구는 20원을 최재열은 16원을 의연하였고 공응규의 의연 금액은 10원이었다(〈강화부 사립보창학교 광고〉, 《황성신문》, 1905. 11. 6).

113 1900년대 후반 개성 삼업계의 위기에 대해서는 양정필, 〈대한제국기 개성 지역 삼업 변동과 삼포민의 대응〉, 《의사학》18~2, 2009 참조.

114 《조선인사흥신록》, 1935, 183쪽.

115 김광수, 〈개성상인(상)〉, 《송도민보》1983. 1. 31; 〈개성상인(하)〉, 《송도민보》1983. 2. 28. 변 도중이 사환 공성학을 데리고 전국을 다니면서 수련을 시켰다는 내용은 일반적인 개성 사환의 생활과 많이 다르다. 사환은 한 상점에 속해서 수련 받는 존재로, 전국을 다니면서 장사를 배우는 존재는 아니었다. 혹 타지에 진출한 개성상인 밑으로 가서 사환생활을 하는 경우도 있지만, 이 경우에도 그 가게에서 장기 근무하지 전국을 돌아다니지는 않았다. 다만 백목전의 고객들이 곳곳에 산재해 있었으므로 그 고객들을 찾아다니며 상품을 판매하였을 가능성이 있고 이때 공성학이 따라갔을 가능성은 있다고 생각된다.

116 《조선인사흥신록》, 1935, 183쪽.

117 탁지부 사세국 삼정과, 《제2회 삼정보고》, 1908, 109쪽.

118 삼정국, 《융희 3년도 삼정보고》, 1909, 117쪽.

119 공진항에 의하면 1910년대 들어서면서 공씨가의 가업인 삼업을 공성학이 계승하지만, 형인 공성재 집안 사이에 재산 분배가 이루어진 것은 아니었다고 한다. 두 집안의 재산 정리는 1930년대 들어 공진항에 의해 이루어졌다고 한다. 이에 대해서는 공진항, 《이상향을 찾아서》, 1970, 15~16쪽 참조.

120 《제2회 삼정보고》, 1908, 108~109쪽.

121 《융희 3년도 삼정보고》, 1909, 117~118쪽.

122 조선총독부 전매국 개성출장소,《제4회 삼정보고》, 1910, 42~43쪽.

123 1910년 공성학은 묘포만 2좌를 경작하고 있었고, 두 묘포를 합한 면적은 471칸이었다. 이는 당시 조사 대상 30여 명의 묘포 경작자 가운데 면적 기준으로 3위 정도에 해당하는 큰 규모였다(앞의《제4회 삼정보고》, 38~41쪽).

124 조선총독부 전매국 개성출장소,《제5회 삼정보고》, 1911, 69~70쪽.

125 조선총독부 전매국 개성출장소,《제7회 삼정보고》, 1913, 66~67쪽.

126 조선총독부 탁지부 전매과 개성출장소,《제8회 삼정보고》, 1914, 51쪽.

127 조선총독부 탁지부 전매과 개성출장소,《제9회 삼정보고》, 1915, 64쪽.

128 공성학이 공씨가의 삼포 경영을 계승한 직후부터 삼업계에서 두각을 나타낼 수 있었던 데에는 공응규가 이미 닦아놓은 기반도 큰 역할을 하였을 것이다.

129 4위의 박용현과 7위의 박우현은 형제이다. 이 둘을 박씨가로 합하면 1921년 박씨가의 수입은 13만 원을 상회하고, 공성학은 박씨가에 이어 3위가 될 것이다. 그렇다고 해도 공성학은 가업을 계승하고 10여 년 만에 삼업계를 대표하는 존재가 된 사실은 인정된다.

130 양정필,〈1910~20년대 개성상인의 백삼 상품화와 판매 확대활동〉,《의사학》20~1, 2011, 112~113쪽.

131 〈호별세 부과로 본 개성 부력 상태〉,《고려시보》3, 1933. 5. 16.

132 〈송고에 모인 개성인사의 열성〉,《고려시보》20, 1935. 5. 1.

133 이선근,〈나의 이력서〉,《한국일보》1975. 2. 18.

134 《제4회 삼정보고》, 1910, 89쪽.

135 앞의 책, 98쪽.

136 〈경기도 지주명부〉(한국농촌경제연구원,《농지개혁 시 피분배지주 및 일제하 대지주명부》, 1885, 10~115쪽 참조).

137 한생,〈개성의 기업계〉,《반도시론》2~5, 1918. 5, 60~61쪽.

138 한택수,〈개성실업계의 최근 현상〉,《반도시론》2~12, 1918. 12, 57쪽.

139 동아경제시보사,《조선은행회사조합요록》, 1921년판.

140 동아경제시보사,《조선은행회사조합요록》, 1931년판.

141 동아경제시보사, 《조선은행회사조합요록》, 1939년판.

142 동아경제시보사, 《조선은행회사조합요록》, 1942년판. 이는 당시 공진항이 대규모 만주 투자를 감행하면서 기존의 국내 사업을 정리하였는데, 그 일환으로 공진항에 의해 공씨가의 영신사 투자가 정리된 것으로 보인다.

143 영신사 이외에도 공성학은 개성전기주식회사, 고려삼업사 등에도 자본을 투자하여 회사의 설립 및 운영에 동참하였다. 그는 이 두 회사에서도 이사로 선임되었다.

144 동아경제시보사, 《조선은행회사조합요록》, 1927년판. 주요 임원을 보면, 사장 공성 학, 이사 박우현·김영택·기무라 유지로木村勇治郎·임황식, 감사 임진문·이한흥·김 정호, 지배인 나가노 젠사쿠長野源作 등이었다. 개성의 유력자들이 이사와 감사로 선 임되었는데, 일본인이 지배인을 맡고 있는 점이 눈에 띈다. 실질적인 양조 주조 등 의 업무를 총괄하였을 것으로 짐작된다.

145 〈장래 유망한 개성양조〉, 《조선일보》 1927. 1. 4.

146 〈순회탐방(471), 인삼으로 유명한 고려의 구도, 산명수려한 별천지(4)〉, 《동아일보》 1927. 10. 31.

147 〈양조계의 패자, 개성양조주식회사〉, 《고려시보》 136, 1940. 7. 16.

148 동아경제시보사, 《조선은행회사조합요록》, 1931년판.

149 공진항, 《이상향을 찾아서》, 1970, 17쪽.

150 공진항, 앞의 책, 17~18쪽. 공진항은 1935년 당시 개성양조(주)의 감사로 재직하고 있었다.

151 〈양조계의 패자, 개성양조주식회사〉, 《고려시보》 136, 1940. 7. 16.

152 동아경제시보사, 《조선은행회사조합요록》, 1937년판.

153 동아경제시보사, 《조선은행회사조합요록》, 1941년·1942년판 참조.

154 공성학은 개성양조(주) 이외에도 개성무진(주)와 춘포사 등도 설립하였다. 전자는 금융신탁업을 주로 하는 회사로 1927년에 세워졌지만, 1933년 이후 자료에서는 보 이지 않는 것으로 보아 1930년대 초반에 정리된 것으로 보인다. 춘포사는 공진항의 삼포 경영을 총괄하기 위해서 세워진 회사로 공씨 일가가 대주주였다.

155 신곡자동차부에 대한 기록을 보면 합자회사였고, 1932년 5월 설립으로 되어 있다. 자본금은 2만 원, 설립 목적은 승합 자동차 영업이었다. 그리고 사장은 공성수孔聖壽

였고, 공성학도 중역으로 참여하였다. 이 외에 두 명의 중역이 있는데 모두 공씨 성에 성자聖字 돌림이다(《조선은행회사조합요록》, 1933년판). 이를 보면 친척들이 세운 회사에 공성학이 자본을 지원해 준 것으로 보이며 공진항의 회고 내용이 사실임에 부합함을 알 수 있다.

156 1935년 자료에 의하면, 서선무역사는 1933년에 설립된 합자회사였다. 그리고 중역과 주식 분포를 보면, 사장 김기영(10,000), 사원 공성학(20,000), 공진항(10,000), 김인성·김기황(각 5,000)이었다(《조선은행회사조합요록》, 1935년판). 이 기록을 보면 이 회사를 차인제도에 의해 운영된 것으로 보기는 어려울 듯하다. 그러나 1928년의 한 기록에 서선무역사가 나오므로 1928년 이전에 설립된 회사였음을 알 수 있다. 당시에는 차인제도에 의해 설립·운영되었을 가능성이 없지 않고, 귀국한 공진항이 개성 양조를 개편하였듯이, 서선무역사도 개편하면서 그 운영 방식까지 바꾸었을 가능성은 있다고 생각한다.

157 공진항, 《이상향을 찾아서》, 1970, 13~14쪽.

158 이후 신곡자동차부, 서선무역사, 해산물 취급 점포의 운명은 어떻게 되었는지 확인하기 어렵다. 다만 당시 경제공황의 여파에 자금 조달이 중지된 사정을 감안하면 파산하였을 가능성이 크다.

V. 일제강점기 인삼업자의 활동과 백삼 산업의 성장

1 〈인삼의 제조 매행, 홍삼은 중국으로 백삼은 일본으로〉, 《동아일보》 1927년 9월 20일.

2 〈십이년도 조선인삼 85만 근〉, 《매일신보》 1924년 1월 24일.

3 1910년대 개성 삼업 및 삼포주의 동향에 대해서는 이 책의 Ⅳ부 2장 참조.

4 한말 인삼업 위기의 원인에 대해서는 이 책의 Ⅲ부 2장 참조.

5 도미이에 마사요시 , 〈고려인삼의 금석〉, 《반도시론》 1권 3호, 1917년 6월호, 28쪽.

6 전매국이 홍삼 생산량을 일정한 수준으로 제한한 이유는 중국에서 홍삼 가격을 일정하게 유지하기 위해서 공급량을 조절할 필요가 있었기 때문이다. 다른 한편 중국에는 일본산 인삼도 적지 않게 수출되고 있었기 때문에 일본 인삼에 대한 배려도 있었을 것

이다.

7 백삼 원료는 《통계연보》에는 없는 것으로 수확 근수에서 수납 근수를 제외한 수량으로 추정치이다. 이들은 삼포주에게 다시 반환되었고, 많은 수량이 백삼 원료로 활용되었기 때문에 여기에서는 백삼 원료라고 표기하여 그 수량을 제시해 보았다.

8 〈백삼도 역호황〉, 《매일신보》 1914년 11월 6일.

9 앞의 기사.

10 도미이에 마사요시, 〈고려인삼의 금석〉, 《반도시론》 1권 3호, 1917년 6월호, 27~28쪽.

11 〈백삼의 지위를 회복한 최익모 씨의 공적〉, 《동아일보》 1929년 9월 12일

12 〈개성에 약령시, 당국에서 허가〉, 《동아일보》 1925년 8월 30일.

13 〈개성에 약령시, 근일 개설 차로 협찬회 조직〉, 《동아일보》 1925년 9월 15일.

14 앞의 기사.

15 〈개성 약령시 개시〉, 《동아일보》 1926년 12월 3일.

16 〈약령시 협찬회, 발전책을 강구〉, 《동아일보》 1926년 7월 13일.

17 〈약령시 협찬회, 시장 무대 강습 개최〉, 《동아일보》 1926년 10월 9일; 〈약초 실지 강습, 개성 약령시 기중〉, 《동아일보》 1926년 10월 17일; 〈개성 약령시 개시, 지난 1일부터〉, 《동아일보》 1926년 12월. 3일.

18 〈개성 삼상 대활약〉, 《조선일보》 1926년 1월 8일.

19 〈행상으로 착수하여 십여만원 대자본, 상업성공가 대구 김홍조 씨〉, 《동아일보》 1927년 1월 7일.

20 일기자, 〈세계적 영약 고려인삼과 인삼판매계의 명성 고려삼업사〉, 《반도시론》 2권 7호, 1918년 7월, 23쪽.

21 개성의 인삼 경작 면적은 1918년 120만 원에 이르렀는데, 그 가운데 80만 원은 동사同社 사원 소유였다고 한다(한생, 〈개성의 기업계〉, 《반도시론》 2권 5호, 1918년 5월, 60쪽).

22 〈개성의 중심적 인물 박우현 씨〉, 《반도시론》 1권 7호, 1917년 10월, 45~46쪽.

23 앞과 같음.

24 한생, 〈개성의 기업계〉, 《반도시론》 2권 5호, 1918년 5월, 60쪽.

25 《선충독부관보》, 1918년 7월 9일.

26 〈고려삼업사〉, 《동아일보》 1927년 11월 1일.

27 《조선은행회사요록》, 1921년판(국사편찬위원회 한국사데이터베이스 참조).

28 《조선은행회사요록》, 1923년판(앞과 같음).

29 〈인삼 판로 시찰. 개성 삼업조합 대표〉, 《조선일보》 1923년 6월 9일.

30 〈고려삼업사〉, 《동아일보》 1927년 11월 1일.

31 〈개성사업소개, 개성산업계 거성, 인삼대왕 손봉상 씨〉, 《조선일보》 1927년 1월 4일.

32 〈인삼 판로 시찰. 개성 삼업조합 대표〉, 《조선일보》 1923년 6월 9일.

33 〈홍삼은 독무대, 백삼은 낙관 불능, 개성삼업조합 시찰원 담〉, 《동아일보》 1928년 7월 6일.

34 〈고려삼업사〉, 《동아일보》 1927년 11월 1일.

35 앞의 기사.

36 다음 내용은 주로 최익모의 활동을 소개한 최문진의 책을 토대로 하였다(최문진, 《개성인삼개척소사》, 1940년). 그런데 1910~20년대에도 언론은 개성인삼상회를 적지 않게 소개하였다(〈인삼계의 대왕〉, 《매일신보》 1918년 4월 6일; 북악산인, 〈개성인삼상회와 인삼왕 최익모군〉, 《반도시론》 2권 7호, 1918년 7월호, 25~27쪽; 〈개성인삼상회와 인삼대왕 최익모군〉, 《매일신보》 1920년 2월 9일; 〈개성사업소개, 광고로 성공한 최익모 씨〉, 《조선일보》 1927년 1월 4일; 〈백삼의 지위를 회복한 최익모 씨의 공적〉, 《동아일보》 1929년 9월 12일 등). 내용은 대동소이한데 홍보성을 강하게 띠었다. 이처럼 홍보성 기사를 자주 언론에 실을 수 있었던 최익모는 상업적 수완이 매우 뛰어난 상인이었음을 알 수 있다.

37 최문진, 《개성인삼개척소사》, 1940, 16~17쪽.

38 앞의 책, 22쪽.

39 앞의 책, 23쪽.

40 앞의 책, 23~24쪽.

41 앞의 책, 25쪽. 이 같은 장점을 갖는 통신판매업을 최익모는 1916년부터 시작하였는데, 이는 상업사적으로 봐도 매우 이른 시기에 해당한다.

42 한생, 〈개성의 기업계〉, 《반도시론》 2권 5호, 1918년 5월호, 61쪽.

43 앞의 책, 25~26쪽.

44 백삼 수요 증가 요인을 개성상인의 판매 촉진활동에서만 찾아서는 안 된다. 기본적으로 백삼을 수요할 수 있는 경제력을 지닌 수요자가 전제되어야 한다. 따라서 당시

남선 지방에는 백삼을 수요할 수 있는 지주층 등이 존재하였다고 볼 수 있다. 요컨대 남선 지방의 지주층 등을 대상으로 한 개성상인의 다양한 판촉활동이 효과가 있어서 백삼에 대한 수요가 증가한 것으로 이해할 수 있다.

45 일기자, 〈세계적 영약 고려인삼과 인삼판매계의 명성 고려삼업사〉, 《반도시론》 2권 7호, 1918년 7월호, 21쪽.

46 앞의 책, 21~22쪽. 비슷한 맥락의 기사로 다음도 참조.. '…… 인삼의 의학상에 특효가 있음을 인認함에 의하여 점차 수요 수량이 증가 …….'(〈인삼판로확장〉, 《매일신보》 1916년 11월 9일).

47 〈백삼도 역호황〉, 《매일신보》 1914년 11월 6일.

48 〈사설 개성군 삼업가 제위에게〉, 《조선일보》 1923년 5월 22일.

49 〈12년도 조선인삼 85만 근〉, 《매일신보》 1924년 1월 24일.

50 〈백삼도 역호황〉, 《매일신보》 1914년 11월 6일. 실제 판매 가격, 판매 상황은 확인하기 어렵다. 다만 1913년도 백삼 판매 경험을 통해 개성상인들은 백삼의 경제적 가치를 새삼 주목하게 되었을 것이다.

51 〈삼가 인상 탄원〉, 《조선일보》 1920년 12월 13일.

52 〈개성인삼 시세〉, 《동아일보》 1921년 10월 25일.

53 〈개성인삼 생산 현황〉, 《동아일보》 1921년 12월 10일.

54 〈최근 개성인삼 時價〉, 《동아일보》 1923년 11월 2일.

55 〈개성인삼 시세〉, 《동아일보》 1923년 12월 11일.

56 〈인삼 시세 등귀〉, 《동아일보》 1924년 1월 11일; 〈인삼시세 폭등〉, 《동아일보》 1924년 1월 27일.

57 〈십이년도 조선인삼 85만 근〉, 《매일신보》 1924년 1월 24일. 당시 수삼 1근 가격은 1원 50전 가량이었고, 홍삼 1근 가격은 65원 정도였다. 이 홍삼을 중국에 수출하며 판매하면 1근 150원에서 200원 정도를 받을 수 있었다.

58 〈인삼가 又 등귀, 재고 부족 관계로〉, 《동아일보》 1924년 4월 7일.

59 〈백삼제조 완료〉, 《동아일보》 1925년 11월 12일.

60 〈白蔘移入의 將來〉, 《매일신보》 1916년 8월 25일.

61 〈인삼의 수이출입〉, 《매일신보》 1916년 12월 5일.

62 〈홍삼은 독무대, 백삼은 낙관 불능〉, 《동아일보》 1928년 7월 6일. 참고로 1915년 중국 인삼 시장을 보면, 미국산이 16만 근, 1근 가격 약 20원, 일본산이 14만 근, 1근 5원 내외, 조선산 홍삼이 2만 근 내지 3만 근, 1근 150원 내외였다(〈인삼판로확장〉, 《매일신보》 1915년 8월 25일). 1910년대 중반 조선 백삼의 중국 수출은 매우 부진하였다.

63 〈동서양 각국에 조선인삼이 웅비〉, 《매일신보》 1929년 4월 16일.

64 참고로 1927년 9월 무렵 백삼 수출지는 일본에 7할, 중국에 2할 9분이었다(〈인삼의 제조 매행〉, 《동아일보》 1927년 9월 20일).

65 〈삼가 인상 탄원〉, 《조선일보》 1920년 12월 13일.

66 참고로 각각의 수량은 수납 수삼이 11만 6천여 근, 백삼 원료가 40여만 근이었다.

67 〈개성인삼작황〉, 《동아일보》 1923년 12월 7일.

68 〈백삼 제조 종료, 170여만 원〉, 《동아일보》 1928년 12월 4일.

69 앞과 같음.

70 재배 인삼에 대해서는 이철성, 《조선 후기 대청 무역사 연구》, 국학자료원, 2000, 제3장; 양정필, 〈19세기 개성상인의 자본전환과 삼업자본의 성장〉, 《학림》 23, 2001; 염정섭, 〈18세기 가삼 재배법의 개발과 보급〉, 《국사관논총》 102, 2003등 참조.

71 《세종실록지리지》의 인삼 공납 군현은 112개인데, 이는 전체 군현의 3분의 1에 해당한다.

72 물론 북한에서 개성은 여전히 인삼 산지로 명성을 유지하고 있다. 북한에서 개성 인삼업의 변화에 대해서는 이준희, 〈1945~1958년 개성 인삼업의 재편과 사회주의화〉, 《동방학지》 179, 2017 참조.

73 호소카와 지이치細川治一(금산군 산업기수), 〈錦山人蔘に就いて(1)〉, 《군산일보》 1930년 1월 10일. 이 기사와 거의 같은 내용이 잡지 《조선》에도 실려 있다(호소카와 지이치, 〈錦山人蔘に就て〉, 《조선》 175, 1929, 56~62쪽).

74 〈금산인삼과 그의 유래〉, 《매일신보》 1932년 1월 16일.

75 〈장생불사의 영약은 본도 특산의 백미, 금산인삼〉, 《매일신보》 1935년 11월 3일.

76 《세종실록지리지》 전라도 금산군 참조.

77 《신증동국여지승람》 33권, 전라도 금산군 참조.

78 《금산군읍지》(규 17417)(서울대학교 규장각, 2003, 《전라도읍지 4》, 382쪽). 이 읍지의 정

확한 편찬 연대는 알 수 없지만, 선생안의 마지막 인물을 통해 보면 대략 1792년을 전후한 시기인 것으로 추정되고 있다(같은 책, 〈해설〉, 37쪽 참조).

79 《정조실록》 정조 14년(1790) 7월 25일 '一自家蔘盛行之後, 慶尙ㆍ原春兩道封進, 率多家蔘'; 《비변사등록》 정조 14년 8월 21일 '兩南家植之蔘 近漸豊盛 交易賣買 作一生業' 등의 기사 참조.

80 한 가지 흥미로운 사실은 한말-일제하 금산 인삼에 대해 글을 남긴 일본인들은 금산 인삼과 개성 인삼을 씨삼을 매개로 연결시키고 있는 점이다. 대표적으로 금산 인삼 으로 키울 종자는 개성으로부터 들여왔고, 1858년 내지 1887년 전후해서는 양품良品 을 생산하였다는 기록을 들 수 있다(〈인삼산지조사〉, 《재무휘보》 4호, 1908, 43쪽).

81 미야모토 세에조, 〈韓國の人蔘〉, 《한국중앙농회보》 2권 6호, 1908. 일본인 시찰자는 직삼과 곡삼이 효능에서는 대략 서로 비슷하고 다만 사람들의 신앙 여하에 의해 가 격에 차이가 있을 뿐이라고 하였다.

82 금산 곡삼의 명성은 일제하에서도 여전히 유지되었다(호소카와 지이치, 앞의 글, 60쪽).

83 개항 이전 백삼에 대한 정부 정책은 추후 연구를 통해 보다 분명하게 할 필요가 있다 고 생각한다. 특히 홍삼 이외에도 공삼의 경우 정부의 주요한 정책 대상이었는데, 공 삼과 백삼의 관계에 대해서도 검토가 이루어져야 할 것으로 생각한다.

84 《훈령조회존안》(규 19143) 제20책, 1901년 6월 30일.

85 《탁지부 내부 공문 래거첩》(규 17881) 제4책, 1887년 9월 23일.

86 〈관보-인삼세법〉, 《황성신문》 1908년 8월 2일.

87 위 표가 수록된 《제2회 삼정보고》는 1908년 12월에 간행되었으므로 위 통계는 1908 년 무렵의 상황을 보여주는 것으로 이해했다. 그리고 책에서 표 제목은 '경작구역 외 백삼 생산 조사표'이다.

88 대한제국기 삼세 징수를 독려하기 위해 보낸 공문의 수신처 중에는 전남의 보성군, 담 양군, 동복군 등이 포함되어 있고(《훈령조회존안》 규 19143 제17책), 또 충북의 옥천과 영동 삼포는 금산 삼포와 함께 사검하라는 기록이 있다(《훈령조회존안》 규19143 20책).

89 〈간세 수납 성적〉, 《매일신보》 1915년 1월 13일.

90 사실 경작 인원이 5,000명이 넘고 있는데 삼포 개소는 그 10분의 1 수준이 493곳이 다. 다른 지역과 매우 다른 통계여서 그 정확성에 의문이 가지만, 일단 그대로 받아

들인다면, 10여 명의 사람이 공동 투자하여 1개소의 삼포를 경작하고 있었다는 의미가 될 것이다.

91 《제2회 삼정보고》, 15쪽.

92 1908년은 개성 인삼의 쇠퇴기로, 평상 시의 경작 상황은 아니었다. 개성인삼의 평상 시 경작 상황은 1896년 통계를 통해 확인할 수 있는데, 경작 인원 600여 명에 그 면적은 50여만 칸에 이르는 규모였다. 개성 이외 지역의 1908년 상황도 쇠퇴기일 가능성이 있으므로 1896년과 직접 비교는 신중할 필요가 있지만, 쇠퇴기가 아닌 평년 수준에서 보면 그 격차는 더욱 확대될 것 같다.

93 금산 인삼도 자금 문제가 해결된다면 개성 인삼처럼 비약적으로 성장할 수 있음은 해방 이후 상황을 보면 알 수 있다. 해방 이후 금융기관의 융자 등으로 일제강점기보다 자금 융통 사정이 좋아졌을 때인 1979년의 금산 인삼 경작 면적은 400만 평에 달했다(한국인삼경작조합연합회, 《한국인삼사》, 1980, 624쪽). 이는 일제하까지 금산 인삼의 발전을 제약한 제1의 요인이 자금 문제였음을 보여 준다.

94 〈전조선 인삼경작 전매국에서 완전 통제〉, 《조선일보》 1933년 12월 15일.

95 〈어업세령 외 3세 개정〉, 《매일신보》 1920년 4월 6일.

96 〈전조선 인삼경작 전매국에서 완전 통제〉, 《조선일보》 1933년 12월 15일.

97 〈금산인삼경작 묘포 축소를 명령〉, 《매일신보》 1934년 6월 12일.

98 〈각지 인삼배급통제〉, 《매일신보》 1943년 8월 20일.

99 호소카와 지이치 , 〈錦山人蔘に就いて〉, 《조선》 175, 1929, 60쪽. 1921년 삼 병해 조사는 1920년 금산 인삼이 병해로 큰 타격을 받은 사실과 관련이 있는 것 같다(호소카와 지이치 , 같은 글, 57쪽).

100 본 논문은 금산 인삼에 초점을 두었기 때문에 그 경작자에 대해서 구체적으로 다루지 못했다. 다만 다음의 인용문을 통해 그들이 어떤 존재였는지 그 일면을 엿볼 수 있을 것이다. "특별한 자금 융통 기관은 없고, 인삼 경작은 다액의 자금을 요하는 관계로 경작자 대부분 중산中産 이상의 자이므로 자금 융통은 비교적 원활하다. 연산年産에 필요한 자금은 1928년 백삼 제조고 8,399근, 그 가격 10만 5,420원에 대한 것으로 계산하건데 약 5만 원의 예상이다. 1929년 5월 말일 금산금융조합으로부터 인삼 경작 자금으로 차입한 것이 116만 9,317원뿐이므로 그 이외는 누구나 자기 자금

으로 경영한다"(호소카와 지이치 , 앞의 글, 61~62쪽). 즉 경작 자금과 관련하여 금산 인삼 경작자들은 대부분 자기 자본으로 인삼을 경작하였고 그런 만큼 경제적으로 중산 이상의 사람들이었다.

101 〈금산삼업조합총회〉, 《동아일보》 1922년 6월 6일; 〈금삼 검사성적〉, 《동아일보》 1925년 9월 23일; 〈금산인삼과 그의 유래〉, 《매일신보》 1932년 1월 16일; 〈금산인 삼동업조합 정식으로 신청〉, 《매일신보》 1934년 9월 26일; 〈금산삼업조합을 인삼동 업조합으로〉, 《매일신보》 1935년 6월 12일 등의 기사 참조.

102 〈금산삼업조합 총회〉, 《동아일보》 1922년 6월 6일.

103 〈금산삼업조합에서 인삼 검사 엄격〉, 《동아일보》 1934년 10월 6일.

104 〈금산삼업조합총회〉, 《동아일보》 1922년 6월 6일. 삼업조합은 법률에 의거하지 않 은 임의조합의 성격을 지니고 있었다.

105 〈금산삼업조합 총회〉, 《동아일보》 1922년 6월 6일; 〈금산삼업조합 사업〉, 《동아일 보》 1922년 8월 20일.

106 〈금산삼업조합사업〉, 《동아일보》 1922년 8월 20일.

107 〈금삼 검사성적〉, 《동아일보》 1925년 9월 23일.

108 〈금산삼조 정총〉, 《동아일보》 1927년 3월 31일.

109 〈금산임삼검사시행〉, 《동아일보》 1923년 8월 16일.

110 〈선전대를 파견, 금산인삼조합에서〉, 《매일신보》 1934년 12월 9일.

111 〈금산인삼과 그의 유래〉, 《매일신보》 1932년 1월 16일.

112 〈삼업좌담회 금산삼조에서〉, 《매일신보》 1935년 2월 22일.

113 〈자금 4만 원으로 금산인삼 창립〉, 《매일신보》 1935년 8월 8일.

114 〈금산삼업조합을 인삼동업조합으로〉, 《매일신보》 1935년 6월 12일.

115 〈14년 동안에 조합원 4배 증가〉, 《매일신보》 1935년 6월 20일.

116 〈금산인삼을 중심〉, 《매일신보》 1935년 12월 30일.

117 〈수삼매매취체, 금산인삼조합 통고〉, 《조선일보》 1939년 7월 11일.

118 《조선총독부관보》 1935년 8월 22일; 〈장생불사의 영약은 본도 특산의 백미, 금산인 삼〉, 《매일신보》 1935년 11월 3일.

119 《조선총독부관보》 1931년 4월 18일.

120 〈자금 4만 원으로 금산인삼 창립〉, 《매일신보》 1935년 8월 8일.

121 《조선총독부관보》 1938년 6월 27일.

122 〈금산인삼 출회 박두〉, 《조선일보》 1939년 8월 3일.

123 〈금산인삼 위판협정〉, 《조선일보》 1939년 8월 11일.

124 〈전북특산금삼 성가 점익 향상〉, 《매일신보》 1936년 8월 5일.

125 〈지정구역외 인삼경작 황해도가 1위〉, 《매일신보》 1929년 10월 22일.

126 〈인삼경작 상황〉, 《매일신보》 1930년 12월 2일.

127 〈전조선 인삼경작 전매국에서 완전 통제〉, 《조선일보》 1933년 12월 15일.

128 〈인삼 산액〉, 《조선일보》 1924년 1월 23일.

129 〈전조선 인삼경작 전매국에서 완전 통제〉, 《조선일보》 1933년 12월 15일.

130 아쉽게도 1910년대 자료는 찾을 수 없어서 그 기간의 변화 양상은 알기 어렵다.

131 〈14년 동안에 조합원 4배 증가〉, 《매일신보》 1935년 6월 20일.

VI. 인삼업의 자본 구성과 투자 방식

1 홍희유, 〈17세기 이후 인삼재배의 발전과 자본주의적 삼포 경영〉, 《력사학보》 1986~3; 홍순권, 〈한말시기 개성 지방 삼포농업의 전개 양상(상·하)〉, 《한국학보》 49·50, 1987; 염정섭, 앞의 논문 등 참조.

2 《중경지》, 조선광문회, 1900. 비슷한 내용이 《황성신문》 광무 6년 12월 3일·4일과 5일·9일 논설 및 〈蔘農新書(甘松堂輯)〉란 제목으로 《재무휘보》 6호(1909)에 실려 있다. 《중경지》에 실린 인삼 관련 기사는 개성 출신인 김택영이 쓴 것이다. 김택영은 이외에도 《증보문헌비고》와 자신의 문집인 《소호당집》에 인삼 관련 기록을 남기고 있어 당시 실상을 살피는 데 많은 도움을 주고 있다.

3 이에 대한 자세한 내용은 김용섭, 〈일제의 초기 농업식민책과 지주제〉, 《한국근현대 농업사연구》, 일조각, 1992 및 최원규, 〈일제의 초기 한국식민책과 일본인 농업이민〉, 《동방학지》 77·78·79합집, 1992 참조. 특히 저자가 직접 개성을 답사하고 그 내용을 기록으로 남긴 책으로는 시노부 준페이信夫淳平, 《한반도》, 1901년(개성 현지 답사는

1899년); 가토 마츠로加藤末郎, 《한국농업론》, 1904(현지 답사는 1900년); 요시카와 유우키吉川祐輝, 《한국농업경영론》, 1904년(개성 현지 답사는 1903년); 일본농상무성, 《한국토지농산조사보고》, 1906(현지 답사는 1905년?); 미야모토 세에조, 〈韓國の人蔘〉, 《한국중앙농회보》2권 6호, 1908(현지 답사 1908년) 등이 있다. 이외에도 이와나가 시게카岩永重華, 《최신한국실업지침》, 1904; 후겐지 다쓰오普賢寺達雄, 《한국출장조사보고서》, 1904 등도 있으나, 전자는 《농업경영론》의 내용을 그대로 전재하고 있고, 후자는 인삼 경작에 관한 내용은 실려 있지 않다.

4 시기를 한말로 한정한 이유는 인용할 자료 대부분이 이 시기에 생산되었기 때문이다. 비록 한말 단계의 내용이지만, 만약 19세기 중반에 같은 소재로 자료를 남겼다면 그 내용은 한말 단계의 그것과 비교하여 차이점보다는 유사한 점이 훨씬 많았을 것이라고 믿는다. 그리고 논지 전개상 필요한 곳에서는 조선 후기 개성상인과 삼정에 대해서도 서술하여 역사적 계기성을 확인할 것이다.

5 《제1회 삼정보고》, 4쪽.

6 《한국토지농산조사보고》, 573쪽

7 《제1회 삼정보고》, 5~6쪽.

8 이 차지료 항목은 밀종포와 본포에서도 어김없이 기록되어 있다. 이는 한 번 인삼을 재배한 곳에서는 최소 10년 이상 다시 경작할 수 없는 인삼의 성질과 깊은 관계가 있다. 인삼 재배가 차지농업적 성격을 강하게 띠고 있음을 알 수 있다.

9 가토 마츠로加藤末郎, 앞의 책, 203쪽.

10 《개성종삼간수성책》, 1907년(규 잡서 1006 ③).

11 《개성종삼간수성책》, 1907년(규 잡서 1006 ③).

12 《제1회 삼정보고》, 7~8쪽.

13 《제1회 삼정보고》, 9~10쪽.

14 《제1회 삼정보고》, 15~16쪽.

15 미야모토 세에조, 앞의 글, 25쪽 참조.

16 《제2회 삼정보고》, 56~57쪽.

17 《제1회 삼정보고》, 54~55쪽.

18 제 잡비 중에는 제조소 수선비, 홍삼 포장비, 종사자 직공 등의 식비 기타 제조 사업

에 관한 각종 잡비를 포함한다(앞의 책, 17쪽.)

19 원래 기록에는 22, 569로 되어 있으나 합은 22, 659이기 때문에 수정함.

20 1908년 마무리된 홍삼은 4,173근이므로 본표 금액을 최종고로 나누어 천 근당 생산비를 산출하였다.

21 개성상인의 상업자본의 삼업자본으로의 전환에 대해서는 강만길, 〈개성상인과 인삼 재배〉, 《조선후기 상업자본의 발달》, 고려대학교출판부, 1973과 홍희유, 앞의 논문 등 참조.

22 이중환, 《택리지》, 생리조.

23 《승정원일기》 숙종 36년 11월 28일.

24 《정조실록》 정조 14년 7월 25일.

25 당시 자료는 없지만, 한말 이 지역 1좌의 삼포 규모는 수십 칸이 일반적이었고 100 칸이 넘는 경우는 드물었다. 반면 개성 지역은 1896년 당시 삼포 1좌의 평균 규모가 900여 칸이었다(홍순권, 앞의 논문, 161쪽 참조).

26 일제 시기까지 받아들여지던 토질차이론, 즉 개성 지역 토질이 인삼 재배에 적합하고 다른 지역은 그렇지 못하다는 주장은 크게 설득력이 없다고 생각한다. 왜냐하면 현재 삼남 지방 어디에서나 인삼 재배가 이루어지고 있기 때문이다. 토질에 차이가 있을 수 있지만 그것은 삼업 성쇠의 본질적인 이유는 아닌 것이다.

27 개성상인은 성공적인 자본 전환으로 단순한 상인에서 벗어나 국제적으로도 충분한 경쟁력을 지닌 상품 생산자로서의 성격도 지니게 되었다. 상인이면서 동시에 경쟁력 있는 상품 생산자라는 존재는 개성상인이 제국주의 경제 침략하에도 살아남을 수 있는 또 하나의 배경이 되었다(이에 대해서는 양정필, 〈근현대 개성상인의 경제조직 시론〉, 《역사문제연구》 제20호, 2008 참조).

28 평양상인이 자본 측면에서는 능력이 되면서도 인삼 재배에 투자하지 않은 이유는 분명하지 않다. 토질과 기후의 문제는 아니라고 생각한다. 어쩌면 축적한 자본을 삼포 경영에 투자할 수 있는, 개성의 시변時邊과 같은 적절한 금융제도의 미비가 그 한 원인은 아니었을까.

29 홍희유, 앞의 논문, 32~34쪽.

30 홍희유, 앞의 논문, 32쪽에서 재인용.

31 홍희유, 앞의 논문, 33쪽에서 재인용.

32 홍희유, 앞의 논문, 33쪽.

33 인삼 물주의 관행은 20세기 초반까지 계속되었음을 알 수 있다. 즉 "彼許蘊이가 挾其物主孔文卿의 蔘政課檢察威勢호읍고 一向 抵賴이온바"(〈광무 10년 4월 청원서〉,《경기도각군보告》제19책(《각사등록》, 3, 450쪽))라는 글 속에 물주의 존재를 확인할 수 있다.

34 《제1회 삼정보고》, 19쪽 및《인삼사》2권 434쪽.

35 《제1회 삼정보고》, 9~10쪽.

36 개성상인 가운데 최상층부는 대지주이기도 하였다. 이들은 개성 인근 연백평야 등지에 대규모 농지를 소유하고 있었던 것으로 보인다. 이들 지주자본 역시 일정하게 삼포 경영에 투자되었음이 틀림없다. 그러나 이 시기 사료로 이를 확인하기는 어렵다. 다만 일제 시기에는 이러한 관계를 분명하게 확인할 수 있다.

37 무로이 도쿠사부로室井德三郎, 1910,《蔘圃ニ關スル調査報告書》, 법전조사국, 17쪽.

38 《조사보고서》, 20쪽. 지주－포주=작인(-고용인)의 관계를 설정할 수 있다.

39 이《적간성책》에 대한 자세한 분석은 홍순권, 〈한말시기 개성 지방 삼포농업의 전개 양상(上), (下)〉,《한국학보》49~50, 1987, 41쪽 참조.

40 홍순권, 앞의 논문, 158쪽.

41 15년의 시간 차이가 있기 때문에 그 사이 변동의 여지가 없지는 않지만, 의미 있는 변화는 없었던 것 같다. 오히려 큰 변화는 일제강점기에 있었다고 볼 수 있다.

42 삼포주가 토지소유자일 때는 순수한 병작관계이지만, 포주가 토지소유자가 아닌 경우에는 병작에 준하는 것이지만 모두 병작이라고 불렀다(《조사보고서》, 20쪽).

43 앞의 책, 21쪽. 개성상인의 차인동사제도에 대해서는 양정필, 〈근현대 개성상인의 경제조직 시론〉,《역사문제연구》제20호, 2008 참조.

44 《조사보고서》, 20쪽.

45 《삼포적간성책》에서는 도중의 사례를 이것밖에 찾을 수 없다. 이는 이 하나의 사례 이외에는 도중都中의 예가 없었다기보다는 개별 조사자의 성향의 차이에서 오는 것 같다. 왜냐하면 다음에 볼 "부종付種"의 경우도 이 강남면 이외에서는 발견되지 않기 때문이다.

46 홍순권, 〈한말시기 개성 지방 삼포농업의 전개 양상(상)〉,《한국학보》49, 1987, 41쪽.

47 《제1회 삼정보고》, 127~128쪽.

48 무로이 도쿠사부로, 1910, 《蔘圃二關スル調査報告書》, 법전조사국, 10~11, 1910, 15쪽.

49 무로이 도쿠사부로, 앞의 책, 11, 18쪽.

50 무로이 도쿠사부로, 앞의 책, 21쪽.

51 무로이 도쿠사부로, 앞의 책, 11쪽.

52 무로이 도쿠사부로, 앞의 책, 12, 16쪽.

53 무로이 도쿠사부로, 앞의 책, 12~13쪽, 18~19쪽. 남은 기간 차지료의 반환 여부는 협의를 통해서 결정하였다.

54 만약 지주의 승낙을 얻고 전대하다면 이는 대차관계의 쟁개更改로 간주하였다(무로이 도쿠사부로, 앞의 책, 19쪽). 즉 지주의 승낙을 얻고 타인에게 경작케 하는 것은 차지권의 양도라기보다는 오히려 차인을 교체하는 것이라는 관념을 갖고 있었다(무로이 도쿠사부로, 앞의 책, 22~23쪽).

55 무로이 도쿠사부로, 앞의 책, 13쪽.

56 무로이 도쿠사부로, 앞의 책, 16쪽.

57 무로이 도쿠사부로, 앞의 책, 23쪽

58 삼포권의 이동은 실제로 매우 많아서, 수인 내지 수십 인에게로 이동하는 일도 있었다고 한다(무로이 도쿠사부로, 앞의 책, 29쪽).

59 무로이 도쿠사부로, 앞의 책, 24쪽.

60 무로이 도쿠사부로, 앞의 책, 25쪽.

61 무로이 도쿠사부로, 앞의 책, 4/쪽.

62 무로이 도쿠사부로, 앞의 책, 26~27쪽. 전당 기한 내에 채무를 변제하지 못하면 전당권자는 관념상으로는 삼포권을 취득하였지만, 작삼에는 교졸巧拙의 차이가 크고 또 설비와 잔손질을 필요로 하기 때문에 보통의 전당과 같이 자유롭게 처분할 수는 없었던 것이다(무로이 도쿠사부로, 앞의 책, 30쪽).

63 무로이 도쿠사부로, 앞의 책, 52~53쪽.

찾아보기

【ㄱ】

가삼家蔘 35, 46
가포집 92
간매間買 137, 153, 154
감세관 106
감채관 106, 107, 115, 116, 172
감칭관 116
갑오개혁 6, 64~66, 81, 88, 91, 95, 96,
    103, 106~108, 122, 124, 129
강득무 175
강방환 274
강유주 138, 139, 152~155, 159, 160
강조원 213
강필만 175~177, 182, 188, 211
개성 남대문 109
개성 민요 130~132, 138, 147, 148
개성보승회 214, 215
개성대開城傺 114, 116
《개성부호적세표》 84, 86, 87
개성사 214, 215
개성삼업조합 85, 180, 182~184, 204, 206,
    208, 210, 212, 227~229, 259

〈개성삼업조합 업무보고〉 85, 204, 206,
    208
개성상업회의소 212, 213
개성상인 5, 6, 7, 20~22, 25, 26, 29, 30, 35,
    37, 39, 40, 47, 49~51, 53~65, 68~83,
    86~88, 94, 103, 122, 140, 145, 146,
    152, 169, 172, 194, 198~202, 204,
    217, 218, 220, 222, 223, 230, 232,
    234~236, 241~244, 245, 248, 251~
    253, 255, 256, 263, 266, 270, 271, 276,
    319~326, 329, 332, 333, 339
개성상회 235
개성양조(주) 232~234
개성인삼상회 255, 257, 260~262
개성학회 213, 214
개성호開城號 255
거창군 279, 280
건모율 66, 67
건삼책 66, 67, 89
검찰관 86, 107, 115, 116, 155~157, 159,
    172, 173, 222
경리원 123, 140~142, 149, 157, 166,
    167, 172, 177, 212, 302

경주 41~44, 84, 90

고려삼업사 214, 255, 257~260

고준경 116, 156

고한주 208, 231

곡삼曲蔘 277, 288

공성재 224

공성학 160, 181, 182, 188, 189, 207~
    211, 217, 222~236, 258

공응규 116, 155~160, 175~177, 181,
    217~224, 226, 228

공진항 228, 232, 233, 235, 236

관남봉 275

관모 무역 39

구라타倉田敏助 138, 154

구포건삼도록책 →〉 건삼책

구포수삼도록책 →〉 수삼책

궁내부 87, 109, 110, 115, 117, 123, 131,
    165, 166, 277

금산 29, 89, 90, 130, 252, 272~279,
    281~296

금산군 읍지 275

금산산업조합 290

금산삼업조합 286~288, 292

금산인삼동업조합 287, 289

금산인삼사 289

금삼禁蔘 정책 77, 78

금잠관 106, 116

기무라 유지로木村勇治郎 182, 208, 211,

376

김규진 116, 156

김기영 231, 258

김득형 182, 188, 207, 208, 210, 231, 258

김립 274

김성형 116, 155, 156

김원배 231

김익환 182, 188, 211

김정호 157, 207~210, 231, 258

김종환 155

김중환 139, 148

김진구 116, 155~160, 172, 210, 222

김택영 50~52, 301

김홍조 255, 256

【ㄴ】

나삼羅蔘 41, 42, 45

남정순 175~177

내장사內藏司 110

내장원 105, 107, 110, 112, 115, 116,
    120, 140, 142, 148, 149, 153~155,
    166, 245, 277, 325, 332

늑채勒採 133~137

【ㄷ】

대한천일은행 150, 151, 157

도미이에 마사요시富家正義 182, 359, 367

도중都中 79, 135, 223, 324, 326, 328, 329

도채盜採 108, 114, 133, 135~139, 148, 155

동순태同順泰 194

동지사 48, 75, 76

【ㅁ】

만다마 이와키치萬玉岩吉 135, 136

만상灣商(의주상인) 6, 7, 20, 23, 27, 51~53, 73, 75, 82, 92

맹동의숙 157, 213

모범경작자 85, 180, 224

목청전 86, 156, 159, 221

〈목청전중건원조성책〉 86, 155, 157

묘포 112, 168, 180, 181, 184, 186, 187, 224~226, 274, 283, 287, 293, 302~309, 311, 315, 316, 330

문빙 107, 108, 112, 113

미쓰이물산 6, 7, 13, 23, 24, 88, 192~196, 199, 244, 251, 266

민영익 95, 96

민진후 41

밀종포 302~304, 307~309, 311, 315, 316, 330

【ㅂ】

박교원 110

박성근 182, 188, 211

박용현 207~209, 231, 258

박우현 116, 145, 150, 155, 156, 174~177, 181, 188, 207, 208, 210, 211, 214~216, 224~226, 254, 257, 258

박유철 302

박종경 93

박창노 116, 156

박태향 139, 175, 176, 177

박형근 79, 324,

방한덕 90, 91, 351,

배의학교 213

보창학교 213, 372, 374

본포 60, 112, 120, 130, 180, 181, 186, 225, 293, 302~304, 306~316, 330, 333

부상대고 36, 37, 57

【ㅅ】

사삼 합안세 72, 73

사상私商 57, 88, 92, 94, 117

삼각무역 19, 36, 37, 39, 321

삼업공세소 107, 137

〈삼업자금처리규정〉 185

삼인학교 157

삼전蔘田 44

삼정감독사무 131

삼정감리사무 110

삼정검찰위원사무 110

삼정과 경무서 113

삼정과蔘政課 13, 107, 109, 110, 112, 113, 115, 116, 153, 167, 212, 302, 316, 332

삼정사蔘政社 13, 107, 110, 112, 113

삼정蔘精 12, 87, 106~111, 113, 115, 117, 119, 120, 123, 131, 137, 140, 143, 148, 155, 166, 167, 172, 181, 182, 212, 259, 302, 325, 332

삼포 도중 79, 324, 329

삼포권蔘圃權 327, 331~333

《삼포적간성책》 85, 87, 96, 97, 123, 151, 152, 220, 327

삼포절목 48, 51, 82

상번인常番人 329

서선무역사 235

서울상인 20, 92, 321, 323

서유구 66, 67

선종비 305

설효석 116, 150, 156

손봉상 155, 156, 181, 182, 188, 189, 207~213, 216, 218, 219, 221,

224~228, 231, 254, 258, 259

송도 72, 73, 233

수삼 배상금 12, 13, 103, 118~120, 123, 140, 142, 143, 146, 148, 150, 174, 187~190, 195, 209, 210, 226, 227, 242, 247, 267, 271, 318, 325, 332

수삼 배상금 선교 12, 120, 247, 325

수삼책 66, 67, 83, 84, 86, 87, 281

수원대水原隊 114, 116

숭명학교 213

시변時變 54, 57~62, 235, 311

신곡자동차부 235

【ㅇ】

안의군 279, 280

안주 36, 37, 57, 92, 321

안창호 94

야마구치 다헤에山口太兵衛 135, 136, 361

약령시 13, 251, 253~256

양계진 79, 323, 324, 329

어용삼御用蔘 91, 106

역관 5, 6, 7, 12, 23, 27, 37~39, 48, 51, 64, 81~83, 88~92, 106, 320, 323, 330

영신사 230~232

영창학교 213

오경석 91

오치은 94

오희순 92, 94

오희원 94

와다 츠네카즈和田常一 135, 136

왕실 5, 6, 12, 27, 82, 88, 89, 94~96, 98, 103, 106~108, 123

왕재중 84, 85, 87, 88, 181, 182, 188, 211

〈외상장책〉 79, 323, 324

용담군 279, 280

윤규섭 90, 91, 106, 116, 153, 154

의주부 72

이건혁 116, 215

이기만 87

이도표 95, 96

이마무라 도모今村鞆 24, 25, 106

이승훈 94

이언기 41, 42

이용익 12, 95, 109~114, 117, 119, 120, 130, 131, 137, 139, 140, 143, 148, 149, 153, 189, 245

이윤재 95

이재성 90, 91

이중환 36, 37, 46, 57, 321

이최영 110

인삼 경작 허가제 28, 168

인삼 물주 325, 326

〈인삼경작허가인표〉 123

인삼세 278

인삼특별경작구역 169, 170, 182, 277, 278

인제군 279, 280

일본공사관 기록 76

일본인 삼적蔘賊 147, 152, 154

일본인의 삼포 침탈 130

임규영 155, 175, 176, 177, 213

임상옥 92, 93, 94

《임원경제지》 66, 67

임진문 175~177, 207, 208

【ㅈ】

자본 전환 49, 62, 217, 230, 323

잠삼潛蔘 48, 52, 53, 70~73, 75~78, 88, 107, 108, 115, 117, 172, 340

잠상潛商 82, 88

전대轉貸 331

전상진 153

전황錢荒 140, 144~146, 150, 152

정약용 78

정조 47, 48, 66, 68, 92, 322

정지비 305, 308, 310, 311, 314

정필동 44

제실제도정리국 165

조선생약통제회사 284

《조선신사대동보》 94

종삼법 50, 302

종삼회사 13, 155, 157, 159, 212, 222

주시준 175~177

증포소 12, 22, 51~53, 81, 133, 173, 323
지방 출상인 50, 51, 55, 56
직삼直蔘 276, 277

【ㅊ~ㅍ】

차상필 84, 86~88, 116, 155, 156,
    175~177
차윤홍 79, 324, 329
차지권 331, 333
차지료 305, 306, 308~310, 315, 330,
    331, 333
최문현 116, 212
최석영 90, 91, 135
최석조 116
최성구 207, 208
최응용 233
최익모 13, 260, 261~263
최재열 116, 156, 221
〈타급장책〉 323
《택리지》 46, 321, 322
통신판매업 261
퇴각삼 241, 242, 244
평양 36, 37, 57, 144, 321, 323
포삼계인 12, 52
포삼공사 12, 107
〈포삼공사장정〉 107
〈포삼신정절목〉 12, 52

풍기 252, 273, 279, 281, 282, 291

【ㅎ】

한석진 212
한양 36, 57, 321
한영서원 213
한호농공은행 13, 183~186, 188, 210, 247
해주대海州隊 114, 116
현상건 95
현제보 106
현제복 90, 91
현흥택 89, 90, 95~98, 159
홍광섭 87
홍덕조 90, 91, 106
홍만조 41
홍삼 전매법 167, 168, 179, 180
홍삼 전매제 6, 23, 24, 28, 105, 119, 152,
    165, 168, 169, 176, 179, 180, 190,
    193, 196, 199, 201, 204, 222, 229,
    243, 244, 247, 250, 273, 277, 317, 319
홍삼지紅蔘志 50
홍희유 301, 323, 325, 326
화성(수원) 47
화폐정리사업 123, 140, 143~146, 151,
    202
황주대黃州隊 114, 116

이 저서는 2014년 대한민국 교육부와 한국학중앙연구원(한국학진흥사업단)의
한국학총서사업의 지원을 받아 수행된 연구임(AKS-2014-KSS-1230001)

한국 근대 산업의 형성 02__
근대 개성상인과 인삼업

2022년 8월 9일 초판 1쇄 인쇄
2022년 8월 19일 초판 1쇄 발행
글쓴이   양정필
펴낸이   박혜숙
디자인   하민우
펴낸곳   도서출판 푸른역사
 우) 03044 서울시 종로구 자하문로8길 13
 전화: 02)720-8921(편집부) 02)720-8920(영업부)
 팩스: 02)720-9887
 전자우편: 2013history@naver.com
 등록: 1997년 2월 14일 제13-483호

ⓒ 양정필, 2022

ISBN 979-11-5612-222-7 94900
(세트) 979-11-5612-195-4 94900

· 잘못 만들어진 책은 교환해드립니다.